AF821879

Ökonomische Theorie des Steuerentzuges

Wirtschaftswissenschaftliche Beiträge

Band 1: Ch Aignesberger, Die Innovationsborse als Instrument zur Risikokapitalversorgung innovativer mittelstandischer Unternehmen, XVIII/308 Seiten, 1987

Band 2: U Neuerburg, Werbung im Privatfernsehen, XIII/302 Seiten, 1988

Band 3: J. Peters, Entwicklungslanderorientierte Internationalisierung von Industrieunternehmen, IX/155 Seiten, 1988

Band 4: G. Chaloupek, J. Lamel, J. Richter (Hrsg.), Bevölkerungsrückgang und Wirtschaft, VIII/470 Seiten, 1988

Band 5: P J. J. Welfens, L. Balcerowicz (Hrsg.), Innovationsdynamik im Systemvergleich, XIX/446 Seiten, 1988

Band 6: K. Fischer, Oligopolistische Marktprozesse, XI/169 Seiten, 1988

Band 7: M. Laker, Das Mehrproduktunternehmen in einer sich ändernden unsicheren Umwelt, IX/209 Seiten, 1988

Band 8: I. von Bülow, Systemgrenzen im Management von Institutionen, XII/278 Seiten, 1989

Band 9: H. Neubauer, Lebenswegorientierte Planung technischer Systeme XII/171 Seiten, 1989

Band 10: P M Salter, Externe Effekte. „Marktversagen" oder Systemmerkmal? VII/188 Seiten, 1989

Band 11: P. Ockenfels, Informationsbeschaffung auf homogenen Oligopolmärkten, X/163 Seiten, 1989

Band 12: O. Jacob, Aufgabenintegrierte Büroinformationssysteme, VII/177 Seiten, 1989

Band 13 J. Walter, Innovationsorientierte Umweltpolitik bei komplexen Umweltproblemen, IX/208 Seiten, 1989

Band 14 D. Bonneval, Kostenoptimale Verfahren in der statistischen Prozeßkontrolle, V/180 Seiten, 1989

Band 15. T. Rüdel, Kointegration und Fehlerkorrekturmodelle, VIII/138 Seiten, 1989

Band 16: K. Rentrup, Heinrich von Storch, das „Handbuch der Nationalwirthschaftslehre" und die Konzeption der „inneren Güter", X/146 Seiten, 1989

Band 17 M. A. Schoner: Uberbetriebliche Vermogensbeteiligung, XVI/417 Seiten, 1989

Band 18: P Haufs, DV-Controlling, IX/166 Seiten, 1989

Band 19: R. Volker, Innovationsentscheidungen und Marktstruktur, XI/221 Seiten, 1990

Band 20: P. Bollmann, Technischer Fortschritt und wirtschaftlicher Wandel, VIII/184 Seiten, 1990

Band 21: F Hormann, Das Automatisierte, Integrierte Rechnungswesen, XI/408 Seiten, 1990

Band 22 W. Boing, Interne Budgetierung im Krankenhaus, XIV/274 Seiten, 1990

Band 23: G. Nakhaeizadeh, K -H Vollmer (Hrsg), Neuere Entwicklungen in der Angewandten Okonometrie, X/248 Seiten, 1990

Band 24: T Braun, Hedging mit fixen Termingeschäften und Optionen, VII/167 Seiten, 1990

Band 25: G. Inderst, P. Mooslechner, B. Unger, Das System der Sparförderung in Osterreich, VIII/126 Seiten, 1990

Band 26: Th. Apolte, M. Kessler (Hrsg), Regulierung und Deregulierung im Systemvergleich, XIII/313 Seiten, 1990

Band 27: J Lamel, M Mesch, J. Skolka (Hrsg.), Österreichs Außenhandel mit Dienstleistungen, X/335 Seiten, 1990

Band 28 I Heinz, R. Klaaßen-Mielke, Krankheitskosten durch Luftverschmutzung, XVI/147 Seiten, 1990

Band 29: B Kalkofen, Gleichgewichtsauswahl in strategischen Spielen, XIII/214 Seiten, 1990

Band 30: K. G. Grunert, Kognitive Strukturen in der Konsumforschung, X/290 Seiten, 1990

Band 31: S Felder, Eine neo-osterreichische Theorie des Vermögens, X/118 Seiten, 1990

Band 32. G. Uebe (Hrsg.), Zwei Festreden Joseph Langs, VII/116 Seiten, 1990

Band 33: U. Cantner, Technischer Fortschritt, neue Guter und internationaler Handel, XVI/289 Seiten, 1990

Band 34: W. Rosenthal, Der erweiterte Maskengenerator eines Software-Entwicklungs- Systems, XIV/275 Seiten, 1990

Band 35: U. Nessmayr, Die Kapitalsituation im Handwerk, XII/177 Seiten, 1990

Band 36: H. Wuster, Die sektorale Allokation von Arbeitskraften bei strukturellem Wandel, IV/148 Seiten, 1990

Band 37: R. Hammerschmid, Entwicklung technisch-wirtschaftlich optimierter regionaler Entsorgungsalternativen, X/239 Seiten, 1990

Band 38. P. Mitter, A. Wörgötter (Hrsg.), Austro-Keynesianismus, V/102 Seiten, 1990

Band 39: A. Katterl, K. Kratena, Reale Input-Output Tabelle und okologischer Kreislauf, VIII/114 Seiten, 1990

Band 40: A. Gehrig, Strategischer Handel und seine Implikationen für Zollunionen, XII/174 Seiten, 1990

Band 41: G. Nakhaeizadeh, K -H Vollmer (Hrsg), Anwendungsaspekte von Prognoseverfahren, IX/169 Seiten, 1991

Band 42: C. Fantapié Altobelli, Die Diffusion neuer Kommunikationstechniken in der Bundesrepublik Deutschland, XXIV/319 Seiten, 1991

Band 43 J. Richter, Aktualisierung und Prognose technischer Koeffizienten in gesamtwirtschaftlichen Input-Output Modellen, VII/376 Seiten, 1991

Band 44. E Spranger, Expertensystem für Bilanzpolitik, VIII/228 Seiten, 1991

Band 45: F Schneider, Corporate-Identity-orientierte Unternehmenspolitik, XXI/295 Seiten, 1991

Band 46. B Gygi, Internationale Organisationen aus der Sicht der Neuen Politischen Ökonomie, XI/258 Seiten, 1991

Band 47. L. Hennicke, Wissensbasierte Erweiterung der Netzplantechnik, VII/194 Seiten, 1991

Band 48: T. Knappe, DV-Konzepte operativer Früherkennungssysteme, VII/176 Seiten, 1991

Band 49: P. Welzel, Strategische Handelspolitik, XIII/207 Seiten, 1991

Band 50 H Wiethoff, Risk Management auf spekulativen Märkten, XIV/202 Seiten, 1991

Band 51. R. Riedl, Strategische Planung von Informationssystemen, XII/227 Seiten, 1991

Band 52 K. Sandmann, Arbitrage und die Bewertung von Zinssatzoptionen, VIII/172 Seiten, 1991

Band 53 P. Engelke, Integration von Forschung und Entwicklung in die unternehmerische Planung und Steuerung, XVII/352 Seiten, 1991

Band 54: F. Blumberg, Wissensbasierte Systeme in Produktionsplanung und -steuerung, XVII/268 Seiten, 1991

Fortsetzung auf Seite 303

Matthias Wrede

Ökonomische Theorie des Steuerentzuges

Steuervermeidung, -umgehung und -hinterziehung

Mit 9 Abbildungen

Springer-Verlag Berlin Heidelberg GmbH

Reihenherausgeber
Werner A. Müller

Autor
Dr. Matthias Wrede
Am Lehrstuhl für Finanzwissenschaft
der Otto-Friedrich Universität Bamberg
D-96045 Bamberg

ISBN 978-3-7908-0733-2

CIP-Titelaufnahme der Deutschen Bibliothek
Wrede, Matthias:
Ökonomische Theorie des Steuerentzuges : Steuervermeidung, -
umgehung- und hinterziehung / Matthias Wrede. - Heidelberg:
Physica-Verl., 1993
(Wirtschaftswissenschaftliche Beiträge ; 86)
Zugl.: Bamberg, Univ., Diss., 1993
ISBN 978-3-7908-0733-2 ISBN 978-3-662-01587-2 (eBook)
DOI 10.1007/978-3-662-01587-2
NE: GT

88/7130-543210 - Gedruckt auf säurefreiem Papier

Für

Christiane und Gerrit Jonathan

Vorwort

Die vorliegende Arbeit ist während meiner Tätigkeit als wissenschaftlicher Mitarbeiter bei Prof. Dr. Heinz-Dieter Wenzel am Lehrstuhl für Volkswirtschaftslehre, insbesondere Finanzwissenschaft der Universität Bamberg entstanden und an der Universität Bamberg als Dissertation angenommen worden.

Für die Betreuung der Arbeit durch Herrn Prof. Dr. Heinz-Dieter Wenzel möchte ich an dieser Stelle herzlich Dank sagen. Mein Dank gilt ebenso Herrn Prof. Dr. Ulrich Meyer, der als zweiter Gutachter durch hilfreiche Anregungen zum Gelingen der Arbeit beitrug.

In einem kollegialen Klima der gegenseitigen Unterstützung gedeiht wissenschaftliche Arbeit am besten. Meinen Kollegen Herrn Dr. Martin Arnold und Frau Dipl.-Volkswirtin Barbara Wolfe möchte ich Dank aussprechen für ihre Bereitschaft, sich während des gesamten Entstehungsprozesses der Arbeit mit den von mir zu Papier gebrachten Ideen in Inhalt und Form auseinanderzusetzen.

Besonderen Dank schulde ich Herrn Dr. Kai Konrad und meinem Bruder, Herrn Dipl.-Mathematiker Ingo Wrede, die zu einzelnen Aspekten der Thematik äußerst wertvolle Hinweise gaben.

Frau Andrea Wölfel und Herrn Michael Betten, die durch sorgfältiges Durcharbeiten des Manuskriptes manchen Fehler auszumerzen halfen, danke ich hierfür.

Mein innigster Dank aber gilt meiner Frau, Frau Dipl.-Volkswirtin Christiane Wrede, die mir nicht nur durch kritische Lektüre zahlreicher Entwürfe geholfen hat. Ihr Verständnis und ihre Unterstützung gestatteten es, mir die erforderliche Zeit zur Fertigstellung der Arbeit zu nehmen.

Erlangen, Mai 1993 Matthias Wrede

Inhaltsverzeichnis

Kapitel 1

Einleitung

> *"It used to be said that there were two things that were unavoidable: death and taxes. There is a widespread feeling today that under our present tax code only one of these is unavoidable."*
>
> JOSEPH E. STIGLITZ

Bei beinahe sämtlichen ökonomischen Aktivitäten greift der Staat durch Steuererhebung zu und verpflichtet die Wirtschaftssubjekte zur Beteiligung des Fiskus und der Parafisci am Ertrag ihrer Bemühungen. Wenngleich Steuern auch Zwangsabgaben darstellen, deren Zahlung der Steuerpflichtige bei Erfüllung des Steuertatbestandes nicht verweigern kann, ist die Höhe der tatsächlichen Steuerzahlung doch in erheblichem Maße von Handlungen des Steuerschuldners und Dritter abhängig. Nach weitverbreiteter Auffassung ist es erstens eine Tatsache, daß sich der Steuerpflichtige der Zahlung von Steuern in großem Umfang entziehen kann und auch entsprechend verfährt,[1] und ist zweitens dieser Umstand im Sinne eines ökonomischen Leistungsanreizes für das Wachstum und den Wohlstand der Ökonomie förderlich. Die Handlungen des Steuerpflichtigen zur Reduktion der Steuerzahlung, deren Bestimmungsgründe und Auswirkungen auf Handlungen anderer Wirtschaftssubjekte und relevante ökonomische Größen bilden den Untersuchungsgegenstand der vorliegenden Arbeit und werden unter dem Terminus "Steuerentzug" subsumiert.

Auch wenn über die empirische Evidenz des Entzuges von Steuern schnell Einigkeit im Kreise von Sozialwissenschaftlern, aber auch darüber hinaus

[1] So in etwa läßt sich die Aussage von Stiglitz (1985), S. 325 zusammenfassen.

erzielt werden kann, wird über die Gründe der Handlungen der Wirtschaftssubjekte, die zur Reduktion der Steuerzahlung führen, und deren Wertung weniger leicht Einvernehmen zu erzielen sein. Zur Herleitung von gehaltvollen Aussagen über das Phänomen der *Nicht*-Zahlung von Steuern bedarf es umfangreicher wissenschaftlicher Untersuchungen, die von einer Vielzahl von Disziplinen erbracht werden müssen. Ökonomik und Jurisprudenz sind gefordert, aber auch Soziologie, Politologie und Psychologie.

Auch bei einer Beschränkung auf den Beitrag, den die ökonomische Wissenschaft zur Erforschung der tatsächlichen Steuerzahlungen leisten kann, ist der Untersuchungsgegenstand schillernd und umfangreich genug, um die Anwendung vielfältigster Methoden zu erfordern und zu rechtfertigen. Neben einer deskriptiven und statistisch-ökonometrischen Untersuchung auf der Basis von Querschnittsdaten und Zeitreihen zur Fundierung des Wissens über die Realität des Entzuges von Steuern ist eine theorieorientierte Analyse unverzichtbar, um Motive und Konsequenzen im einzel- und gesamtwirtschaftlichen Rahmen bestimmen und beurteilen zu können. Die ökonomisch-theoretische Untersuchung kann dabei gemäß des Selbstverständnisses der Ökonomik in zweierlei Weise klassifiziert werden. In methodischer Sicht ist zum einen zwischen positivem und normativem Vorgehen zu trennen und zum anderen zwischen mikroökonomischem und makroökonomischem Herangehen zu unterscheiden. Die methodische Differenzierung ist analog zur Differenzierung im Erkenntnisziel der Untersuchung. Die Analyse der Wirkungen der Entscheidungsparameter des Steuerentzuges ist der positiven Theorie zuzuordnen, die Ableitung wirtschaftspolitischer Empfehlungen zur Gestaltung des Steuerrechtes und der Administration der Besteuerung auf der Basis expliziter Werturteile, insbesondere des Paretokriteriums oder des utilitaristischen Verteilungskriteriums, gehört der normativen Theorie an. Die mikroökonomische Theorie leitet die Strukturen des Entzuges von Steuern aus dem Optimalkalkül der Steuerpflichtigen ab, die makroökonomische Theorie analysiert und bewertet Voraussetzungen und Wirkungen des Steuerentzuges auf aggregierter Ebene.

Sämtliche damit angesprochenen Fragestellungen lohnen den Versuch einer Beantwortung. Das Problem des Entzuges der Steuern streift bzw. berührt im Kern zentrale Problembereiche der Ökonomik und dabei insbesondere des Teilbereiches, der sich der Erforschung der Staatsaktivitäten verschrieben hat, der Finanzwissenschaft. Zur Vollständigkeit der Lehre von den Ausgaben und Einnahmen des Staates ist die Untersuchung der Umsetzung der Regelungen zur Erzielung von Staatseinnahmen und somit die Betrachtung der Reaktionen der Steuerpflichtigen auf die Gestaltung des Steuerrechtes und der Steueradministration ein nicht verzichtbarer Bestandteil der Theorie der Besteuerung. Steuerwirkungslehre und Optimalsteuertheorie genügen ohne Berücksichtigung der Steuerdurchsetzung dem Anspruch finanzwissenschaftlicher Steuerlehre nur unvollständig. In der mikroökonomischen Perspektive ist die Entscheidung des Steuerpflichtigen über die Höhe der Steuerzahlung unter dem Stichwort "Free-rider-Problem" als Teil des Untersuchungsgegenstandes der Theorie öffentlicher Güter anzusehen. In makroökonomischer Sicht sind die kurz- und langfristigen Wirkungen finanzpolitischer Maßnahmen auf Beschäftigung und Sozialprodukt abhängig von der Finanzierung staatlicher Ausgabenpolitiken und damit nicht nur von der nominalen, sondern auch der effektiven Steuerbelastung mitbestimmt. Finanzpolitische Stabilisierungs- und Wachstumspolitik sollte auch unter dem Blickwinkel des Entzuges von Steuerzahlung konstruiert werden. Über die allokationstheoretischen und stabilitätspolitischen Fragestellungen hinaus, die im strengen Sinne der Finanzwissenschaft zuzurechnen sind, ergeben sich aber auch Berührpunkte mit anderen Themen der ökonomischen Wissenschaft. Insbesondere bei der entscheidungstheoretischen Untersuchung der Handlungen zur Reduktion der Steuerzahllast, die außerhalb der Legalität stehen, sind Entlehnungen aus der ökonomischen Theorie krimineller Handlungen, als einem Beispiel für die Ausdehung der ökonomischen Methodik über den ursprünglichen Gegenstand ihrer Anwendung hinaus, hilfreich.

Aus den skizzierten Facetten der ökonomisch relevanten Aspekte des Steuerentzuges ergibt sich ein etwas genaueres Bild des Problems, dem diese Arbeit gewidmet ist, und es zeichnet sich eine Fülle möglicher Aufgabenstellungen ab. Der thematische Umfang gebietet eine Eingrenzung. Diese wird im weiteren durch weitestgehende Ausgrenzung normativer Fragestellungen vorgenommen. Die vorliegende Untersuchung beschränkt sich, von einigen wenigen Ausnahmen abgesehen, die sich im Zuge der Betrachtungen beinahe wie von selbst ergeben, auf die beschreibende und erklärende Analyse des Entzuges von Steuern, stellt somit nicht unmittelbar Maximen auf, die als Leitlinien der Steuersystematisierung und Steueradministration geeignet wären, und kann daher auf die Diskussion einer wohlfahrtsökonomischen Zielsetzung verzichten. Die Erklärung wirtschaftspolitischer Erscheinungen, die im Zusammenhang mit dem Entzug von Steuern stehen, wird je nach Spezifikation des Untersuchungszieles mit den Mitteln der Mikroökonomie oder den Verfahren der Makroökonomie unternommen.

Unter der Vielzahl der erhobenen Steuern ragt in systematischer Sicht und in fiskalischer Bedeutung die Einkommensteuer nicht nur in der Bundesrepublik Deutschland hervor. Wegen der Höhe des Steueraufkommens und der vermuteten Höhe vermiedener und vor allem hinterzogener Einkommensteuern widmet sich die Literatur zum Steuerentzug und insbesondere zur Steuerhinterziehung vor allem der Einkommensteuer.[2] Entsprechend wird auch in dieser Arbeit verfahren. Allerdings lassen sich einige Modelle durchaus ohne Mühe verallgemeinern, so daß manches Resultat auch in einem weiteren Kontext Bestand hat.

Insbesondere für die makroökonomische Behandlung des Themas ist eine weitere Einschränkung von erheblicher Bedeutung. Wirkungen über die Grenzen der Volkswirtschaft hinaus und resultierende Rückwirkungen werden nicht weiter beachtet. Obwohl Hinterziehung von Steuern in beträchtlichem Umfang durch Verlagerung von Kapitaleinkünften in das Ausland erfolgt und die resultierenden Probleme der Steuererhebung gerade in der letzten Dekade heftige politische Reaktionen hervorriefen, wird im folgenden Steuerentzug im Rahmen einer geschlossenen Volkswirtschaft untersucht, um die erforderlichen Betrachtungen nicht ausufern zu lassen.

Im Sinne der genannten Eingrenzung ist es das Ziel der vorliegenden Schrift, eine auf Erklärung und Prognose zielende ökonomische Theorie des Entzuges von Einkommensteuern aufzustellen. Bei der Umsetzung sind Nebenbedingungen zu beachten. Die bestehenden Erklärungsansätze verschiedenster durch Steuerentzug bedingter Phänomene müssen aufgegriffen und in geeigneter Systematisierung dargestellt werden, wobei eine Selektion unvermeidbar ist. Der Versuch, für bisher theoretisch nicht untersuchte Teilbereiche des Steuerentzuges eine Erklärung zu finden, wird aufgrund der Komplexität fraglicher Probleme darüber hinaus lückenhaft bleiben. Angesichts dieser Einschränkungen ist die Aufgabenstellung dieser Arbeit mit "Präsentation des gegenwärtigen ökonomischen Kenntnisstandes zur positiven Theorie des Entzuges von Einkommensteuern in einer geschlossenen Volkswirtschaft ergänzt um Erweiterungen zu offenen Fragen" gleichzusetzen. Dabei liegt ein wesentlicher Unterschied zu bestehenden Arbeiten in der Zusammenfassung der verschiedenen Varianten des Entzuges von Steuern. Legale und illegale Handlungen der Begrenzung der Steuerzahllast lassen sich aus der Perspektive der Ökonomik in gewisser Weise als zwei Seiten

---

[2] Die Bemühungen zur Untersuchung der Hinterziehung indirekter Steuern sind relativ spärlich gesäht. Siehe Marrelli (1984), Schweitzer (1984), Marrelli und Martina (1988), Panagariya und Narayana (1988), Tower (1989), Panagariya und Narayana (1989), Virmani (1989).

ein und derselben Medaille ansehen. Es erscheint durchaus lohnenswert, neben den Unterschieden auch die Gemeinsamkeiten herauszuarbeiten.

Die ökonomische Theorie des Steuerentzuges wird in mehreren Schritten entwickelt. Jedem Teil kommt dabei eine besondere Aufgabe zu. Im in die Thematik detaillierter einführenden zweiten Kapitel wird den Fragen

"Was ist Steuerentzug?"

und

"Was könnten die Bestimmungsgründe des Steuerentzuges sein?"

nachgegangen. Nach der Definition des Terminus "Steuerentzug" steht insbesondere die Klassifikation der zugehörigen Handlungen im Mittelpunkt der Beantwortung der ersten Frage. In Entsprechung zur Begriffsbildung in der Jurisprudenz werden die Termini Steuervermeidung, -umgehung und -hinterziehung eingeführt. Die begriffliche Klarstellung und Differenzierung erlaubt es später, auf einer vernünftigen Grundlage legale, halblegale und illegale Handlungen zur Reduktion der Steuerzahllast einerseits separat, andererseits in den Beziehungen zueinander zu analysieren. Der zweite Teil des Kapitels ist der Suche nach den Gründen, Motiven und Voraussetzungen des Entzuges von Steuern gewidmet, ohne bereits modelltheoretisch exakt den Zusammenhang exogener und endogener Variablen des Steuerentzuges zu fassen. Da eine genaue Quantifizierung insbesondere der Höhe der hinterzogenen Steuern mit vielerlei Schwierigkeiten behaftet ist, wird zum Schluß des zweiten Kapitels nur eine grobe Abschätzung der quantitativen Bedeutung des Steuerentzuges insgesamt und des Größenverhältnisses der einzelnen Varianten vorgenommen.

Das dritte Kapitel steht unter der Leitfrage

"Zu welchem Teil wird sich ein rationaler Steuerpflichtiger der Besteuerung entziehen?"

Nacheinander wird auf jeweils möglichst einfachem modelltheoretischem Wege die Entscheidungssituation eines Steuerpflichtigen betrachtet, der Steuervermeidung, -umgehung oder -hinterziehung ins Auge faßt. Einmaligkeit der Entscheidung und Vernachlässigung strategischer Interdependenzen werden auf dieser Ebene der Diskussion unterstellt. Die entwickelten Modelle stellen insofern Grundmodelle dar, auf deren Basis komplexere Entscheidungssituationen untersucht werden können. Das Schwergewicht der angestellten Betrachtungen liegt auf der Beantwortung der Frage

"Welchen Einfluß üben vom Gesetzgeber oder von der Steueradministration

festgelegte Parameter auf die Entscheidung des Steuerpflichtigen aus?"

Innerhalb der Analyse der Steuerhinterziehung wird – durchaus selektiv – einerseits dem Zusammenhang zur Risikoübernahme und andererseits der Quellenbesteuerung besondere Beachtung geschenkt. Zum Abschluß werden die Stränge der Diskussion zusammengeführt und Substitutions- und Komplementärbeziehungen von Steuervermeidung, -umgehung und -hinterziehung erörtert.

Die beiden folgenden Kapitel vertiefen die Analyse des dritten Kapitels, indem komplexere Entscheidungssituationen untersucht werden. Im vierten Kapitel werden die Handlungen des Steuerpflichtigen unter Einbeziehung strategischer Überlegungen diskutiert. Der erste Abschnitt beschränkt sich auf das Problem der Steuerhinterziehung und versucht eine Antwort auf die Frage

"Wie handeln Steuerhinterzieher und Finanzamt, wenn sie ihr Verhalten wechselseitig in Betracht ziehen?"

zu geben. In der Literatur zur Steuerhinterziehung stand dieses Problem in letzter Zeit häufig im Mittelpunkt der Diskussion. Das außerordentliche Interesse beruht nicht zuletzt auf der spieltheoretischen Interpretation als Signalspiel. Der zweite Abschnitt widmet sich der Free-rider-Problematik bei der Finanzierung allgemein zugänglicher bzw. im Konsum nichtrivaler Leistungen einerseits und staatlicher Umverteilung andererseits im Lichte des Problems des Steuerentzuges. Hierbei wird vor allem den Fragen

"Welche Bedeutung haben die wechselseitigen Erwartungen der Steuerpflichtigen bei der Beteiligung an der Finanzierung staatlicher Leistungen?"

und

"Gibt es so etwas wie ein umgekehrtes Äquivalenzprinzip der freiwilligen Finanzierung staatlicher Leistungen?"

nachgegangen. Die erwarteten Reaktionen auf Verhaltensänderungen und die Vermutung eines größeren Finanzierungsbeitrages, d.h. eines geringeren Steuerentzuges, bei stärkerer Berücksichtigung in der staatlichen Ausgabenstruktur werden zunächst allgemein und anschließend für Steuervermeidung und -hinterziehung getrennt erörtert.

Im fünften Kapitel wird der dynamischen Struktur der Steuerhinterziehung Rechnung getragen. Da ein wesentlicher Grund für das Interesse an der Dynamik in der Gestaltung des Steuerdurchsetzungsmechanismus durch das Finanzamt liegt, werden andere Varianten des Steuerentzuges nicht beachtet, obwohl einige Überlegungen einfach übertragen werden könnten. Die allgemeine forschungsleitende Frage

"Wie ist die dynamische Struktur der Steuerhinterziehung?"

wird in erster Linie für vom Finanzamt zur Steuerdurchsetzung verwandte Mechanismen, die entweder vergangenes Verhalten des Steuerpflichtigen miteinbeziehen oder die Rahmenbedingungen für zukünftige Entscheidungen unter spezifischen Bedingungen ändern, entlang der Teilfragen

"Schreckt Rück- oder Vorauswirkung vor Steuerhinterziehung ab?"

und

"Wird ein rationaler Steuerpflichtiger c.p. in allen Perioden im gleichen Ausmaß hinterziehen?"

beantwortet.

Die Kapitel drei bis fünf analysieren die Entscheidung eines rationalen Steuerpflichtigen und deren Abhängigkeit von der Ausgestaltung der Rahmenbedingungen angemessenerweise mit mikroökonomischen Methoden. Im sechsten Kapitel richtet sich das Augenmerk auf die gesamtwirtschaftlichen Konsequenzen, die mit individuell rationalem Steuerentzug verbunden sind. Entsprechend sind makroökonomische Modelle gefragt. Zur Beantwortung der Leitfrage

"Wie wirkt sich Steuerentzug auf gesamtwirtschaftliche Strom- und Bestandsgrößen aus?"

werden kurz- und langfristige Effekte unterschieden. Im kurzfristigen im weitesten Sinne keynesianischen Modell wird die Frage

"Welche Auswirkungen hat Steuerentzug unmittelbar auf Sozialprodukt und Steueraufkommen?"

behandelt, in Wachstumsmodellen der Frage

"Wie verändert Steuerentzug "in the long run" Kapitalintensität und Staatsschuld?"

nachgegangen. Die Beziehung zwischen Steuerentzug und Kapitalintensität im Wachstumsgleichgewicht wird einerseits im aggregierten neoklassischen Wachstumsmodell und andererseits im Modell des allgemeinen intertemporalen Gleichgewichtes diskutiert, die Betrachtung der Staatsverschuldung wird nur im aggregierten neoklassischen Wachstumsmodell durchgeführt.

Die Untersuchung des Steuerentzuges wird im siebten Kapitel von einer Zusammenfassung abgeschlossen, in der neben anderem die theoretischen

Erweiterungen gegenüber dem bisherigen Stand zusammengestellt werden und ein Ausblick auf offene Fragestellungen vorgenommen wird.

Kapitel 2

Steuerentzug: Begriffe, Konzepte und Probleme

Zum wesentlichen Teil werden die Ausgaben staatlicher Institutionen der modernen Industrienationen durch die Erhebung von Steuern und steuerähnlichen Abgaben finanziert.

Die ökonomische Wissenschaft versteht dabei unter Steuern Zwangsabgaben, die ohne Anspruch auf Gegenleistung von staatlichen Stellen erhoben werden.[1] Die Legaldefinition in der Bundesrepublik Deutschland von § 3 Absatz 1 AO entspricht heute überwiegend der ökonomischen Abgrenzung, schränkt aber durch zusätzliche Merkmale den Anwendungsbereich des Steuerbegriffes ein. Die Rechtswissenschaft betont insbesondere den fiskalischen Zweck der Steuererhebung.[2]

Unverzichtbarer Bestandteil der Ausgestaltung einer Steuer ist die Festlegung des Steuerobjektes, d.h. jener Sache oder Handlung, die die Steuerpflicht begründet. Die steuerliche Leistungspflicht entsteht nur dann, wenn der Tatbestand erfüllt ist, an den das Gesetz die Steuerpflicht knüpft. Die Höhe des Steuerbetrages richtet sich nach der Steuerbemessungsgrundlage, dem spezifizierten Maß des Zutreffens des Steuertatbestandes. Zur Feststellung der Steuerschuld ist im Regelfall die Mitarbeit des Steuerpflichtigen erforderlich. Das herausragendste Beispiel für dieses Erfordernis ist die Deklarationspflicht bei der veranlagten Einkommensteuer. Die Steuerzahlung hängt deshalb im besonderen Maße von der Bereitschaft zur wahrheitsgemäßen Erfüllung des Mitwirkungsgebotes ab.

Ob und in welchem Ausmaß Steuern gezahlt werden, kann daher durch den dem Steuersystem Unterworfenen auf vielfältige Weise beeinflußt werden:

- Erfüllung oder Vermeidung des Steuertatbestandes,

---

[1] Vgl. z.B. Schmidt (1980), S. 123.
[2] Vgl. z.B. Tipke und Lang (1991), S. 62 ff.

- Veränderung der Höhe der Steuerbemessungsgrundlage,
- Erfüllung oder Verweigerung wahrheitsgemäßer Mitwirkung.

In Zusammenfassung der verschiedenen Möglichkeiten wird definiert:

Definition 2.1 Steuerentzug

Alle auf das aus dem Ziel der Nutzenmaximierung abgeleitete Ziel der Reduktion der Steuerschuld und Steuerzahlung gerichteten Aktivitäten eines (potentiell) Steuerpflichtigen werden unter dem Begriff Steuerentzug subsumiert.

Die Begriffsbildung zur Beschreibung steuersparender Tätigkeiten ist in der Finanzwissenschaft keineswegs einheitlich, die Versuche der Klassifikation sind es noch weniger.[3] Zur adäquaten ökonomischen Modellbildung und -interpretation ist jedoch eine klare Begriffsabgrenzung notwendig. Bevor eine solche versucht werden soll, ist ein Blick auf die juristische Sicht des Steuerentzuges hilfreich, da das Kriterium der Legalität bei der Beurteilung steuerreduzierender Bemühungen zweifellos von Bedeutung ist.

---

[3] Ansätze zur Klassifikation finden sich bei Becker (1990), S. 159 ff, sowie in zahlreichen Arbeiten zur Steuerhinterziehung. Beispielhaft seien Hagedorn (1991), S. 19 ff und Cowell (1990a), S. 10 ff genannt. Letzterer konzediert einleitend eine in vielen Sprachen anzutreffende "confusion over terminology". Der Terminus Steuerausweichung wird in der deutschen Finanzwissenschaft (stellvertretend sei Brümmerhoff (1990), S. 248 f genannt) oft zur ausschließlichen Kennzeichnung legaler Anpassungen an das Steuerrecht benutzt. Neumark (1970), S. 361 hingegen schreibt über "legale wie illegale Steuerausweichungen". Neben den in der juristischen Terminologie eindeutig definierten Begriffen Steuervermeidung, Steuerumgehung und Steuerhinterziehung werden Begriffe wie Steuerwiderstand und Steuerersparnis verwandt. In der englischsprachigen Literatur werden als Oberbegriffe Wortschöpfungen wie "tax avoision" (Geeroms und Wilmots (1985)) und "tax aversion" (Cross und Shaw (1982)) verwandt. Dem Verfasser schien der Terminus "Steuerentzug" am ehesten geeignet, sowohl legale als auch illegale Aktivitäten zu subsumieren.

2.1 Steuerentzug aus der Sicht der Jurisprudenz

Die deutsche Rechtswissenschaft, Gesetzgebung und Rechtsprechung[4] kennen mehrere steuerrechtlich und strafrechtlich unterschiedlich gewürdigte steuerentziehende Aktivitäten: Steuervermeidung, Steuerumgehung und Steuerhinterziehung. Steuervermeidung ist legal, Steuerumgehung ist nicht im Sinne des Gesetzes und Steuerhinterziehung ist illegal. Steuerhinterziehung ist ein Straftatbestand, Steuerumgehung und (offensichtlich) Steuervermeidung sind nicht strafbar.[5] Während die prinzipielle Klassifikation verhältnismäßig offensichtlich ist, entstehen beträchtliche Probleme bei der Einordnung von Fällen des Steuerentzuges aus der Praxis in das genannte Schema.[6]

Unter **Steuervermeidung** versteht die juristische Wissenschaft die bewußt vorgenommene Vermeidung eines gesetzlichen Steuertatbestandes. Verhindert der Steuerpflichtige mit dem Ziel der Reduktion der Steuerschuld durch geeignete Handlungen bzw. Unterlassungen respektive durch die rechtliche Gestaltung wirtschaftlicher Vorgänge das Vorliegen des Steuergegenstandes, ohne durch falsche oder pflichtwidrig fehlende Angaben gegenüber dem Finanzamt Steuern zu verkürzen, so handelt er nicht gegen das Gesetz. In einem die juristische Auffassung maßgeblich prägenden Artikel bewertet Tipke (1972), S. 512 Steuervermeidung: "Es entsteht keine Steuerschuld, wenn und soweit kein Tatbestand verwirklicht wird, an den das Gesetz – verkörpert durch den (möglichen) Wortsinn seiner Normen – eine Steuer knüpft." Der Steuerpflichtige ist frei bei der rechtlichen Gestaltung ökonomischer Vorgänge. "Von mehreren angemessenen rechtlichen Gestaltungen darf der Steuerpflichtige die günstigste wählen."[7]

Ein beträchtlicher Teil der legalen Steuervermeidung richtet sich auf die Inanspruchnahme von Steuervergünstigungen. Tipke und Lang (1991), S. 136 grenzen **Steuervergünstigungen** von anderen die Steuerschuld senkenden Ausnahmeregelungen durch die steuerliche Bevorzugung "in Durchbrechung des steuerartbegründenden Prinzips, insb. in Durchbrechung des Leistungsfähigkeitsprinzips" ab. Steuervergünstigungen werden durch Sozialzwecknormen, d.h. lenkende Normen, die sozial-, wirtschafts- oder kul-

---

[4] Die Ausführungen zur Rechtslage und -interpretation konzentrieren sich auf das deutsche Rechtssystem. Eine interessante vergleichende Studie zu den Rechten und Pflichten des Steuerzahlers in den industrialisierten Staaten bietet Organisation for Economic Co-operation and Development (1990).

[5] Vgl. Tipke und Lang (1991), S. 130, Ulmer (1986), S. 294, Paufler (1983), S. 25 ff.

[6] Vgl. Ulmer (1986), S. 292 ff.

[7] Tipke und Lang (1991), S. 115.

turpolitisch begründet sind, geschaffen. Die Rechtswissenschaft grenzt die Sozialzwecknormen von den fiskalisch motivierten Normen ab.[8]

Steuervergünstigungen sind folglich vom Gesetzgeber intendierte steuerliche Entlastungen.

Steuervergünstigungen sind vor allem im Einkommensteuerrecht angesiedelt. Regelungen zur steuerlichen Begünstigung aufgrund gemeinnütziger u.ä. Tätigkeiten finden sich aber auch in der Abgabenordnung und in zahlreichen materiellen Steuergesetzen.

Von der legalen Steuervermeidung ist die dem Zweck des Steuergesetzes widersprechende, als Spezialfall der Gesetzesumgehung betrachtete Steuerumgehung abzugrenzen. In § 42 Satz 1 AO heißt es:

"Durch Mißbrauch von Gestaltungsmöglichkeiten des Rechts kann das Steuergesetz nicht umgangen werden."

Steuerumgehung ist die zum Zweck der Steuerersparnis vorgenommene mißbräuchliche, d.h. dem ökonomischen Vorgang unangemessene rechtliche Gestaltung wirtschaftlicher Abläufe. "Unangemessen ist eine rechtliche Gestaltung, die verständige Parteien in Anbetracht des wirtschaftlichen Sachverhalts, insb. des erstrebten wirtschaftlichen Ziels, als unpassend nicht wählen würden."[9] Unangemessene rechtliche Gestaltungen sind nicht transparent, kompliziert und/oder gekünstelt. Ulmer (1986), S. 293 nennt u.a. Gewinnverlagerung in das niedriger besteuerte Ausland durch Zwischenschaltung einer Basisgesellschaft ohne erkennbaren außersteuerrechtlichen Grund als Beispiel von Steuerumgehung. Die Gründung der Basisgesellschaft im Ausland, durchgeführt nur zum Zweck der Steuerersparnis, verkompliziert lediglich die ökonomischen Vorgänge im Unternehmen.

Die steuerliche Behandlung einer als Steuerumgehung qualifizierten Handlung wird in § 42 Satz 2 AO geregelt:

"Liegt ein Mißbrauch vor, so entsteht der Steueranspruch so, wie er bei einer den wirtschaftlichen Vorgängen angemessenen rechtlichen Gestaltung entsteht."

Sehen die Finanzbehörden bzw. die Finanzgerichte eine rechtliche Gestaltung als mißbräuchlich an, wird die Besteuerung nicht an die in der Realität gewählte Gestaltung angeknüpft, sondern an die dem zugrundeliegen-

---

[8] Vgl. Tipke und Lang (1991), S. 643 ff.

[9] Tipke und Kruse (1991), Tz. 12 zu § 42 AO.

den wirtschaftlichen Vorgang als angemessen betrachtete Gestaltung. Der Steuerpflichtige wird entsprechend zur Steuerzahlung herangezogen.

Im Gegensatz zur Steuerhinterziehung ist Steuerumgehung nicht strafbar, solange der Steuerpflichtige nicht Sachverhalte gegenüber den Finanzbehörden verheimlicht, die es dem Finanzamt erst ermöglichen würden, die rechtliche Gestaltung als Steuerumgehung zu werten.[10] Steuerumgehung kann also nur dann erfolgreich sein, wenn die Angaben des Steuerpflichtigen nicht hinreichend exakt überprüft werden oder die rechtliche Beurteilung durch die Finanzgerichte auch für die Finanzbehörden nicht vorhersehbar ist.[11]

Mißlingt Steuerumgehung, wird sie mithin von der Finanzverwaltung bzw. den Finanzgerichten als solche qualifiziert, so muß der Steuerpflichtige ausschließlich die (höhere) Steuer für die angemessene rechtliche Gestaltung entrichten. Steuerumgehung birgt nur das Risiko, so viel Steuern zahlen zu müssen, wie dies bei angemessener rechtlicher Gestaltung ohnehin erforderlich gewesen wäre.[12]

Neben Steuervermeidung und Steuerumgehung gibt es allerdings auch Methoden der Steuerersparnis, die vom Gesetzgeber unter Strafe gestellt sind.[13] Die Zuwiderhandlungen gegen das Steuerrecht werden in Steuerstraftaten und Steuerordnungswidrigkeiten unterteilt. Erstere werden als kriminelle Handlungen eingestuft, letztere als ethisch indifferent betrachtet und im Gegensatz zu den mit Geld- oder mehrjähriger Freiheitsstrafe sanktionierten Steuerstraftaten nur mit Geldbuße geahndet.[14] Der Steuerhinterziehung als zentralem Delikt des Steuerstrafrechtes macht sich nach § 370 Absatz 1 AO schuldig, "wer

1. den Finanzbehörden oder anderen Behörden über steuerlich erhebliche Tatsachen unrichtige oder unvollständige Angaben macht,
2. die Finanzbehörden pflichtwidrig über steuerlich erhebliche Tatsachen in Unkenntnis läßt oder
3. pflichtwidrig die Verwendung von Steuerzeichen oder Steuerstemplern unterläßt

und dadurch Steuern verkürzt oder für sich oder einen anderen nicht gerechtfertigte Steuervorteile erlangt."

---

[10] Vgl. Tipke und Kruse (1991), Tz. 20 zu § 42 AO.
[11] Letzteres ist jedoch nach Ulmer (1986), S. 293 häufig der Fall.
[12] Vgl. Ulmer (1986), S. 294, Tipke und Lang (1991), S. 115.
[13] Eine umfassende Darstellung gibt beispielsweise Mösbauer (1989).
[14] Vgl. Tipke und Lang (1991), S. 766 ff.

Aus § 370 Absatz 4 Satz 1 AO ergibt sich, daß eine **Steuerverkürzung** eintritt, wenn Steuern "nicht, nicht in voller Höhe oder nicht rechtzeitig" entrichtet bzw. bei Veranlagungssteuern vom Finanzamt festgesetzt werden (können).

Steuerhinterziehung liegt also dann vor, wenn der Steuerpflichtige aufgrund von gegenüber der Verwaltung gemachten falschen oder unvollständigen Angaben bzw. trotz gesetzlicher Verpflichtung nicht erfolgten Angaben Steuern überhaupt nicht, nur teilweise oder verspätet entrichtet bzw. durch Steuerbescheid zur Steuerzahlung veranlaßt werden kann.

Die Tathandlung der Steuerhinterziehung ist im wesentlichen durch die Verletzung steuerlicher Erklärungspflichten gegenüber dem Finanzamt bzw. anderen Behörden gekennzeichnet.[15]

Bei der strafbaren Steuerhinterziehung zahlt der Steuerschuldige aufgrund betrügerischer Angaben oder Unterlassungen nicht den durch den Steuertarif der tatsächlichen Steuerbemessungsgrundlage zugeordneten Steuerbetrag.

Strafbar ist Steuerhinterziehung nur bei vorsätzlichem Handeln. Weiß der Steuerpflichtige nicht, daß er den Tatbestand der Steuerhinterziehung erfüllt, und will er den Taterfolg nicht (bzw. nimmt er ihn nicht billigend in Kauf), kann er in Verbindung mit § 370 AO nicht bestraft werden. Der Steuerpflichtige ist allerdings verpflichtet, sich über die steuerrechtlichen Regelungen zu informieren.[16]

Neben Steuerhinterziehung werden Bannbruch, Schmuggel und Steuerhehlerei, die überwiegend mit dem Im- und Export von Waren in Verbindung stehen, den Steuerstraftaten zugerechnet.

Den Steuerordnungswidrigkeiten werden die leichtfertige, d.h. grob fahrlässige, Steuerverkürzung und Steuergefährdungen insbesondere von Abzugsteuern, Verbrauchsteuern und Eingangsabgaben zugeordnet.

Wird eine Steuerhinterziehung von den Finanzbehörden festgestellt und der Hinterzieher von Steuern verurteilt, so muß der Hinterzieher die hinterzogenen Steuern inkl. Hinterziehungszinsen nachzahlen und i.a. eine Geldstrafe zahlen.

Jeder Steuerpflichtige haftet für die geschuldete Steuer. Kommt er seiner Leistungsverpflichtung nicht nach, steht er mit dem eigenen Vermögen für

---

[15] Die Erklärungspflichten des Steuerpflichtigen und Dritter stellt Bilsdorfer (1988) detailliert dar. Vgl. auch Mösbauer (1989), S. 46 ff.

[16] Vgl. Mösbauer (1989), S. 62 ff.

die Erfüllung der Schuld ein.[17] Der Steuerhinterzieher ist also als Steuerschuldner zur (verspäteten) Zahlung der Steuer verpflichtet.

Darüberhinaus sieht § 235 Absatz 1 Satz 1 AO vor:

"Hinterzogene Steuern sind zu verzinsen. Zinsschuldner ist derjenige, zu dessen Vorteil die Steuern hinterzogen worden sind."

Bei vollendeter Steuerhinterziehung muß der Steuerschuldner für jeden Monat zwischen Eintritt der Steuerverkürzung und Zahlung der Steuer nach § 238 Absatz 1 AO $0,5\%$ Zinsen zahlen.[18] Die schematische Festsetzung der Zinszahlung gleicht (teilweise) den Zinsvorteil verspäteter Steuerzahlung aus.

Das Steuerrecht sieht in § 71 AO zusätzlich zur Haftung des Steuerschuldners vor, daß Dritte, die als Teilnehmer oder Mittäter ursächlich zur Verkürzung beigetragen haben, für die hinterzogenen Steuern inkl. der Hinterziehungszinsen haften.[19]

Steuerschuld und Haftung sind unabhängig von einer strafrechtlichen Belangung. Erfolgt eine solche, wird der Steuerhinterzieher in der Regel zu einer Geldstrafe verurteilt. Die Geldstrafe errechnet sich aus dem Produkt von Zahl und Höhe der Tagessätze. Die Bemessung der Strafe ist in der Praxis zwar keineswegs vollkommen einheitlich, aber ein Zusammenhang zwischen den ökonomischen Verhältnissen (typischerweise anhand des Nettoeinkommens gemessen) nach § 40 StGB und dem Taterfolg (der Höhe der hinterzogenen Steuern) einerseits und der Höhe der Geldstrafe andererseits wird in der Regel hergestellt.[20] Hagedorn (1991), S. 37 f geht soweit, die Strafe für Steuerhinterziehung nach deutschem Recht als lineare Funktion des Produktes aus Nettoeinkommen und hinterzogener Steuer darzustellen.

Der Steueranspruch gilt über das Jahr hinaus, in dem er entsteht.[21] Zur Gewährleistung von Rechtssicherheit sind in der Abgabenordnung Begrenzungen über den Zeitraum enthalten, in dem eine Steuer von den Finanzbehörden festgesetzt werden kann. Mit Ablauf der Festsetzungsfrist tritt Festsetzungsverjährung (§§ 169 – 171 AO) ein. Die Festsetzungsfrist beginnt mit Ablauf des Jahres, in dem der Anspruch entstanden ist, und endet bei der Einkommensteuer nach vier Jahren, verlängert sich aber bei Steu-

---

[17] Vgl. Tipke und Lang (1991), S. 139.

[18] Vgl. Kühn, Kutter und Hofmann (1990), § 235 und § 238.

[19] Vgl. Kühn, Kutter und Hofmann (1990), Rdnr. 1 und 2 zu § 71.

[20] Vgl. Mösbauer (1989), S. 70 f, Kühn, Kutter und Hofmann (1990), Rdnr. 12 zu § 370.

[21] Vgl. Tipke und Lang (1991), S. 710 f.

erhinterziehung auf zehn Jahre (§ 169 Absatz 2). Durch Strafverfolgung, Außenprüfung und zahlreiche andere detailliert aufgeführte Umstände tritt allerdings Ablaufhemmung ein, so daß de facto Rechtssicherheit über die Höhe der Steuerschuld häufig erst nach einem weitaus längeren Zeitraum eintritt.

Wird ein Steueranspruch fällig, entsteht ein Zahlungsanspruch, der erst nach fünf Jahren mit Eintreten der Zahlungsverjährung erlischt (§§ 228 – 232 AO).[22] Die Verjährung kann unterbrochen werden.

Von der Verjährung des Steuer- bzw. Zahlungsanspruches ist die Verfolgungsverjährung zu unterscheiden.[23] Die Verjährungsfrist beginnt mit Beendigung der Tat und endet bei Steuerdelikten je nach Strafandrohung nach drei oder fünf Jahren. Nach Ablauf der Verjährungsfrist ist die Einleitung eines Strafverfahrens (§ 78 StGB) bzw. Steuerordnungswidrigkeitsverfahrens (§§ 31 – 33 OWiG) nicht mehr möglich.

2.2 Steuerentzug aus der Sicht der Ökonomik

Die juristische Klassifikation der unterschiedlichen Anpassungen an die Steuererhebung ist nicht per se geeignet, als Grundlage ökonomischer Betrachtungen und Modellbildung zu dienen, da sie unmittelbar nur an die juristischen Termini "rechtliche Gestaltung des wirtschaftlichen Vorganges" und "strafrechtliche Behandlung" der Steuerpflichtigen anknüpft. Der Schritt zu einer für die ökonomische Theoriebildung geeigneten Begriffsbildung ist jedoch nicht sehr groß.

Der zentrale Untersuchungsgegenstand der Ökonomik ist die Allokation der Ressourcen. Im Rahmen der Steuertheorie wird u.a. analysiert, wie sich durch individuelle steuerinduzierte Wahlhandlungen die Verfügungsgewalt über und die Verwendung von Ressourcen ändern.

Die Einbettung der Theorie des Steuerentzuges in die Steuerwirkungslehre läßt es als sinnvoll erscheinen, den Einfluß einer steuersparenden Aktivität auf den vom Steuerpflichtigen erwarteten Ressourcentransfer an den steuererhebenden Staat in Form von Steuer- und Strafzahlungen[24] als erstes und entscheidendes Kriterium zur Einteilung verschiedener Steuerschuld bzw.

[22] Vgl. Tipke und Lang (1991), S. 726.

[23] Vgl. Tipke und Lang (1991), S. 788 und 791.

[24] Auch eine Freiheitsstrafe kann als Ressourcentransfer an den Staat interpretiert werden, wenngleich dieser diese Ressource nur unzureichend nutzt.

-zahlung reduzierender Aktivitäten heranzuziehen. Der Ressourcentransfer an den Staat verändert den Handlungsspielraum des Steuerpflichtigen. Analog zum genannten Kritierium kann also zur Klassifikation auch die erwartete Auswirkung auf den Raum möglicher Handlungen (alternative Verwendungen von Ressourcen) des Steuerpflichtigen in der Zukunft in Betracht gezogen werden. Zur Unterscheidung der diversen Aktivitäten des Steuerentzuges ist für die Verwendung in ökonomischen Modellen nicht in erster Linie die rechtliche Beurteilung von Bedeutung, sondern vielmehr die vermuteten Auswirkungen auf die Ressourcenverfügungsverteilung zwischen Steuerschuldner und -gläubiger. Denn die Erwartungen des Steuerpflichtigen prägen sein Verhalten. Dem individuellen Verhalten und den daraus resultierenden gesamtwirtschaftlichen Konsequenzen aber gilt das Interesse der Volkswirtschaftslehre.

In ganz ähnlicher Weise argumentiert Cowell (1990a), S. 12 f, der das Kennzeichen der Steuerhinterziehung in der Unsicherheit des Steuerhinterziehers über Steuerzahlung und Bestrafung sieht. Nach Cowell liegt folglich Steuerhinterziehung immer dann vor, wenn der Steuerpflichtige einerseits nicht sicher weiß, wieviel Steuern er letztendlich zahlen muß, und andererseits sicher ist, daß eine Bestrafung möglich ist, d.h. mit einer Wahrscheinlichkeit größer null eintreten kann. Wird eine bestimmte Aktivität nicht mit Strafe bedroht oder erfolgt trotz Vorliegen einer Strafandrohung keine Strafverfolgung, handelt es sich in der Abgrenzung von Cowell nicht um Steuerhinterziehung. Besteht hingegen an der Legalität einer steuerentziehenden Tätigkeit Zweifel, so ist diese der Steuerhinterziehung zuzurechnen.[25] Ist die Höhe des Ressourcentransfers an den Staat für den Steuerpflichtigen bzw. die Konsequenz für die eigene Verfügungsmöglichkeit über Ressourcen unsicher, dann liegt Steuerhinterziehung vor.

Die Anknüpfung der Steuerhinterziehung an die Vermutung, eine Bestrafung wäre möglich, findet insofern im deutschen Recht seine Entsprechung, als daß Steuerhinterziehung nur bei mindestens bedingtem Vorsatz strafbar ist. Wird eine Handlung von den Finanzbehörden als Steuerhinterziehung entlarvt, hat der Steuerschuldner hingegen unabhängig von seinen Erwartungen die Steuer nachzuzahlen. Da der Steuerpflichtige aber beträchtliche Informationspflichten hat, unterscheidet sich die juristische von der genannten ökonomischen Qualifikation der Steuerhinterziehung im Kern nicht so erheblich, wie es auf den ersten Blick den Anschein hat. Kommt der Steuer-

[25] Letztgenanntes merkt Cowell (1990a), S. 13 an. In kürzerer Form stellt bereits Cowell (1985b), S. 165 f diesen Gedankengang vor.

pflichtige seinen Informationspflichten überhaupt nicht nach, hält also eine Steuerhinterziehung für ausgeschlossen, obwohl das Steuerrecht sein Verhalten entsprechend bewertet, dann liegt in einem umfassenderen Sinne dennoch Steuerhinterziehung in der Abgrenzung von Cowell vor, da der Steuerpflichtige bereits bei der Entscheidung für den Verzicht auf rechtskundigen Rat das Risiko der Bestrafung mit einschließt.

Für die weitere Verwendung wird Steuerhinterziehung unter Bezug auf die aus der Administration der Steuer und der Strafverfolgung resultierende Unsicherheit präzise definiert.

Definition 2.2 Steuerhinterziehung

Steuerhinterziehung ist eine vom Steuerpflichtigen begangene Handlung, die dieser für geeignet hält, seine Steuerzahllast zu reduzieren, wenn der Steuerpflichtige zum Zeitpunkt der Entscheidung mit positiver Wahrscheinlichkeit erwartet, die Steuerzahlung leisten zu müssen, die sich ohne diese Handlung ergeben hätte, und darüber hinaus mit positiver Wahrscheinlichkeit eine Bestrafung erwartet.

In Anlehnung an das dargestellte Konzept der Abgrenzung kann der aus dem Steuerrecht entlehnte Begriff der Steuerumgehung definiert werden. Steuerumgehung zeichnet sich in juristischer Bewertung dadurch aus, daß Bestrafung ausgeschlossen und Steuernachzahlung bei entsprechender Einschätzung durch die Finanzbehörden und -gerichte verlangt wird. Wird nun auch Steuerumgehung anhand der Erwartungen des Steuerpflichtigen von anderen steuersparenden Aktivitäten abgegrenzt, dann ergibt sich die folgende Definition.

Definition 2.3 Steuerumgehung

Steuerumgehung ist eine vom Steuerpflichtigen begangene Handlung, die dieser für geeignet hält, seine Steuerzahllast zu reduzieren, wenn der Steuerpflichtige zum Zeitpunkt der Entscheidung mit positiver Wahrscheinlichkeit erwartet, die Steuerzahlung leisten zu müssen, die sich ohne diese Handlung ergeben hätte, eine Bestrafung jedoch für ausgeschlossen hält.

Analog zur Definition der Steuerhinterziehung ergibt sich eine Divergenz zur juristischen Begriffsbildung aus der Tatsache, daß die Qualifikation der Steuerumgehung von der Interpretation des Rechts letztendlich durch den

Bundesfinanzhof abhängt und nicht von der Einschätzung durch den Steuerpflichtigen. Zur entscheidungstheoretischen Operationalisierung ist aber eine Einbeziehung in die Randbedingungen der individuellen Entscheidung erforderlich. Ein rationaler Steuerpflichtiger wird die Ungewißheit in der Rechtsprechung nicht außer acht lassen.

Ganz im Sinne der bisherigen Verfahrensweise wird jetzt Steuervermeidung definiert.

Definition 2.4 Steuervermeidung

Steuervermeidung ist eine vom Steuerpflichtigen begangene Handlung, die dieser für geeignet hält, seine Steuerzahllast zu reduzieren; der Steuerpflichtige erwartet zum Zeitpunkt der Entscheidung weder Steuernachzahlung noch Bestrafung.

Da die Steuervermeidung weder im Widerspruch zu Steuerrecht noch Strafrecht steht, weiß der Steuerpflichtige, daß sich aus seiner Handlung eindeutig nur die Steuerpflicht ergibt, die im Steuertarif der durch die Handlung festgelegten Steuerbemessungsgrundlage zugeordnet ist. Beispielhaft nennt Stiglitz (1985), S. 325 drei Prinzipien der Vermeidung von Einkommensteuern: Zeitliche Verschiebung der Steuerzahlung und Steuerarbitrage zwischen Individuen oder Einkommensarten mit unterschiedlicher Steuerbelastung.

Bereits eingangs wurde erwähnt, daß die finanzwissenschaftlichen Abgrenzungen zum Steuerentzug wenig einheitlich sind. Einige Autoren heben hervor, daß auch "tax avoidance" unsicheren Ertrag haben kann.[26] Zum einen wegen ungewisser steuerlicher Behandlung, zum anderen, da "strategies of avoidance often yield returns that depend upon future, uncertain events."[27] Wegen ersterer Problematik wurde hier die juristische Unterscheidung zwischen Steuerumgehung und -vermeidung übernommen. Die letztgenannte Abhängigkeit des Ertrages der Steuervermeidung von ungewissen zukünftigen Ereignissen kann in einer Welt unsicherer Zukunft kein bestimmendes Merkmal der Steuervermeidung sein, wie auch am Beispiel der Kapitaleinkommensteuer die Analyse von Stiglitz (1985) deutlich macht.

Zusätzlich zu dem genannten Kriterium der Ungewißheit über den Ressourcenentzug durch Steuern und Sanktionen werden in der ökonomischen Literatur eine Reihe von Anhaltspunkten genannt, die zur Abgrenzung der

---

[26] Vgl. Alm (1988), S. 34, Alm und McCallin (1990), Hagedorn (1991), S. 22.

[27] Alm und McCallin (1990), S. 193.

steuerentziehenden Aktivitäten hinzugezogen werden. Diese Gesichtspunkte sollen im folgenden als zusätzliche Merkmale eingeführt werden, die typischerweise jeweils erfüllt sind.

Entsprechend der Festlegung in der Abgabenordnung wird zum einen auf die pflichtwidrig unterlassenen bzw. falschen Angaben des Steuerpflichtigen gegenüber dem Finanzamt abgestellt. Steuerhinterziehung ist durch asymmetrische Information über die steuerlich relevanten Aspekte einer Transaktion zwischen dem informierten Steuerschuldigen und den aufgrund fehlender Informationsübermittlung mangelhaft informierten Finanzbehörden gekennzeichnet.[28] Steuervermeidung wird dagegen offengelegt; Finanzamt und Steuerpflichtiger verfügen über die relevanten Informationen. Steuerumgehung ist hinsichtlich der Informationsasymmetrie ein Grenzfall zur Steuerhinterziehung. Im Gegensatz zur Steuerhinterziehung werden zwar alle zur Festsetzung der Besteuerung entscheidenden Informationen dem Finanzamt zur Verfügung gestellt; der Steuerpflichtige unternimmt auch keine Aktivitäten, um den Sachverhalt zu verschleiern. Das Finanzamt muß aber mit Kosten verbundene Prüfungen der Angaben des Steuerpflichtigen vornehmen, um die Steuerumgehung als solche erkennen zu können.

Ein weiteres Merkmal zur Abgrenzung verschiedener steuerentziehender Aktivitäten ist ihre Bewertung durch Gesetzgeber bzw. Regierung. Steuerhinterziehung und -umgehung sind offensichtlich nicht im Sinne des Gesetzgebers. Eine Entdeckung führt (zumindest) zur steuerlichen Neutralisation. Steuervermeidung kann jedoch sehr wohl vom Gesetzgeber gewünscht sein.[29] Zu den gewünschten Varianten gehört vor allem die Inanspruchnahme von Steuervergünstigungen. Im Mittelpunkt der Literatur im Zusammenhang mit Steuervermeidung stehen allerdings die Aktivitäten, die "contrary to the intention of the government"[30] sind. Die Unterteilung in staatlich gewollte und ungewollte Steuervermeidungen ist im Rahmen der normativen Analyse steuerentziehender Tätigkeiten von Bedeutung.

Eine Variante des Steuerentzuges ist bisher noch nicht explizit behandelt worden, obwohl sie in (beinahe) jeder finanzwissenschaftlichen Monographie dargelegt wird. Steuerpflichtige reagieren auf Steueränderungen durch

---

[28] Vgl. z.B. Kay (1980), S. 136, Cowell (1990b), Hagedorn (1991), S. 21. Ein ganzer (spieltheoretischer) Zweig der Literatur zur Steuerhinterziehung setzt an der Informationsasymmetrie an. Vgl. z.B. Beck und Jung (1989a), Border und Sobel (1987), Mookherjee und P'ng (1989).

[29] Sandford (1980), S. 151 f unterteilt "tax savings" gar in von der Regierung gewollte, neutral bewertete, aus administrativen Gründen akzeptierte und bekämpfte Formen.

[30] Sandford (1980), S. 153.

Veränderungen des konsumierten oder angebotenen Anteiles höher und niedriger besteuerter Güter. Je nach Stärke von Substitutions- und Einkommenseffekt führen Steueränderungen zu geringerer oder größerer Nachfrage (Angebot). Kay (1980), S. 136 versucht solche Anpassungen an das Steuerrecht aus der Theorie der Steuervermeidung anhand eines Beispieles auszugrenzen: "The man who reacts to the tax system by drinking coca-cola instead of whisky is not engaging in tax avoidance, though he is reducing the amount of tax he pays; the man who reacts by staying at the office to drink the firm's whisky instead of his own is avoiding tax." Steuervermeidung liegt nach der Auffassung von Kay (1980) nur vor, wenn die tatsächlich gewählte und die besteuerte vermiedene Aktivität sich *sehr ähnlich* sind. Um den Untersuchungsgegenstand einzugrenzen, wird Kay (1980) folgend Steuervermeidung insofern eingegrenzt, als daß nur solche Tätigkeiten zur **Steuervermeidung im engeren Sinne** gerechnet werden, die sich in der Bewertung des Steuerpflichtigen (beinahe) nur in der Besteuerung unterscheiden. Vermiedene und vorgenommene Tätigkeit sind (fast) vollkommene Substitute.[31]

2.3 Steuerentzug: Gründe und Voraussetzungen

Entscheidenden Einfluß auf die Art und das Ausmaß des Steuerentzuges übt der Gesetzgeber durch die Festlegung von Steuerobjekten und Steuertarifen aus. (Gezielter) individueller Steuerentzug wird erst möglich, wenn die Besteuerung an Merkmalen anknüpft, die vom Steuerpflichtigen selbst beeinflußt werden können. Erfolgt die Finanzierung staatlicher Ausgaben durch "**Lump sum taxes**" (Pauschalsteuern), deren Höhe sich nach vom Steuerpflichtigen nicht veränderbaren Merkmalen (Alter, Geschlecht etc.) bemißt, wird individueller Steuerentzug unmöglich, kollektiver **Steuerwiderstand** tritt an ihre Stelle.[32] Der einzelne Steuerpflichtige hat bei einer Pauschalbesteuerung keine Chance, durch Aktivitäten (alleine) Steuerschuld und -zahllast zu reduzieren.[33] Die gemeinsame Ablehnung durch eine Vielzahl von Steuerpflichtigen, die auf eine Modifikation des Steuerrechtes hinzielt,

---

31 Siehe auch Feldman und Kay (1981). Bereits Whittington (1980), S. 148 bezweifelt allerdings, daß es einen qualitativen (nicht nur quantitativen) Unterschied zwischen vollkommener und unvollkommener Substitution hinsichtlich der Begriffsbildung zur Steuervermeidung gibt.

32 Die Geschichte der britischen "Kopfsteuer" bestätigt diese Hypothese: Offener Steuerboykott und Demonstrationen statt heimlicher Steuerhinterziehung.

33 Zwar hat der Steuerpflichtige die Möglichkeit "unterzutauchen" und kann sich so der Steuer entziehen. Ein solches Verhalten impliziert aber den Verlust sozialstaatlicher Segnungen.

kann (langfristig) hingegen zur Reduktion der Steuerschuld führen. Aktivitäten, die auf eine Änderung der gesetzlichen Rahmenbedingungen zielen, werden i.a. nicht dem Steuerentzug zugezählt.

Nur wenn der Steuerpflichtige über einen individuellen Gestaltungsspielraum verfügt, ist Steuerentzug möglich. Die Größe und Struktur des Gestaltungsraumes ist für den Steuerentzug wesentlich. Verfügt der Steuerpflichtige über viele legale Möglichkeiten (angemessener) rechtlicher Gestaltung wirtschaftlicher Vorgänge, ist Steuervermeidung eine interessante Option. Fehlen legale Möglichkeiten, bietet sich Steuerhinterziehung an.

Die Steuerzahlung wirkt sich in zweierlei Weise auf das Wohlbefinden des Zensiten aus. Zum einen verkleinert sich die der eigenen Nutzung zur Verfügung stehende Menge an Ressourcen, zum anderen erhält der Staat Ressourcen, die für den Zensiten nutzbringend eingesetzt werden können. Die Höhe des Steuerentzuges wird folglich von der Wertschätzung staatlicher Leistungen und des selbstbestimmten Güterkonsums abhängen.[34] Im Marginalkalkül formuliert bedeutet dies: Der Grenznutzen einer zusätzlichen an den Staat transferierten und von diesem für öffentliche Leistungen verwendeten Einheit ist im optimalen Ausmaß des Steuerentzuges gleich dem marginalen Nutzenverlust aufgrund geringerer zur eigenen unmittelbaren Verfügung stehender Ressourcen.

Der Steuerentzug wird erheblich von den Erwartungen des Steuerpflichtigen in bezug auf das Verhalten der anderen Steuerzahler abhängen.[35] Die Reaktionen anderer Zensiten auf die Reduktion des Beitrages eines Steuerpflichtigen zur Finanzierung staatlicher Ausgaben wird das Verhalten wesentlich bestimmen. Von der Reaktion anderer Steuerpflichtiger hängt die Auswirkung des Steuerentzuges auf die Höhe und damit den Nutzen staatlicher Leistungen ab.

Ob der Steuerpflichtige Steuern vermeiden, umgehen oder hinterziehen wird, hängt zentral von der Effizienz des staatlichen Kontrollsystems und der Gestaltung und Umsetzung des Strafrechtes ab. Der Erfolg von Steuerumgehung und Steuerhinterziehung wird durch wirksame staatliche Überwachung bzw. Kontrolle verhindert bzw. reduziert. Dabei ist nicht nur die Intensität staatlicher Prüfungen von Belang, sondern auch die Durchsetzbarkeit staatlicher Ansprüche bei Aufdeckung eines Falles von Steuerumge-

[34] Den Nutzen staatlicher Leistungen führte Kolm (1973) in die Literatur zur Steuerhinterziehung ein. Eine detaillierte Analyse findet sich bei Cowell und Gordon (1988). Vgl. auch Falkinger (1988), Cowell (1990a).

[35] Bezüglich Steuerhinterziehung siehe insbesondere Falkinger (1988).

hung bzw. -hinterziehung. Die Erfolgschancen staatlicher Überprüfungen werden durch Eindeutigkeit und Klarheit des Steuerrechtes, durch Effizienz der Steueradministration und durch die Güte der Überprüfung durch die Judikative erhöht. Je größer die Wahrscheinlichkeit (durchsetzbarer) staatlicher Kontrolle ist, desto größer ist der erwartete Ressourcentransfer an den Staat, desto niedriger also der Gewinn an individuell verfügbaren Ressourcen. Die Option der Steuerhinterziehung wird zudem von der Behandlung verurteilter Täter durch den Staat (und die anderen Mitglieder der Gesellschaft) geprägt. Je nachhaltiger die Bestrafung eines Delinquenten ist, desto unvorteilhafter ist Steuerhinterziehung in Relation zu den anderen Optionen des Steuerentzuges. Auch bezüglich staatlicher Kontrolle und Bestrafung ist die Erwartungsbildung des Steuerpflichtigen von Bedeutung. Das Verhalten eines Steuerpflichtigen wird davon abhängen, ob er einen eigenen Einfluß auf die Intensität und Erfolgschancen staatlicher Überprüfungen vermutet.

Weitere wesentliche Bestimmungsfaktoren für das Ausmaß des Steuerentzuges und die Wahl zwischen Steuerhinterziehung, -umgehung und -vermeidung stellen die Kosten dar, die mit der Entrichtung der Steuer und der jeweiligen Variante des Steuerentzuges verbunden sind.

Zu den "operating costs" der Besteuerung sind nicht nur die Erhebungskosten der Besteuerung[36], die die Kosten der Gesetzgebung, die Kosten der Steuerverwaltung und die Kosten laufender Kontrolle umfassen, als staatliche Ausgaben zuzurechnen, sondern auch die Entrichtungskosten (Folge-, Erfüllungskosten) der Privaten. Die Privaten tragen einen beträchtlichen Anteil der (unmittelbaren) Kosten der Besteuerung. Der Steuervollzug muß von den Steuerpflichtigen teilweise selbst durchgeführt werden. Ökonomische Transaktionen sind in von den Finanzbehörden akzeptierter Weise zu belegen. Die Steuerpflichtigen haben sich zu informieren und beraten zu lassen, Transaktionen zu erfassen (EDV), Steuererklärungen auszufüllen und Steuern zu zahlen. Häufig sind Dritte involviert. Die Lohnsteuer wird vom Arbeitgeber einbehalten und an das Finanzamt abgeführt. Steuerentrichtung verlangt Zeit und erfordert Personal- und Sachkosten. Sandford, Godwin und Hardwick (1989), S. 10 fassen zusammen: "Compliance costs (**Entrichtungskosten**, d. Verf.) are defined as those costs incurred by taxpayers, or third parties such as businesses, in meeting the requirements laid upon them in complying with a given tax structure." Die

[36] Vgl. Bauer (1988), insb. S. 35 f, der eine detaillierte empirische Untersuchung der Erhebungskosten verschiedener Steuern in der Bundesrepublik Deutschland vorgelegt hat.

Entrichtungskosten können vorübergehender Natur sein, d.h. bei erstmaliger Besteuerung oder Steuerrechtsänderungen auftreten, oder dauerhaft anfallen.[37] Schätzungen haben ergeben, daß die von den Privaten getragenen Kosten der Besteuerung in der Bundesrepublik Deutschland bei den meisten Steuerarten erheblich und im Mittel zumindest höher als die staatlichen Verwaltungskosten sind.[38]

Kosten der Entrichtung von Steuern haben offensichtlich einen Einfluß auf die individuelle Entscheidung über das Ausmaß von Steuerentzug, wenn die Erfüllungskosten von der Höhe der *tatsächlichen* Steuerzahlung abhängen. Mit verstärktem Steuerentzug sinken die tatsächlichen Steuerzahlungen und folglich auch die Entrichtungskosten. Der Ertrag des Steuerentzuges steigt.

Doch nicht nur die Entrichtung der Steuern ist mit Kosten verbunden, auch der Steuerentzug ist nicht kostenfrei. Zentral zur Bestimmung des Steuerentzuges sind für den Steuerpflichtigen die Höhe der Kosten des Steuerentzuges. Sandford, Godwin und Hardwick (1989), S. 12 f diskutieren, ob die Kosten des Steuerentzuges nicht als *freiwillige* Erfüllungskosten anzusehen sind.[39] Obwohl eine korrekte Zuordnung zu freiwilligen und unfreiwilligen Kosten in der Praxis nicht immer möglich ist, erscheint eine Ausgliederung der Kosten des Steuerentzuges aus den Erfüllungskosten bei der Behandlung des Steuerentzuges wegen ihres unterschiedlichen Einflusses auf die vom Steuerpflichtigen gewählte Höhe des Steuerentzuges sinnvoll. Kosten der Entrichtung erhöhen die Attraktivität des Steuerentzuges, Kosten des Steuerentzuges senken diese.

Jede steuerentziehende Tätigkeit ist typischerweise mit Kosten verbunden.[40] Jedwede Form des Steuerentzuges erfordert vom Steuerpflichtigen Informationsbeschaffung, die Kosten verursacht; zumindest bei den legalen Varianten wird sich der Steuerpflichtige fachkundigen Rat suchen. Dabei entstehen Kosten für den Steuerberater. Steuerinduzierte Umschichtungen des Portefeuilles sind mit Transaktionskosten verbunden. Reisekosten (z.B. in das Ausland) sind zu zahlen. Möglicherweise wird ein Wohnsitz im Ausland er-

---

37 Vgl. Sandford (1980), S. 150.

38 Für einen Überblick vgl. Becker (1990), S. 175 ff. Die Ergebnisse einer Vielzahl weltweit durchgeführter Studien referiert Vaillancourt (1987).

39 Vgl. auch Sandford (1980), S. 151.

40 Alm (1988), S. 34 f faßt die Tatsache, daß Steuerentzug Kosten verursacht, gar als wesentliches Charakteristikum des Steuerentzuges auf. Sämtliche theoretische Arbeiten zur Steuervermeidung beziehen deren Kosten in die Analyse mit ein. Beispiele für Kosten des Steuerentzuges finden sich bei Cowell (1990b), S. 236 f, Alm (1988), S. 35, Sandford, Godwin und Hardwick (1989), S. 12 f, Cross und Shaw (1982), S. 37, Geeroms und Wilmots (1985), S. 196, Usher (1986), S. 564.

forderlich. Die Verwaltung eines Wertpapierdepots übernehmen Banken; die sogenannten "Tafelpapiere" müssen vom Besitzer selbst verwaltet werden. Dies wird typischerweise teurer sein, da sich solche Papiere im allgemeinen im Besitz gutverdienender Steuerpflichtiger befinden, deren Zeit hohe Opportunitätskosten hat. Für den einzelnen Steuerpflichtigen sind darüber hinaus die von Alm (1988), S. 35 als "shadow taxes" bezeichneten vom Markt kapitalisierten Steuerpräferenzen (z.B. in Form geringerer Verzinsung) exogene Kosten des Steuerentzuges. Bei Anlagen im "tax haven" (z.B. einem "offshore island") erhöht sich möglicherweise das Ertragsrisiko. Steuerhinterziehung verlangt Aktivitäten, die das Finanzamt in der Beurteilung der Steuerschuld irreführen.

Zu den **Kosten des Steuerentzuges** werden im folgenden die anfallenden Such- und Transaktionskosten gerechnet. Schattensteuern können dazugezählt werden. Nicht zu den Kosten der Steuerhinterziehung zählen (zunächst) die möglichen Kosten einer Bestrafung und die Risikokosten (Streuung zukünftiger Steuerzahlungen).

2.4 Ausmaß und Struktur des Steuerentzuges

Eine quantitative Abschätzung der verschiedenen Varianten von Steuerentzug ist nicht leicht vorzunehmen. Dies hat verschiedene Gründe:

1. Die theoretisch brauchbaren Konzepte des Steuerentzuges sind für eine exakte empirische Bestimmung u.a. wegen des Bezuges auf Erwartungen der Handelnden nicht gut geeignet.
2. Es müßte neben der tatsächlichen Steuerbemessungsgrundlage auch die "fiktive" Bemessungsgrundlage ohne steuerentziehende Aktivitäten ermittelt werden.
3. Die rechtliche Bewertung von Fällen der Steuerumgehung durch den Bundesfinanzhof ist nicht präzise abschätzbar.
4. Steuerhinterziehung ist definitionsgemäß verdeckt und wird durch geeignete Maßnahmen getarnt.

Trotz der offensichtlichen Schwierigkeiten der empirischen Analyse des Steuerentzuges gibt es eine Vielzahl von empirischen Studien.[41] Das Ausmaß

[41] Studien zur Steuervermeidung nennt Alm (1988), S. 32 f. Einen Überblick über die empirischen Ergebnisse zur Steuerhinterziehung liefern neben anderen für die USA Roth, Scholz und Witte (1989), für die Schweiz Weck-Hannemann und Pommerehne (1989) und in einer globalen Übersicht Marrelli (1987), S. 213 ff und Cowell (1990a), S. 17 ff.

des Steuerentzuges wird entweder direkt vor allem durch Befragung der Steuerpflichtigen hinsichtlich ihrer Einstellungen und steuersparenden Aktivitäten[42] oder indirekt durch den Vergleich anderer makroökonomischer Größen geschätzt.[43] Schwarzarbeit (und damit verbunden Steuerhinterziehung) kann durch Vergleich offizieller Arbeitsmarktstatistiken mit den Ergebnissen repräsentativer Firmenbefragungen oder durch die Analyse des Bargeldumlaufes näherungsweise bestimmt werden. Die Differenzen zwischen versteuertem Einkommen und Ausgaben bzw. zwischen Einkommensgrößen aus der nationalen Statistik und den Angaben der Steuererklärungen können als Maß der Steuerhinterziehung herangezogen werden. Steuervermeidung läßt sich teilweise aus den Steuervergünstigungen, aber auch aus der Diskrepanz zwischen den Einkünften und dem versteuerten Einkommen herauslesen.[44]

Um den Rahmen der vorliegenden theoretischen Analyse nicht zu sprengen, werden nun nur exemplarisch einige Ergebnisse empirischer Untersuchungen dargelegt; eine umfassende und detaillierte Darlegung wäre Gegenstand einer eigenständigen Arbeit.

- Steuervermeidung ist quantitativ mindestens so bedeutend wie Steuerhinterziehung. [45]
- Steuerhinterziehung ist ein quantitativ bedeutsames Problem. Die damit verbundene Untergrundökonomie wird in den (westlichen) Industriestaaten auf 2 bis 14 Prozent der wirtschaftlichen Tätigkeit geschätzt. [46]
- Steuervergünstigungen (staatlich gewollte Form der Steuervermeidung) betrugen nach dem 13. Subventionsbericht der Bundesregierung 1989 in der Bundesrepublik Deutschland 34,9 Mrd. DM und machten damit 6,5 Prozent der Steuereinnahmen und 1,6 Prozent des BSP aus.

Am Beispiel der Einkünfte aus Kapitalvermögen soll für die Bundesrepublik Deutschland das Problem des Steuerentzuges verdeutlicht werden. Mit Ausnahme der auf die persönliche Einkommensteuerschuld anrechenbaren Körperschaftsteuer und der 25-prozentigen Kapitalertragsteuer auf

[42] In den USA liefert das Tax Compliance Measurement Program (TCMP) anhand einer Stichprobe von Steuerpflichtigen zusätzlich exemplarisch Daten zur Steuerzahlung. Näheres dazu z.B. bei Roth, Scholz und Witte (1989), Klepper und Nagin (1989) oder Tauchen, Witte und Beron (1989).

[43] Siehe hierzu Cowell (1990a), S. 17 ff, Marrelli (1987). Vgl. in bezug auf die Schattenwirtschaft auch Meyer (1989), S. 74 ff.

[44] Vgl. Alm (1988), S. 32.

[45] Vgl. Alm (1988), S. 32.

[46] Vgl. Marrelli (1987), S. 218, Cowell (1990a), S. 24.

Dividenden wird die Einkommensteuer bei Zinserträgen als Veranlagungssteuer erhoben, die u.a. aufgrund des Bankgeheimnisses (§ 30a AO) mit verhältnismäßig geringem Risiko hinterzogen werden kann.[47] Vergleicht man nun das Einkommen aus Geldvermögen der privaten Haushalte mit den in der Einkommensteuerstatistik erfaßten Einkünften aus Kapitalvermögen, ergibt sich eine Deklarierungsquote, die zwischen 20 und 25 Prozent liegt.[48] Bereits 1985 erkannte der Bundesrechnungshof, daß diese Tatsache keineswegs den Schluß zuläßt, über 3/4 aller Zinseinkünfte würden hinterzogen, und sah sich zu weiteren Untersuchungen veranlaßt. In auf Erbfällen der Jahre 1979 bis 1982 beruhenden Untersuchungen stellte der Bundesrechnungshof unter Zuhilfenahme der erbschaftsteuerlichen Kontrollmitteilungen eine Deklarierungsquote von ca. 25 Prozent fest. Die Erträge von ungefähr 10 Prozent des Vermögens wurden nachdeklariert. Krischausky (1989) analysiert die verbliebenen nicht deklarierten Einkünfte aus Zinserträgen und kommt zu dem Schluß, daß nur 16 Prozent der Zinseinkünfte der Haushalte der Bundesrepublik Deutschland 1983 hinterzogen wurden; 60 Prozent der Zinseinkünfte wurden aufgrund von Steuerbefreiungen nicht besteuert. Zu diesen Steuerbefreiungen sind Steuerbefreiungen für Zinseinkünfte aus Lebensversicherungsverträgen, Sparerfreibeträge, Grundfreibetrag, Werbungskostenpauschale etc. zu rechnen. Die Aufzählung verdeutlicht bereits, daß nicht sämtliche Steuerbefreiungen unter Steuervermeidung zu subsumieren sind. 31 Prozent der Steuerbefreiungen wurden allerdings aufgrund von Lebensversicherungsverträgen erzielt.[49] Diese sind eher als das Ergebnis von Steuervermeidung anzusehen.

[47] Da das Bundesverfassungsgericht in seinem Urteil vom 27. Juni 1991 die Gleichmäßigkeit der Besteuerung wegen der mangelhaften Durchsetzung des staatlichen Steueranspruches gefährdet sah, ist ab 1993 die Erhebung einer 30-prozentigen Zinsabschlagsteuer bei sämtlichen Zinsen aus Kapitalforderungen vorgesehen. Vgl. dazu Presse- und Informationsamt der Bundesregierung (1992).

[48] Vgl. Bundesrechnungshof (1985) und Krischausky (1989), S. 118.

[49] Diese Größenordnung bestätigt das Presse- und Informationsamt der Bundesregierung (1986).

2.5 Zusammenfassung

Unter dem Oberbegriff Steuerentzug werden alle auf das Ziel der Steuerersparnis gerichteten Aktivitäten subsumiert. Die juristische Unterscheidung zwischen Steuervermeidung, -umgehung und -hinterziehung wird (modifiziert) übernommen. Als das zentrale ökonomische Kriterium der Unterscheidung verschiedener steuerentziehender Aktivitäten im entscheidungstheoretischen Sinne wird der vermutete Einfluß auf die zukünftige Ressourcenverfügung bzw. den erwarteten Ressourcentransfer an den Staat angesehen. Der Steuerpflichtige schließt bei Steuervermeidung Steuernachzahlung und Bestrafung, bei Steuerumgehung nur Bestrafung aus; bei Steuerhinterziehung hält er beides für möglich.

Wesentliche Bestimmungsgründe für die Entscheidung eines Steuerpflichtigen über das Ausmaß und die Zusammensetzung seines Steuerentzuges sind folgerichtig die externen Faktoren, die Einfluß auf den erwarteten Ressourcentransfer an den Staat nehmen: Die Regelungen des Steuerrechtes, Wahrscheinlichkeit einer steuerlichen Prüfung, Ausmaß der Bestrafung von Steuerhinterziehern und schließlich die Kosten der Entrichtung sowie des Entzuges.

Unbeschadet der Probleme einer exakten Quantifizierung steuerentziehender Aktivitäten und deren Resultaten besteht Einigkeit über die erhebliche faktische Relevanz der verschiedenen Varianten des Steuerentzuges.

Kapitel 3

Steuerentzug: Einfache Entscheidungssituationen

Die positive und normative mikroökonomische Steuerlehre vernachlässigte lange Zeit Steuervermeidung im engeren Sinne, Steuerumgehung und Steuerhinterziehung bei der Analyse der Steuerwirkungen und der Bildung optimaler Steuersysteme. Die theoretische Untersuchung der Steuerhinterziehung nahm ihren Anfang mit dem grundlegenden Artikel von Allingham und Sandmo (1972).[1] Steuervermeidung im engeren Sinne unter expliziter Einbeziehung ihrer Kosten behandelten modelltheoretisch erstmals Cross und Shaw (1982). Aufgrund der erheblichen Schwierigkeit, eine empirisch relevante Kostenfunktion zu bestimmen, führt die Steuervermeidung im Vergleich zur Steuerhinterziehung in der mikroökonomischen Literatur weiterhin ein Schattendasein und es fehlt bis heute eine umfassende, die Fragestellungen verbindende Behandlung des Steuerentzuges. Dennoch lohnt es sich, wie die folgende Analyse zeigen wird, nicht nur die umfangreiche Literatur zur Steuerhinterziehung zu begutachten, sondern auch Steuervermeidung als Problem zu behandeln.

Im Mittelpunkt der mikrotheoretischen Analysen stehen die Modellierung der Entscheidung eines rationalen Steuerpflichtigen und die Frage nach dem Einfluß äußerer Faktoren auf das Ausmaß und die Struktur des Steuerentzuges. Die Grundmodelle gehen davon aus, daß der Steuerpflichtige aufgrund des im Verhältnis zu den gesamten Steuereinnahmen geringen eigenen Beitrages zur Finanzierung staatlicher Ausgaben und des damit vernachlässigbaren Einflusses auf Quantität und Qualität des öffentlichen Güterangebotes den Nutzen staatlicher Leistungen bei der Kalkulation des optimalen Steuerentzuges nicht berücksichtigt. Das Finanzamt und die anderen Steuerpflichtigen reagieren nicht durch Verhaltensänderungen auf ein

[1] Zeitgleich, aber wesentlich weniger beachtet, behandelt Srinivasan (1973) Steuerhinterziehung.

Mehr oder Minder an Steuerentzug. Das Steuersystem wird von dem Steuerpflichtigen als unveränderliche Konstante angesehen. Zur Vereinfachung wird oft eine proportionale Steuer unterstellt. In einem statischen Umfeld maximiert der Steuerpflichtige durch geeignete Wahl (der jeweiligen Variante) des Steuerentzuges den eigenen Nutzen. Die Entscheidung über den Steuerentzug wird in den Basismodellen als isolierte Entscheidung aufgefaßt; Interdependenzen mit anderen Wahlhandlungen werden in aufwendigeren Modellen behandelt, die nicht immer zu eindeutigen Resultaten führen.

3.1 Grundmodell der Steuervermeidung

Die Ökonomik behandelte mit Kosten verbundene Steuervermeidung im engeren Sinne über Jahre hinweg nur am Rande.[2] Erst im Zusammenhang mit der Entwicklung immer elaborierterer Modelle der Steuerhinterziehung und dem Bestreben, Steuerhinterziehung und -vermeidung gemeinsam zu analysieren, wurde eine einfachere Modellierung "legaler" steuersparender Aktivitäten erforderlich, als sie die Allokationstheorie vor allem im Vergleich verzerrender und nicht verzerrender Steuern anbot. Cross und Shaw (1982), S. 37 f untersuchten die Vermeidungsentscheidung durch einfaches Postulieren einer Kostenfunktion der Steuervermeidung.

Bei gegebenem Bruttoeinkommen y, staatlich vorgegebener proportionaler Steuer mit dem Steuersatz τ ($0 < \tau < 1$) und a priori spezifizierter Kostenfunktion der Steuervermeidung[3] $\varphi(\cdot)$ maximiert der Steuerpflichtige durch geeignete Wahl des Steuervermeidungsanteiles e den Nutzen $u(\cdot)$ unter der zusätzlichen Einschränkung, daß dieser Anteil nicht negativ ist und eine vorgegebene Oberschranke $\bar{e}$, die maximal bei eins liegt, nicht überschreitet. Zur Vereinfachung wird davon ausgegangen, daß Steuervermeidung nicht in der Besteuerung mit einem niedrigeren Steuersatz resultiert, sondern daß der Anteil e des Einkommens mit einem Steuersatz von null belegt wird. Für alle Varianten des Steuerentzuges, d.h. auch für Steuervermeidung, wird im weiteren angenommen, daß die damit verbundenen Kosten der folgenden Annahme genügen.[4]

---

[2] Verbale Abhandlungen ohne theoretische Modellierung liefern u.a. Kay (1980), Sandford (1980), Feldman und Kay (1981), Cross und Shaw (1981).

[3] In der Notation von Funktionen werden die unabhängigen Variablen mit $\cdot$ gekennzeichnet, wenn eine genauere Differenzierung an der Stelle nicht notwendig bzw. nicht sinnvoll erscheint. Häufig wird vor allem aus Platzgründen oder zwecks übersichtlicherer Darstellung auf die Nennung der unabhängigen Variablen gänzlich verzichtet. $\varphi(\cdot)$ und φ sind in diesem Sinne bedeutungsgleich.

[4] (Partielle) Ableitungen werden durch tiefgestellte Indizes gekennzeichnet. Wenn es

Annahme 3.1 *Die Kostenfunktion des Steuerentzuges erfüllt*

$$\varphi_e(\cdot) > 0 \quad \textit{und} \quad \varphi_{ee}(\cdot) > 0.$$

Die Konsummöglichkeiten des Steuerpflichtigen entsprechen dem Nettoeinkommen ohne Steuervermeidung zuzüglich des Ertrages und abzüglich der Kosten der Steuervermeidung. Steuernachzahlung bzw. Strafen sind definitionsgemäß ausgeschlossen. Der Steuerpflichtige löst folglich das Maximierungsproblem

$$\begin{aligned} \max_e \quad & u((1-\tau)y + \tau y e - \varphi(\cdot)) \\ \text{s.t.} \quad & 0 \leq e \leq \bar{e} \end{aligned}$$

Die optimale Entscheidung des Steuerpflichtigen ist (unbeschränkt) durch Ausgleich von Grenzertrag der Steuervermeidung τy und Grenzkosten der Steuervermeidung $\varphi_e(\cdot)$ gekennzeichnet. Sind die Grenzkosten der Steuervermeidung immer höher (niedriger) als der Grenzertrag, wird der Steuerpflichtige nichts (die gesamte Steuer) vermeiden. Die formale Darstellung dieses Zusammenhanges präsentiert das folgende Lemma.

Lemma 3.1 *Steuervermeidung ist genau dann individuell optimal, wenn*

$$(3.1) \qquad \tau y - \varphi_e(\cdot) \begin{cases} \leq 0 & \textit{und } e = 0; \\ = 0 & \textit{und } 0 < e < \bar{e}; \\ \geq 0 & \textit{und } e = \bar{e} \end{cases}$$

erfüllt ist.

Beweis. Die angegebene Optimalitätsbedingung ist hinreichend, da wegen proportionaler Besteuerung und strikt konvexer Kostenfunktion der Steuervermeidung das Optimierungsproblem strikt konkav ist. Q.E.D.

Liegt eine staatlich gewünschte Steuervergünstigung $\bar{e}$ vor, wird der Steuerpflichtige diese immer nur dann voll in Anspruch nehmen, wenn die Grenz-(informations-)kosten der Steuervermeidung bei $\bar{e}$ unterhalb des Grenzertrages liegen.

---

zur Unterscheidung von partiellen Ableitungen erforderlich ist, werden (äußere) Ableitungen durch $'$ kenntlich gemacht.

Die Höhe der optimalen Steuervermeidung hängt von der Kostenstruktur, dem Bruttoeinkommen und dem Steuersatz ab. Eine Verschiebung der Kostenfunktion nach oben, d.h. die Erhöhung nicht vermeidbarer Fixkosten der Steuererhebung, ändert nichts am Kalkül des Steuerpflichtigen. Eine Streckung der Kostenfunktion durch die Multiplikation mit einem Faktor senkt das Ausmaß der Steuervermeidung. Die Auswirkung einer Änderung von Bruttoeinkommen oder Steuersatz wird zentral durch ihren Einfluß auf die (Grenz-) Kosten der Steuervermeidung bestimmt. Die Betrachtung einfacher unterschiedlicher Kostenfunktionen der Steuervermeidung verdeutlicht und präzisiert diese Aussage. In den Kostenfunktionen

$$\varphi^1(e), \quad \varphi^2(ye) \quad \text{und} \quad \varphi^3(\tau ye)$$

sind die Kosten entweder nur von dem *Anteil* vermiedener Steuern (φ^1), von dem dann nicht besteuerten Einkommen (φ^2) oder von der vermiedenen Steuer (φ^3) bestimmt.[5] Satz 3.1 zeigt den Zusammenhang zwischen Steuersatz, Bruttoeinkommen, den Annahmen über die Kostenstruktur der Steuervermeidung und der Höhe der Steuervermeidung auf.

Satz 3.1 *Ist der optimale Anteil vermiedener Steuern positiv und kleiner als die zulässige Obergrenze $\bar{e}$, dann wirkt eine Anhebung des Steuersatzes τ auf den Vermeidungsanteil e, die vermiedenen Steuern τye und die gezahlten Steuern $\tau y(1-e)$ in Abhängigkeit von der Spezifikation der Kosten der Steuervermeidung gemäß*[6]

$\tau\uparrow$	φ^1	φ^2	φ^3
e	+	+	−
τye	+	+	0
$\tau y(1-e)$	?	?	+

und eine Erhöhung des Bruttoeinkommens y wirkt auf den Vermeidungsanteil e, das nicht besteuerte Einkommen ye, das besteuerte Einkommen $y(1-e)$, die vermiedenen Steuern τye und die gezahlten Steuern $\tau y(1-e)$

[5] In der Literatur (vgl. Cross und Shaw (1982), S. 38, Cowell (1990b), S. 236 ff) wird bevorzugt die Kostenfunktion φ^2 verwendet. Cross und Shaw (1982), S. 38 verwenden zusätzlich φ^1.

[6] +(0, −) gibt an, daß die entsprechende Größe steigt (unverändert bleibt, sinkt). Durch das Fragezeichen wird ein nicht eindeutiger Zusammenhang bezeichnet.

gemäß

$y \uparrow$	φ^1	φ^2	φ^3
e	$+$	$-$	$-$
ye	$+$	0	0
$y(1-e)$	$?$	$+$	$+$
τye	$+$	0	0
$\tau y(1-e)$	$?$	$+$	$+$

Beweis. Bei einer inneren Lösung ($0 < e < \bar{e}$) definiert $\tau y - \varphi_e(\cdot) = 0$ implizit eine Funktion $e(\tau, y)$. Unter Anwendung des Satzes über implizite Funktionen werden die partiellen Ableitungen ermittelt und somit die Auswirkungen von Änderungen der exogenen Variablen τ und y für die jeweilige Kostenstruktur bestimmt:

	φ^1	φ^2	φ^3
$\frac{\partial e}{\partial \tau}$	$\frac{y}{\varphi^1_{ee}}$	$\frac{1}{y\varphi^{2\prime\prime}}$	$-\frac{e}{\tau}$
$\frac{\partial(\tau ye)}{\partial \tau}$	$\frac{y}{\varphi^1_{ee}}(\tau y + e\varphi^1_{ee})$	$\frac{\tau + ye\varphi^{2\prime\prime}}{\varphi^{2\prime\prime}}$	0
$\frac{\partial(\tau y(1-e))}{\partial \tau}$	$\frac{y}{\varphi^1_{ee}}((1-e)\varphi^1_{ee} - \tau y)$	$\frac{y\varphi^{2\prime\prime}(1-e)-\tau}{\varphi^{2\prime\prime}}$	y

und

	φ^1	φ^2	φ^3
$\frac{\partial e}{\partial y}$	$\frac{\tau}{\varphi^1_{ee}}$	$-\frac{e}{y}$	$-\frac{e}{y}$
$\frac{\partial(ye)}{\partial y}$	$e + \frac{\tau y}{\varphi^1_{ee}}$	0	0
$\frac{\partial(y(1-e))}{\partial y}$	$1 - e - \frac{\tau y}{\varphi^1_{ee}}$	1	1
$\frac{\partial(\tau ye)}{\partial y}$	$\tau e + \frac{\tau^2 y}{\varphi^1_{ee}}$	0	0
$\frac{\partial(\tau y(1-e))}{\partial y}$	$\tau(1-e) - \frac{\tau^2 y}{\varphi^1_{ee}}$	τ	τ

$\varphi^{i\prime\prime}$, mit $i = 2, 3$, ist jeweils die äußere (zweite) Ableitung. Q.E.D.

Sind die Kosten der Steuervermeidung nur eine Funktion des Anteiles vermiedener Steuern (φ^1), wirken Steuersatz τ und Bruttoeinkommen y prinzipiell gleichartig auf die Entscheidung des Steuerpflichtigen über die Höhe der Steuervermeidung. Erhöhungen erhöhen den Grenzertrag der Steuervermeidung, damit wird wegen der unterstellten konvexen Kostenfunktion ein höherer Steuervermeidungsanteil e optimal. Bestimmt das der Besteuerung durch Steuervermeidung entzogene Einkommen ye die Kosten der Vermeidung (φ^2), so ist es optimal, den Vermeidungsanteil e so zu wählen, daß die Grenzkosten ***des der Steuer entzogenen Einkommens*** ye dem Steuersatz entsprechen. Eine Erhöhung des Steuersatzes τ erfordert daher einen Anstieg des Vermeidungsteiles e; ein Anstieg des Bruttoeinkommens y sollte dagegen durch eine Senkung des Vermeidungsteiles e kompensiert werden. Sind die gesamten vermiedenen Steuern ausschlaggebend für die Kosten der Steuervermeidung (φ^3), sind im Optimum die Grenzkosten ***der vermiedenen Steuern*** τye konstant gleich eins. Steigerungen von Steuersatz τ oder Bruttoeinkommen y müssen durch Senkung des Steuervermeidungsanteiles e ausgeglichen werden.

Abbildung 3.1: Steuervermeidung

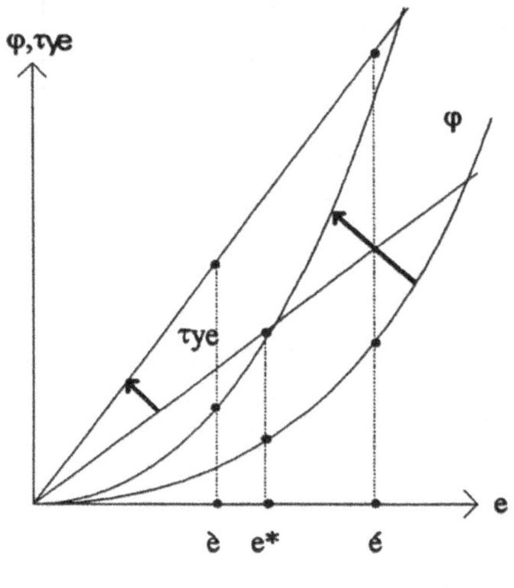

Nur wenn die Kosten der Steuervermeidung lediglich von der relativen Aufteilung des Bruttoeinkommens auf besteuertes und der Steuer entzogenes Einkommen abhängen (φ^1), steigt die Steuervermeidung mit Besteuerung und Bruttoeinkommen; bei von der vermiedenen Steuer abhängigen Kosten (φ^3) tritt jedoch das gegenteilige Resultat auf, da der Ertrag nur linear steigt, die Kosten bei Erhöhung eines Parameters aber überproportional steigen.

Die Abhängigkeit der Auswirkungen einer Erhöhung des Steuersatzes oder des Bruttoeinkommens von der Kostenfunktion der Steuervermeidung läßt sich an einer einfachen Graphik (Abbildung 3.1) verdeutlichen, in der Ertrag und Kosten der Steuervermeidung als Funktionen des Vermeidungsanteiles abgetragen sind. Gleichheit von Grenzertrag und Grenzkosten der Vermeidung von Steuern liegt in der Ausgangssituation bei e^* vor. Eine Erhöhung des Steuersatzes bewirkt in jedem Fall eine Drehung der Ertragskurve nach oben. Beeinflußt der Steuersatz die Kosten der Steuervermeidung nicht (φ^1, φ^2), steigt der optimale Anteil vermiedener Steuern auf $\acute{e}$. Sind hingegen die Kosten eine konvexe Funktion der vermiedenen Steuern (φ^3), wird die Kostenfunktion gestreckt; optimal ist jetzt der kleinerere Vermeidungsanteil $\grave{e}$. Analog verläuft die Argumentation bei Einkommenserhöhungen. Bei φ^1 wird sich $\acute{e}$, bei φ^2 und φ^3 $\grave{e}$ einstellen.

3.2 Grundmodell der Steuerumgehung

In der angelsächsischen ökonomischen Literatur wird lediglich zwischen "tax evasion" und "tax avoidance" unterschieden. Eine dritte eigenständige Kategorie mit unsicherer Steuer-(nach-)zahlung und Ausschluß von Bestrafung, der Steuerumgehung vergleichbar, fehlt.[7] Aufgrund der vermuteten Unklarheit über die tatsächliche Steuerzahlung bei Steuerumgehung beruht die Festlegung zu umgehender Steuern durch den Steuerpflichtigen auf einer Entscheidung unter Risiko. Der Steuerpflichtige ist sich zum Zeitpunkt der Entscheidung nicht über die tatsächliche Steuerzahlung im klaren. Zur mikroökonomischen Untersuchung von Entscheidungen unter Risiko wird das letztlich auf Daniel Bernoulli zurückgehende und von John von Neumann und Oskar Morgenstern formalisierte Erwartungsnutzenmodell herangezogen.[8]

Bruttoeinkommen y, proportionaler Steuersatz τ $(0 < \tau < 1)$ und konvexe Kostenfunktion der Steuerumgehung $\varphi(\cdot)$, die (auch) vom Steuerumgehungsanteil e abhängt, seien wieder als exogen postuliert. Die Konsummöglichkeiten des Steuerpflichtigen sind davon abhängig, ob eine gründliche Prüfung der Angaben des Steuerpflichtigen durch das Finanzamt erfolgt, die zu einer rechtswirksamen Bewertung als Steuerumgehung führt,

[7] Alm und McCallin (1990), S. 193 untersuchen individuelles Verhalten, "when avoidance and evasion are jointly determined and when each is a risky activity", ohne allerdings den Grund für das Risiko der ersteren Aktivität explizit zu modellieren.

[8] Die Erwartungsnutzentheorie wird u.a. dargestellt von Hey (1979), vor allem S. 26 ff und Sinn (1989), vor allem S. 69 ff. Eine kritische Diskussion insbesondere des Axioms der Unabhängigkeit von irrelevanten Alternativen findet sich u.a. bei Machina (1989).

und damit eine Steuerzahlung nach sich zieht, die der "ursprünglichen" Aktivität ohne Steuerumgehung gemäß ist, oder ob eine solche Prüfung nicht vorgenommen wird. Umgeht der Steuerpflichtige mit einem Einkommensanteil e die Steuer, steht ihm das "reguläre" Nettoeinkommen $(1-\tau)y$ abzüglich der Kosten der Steuerumgehung $\varphi(\cdot)$ zur Verfügung, wenn die Steuerumgehung als solche qualifiziert wird. Andernfalls kann er zusätzlich den Ertrag der Steuerumgehung τye verwenden. Dies setzt voraus, daß die Kosten der Steuerumgehung unabhängig vom Erfolg in gleicher Höhe anfallen. Würden Kosten nur im Erfolgsfall anfallen, entstünde ein zur Steuervermeidung analoges Problem. Es wird davon ausgegangen, daß die Prüfung mit einer für den Steuerpflichtigen exogenen Wahrscheinlichkeit p $(0 < p < 1)$ erfolgt. Die Konsummöglichkeiten ohne (mit) Prüfung werden mit $c^1(c^2)$ bezeichnet. In einer komprimierten Darstellung wird der Konsum c als stochastische Variable aufgefaßt, mit

$$c = (1-\tau)y - \varphi(\cdot) + h\tau ye,$$

wobei für h, die (Brutto-) Rendite einer Einheit umgangener Steuer,

$$h = \begin{cases} 1 & \text{mit der Wahrscheinlichkeit } 1-p, \\ 0 & \text{mit der Wahrscheinlichkeit } p. \end{cases}$$

gilt. Die erwartete Rendite $E[h]$ ist gleich $1-p$. Dabei bezeichnet E den Erwartungsoperator. Die Bestimmung des optimalen Ausmaßes der Steuerumgehung entspricht der Maximierung des Erwartungsnutzens

$$E[u(c)] = (1-p)u((1-\tau)y - \varphi(\cdot) + \tau ye) + pu((1-\tau)y - \varphi(\cdot))$$

durch geeignete Wahl des Steuerumgehungsanteiles e $(0 \leq e \leq \bar{e} \leq 1)$, wobei von der Nutzenfunktion $u(c)$ unterstellt wird, daß sie die folgende Annahme erfüllt.

Annahme 3.2 *Die Nutzenfunktion $u(\cdot)$ genügt*

$$u_c(\cdot) > 0 \quad \textit{und} \quad u_{cc}(\cdot) < 0.$$

Die Konkavitätseigenschaft wird im weiteren durchgängig unterstellt. Der Steuerpflichtige löst dann das beschränkte Maximierungsproblem

$$\max_e \quad E[u(c)]$$

$$\text{s.t.} \quad 0 \leq e \leq \bar{e}.$$

Im inneren Optimum wird der Nutzenzuwachs, der durch Erhöhung des Bruttoertrages der erfolgreichen Steuerumgehung entsteht, dem Nutzenverlust aufgrund unabhängig vom Erfolg steigender Kosten der Steuerumgehung dem Betrage nach entsprechen. Ist die untere (obere) Beschränkung der Steuerumgehung wirksam, ist der marginale Erwartungsnutzenzuwachs negativ (positiv), der Steuerpflichtige würde unbeschränkt weniger (mehr) Steuern umgehen. Die formale Charakterisierung optimaler Steuerumgehung leistet das folgende Lemma.

Lemma 3.2 *Steuerumgehung ist genau dann individuell optimal, wenn*

$$E[u_c(c)(h\tau y - \varphi_e(\cdot))] \begin{cases} \leq 0 & \text{und } e = 0; \\ = 0 & \text{und } 0 < e < \bar{e}; \\ \geq 0 & \text{und } e = \bar{e} \end{cases} \tag{3.2}$$

erfüllt ist.

Beweis. Die angegebene Optimalitätsbedingung ist hinreichend, da wegen proportionaler Besteuerung, strikt konvexer Kostenfunktion der Steuerumgehung und strikt konkaver Nutzenfunktion das Optimierungsproblem strikt konkav ist. Die zweite Ableitung des Erwartungsnutzens

$$E[u_{cc}(c)\{h\tau y - \varphi_e(\cdot)\}^2] - E[u_c(c)]\varphi_{ee}(\cdot)$$

ist negativ. Q.E.D.

Offensichtlich ist Steuerumgehung nur dann eine rationale Variante, wenn der Grenzertrag der Steuerumgehung τy die Grenzkosten $\varphi_e(\cdot)$ übersteigt. Der Überschuß des Grenzertrages über die Grenzkosten ist erforderlich, um das Risiko des Verlustes des Ertrages auszugleichen.

Die Optimalbedingung kann auch als Verhältnis zwischen Grenzrate der Substitution (GRS) zwischen den Konsummöglichkeiten c^1 und c^2 in den beiden Zuständen und den marginalen Mehrkosten erhöhten Konsums c^1 im Zustand erfolgreicher Steuerumgehung in Einheiten des Konsums c^2 im Zustand erfolgloser Steuerumgehung dargestellt werden:

$$\text{GRS}_{c^1c^2} = -\frac{dc^2}{dc^1} = \frac{(1-p)u_c(c^1)}{pu_c(c^2)} = \frac{\varphi_e(\cdot)}{\tau y - \varphi_e(\cdot)}.$$

Die Entscheidung des Steuerpflichtigen über den Einkommensanteil, mit dem er die Steuer zu umgehen sucht, wird von der Kostenfunktion der Steuerumgehung $\varphi(\cdot)$, dem (regulären) Steuersatz τ, dem Einkommen y und der Wahrscheinlichkeit staatlicher Überprüfung p beeinflußt. Aufgrund der komplexeren Struktur lassen sich die komparativ statischen Effekte veränderter Einkommens- und Steuerwerte nicht mehr eindeutig beschreiben. Der Einfluß der Kostenfunktion und insbesondere derjenige der Wahrscheinlichkeit staatlicher Überprüfung läßt sich allerdings abschätzen. Zur Ermittlung des ersteren ist es jedoch erforderlich, eine zusätzliche Annahme über die Nutzenfunktion zu treffen, die ebenfalls in vielen Fällen bei der Analyse der Steuerhinterziehung wiederzufinden sein wird.

Die Konkavität der Nutzenfunktion reicht oftmals nicht zur Ableitung eindeutiger Resultate aus. Die Veränderung der Krümmung (die dritte Ableitung) der Nutzenfunktion wird dann herangezogen. Wegen der Eindeutigkeit der Von-Neumann-Morgenstern-Nutzenfunktion lediglich bis auf eine lineare Transformation wird auf die nach ihren Erfindern benannten Arrow-Pratt-Maße der absoluten und der relativen Risikoaversion zurückgegriffen.[9] Die absolute und die relative Risikoaversion,

$$R_A(c) = -\frac{u_{cc}(c)}{u_c(c)} \quad \text{und} \quad R_R(c) = -\frac{u_{cc}(c)c}{u_c(c)},$$

sind bei konkaver Nutzenfunktion positiv notiert und werden durch eine lineare Transformation der Nutzenfunktion nicht tangiert. Je größer die Maße, desto größer die Risikoaversion. Von **abnehmender (zunehmender) absoluter** bzw. **relativer Risikoaversion** spricht man, wenn $dR_A(c)/dc < (>)\ 0$ bzw. $dR_R(c)/dc < (>)\ 0$ ist, die Risikoaversion also mit steigenden Konsummöglichkeiten sinkt (zunimmt). Da

$$\frac{dR_A(c)}{dc} = \left(\frac{u_{cc}}{u_c}\right)^2 - \frac{u_{ccc}}{u_c}$$

gilt, ist die absolute Risikoaversion nur abnehmend, wenn die dritte Ableitung der Nutzenfunktion positiv ist. Es wird im allgemeinen unterstellt, daß die absolute Risikoaversion abnehmend sei. Über die Veränderung der relativen Risikoaversion besteht dagegen keinerlei Konsens. Häufig wird jedoch von zunehmender relativer Risikoaversion ausgegangen.

9 U.a. Hey (1979), S. 48 ff skizziert die Eigenschaften der Arrow-Pratt-Maße.

Bei abnehmender absoluter Risikoaversion wirkt sich die Streckung (Stauchung) der Kostenfunktion der Umgehung eindeutig auf den Umgehungsanteil e aus, wie in dem folgenden Satz bewiesen wird, in dem außerdem der Zusammenhang von Umgehungsanteil und Entdeckungswahrscheinlichkeit dargestellt wird.

Satz 3.2 *Ist der optimale Anteil umgangener Steuern positiv und kleiner als die zulässige Obergrenze $\bar{e}$, dann*
(a) senkt eine Streckung der Kostenfunktion der Steuerumgehung [Erhöhung eines multiplikativen Faktors] den Anteil e umgangener Steuern bei abnehmender absoluter Risikoaversion, und
(b) eine Erhöhung der Wahrscheinlichkeit p einer erfolgreichen staatlichen Prüfung senkt den Anteil e umgangener Steuern.

Beweis. (a) Wird $\varphi(\cdot)$ durch $\epsilon\varphi(\cdot)$ ersetzt, ändert sich die Optimalbedingung erster Ordnung einer inneren Lösung zu $E[u_c(c)(h\tau y - \epsilon\varphi_e(\cdot)] = 0$. Anwendung des Satzes über implizite Funktionen ergibt

$$\frac{\partial e}{\partial \epsilon} = \frac{\varphi_e(\cdot)E[u_c(c)] + \varphi(\cdot)(1-p)u_c(c^1)(\tau y - \epsilon\varphi_e(\cdot))[R_A(c^2) - R_A(c^1)]}{E[u_{cc}(c)\{h\tau y - \epsilon\varphi_e(\cdot)\}^2] - E[u_c(c)]\epsilon\varphi_{ee}(\cdot)}.$$

Bei dieser Ableitung ist berücksichtigt worden, daß im Optimum

$$(1-p)u_c(c^1)(\tau y - \epsilon\varphi_e(\cdot)) = pu_c(c^2)\epsilon\varphi_e(\cdot)$$

gilt. $\partial e/\partial \epsilon$ ist negativ, wenn die absolute Risikoaversion mit steigendem Konsum sinkt, da $\tau y - \epsilon\varphi_e(\cdot)$ im inneren Optimum positiv sein muß.
(b) Anwendung des Satzes über implizite Funktionen auf $E[u_c(c)(h\tau y - \varphi_e(\cdot))] = 0$ ergibt, daß

$$\frac{\partial e}{\partial p} = \frac{u_c(c^1)(\tau y - \varphi_e(\cdot)) + u_c(c^2)\varphi_e(\cdot)}{E[u_{cc}(c)\{h\tau y - \varphi_e(\cdot)\}^2] - E[u_c(c)]\varphi_{ee}(\cdot)}$$

negativ ist. Q.E.D.

Der negative Zusammenhang zwischen Intensität staatlicher Steuerprüfungen und Steuerumgehung ist intuitiv einleuchtend. Häufigere Kontrollen senken den Erwartungsnutzen des Steuerpflichtigen und reduzieren (bei gleichem Umgehungsanteil e) zugleich den erwarteten Grenznutzen. Steuerumgehung wird riskanter, d.h. weniger ertragreich. Die Richtung der Wirkung höherer (Grenz-) Kosten der Steuerumgehung stimmt ebenfalls mit der Intuition überein. Zur exakten Ableitung ist es allerdings erforderlich, auf die abnehmende Risikoaversion zu rekurrieren, um die Eindeutigkeit des indirekten Effektes zu gewährleisten. Andernfalls könnte der (erwartete) Grenznutzen bei einer Streckung steigen.

3.3 Grundmodell der Steuerhinterziehung

Der Steuerhinterziehung ist seit Publikation der die Diskussion einleitenden Arbeit von Allingham und Sandmo (1972) in der finanzwissenschaftlichen Literatur viel Aufmerksamkeit geschenkt worden.[10] Bevor das Grundmodell der Entscheidung eines Steuerhinterziehers dargelegt wird, soll ein kurzer Rückblick die Herkunft dieses Modells zur Behandlung der Steuerhinterziehung, dessen Grundidee hier bereits im Zusammenhang mit der Steuerumgehung benutzt wurde, verdeutlichen. Zwei Entwicklungen in der ökonomischen Literatur gingen der Arbeit von Allingham und Sandmo (1972) voraus und beeinflußten diese wesentlich. Zum einen untersuchte Becker (1968) mit ökonomischen Termini und Modellen kriminelle Handlungen, zum anderen wurde von Arrow (1970) und anderen ausgiebig die optimale Zusammensetzung eines Portfolios analysiert. Beide Stränge der Literatur faßten Allingham und Sandmo (1972) durch die Analyse der Steuerhinterziehung als krimineller Handlung mittels eines Portfolio-Selektions-Modells zusammen. Eine Vielzahl von Autoren hat in ihrem Gefolge das Portfolio-Selektions-Modell zur erweiterten und vertieften Untersuchung der Steuerhinterziehung herangezogen.

Das Grundmodell der Steuerhinterziehung geht meist von einem auf der Selbstdeklaration beruhenden System der Steuererhebung aus. Abzugsteuern, die nicht vom Steuerpflichtigen selbst an das Finanzamt abgeführt werden, sind zunächst nicht Gegenstand der theoretischen Betrachtung. Bezogen auf das deutsche Einkommensteuersystem ist das auf die Arbeit von Allingham und Sandmo (1972) zurückgehende Grundmodell der Steuerhinterziehung für die Analyse der Erhebung eines Teiles der Steuern auf Kapitalerträge, nicht aber für die Untersuchung der Lohnsteuererhebung geeignet,

---

[10] Einen Überblick über die ökonomische Literatur zur Steuerhinterziehung kann man sich bei Cowell (1985b), Pommerehne (1985), Skinner und Slemrod (1985), Dubin, Graetz und Wilde (1987), Büchner (1988), Radeck (1988), Cowell (1990a), Hagedorn (1991) verschaffen. Interesse an der Analyse der Steuerhinterziehung nicht nur durch die Ökonomik, sondern auch durch andere Sozialwissenschaften wird überblicksartig bei Diebold (1984), Kinsey (1986), Spicer (1986), Roth, Scholz und Witte (1989), S. 71 ff befriedigt.

wenn nicht das deklarierte Lohneinkommen dem Einkommen im offiziellen Sektor und das nicht deklarierte Einkommen dem Einkommen aus Schwarzarbeit gleichgesetzt wird. Die letztgenannte Interpretation ist allerdings erst bei Aufgabe der Annahme exogenen Bruttoeinkommens sinnvoll.

Der Steuerpflichtige entscheidet bei gegebenem zu versteuerndem Bruttoeinkommen y und konstantem Grenzsteuersatz τ ($0 < \tau < 1$), welchen Anteil e der Steuer er hinterziehen wird. Zur Vereinfachung der Analyse und zwecks Erzielung eindeutiger Ergebnisse wird auf die Integration der Kosten der Steuerhinterziehung verzichtet. Die Konsummöglichkeiten des Zensiten werden darüber hinaus nicht nur durch die Wahrscheinlichkeit p ($0 < p < 1$), mit der die Finanzbehörden die Angaben des Steuerpflichtigen überprüfen und eine Steuerhinterziehung vollständig, wie unterstellt wird, entlarven, sondern auch von der Art und Höhe der Bestrafung ϕ geprägt, die bei Entlarvung erfolgt und die wesentlich den anschließenden Ressourcentransfer vom Steuerpflichtigen an den Staat bestimmt.

Hat der Steuerpflichtige mit der Wahrscheinlichkeit $1 - p$ Erfolg bei der Hinterziehung eines Anteiles e der Steuer, kann er

$$c^1 = (1 - \tau)y + \tau ye = y - \tau y(1 - e)$$

konsumieren, d.h. reguläres Nettoeinkommen $(1 - \tau)y$ plus Ertrag der Steuerhinterziehung τye bzw. Bruttoeinkommen y abzüglich der Steuer $\tau y(1-e)$ auf das nicht hinterzogene (d.h. deklarierte) Einkommen stehen zur Verfügung. Wird die Steuerhinterziehung hingegen aufgedeckt, verbleiben dem Steuerpflichtigen nur

$$c^2 = (1 - \tau)y - \phi,$$

reguläres Nettoeinkommen $(1 - \tau)y$ abzüglich der Strafe ϕ, wobei angenommen wird, daß in jedem Fall das reguläre Nettoeinkommen die Strafe übersteigt ($\phi < (1 - \tau)y$). Der Steuerpflichtige hat nicht nur die Steuer nachzuzahlen, sondern muß zusätzlich eine Strafe entrichten. Der Natur des Modells entsprechend wird diese zur Strafbemessungsgrundlage proportional gewählt. Dabei werden in der Literatur und in der Rechtsprechung verschiedener Länder vor allem vier verschiedene Straffunktionen verwendet:

$$\phi^1 = \pi\tau ye, \quad \phi^2 = \pi ye, \quad \phi^3 = (\pi - \tau)ye \quad \text{und} \quad \phi^4 = \pi\tau y^2 e(1 - \tau).$$

Die Strafe ist entweder mit dem Faktor π $(0 < \pi)$ proportional zur hinterzogenen Steuerschuld (ϕ^1), zum nicht deklarierten Einkommen (ϕ^2) oder zum Produkt von regulärem Nettoeinkommen und hinterzogener Steuer (ϕ^4). Allingham und Sandmo (1972) verwenden eine zum nicht deklarierten Einkommen proportionale Strafe, die aber um die Steuernachzahlung reduziert wird (ϕ^3).[11] Auf diese Straffunktionen wird die weitere Erörterung beschränkt. Gemeinsam ist ihnen, daß c.p. mit größerem Hinterziehungsanteil e die Strafe ϕ steigt ($\phi_e > 0$).

Wieder ist es möglich, den Konsum c als stochastische Variable, mit

$$c = (1-\tau)y + h\tau ye,$$

darzustellen. Die Rendite h einer hinterzogenen Steuereinheit ist (bei mißglückter Steuerhinterziehung) von der Strafe abhängig, mit

$$h = \begin{cases} 1 & \text{mit der Wahrscheinlichkeit } 1-p, \\ -\phi/\tau ye & \text{mit der Wahrscheinlichkeit } p, \end{cases}$$

wobei

$$\phi/\tau ye = \begin{cases} \pi, & \text{wenn } \phi = \phi^1, \\ \pi/\tau, & \text{wenn } \phi = \phi^2, \\ (\pi-\tau)/\tau, & \text{wenn } \phi = \phi^3, \\ \pi(1-\tau)y, & \text{wenn } \phi = \phi^4 \end{cases}$$

ist. Die erwartete Rendite ist folglich ebenfalls nicht unabhängig von der Bestrafung:

$$E[h] = 1 - p - p\frac{\phi}{\tau ye} = \begin{cases} 1-p-p\pi, & \text{wenn } \phi = \phi^1, \\ 1-p-p\pi/\tau, & \text{wenn } \phi = \phi^2, \\ 1-p\pi/\tau, & \text{wenn } \phi = \phi^3, \\ 1-p-p\pi(1-\tau)y, & \text{wenn } \phi = \phi^4. \end{cases}$$

Der individuell rationale Anteil hinterzogener Steuern bestimmt sich durch Maximierung des Erwartungsnutzens

$$E[u(c)] = (1-p)u(c^1) + pu(c^2)$$

---

[11] ϕ^1 geht auf Yitzhaki (1974) zurück, hier in der von Yitzhaki (1974) geringfügig abweichenden Darstellung von Cowell (1985b, 1990a). Die "deutsche" Strafe ϕ^4 und ϕ^2 behandelt Hagedorn (1991). Damit ϕ^3 tatsächlich eine Abschreckungswirkung entfaltet, muß für ϕ^3 zusätzlich $\pi > \tau$ gelten.

bei Beachtung von Konsistenzbedingungen bezüglich e $(0 \leq e \leq \bar{e} \leq 1)$, wobei, wie erwähnt, $u(c)$ Annahme 3.2 genügen soll. Der (potentielle) Steuerhinterzieher löst das beschränkte Optimierungsproblem

$$\begin{aligned} \max_{e} \quad & E[u(c)] \\ \text{s.t.} \quad & 0 \leq e \leq \bar{e}. \end{aligned}$$

Ein inneres Optimum ist dadurch gekennzeichnet, daß der Grenzerwartungsnutzen einer zusätzlichen Hinterziehungseinheit $\tau y e$ gleich null ist. Will der Steuerhinterzieher nichts (alles) hinterziehen, dann ist der erwartete Nutzenzuwachs einer zusätzlichen marginalen Hinterziehungseinheit negativ (positiv). Im folgenden Lemma wird diese Aussage präzisiert.

Lemma 3.3 *(a) Steuerhinterziehung ist genau dann individuell optimal, wenn*

$$E[u_c(c)h]\tau y \begin{cases} \leq 0 & \textit{und } e = 0; \\ = 0 & \textit{und } 0 < e < \bar{e}; \\ \geq 0 & \textit{und } e = \bar{e} \end{cases} \tag{3.3}$$

erfüllt ist.
(b) Eine positive erwartete Rendite einer Einheit hinterzogener Steuer $E[h]$ ist notwendige Bedingung für Steuerhinterziehung.

Beweis. (a) Die Optimalitätsbedingung ist hinreichend, da wegen proportionaler Besteuerung, proportionaler Strafe und konkaver Nutzenfunktion das Optimierungsproblem strikt konkav ist. Die zweite Ableitung des Erwartungsnutzens

$$E[u_{cc}(c)h^2]\tau^2 y^2$$

ist negativ.
(b) Bei $e = 0$ gilt

$$E[u_c(c)h]\tau y = \tau y u_c(c^1)E[h],$$

da für $e = 0$ $c^1 = c^2$ ist. Nur wenn die erwartete Rendite größer als null ist, ist die Optimalitätsbedingung (erster Ordnung) für ein Randoptimum nicht erfüllt. Q.E.D.

Steuerhinterziehung ist nur dann für ein risikoaverses Individuum rational, wenn mindestens der durchschnittliche Ertrag einer hinterzogenen Steuereinheit positiv ist. Andernfalls erleidet der Steuerpflichtige nicht nur durch das Eingehen von Risiko eine Nutzeneinbuße (Streuung der Erträge), sondern stellt sich auch im Mittel schlechter als der ehrliche Steuerzahler.

Die Optimalbedingung kann auch als Verhältnis zwischen Grenzrate der Substitution zwischen den Konsummöglichkeiten c^1 und c^2 in den beiden Zuständen und den marginalen Mehrkosten erhöhten Konsums c^1 im Zustand erfolgreicher Steuerhinterziehung in Einheiten des Konsums c^2 im Zustand erfolgloser Steuerhinterziehung dargestellt werden:

$$\mathrm{GRS}_{c^1c^2} = -\frac{dc^2}{dc^1} = \frac{(1-p)u_c(c^1)}{pu_c(c^2)} = \frac{\phi}{\tau ye}.$$

Die Grenzrate der Substitution entspricht der (betragsmäßigen) Rendite einer hinterzogenen Steuereinheit, wenn die Steuerhinterziehung aufgedeckt wurde.

Maßgebliche äußere Faktoren für die optimale Hinterziehungsentscheidung sind das Bruttoeinkommen y, der Steuersatz τ, die Entdeckungswahrscheinlichkeit p und der proportionale Strafsteuersatz π.[12] Sämtliche Modellvarianten ermitteln einen abschreckenden Einfluß höherer Entdeckungswahrscheinlichkeit und stärkerer Bestrafung, wie Satz 3.3 zeigen wird.

Satz 3.3 *Ist der optimale Anteil hinterzogener Steuern positiv und kleiner als die zulässige Obergrenze $\bar{e}$, dann*
(a) verringert sich mit steigender Entdeckungswahrscheinlichkeit p der (optimale) Anteil hinterzogener Steuern e, und
(b) mit steigendem Strafsteuersatz π verringert sich der (optimale) Anteil hinterzogener Steuern e ebenfalls.

Beweis. (a) Durch Anwendung des Satzes über implizite Funktionen kann aus der Optimalbedingung erster Ordnung einer inneren Lösung, die die

[12] Die Auswirkungen von Parameteränderungen sind intensiv in der Literatur untersucht worden. Für ϕ^3 finden sich die wesentlichen komparativ-statischen Ergebnisse bereits bei Allingham und Sandmo (1972), S. 327 ff. Die komparative Statik von ϕ^1 wird bei Yitzhaki (1974), S. 202, Christiansen (1980), S. 392 f, Cowell (1985b), S. 169 ff, Cowell (1990a), S. 56 ff untersucht. Gegenüberstellungen und (weitgehend) umfassende Darstellungen bieten u.a. Koskela (1983b), S. 129 f und insbesondere Hagedorn (1991), S. 14 ff und S. 28 ff. Letzterer analysiert zusätzlich die Straffunktionen ϕ^2 und ϕ^4.

Funktion $e(p, \pi, y, \tau)$ definiert,

$$\frac{\partial e}{\partial p} = \frac{u_c(c^1)\tau y + u_c(c^2)\phi_e}{E[u_{cc}(c)h^2]\tau^2 y^2}$$

bestimmt werden. Da die Strafe ϕ bei höherem Hinterziehungsanteil e steigt ($\phi_e > 0$), ist dieser Term für alle angegebenen Straffunktionen negativ.
(b) Erneute Anwendung des Satzes über implizite Funktionen führt zu

$$\frac{\partial e}{\partial \pi} = \frac{p\{\phi_{e\pi} u_c(c^2) - \phi_e \phi_\pi u_{cc}(c^2)\}}{E[u_{cc}(c)h^2]\tau^2 y^2}.$$

Dieser Term ist für alle eingeführten Straffunktionen eindeutig negativ, da auch ϕ_π und $\phi_{e\pi}$ größer null sind. Q.E.D.

Je rigider die staatliche Behandlung der Steuerhinterziehung ist, d.h., je intensiver die Überprüfungen vorgenommen werden, bzw. je höher die Bestrafung ausfällt, desto kleiner ist der Anteil hinterzogener Steuern e. Offensichtlich verringern Erhöhungen von Wahrscheinlichkeit oder Strafsteuer ebenfalls das nicht deklarierte Einkommen ye bzw. die hinterzogene Steuer τye und führen zu einer Erhöhung des deklarierten Einkommens $y(1-e)$ bzw. der gezahlten (regulären) Steuer $\tau y(1-e)$, welche nicht die Strafzahlungen umfaßt.

Die Dependenz optimaler Hinterziehung von Strafsteuersatz und Entdekkungswahrscheinlichkeit läßt sich graphisch in einem State-Preference-Diagramm veranschaulichen.[13] In Abbildung 3.2 ist die Konstellation für die Straffunktion ϕ^1 dargestellt. Auf der Abszisse ist der Konsum im Zustand erfolgreicher Hinterziehung c^1 abgetragen, auf der Ordinate der Konsum im Zustand erfolgloser Hinterziehung c^2. Die Budgetmenge wird durch die Punkte 0,D,B,C und E begrenzt. Die Steigung der Budgetgerade ist gleich $-\pi$. Die optimale (innere) Wahl des Steuerhinterziehers e^* liegt im Tangentialpunkt A von Indifferenzkurve und Budgetgerade BC. Die Steuerschuld entspricht der Strecke HE, die tatsächlich gezahlte Steuer IE und die hinterzogene Steuer HI.

---

[13] Die Verwendung dieser Graphik im Zusammenhang mit der Steuerhinterziehung geht auf Cowell (1985b) zurück. Vgl. auch Cowell (1990a), S. 52 ff und Hagedorn (1991), S. 12 ff.

Abbildung 3.2: Steuerhinterziehung im State-Preference-Diagramm

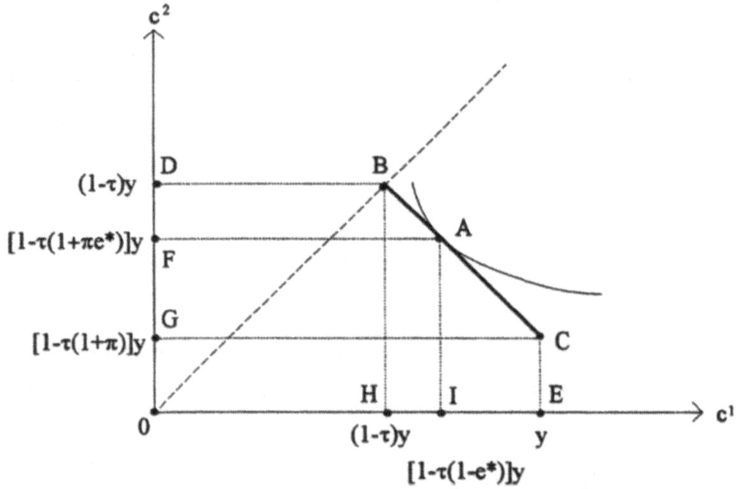

Eine Anhebung des Strafsteuersatzes π führt zu einer Drehung der Budgetgerade BC im Punkt B nach unten, das minimal mögliche Nachstrafsteuereinkommen sinkt (die Strecke CE wird verkürzt). Bei konkaver Nutzenfunktion verschiebt sich der Punkt A nach links unten, HI wird verkürzt. Weniger Steuern werden hinterzogen.

Ein Anstieg der Entdeckungswahrscheinlichkeit p führt in jedem Punkt zu einer flacheren Indifferenzkurve. Die optimale Wahl A liegt links oberhalb des alten Optimalpunktes auf der weiterhin gültigen Budgetgerade BC. HI wird verkürzt.

Der von der Theorie vorausgesagte abschreckende Einfluß intensivierter Überprüfungen entspricht nicht nur dem intuitiven Vorverständnis, sondern wird auch durch empirische Studien bestätigt.[14] Die Signifikanz des negativen Zusammenhanges zwischen Strafsteuer und Steuerhinterziehung ist im Ergebnis vieler empirischer Analysen erheblich geringer.[15] Ne-

---

[14] Siehe u.a. für das US-amerikanische Einkommensteuersystem Dubin und Wilde (1988), Dubin, Graetz und Wilde (1990), Witte und Woodbury (1985). Letztere ermitteln allerdings ein mehrjähriges Time-lag zwischen Erhöhung der Überprüfungsraten und verstärkter Steuerehrlichkeit. Vgl. für die Schweiz Weck-Hannemann und Pommerehne (1989).

[15] Vgl. Witte und Woodbury (1985), S. 6 f, Weck-Hannemann und Pommerehne (1989), S. 529 f. Geeroms und Wilmots (1985) kommen auf der Basis von Befragungen zwar

ben den ökonometrischen auf makroökonomischen Größen und Befragungen basierenden Arbeiten zur Überprüfung theoretisch begründeter Prognosen existiert zur Steuerhinterziehung ein experimentell orientierter Forschungszweig. In künstlicher Umgebung wird mit einer stark begrenzten Zahl von Teilnehmern der Vorgang der Steuerhinterziehung nachgestellt. Das größte Problem dieses Ansatzes ist das Wissen der Teilnehmer um die Künstlichkeit der Situation und die daraufhin vorgenommene Verhaltensänderung. Aufgrund der (weitgehenden) Irrelevanz der Spielsituation für den zukünftigen Entscheidungsspielraum wird im Vergleich zu Handlungen mit realen Auswirkungen eher risikofreudiges Verhalten zu beobachten sein. Spicer und Thomas (1982) bestätigen mit experimentellen Methoden den prognostizierten Zusammenhang zwischen Entdeckungswahrscheinlichkeit und Steuerhinterziehung.[16] Friedland, Maital und Rutenberg (1978) beobachten eine stärkere Abschreckungswirkung durch höhere Strafen als durch häufigere Kontrollen.

Der Einfluß des Bruttoeinkommens auf den Hinterziehungsanteil ist theoretisch weit weniger eindeutig, als derjenige der Parameter des Steuerdurchsetzungssystems. Die häufig geäußerte Vermutung, "Reichere" würden mehr hinterziehen, läßt sich nur bei speziellen Annahmen bezüglich der Risikoaversion bestätigen. Für die "deutsche" Strafe ϕ^4 kann sogar mit solchen Annahmen keine Eindeutigkeit hinsichtlich der Auswirkung erhöhten Bruttoeinkommens erzielt werden, da diese Straffunktion im Gegensatz zu den anderen nicht linear, sondern quadratisch im Bruttoeinkommen ist.[17] Noch weit unbestimmter ist der Zusammenhang zwischen Steuersatz und Steuerhinterziehung. Lediglich für die Straffunktion ϕ^1 kann eine eindeutige Beziehung bei abnehmender absoluter Risikoaversion ermittelt werden. Das Verhältnis zwischen Bruttoeinkommen bzw. Steuersatz und Steuerhinterziehung faßt der folgende Satz für ϕ^1, ϕ^2 und ϕ^3 bzw. ϕ^1 und ϕ^3 zusammen.

Satz 3.4 *Ist der optimale Anteil hinterzogener Steuern positiv und kleiner als die zulässige Obergrenze $\bar{e}$, dann*
(a) gibt für $\phi = \phi^1, \phi^2, \phi^3$ die folgende Tabelle den Zusammenhang zwischen den Annahmen über die Risikoaversion und dem Einfluß des Bruttoeinkommens auf die Steuerhinterziehung wieder

---

zum gleichen Ergebnis, führen dies aber auf Ungenauigkeiten bei der Modellierung zurück.

[16] Entsprechende Resultate erzielen auch Becker, Büchner und Sleeking (1987).

[17] Den allgemein unbestimmten Einfluß erhöhten Einkommens bei ϕ^4 weist Hagedorn (1991), S. 38 f nach.

Mit höherem Bruttoeinkommen y	*bei*
sinkt der hinterzogene Anteil e	*ZRR*
steigt das nicht deklarierte Einkommen ye	*AAR*
steigen die hinterzogenen Steuern τye	*AAR*
steigt das deklarierte Einkommen $y(1-e)$	*ZRR*
steigen die gezahlten Steuern $\tau y(1-e)$	*ZRR*

wobei AAR für abnehmende absolute Risikoaversion und ZRR für zunehmende relative Risikoaversion steht, und
(b) wird der Steuerhinterzieher nach ϕ^1 bestraft, dann erhöhen sich die gezahlten (regulären) Steuern $\tau y(1-e)$, wenn der Steuersatz τ angehoben wird, und bei abnehmender absoluter Risikoaversion wirkt sich ein steigender Steuersatz gemäß folgender Tabelle auf die anderen die Steuerhinterziehung beschreibenden Größen aus:

Bei AAR	$\tau \uparrow$
Hinterzogener Anteil e	$-$
Nicht deklariertes Einkommen ye	$-$
Hinterzogene Steuern τye	$-$
Deklariertes Einkommen $y(1-e)$	$+$

Bei Bestrafung anhand ϕ^3 ist die Auswirkung einer Steuersatzerhöhung generell nicht eindeutig.

Beweis. (a) Die Anwendung des Satzes über implizite Funktionen erlaubt es, aus der Optimalbedingung erster Ordnung einer inneren Lösung

$$\frac{\partial e}{\partial y} = -\frac{(1-\tau)E[u_{cc}(c)h]}{E[u_{cc}(c)h^2]\tau y} - \frac{e}{y}$$

herzuleiten. Unter Berücksichtigung der Optimalbedingung erster Ordnung kann dies in Termen der Risikoaversion geschrieben werden:

$$\frac{\partial e}{\partial y} = \frac{(1-\tau)[R_A(c^2) - R_A(c^1)]}{\tau y \left[R_A(c^1) + R_A(c^2)\frac{\phi}{\tau y e}\right]} - \frac{e}{y} = \frac{R_R(c^2) - R_R(c^1)}{\tau y^2 \left[R_A(c^1) + R_A(c^2)\frac{\phi}{\tau y e}\right]}.$$

Damit sind

$$\frac{\partial(ey)}{\partial y} = \frac{(1-\tau)[R_A(c^2) - R_A(c^1)]}{\tau \left[R_A(c^1) + R_A(c^2)\frac{\phi}{\tau y e}\right]} \quad \text{und} \quad \frac{\partial(y(1-e))}{\partial y} = 1 - e - y\frac{\partial e}{\partial y}.$$

(b) Erneute Anwendung des Satzes über implizite Funktionen führt unter Ausnutzung der Optimalbedingung erster Ordnung zu den nachfolgenden Ergebnissen:

	ϕ^1
$\frac{\partial e}{\partial \tau}$	$\frac{R_A(c^1)-R_A(c^2)}{\tau\left[R_A(c^1)+R_A(c^2)\frac{\phi}{\tau y e}\right]} - \frac{e}{\tau}$
$\frac{\partial (ye)}{\partial \tau}$	$y \ \frac{\partial e}{\partial \tau}$
$\frac{\partial (\tau ye)}{\partial \tau}$	$\frac{y[R_A(c^1)-R_A(c^2)]}{R_A(c^1)+R_A(c^2)\frac{\phi}{\tau y e}}$
$\frac{\partial (y(1-e))}{\partial \tau}$	$-y \ \frac{\partial e}{\partial \tau}$
$\frac{\partial (\tau y(1-e))}{\partial \tau}$	$\frac{y R_A(c^2)\left[1+\frac{\phi}{\tau y e}\right]}{R_A(c^1)+R_A(c^2)\frac{\phi}{\tau y e}}$

,

	ϕ^3
$\frac{\partial e}{\partial \tau}$	$\frac{1-e}{\tau} \ \frac{R_A(c^1)-R_A(c^2)}{R_A(c^1)+R_A(c^2)\frac{\phi}{\tau y e}} - \frac{E[u_c(c)]}{E[u_{cc}(c)h^2]\tau^2 y}$
$\frac{\partial (ye)}{\partial \tau}$	$y \ \frac{\partial e}{\partial \tau}$
$\frac{\partial (\tau ye)}{\partial \tau}$	$ye + \frac{y(1-e)[R_A(c^1)-R_A(c^2)]}{R_A(c^1)+R_A(c^2)\frac{\phi}{\tau y e}} - \frac{E[u_c(c)]}{E[u_{cc}(c)h^2]\tau}$
$\frac{\partial (y(1-e))}{\partial \tau}$	$-y \ \frac{\partial e}{\partial \tau}$
$\frac{\partial (\tau y(1-e))}{\partial \tau}$	$\frac{y(1-e)R_A(c^2)\left\{1+\frac{\phi}{\tau y e}\right\}}{R_A(c^1)+R_A(c^2)\frac{\phi}{\tau y e}} + \frac{E[u_c(c)]}{E[u_{cc}(c)h^2]\tau}$

.

Q.E.D.

Die Aussagen von Satz 3.4 können ebenfalls graphisch illustriert werden. Dies geschieht in Abbildung 3.3 wiederum für die Straffunktion ϕ^1. Erhöht sich das Bruttoeinkommen des Zensiten y, verschiebt sich die Budgetgerade (BC) nach außen (B′C′). Bei abnehmender absoluter Risikoaversion ist die neue optimale Wahl A′ derart, daß die hinterzogenen Steuern (H′I′) größer als in der Ausgangssituation sind (HI).

Eine *Senkung* des regulären Steuersatzes läßt sich ebenfalls durch eine Verschiebung der Budgetgerade nach außen darstellen. Allerdings ist die neue Budgetgerade B′C″ kürzer als bei einer entsprechenden Einkommenserhöhung, da das maximal mögliche Nachhinterziehungseinkommen (0E) sich nicht erhöht. Bei abnehmender absoluter Risikoaversion ergibt sich bezüglich der Veränderung der Höhe der hinterzogenen Steuern (H′I′) bei einer Steuersenkung das gleiche Bild wie bei einer Einkommenserhöhung. Dies ist nicht weiter verwunderlich, da bei der Straffunktion ϕ^1, wie weiter unten gezeigt wird, mit einer Steuersatzänderung ein reiner Einkommenseffekt verbunden ist.

Abbildung 3.3: Steuerhinterziehung bei Einkommens- und Steuersatzänderungen

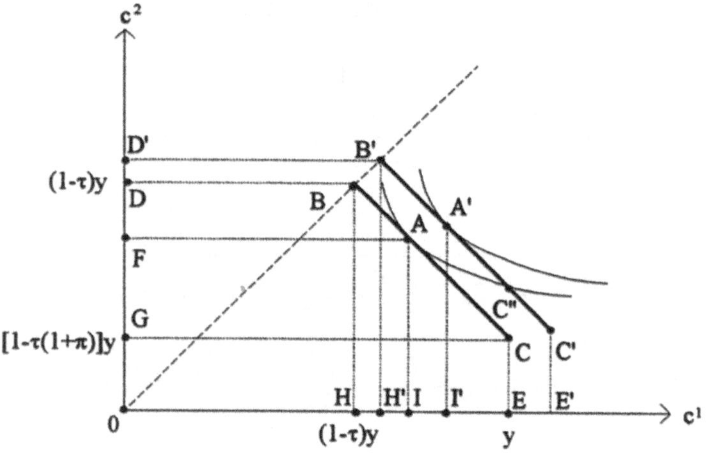

Der Zusammenhang zwischen Grenzsteuersatz und Steuerhinterziehung hat lange Zeit im Mittelpunkt der theoretischen Diskussion der Steuerhinterziehung gestanden. Allingham und Sandmo (1972), S. 329 f ermittelten für die Straffunktion ϕ^3 einen unbestimmten Einfluß der Höhe des Steuersatzes auf die Intensität der Steuerhinterziehung. Yitzhaki (1974), S. 201 f führte in die wissenschaftliche Diskussion die an den US-amerikanischen und israelischen Verhältnissen orientierte Straffunktion ϕ^1 mit dem Ziel ein, diese Zweideutigkeit aufzulösen.[18] Die unterschiedlichen Auswirkungen verstärkter Besteuerung in Abhängigkeit von der Gestaltung der Bestrafung können durch Zerlegung des Gesamteffektes in Substitutions- und Einkommenseffekt verdeutlicht werden.[19] Zu diesem Zweck wird in das

[18] Die entsprechende Analyse für die Straffunktionen ϕ^2 und ϕ^4 führt Hagedorn (1991), S. 28 ff durch.

[19] Die durch die Slutzky-Gleichung formalisierte Aufspaltung des Gesamteffektes bei Parameteränderungen demonstrierte im Zusammenhang mit der Untersuchung von Steu-

Modell eine Einkommenskomponente z (nicht zu versteuernder Pauschaltransfer an den Steuerpflichtigen) eingeführt, um die der Konsum in jedem Zustand erhöht werden kann $(c+z)$. Die Reaktion der hinterzogenen Steuern τye auf einen Anstieg des Steuersatzes τ setzt sich dann zusammen aus der Veränderung von τye bei einer durch eine Erhöhung des Pauschaltransfers so kompensierten Steuererhöhung, daß der Erwartungsnutzen sich nicht ändert, (**Substitutionseffekt**) abzüglich der Reaktion von τye auf die zur Kompensation erforderliche Einkommensänderung (**Einkommenseffekt**), wie die Slutzky-Gleichung der Steuerhinterziehung aufzeigt:

$$(3.4) \qquad \frac{\partial(\tau ye)}{\partial\tau} = \left.\frac{\partial(\tau ye)}{\partial\tau}\right|_{dE[u(c+z)]=0} - \left.\frac{\partial(\tau ye)}{\partial z}\frac{\partial z}{\partial\tau}\right|_{dE[u(c+z)]=0}$$

Die Auswirkungen verstärkter Besteuerung sind nur dann eindeutig zu bestimmen, wenn Substitutions- und Einkommenseffekt nicht in entgegengesetzter Richtung wirken. Für die in der Literatur am meisten diskutierten Straffunktionen ϕ^1 und ϕ^3 verdeutlicht Satz 3.5 die Zerlegung des Gesamteffektes in Substitutions- und Einkommenseffekt.

Satz 3.5 *Ist der optimale Anteil hinterzogener Steuern positiv und kleiner als die zulässige Obergrenze $\bar{e}$, dann ist bezogen auf eine Steuersatzerhöhung*
(a) bei Bestrafung nach ϕ^1 der Substitutionseffekt einer hinterzogenen Steuereinheit τye null und der Einkommenseffekt negativ und
(b) bei Bestrafung nach ϕ^3 der Substitutionseffekt einer hinterzogenen Steuereinheit τye positiv und der Einkommenseffekt negativ.

Beweis. Aus $E[u(c+z)] = 0$ wird durch Anwendung des Satzes über implizite Funktionen unter Berücksichtigung von $E[u_c(c+z)h] = 0$ abgeleitet, daß

$$\left.\frac{\partial z}{\partial\tau}\right|_{dE[u(c+z)]=0} = y, \text{ für } \phi^1, \text{ bzw. } \left.\frac{\partial z}{\partial\tau}\right|_{dE[u(c+z)]=0} = y(1-e), \text{ für } \phi^3,$$

ist. Der unkompensierte Effekt höheren Transfers ist

$$\frac{\partial(\tau ye)}{\partial z} = \frac{R_A(c^2) - R_A(c^1)}{R_A(c^1) + R_A(c^2)\frac{\phi}{\tau ye}}.$$

---

erhinterziehung (und Arbeitsangebot) erstmals Sandmo (1981), S. 272 ff. Siehe auch Wiegard (1984). Bezogen auf das Grundmodell der Steuerhinterziehung präsentiert Hagedorn (1991), S. 31 ff eine umfassende Darstellung.

Der Einkommenseffekt $-(\partial(\tau ye)/\partial z)(\partial z/\partial\tau)|_{dE[u(c+z)]=0}$ ist bei abnehmender absoluter Risikoaversion negativ. Der Substitutionseffekt läßt sich (hier) am einfachsten residual aus der Slutzky-Gleichung (3.4) berechnen und ist gleich

$$\left.\frac{\partial(\tau ye)}{\partial\tau}\right|_{dE[u(c+z)]=0} = 0, \qquad \text{für } \phi^1, \qquad \text{bzw.}$$

$$\left.\frac{\partial(\tau ye)}{\partial\tau}\right|_{dE[u(c+z)]=0} = ye - \frac{E[u_c(c)]}{E[u_{cc}(c)h^2]\tau} > 0, \qquad \text{für } \phi^3,$$

wobei $\partial(\tau ye)/\partial\tau$ jeweils dem Beweis zu Satz 3.4 entnommen werden kann.

Q.E.D.

Wird nach ϕ^3 bestraft, so sind Substitutions- und Einkommenseffekt gegenläufig. Aufgrund der höheren Steuer verkleinert sich das Budget, bei abnehmender absoluter Risikoaversion wird weniger hinterzogen. Die Bemessung der Strafe anhand des deklarierten Einkommens impliziert bei steigender Steuer eine sinkende Strafe pro hinterzogener Steuereinheit. Der relative Preis der Steuerhinterziehung sinkt, der Substitutionseffekt ist positiv. Bei der Straffunktion ϕ^1 ist hingegen die Strafe je hinterzogener Steuereinheit unabhängig vom Steuersatz. Eine Anhebung des Steuersatzes ändert daher den relativen Preis der Steuerhinterziehung nicht; es tritt kein Substitutionseffekt auf.

Die Prognose, daß ein höherer Steuersatz Steuerhinterziehung verringert, wenn die Strafe proportional zu der hinterzogenen Steuer bemessen wird, ließ, nachdem Yitzhaki (1974) diesen Zusammenhang aufgedeckt hatte, Zweifel an der Eignung des Portfolio-Selektions-Modells zur Analyse der Steuerhinterziehung aufkommen. Dieses Ergebnis erster theoretischer Forschung entspricht nicht der allgemein gehegten und durch empirische Untersuchungen erhärteten Vermutung, daß steigende Grenzsteuersätze einen Anreiz zu verstärkter Steuerhinterziehung bieten.[20] Auch Experimente scheinen den empirischen Studien recht zu geben.[21] Die Diskrepanz zwischen modelltheoretisch begründeter Prognose und empirischer Evidenz regte zur Weiterentwicklung der Grundkonzeption ökonomischer Analyse steuerhinterziehender Aktivitäten an. Durch Berücksichtigung staatlicher Leistungen

---

[20] Siehe Clotfelter (1983), Weck-Hannemann und Pommerehne (1989), Crane und Nourzad (1990).

[21] Vgl. Benjamini und Maital (1985). Zu einem anderen Ergebnis kommen Becker, Büchner und Sleeking (1987), die einen negativen Zusammenhang zwischen Steuerlast und Häufigkeit der Steuerhinterziehung beobachten.

und der Handlungen anderer Wirtschaftssubjekte in interdependenten Entscheidungssituationen wurde die wissenschaftliche Diskussion erweitert. Bevor diesen Ansätzen Rechnung getragen wird, sollen aber im folgenden noch einzelne Aspekte des Steuerentzuges im Rahmen des Basismodells erörtert werden.

3.3.1 Steuerhinterziehung unter progressivem Steuertarif

Ebenso wie allgemein ein enger Zusammenhang zwischen hoher Steuerbelastung und verbreiteter Steuerhinterziehung vermutet wird, wird auch eine entsprechende Verbindung zwischen Progression des Steuertarifes und Steuerhinterziehung unterstellt. Eine nähere Betrachtung zeigt aber, daß zumindest in dieser Allgemeinheit ein solch eindeutiger Zusammenhang zwischen der Gestaltung des Steuertarifes und der Hinterziehung von Steuern nicht existiert. Es ist erforderlich, zum einen das Maß der Progressivität zu spezifizieren und zum anderen das Tertium comparationis zweier unterschiedlich progressiver Tarife exakt festzulegen, um eindeutige Ergebnisse zu erzielen.[22]

Zunächst läßt sich einfach zeigen, daß ein progressiver Steuertarif den Steuerhinterzieher vor ein ähnliches Problem stellt wie ein proportionaler Steuertarif. Zwischen den Auswirkungen von Änderungen des Strafsteuersatzes π und der Entdeckungswahrscheinlichkeit p unter proportionalem und progressivem Steuertarif besteht kein qualitativer Unterschied. Zum Nachweis dieser Behauptung greift man auf das vorgestellte Grundmodell der Steuerhinterziehung zurück. Das Bruttoeinkommen y, die Straffunktion $\tilde{\phi}$, die Entdeckungswahrscheinlichkeit p und der Steuertarif $T(y)$ sind weiterhin für den Steuerpflichtigen exogene Größen. Der Grenzsteuersatz T' sei positiv und $T(0) \leq 0$. Hinterzieht der Steuerpflichtige erfolgreich, so stehen ihm sein reguläres Nettoeinkommen und die ersparte Steuer $T(y) - T(y(1-e))$ bzw. sein Bruttoeinkommen abzüglich der Steuer $T(y(1-e))$ auf das deklarierte Einkommen zu Konsumzwecken zur Verfügung:

$$c^1 = y - T(y(1-e)).$$

[22] In der mikroökomischen Literatur zur Steuerhinterziehung vergleichen u.a. Srinivasan (1973), S. 342 ff, Pencavel (1979), S. 118 ff, Koskela (1983b), S. 130 ff unterschiedlich progressive Steuertarife hinsichtlich der Einkommensdeklaration bzw. der Steuerhinterziehung. Siehe zu den Auswirkungen progressiver Steuertarife auch Koskela (1983a) und Hagedorn (1991), S. 43 ff. In die Analyse des Zusammenhanges zwischen Progressivität und Steuerhinterziehung beziehen Pencavel (1979), S. 119 die Arbeitsangebotsentscheidung und Neck, Schneider und Hofreither (1989) zusätzlich den Produktionssektor mit ein.

Wenn er der Steuerhinterziehung überführt wird, hat er neben der Steuernachzahlung die Strafe $\tilde{\phi}$ zu entrichten:

$$c^2 = y - T(y) - \tilde{\phi}.$$

Die Straffunktionen sind weiterhin proportional zur Bemessungsgrundlage. Analog zu den vorgestellten Straffunktionen bei proportionaler Besteuerung werden nun

$$\begin{aligned} &\tilde{\phi}^1 = \pi[T(y) - T(y(1-e))], \quad \tilde{\phi}^2 = \pi ye, \\ &\tilde{\phi}^3 = \pi ye - [T(y) - T(y(1-e))] \quad \text{und} \\ &\tilde{\phi}^4 = \pi[T(y) - T(y(1-e))][y - T(y)] \end{aligned}$$

betrachtet. Die Strafen sind mit dem Faktor π $(0 < \pi)$ proportional zur hinterzogenen Steuer ($\tilde{\phi}^1$), zum nicht deklarierten Einkommen ($\tilde{\phi}^2$), zum nicht deklarierten Einkommen mit Abzugsmöglichkeit für die nachzuentrichtende Steuer ($\tilde{\phi}^3$) oder zum Produkt aus hinterzogener Steuer und regulärem Nettoeinkommen ($\tilde{\phi}^4$). $\tilde{\phi}^3$ ist nur dann durchgehend abschreckend, wenn $\pi ye > T(y) - T(y(1-e))$ für jeden möglichen positiven Steuerhinterziehungsanteil e gilt. Der Steuerpflichtige maximiert den Erwartungsnutzen $(1-p)u(c^1) + pu(c^2)$ durch die Wahl des Steuerhinterziehungsanteiles e aus einem Intervall $[0, \bar{e}]$. Die Analogie zum Entscheidungsproblem bei proportionalem Steuertarif zeigt der folgende Satz auf.

Satz 3.6 *(a) Die zum Problem "optimaler" Steuerhinterziehung unter proportionalem Steuertarif analoge Optimalbedingung*

$$(1-p)u_c(c^1)yT'(y(1-e)) - pu_c(c^2)\tilde{\phi}_e = 0 \tag{3.5}$$

ist hinreichend für ein (lokales) inneres Optimum, für beliebige Steuertarife, wenn mit $\tilde{\phi}^1$ oder $\tilde{\phi}^4$ bestraft wird, für Steuertarife mit nicht fallendem Grenzsteuersatz ($T''(y(1-e)) \geq 0$), wenn mit $\tilde{\phi}^2$ oder $\tilde{\phi}^3$ bestraft wird. Für $\tilde{\phi}^3$ existiert eine innere Lösung nur, wenn $\pi > T'(y(1-e))$.
(b) Entdeckungswahrscheinlichkeit p und Strafsteuersatz π beeinflussen das Ausmaß der Steuerhinterziehung in gleicher Richtung wie bei proportionaler Besteuerung.

Beweis. (a) Da $\tilde{\phi}^3_e = y[\pi - T'(y(1-e))]$ gilt, ist die Optimalbedingung für $\tilde{\phi}^3$ nur erfüllbar, wenn $\pi > T'(y(1-e))$ gilt.
Hinreichend ist die Bedingung bei jeder Straffunktion für ein lokales inneres Optimum, wenn zusätzlich die zweite Ableitung des Erwartungsnutzens im Optimum negativ ist. Die Tabelle gibt die zweite Ableitung der Erwartungsnutzenfunktion $E[u(c)]_{ee}$ in Abhängigkeit von der angewandten Straffunktion wieder:

	$E[u(c)]_{ee}$
$\tilde{\phi}^1$, $\tilde{\phi}^4$	$(1-p)u_{cc}(c^1)y^2T'^2 + pu_{cc}(c^2)(\tilde{\phi}_e)^2$
$\tilde{\phi}^2$	$(1-p)u_{cc}(c^1)y^2T'^2 + pu_{cc}(c^2)(\tilde{\phi}_e)^2 - (1-p)u_c(c^1)y^2T''$
$\tilde{\phi}^3$	$(1-p)u_{cc}(c^1)y^2T'^2 + pu_{cc}(c^2)(\tilde{\phi}_e)^2$ $-[(1-p)u_c(c^1) + pu_c(c^2)]y^2T''$

wobei T' und T'' an der Stelle $y(1-e)$ bestimmt werden. $E[u(c)]_{ee}$ ist negativ; für $\tilde{\phi}^2$ und $\tilde{\phi}^3$ darf allerdings der Grenzsteuersatz nicht fallen, damit ein negatives Vorzeichen generell garantiert werden kann.
(b) Anwendung des Satzes für implizite Funktionen auf die Optimalbedingung erster Ordnung, die die Funktion $e(p,\pi,y)$ definiert, führt zu den folgenden Resultaten:

$$\frac{\partial e}{\partial p} = \frac{u_c(c^1)yT'(y(1-e)) + u_c(c^2)\tilde{\phi}_e}{E[u(c)]_{ee}} < 0 \quad \text{und}$$

$$\frac{\partial e}{\partial \pi} = \frac{p\{\tilde{\phi}_{e\pi}u_c(c^2) - \tilde{\phi}_e\tilde{\phi}_\pi u_{cc}(c^2)\}}{E[u(c)]_{ee}} < 0,$$

da unter den getroffenen Annahmen $\tilde{\phi}_e$, $\tilde{\phi}_\pi$ und $\tilde{\phi}_{e\pi}$ positiv sind. Q.E.D.

Satz 3.6 zeigt auf, daß das Entscheidungsproblem des Steuerhinterziehers bei (weitgehend) beliebigem Steuertarif (weitgehend) analog zu demjenigen bei eingangs behandelter proportionaler Besteuerung ist. Lediglich regressive Steuertarife, deren Grenzsteuersatz stark mit der Bemessungsgrundlage sinkt, induzieren grundsätzlich andere Strukturen, wenn die Strafe auf das nichtdeklarierte Einkommen bezogen ist. Bei stark regressiven Tarifen sind vollständige Deklaration oder vollständige Steuerhinterziehung eher zu erwarten.

Nachdem die strukturelle Gleichartigkeit der Hinterziehung von Steuern bei proportionalem und bei progressivem Steuertarif durch Satz 3.6 aufgezeigt wurde, ist es verhältnismäßig einfach möglich, die Frage nach dem Einfluß der Progressivität des Steuertarifes auf die Steuerhinterziehung zu beantworten. Zwecks Ausschluß aller möglichen Mißverständnisse wird Progressivität (in bezug auf den Durchschnittssteuersatz) zunächst noch einmal definiert.[23]

Definition 3.1 Progressiver Steuertarif

Ein Steuertarif $T(y)$ heißt progressiv, wenn der Durchschnittssteuersatz mit der Bemessungsgrundlage steigt:

$$\frac{d(T(y)/y)}{dy} > 0.$$

Ein Steuertarif T^A heißt progressiver als ein Steuertarif T^B, wenn

$$\frac{d(T^A(y)/y)}{dy} > \frac{d(T^B(y)/y)}{dy}, \quad \forall y > 0,$$

gilt.

Das häufig lokal verstandene Konzept der Progression wird im Vergleich zweier Steuertarife global, d.h. für den gesamten Definitionsbereich, aufgefaßt, um für die weitere Diskussion unnötige Differenzierungen zu vermeiden. Um etwaige Zweideutigkeiten auszuschließen, beschränkt sich die folgende Analyse auf linear-progressive Steuertarife

$$T(y) = \tau y - z,$$

wobei τ der konstante Grenzsteuersatz und z ein (positiver) Pauschaltransfer vom Staat an den Steuerpflichtigen ist. Eine negative Einkommensteuer wird zur Vereinfachung nicht ausgeschlossen. Die Besteuerung mit einer Flat rate tax ist wegen des positiven Pauschaltransfers progressiv, da die durchschnittlich zu entrichtende Steuer $\tau - z/y$ mit der Bemessungsgrundlage steigt:

$$\frac{d(T(y)/y)}{dy} = \frac{z}{y^2} > 0.$$

Je höher der Pauschaltransfer ist, desto progressiver verläuft der Steuertarif.

[23] Konzepte zur Definition progressiver Steuertarife werden ausführlich bei Pollak (1980), S. 239 ff diskutiert. Hier wurde ein für die Flat rate tax geeignetes Maß gewählt.

Der linear-progressive Tarif erlaubt es, die Ergebnisse des vorangegangenen Abschnittes unmittelbar zu übernehmen. Die dort vorgenommene Zerlegung des komparativ-statischen Effektes eines erhöhten Grenzsteuersatzes in Substitutions- und Einkommenseffekt gestattet es, an dieser Stelle den formalen Aufwand gering zu halten. In Anlehnung an das dortige Vorgehen werden lediglich die "klassischen" Straffunktionen ϕ^1 und ϕ^3 untersucht.

Da die Progressivität des Steuertarifes von der Höhe des Transfers an die Steuerpflichtigen abhängt, werden zunächst Steuertarife miteinander verglichen, die den gleichen Grenzsteuersatz, aber unterschiedliche Transfers beinhalten. Um sinnvolle Aussagen über den Zusammenhang zwischen Progressivität, Höhe des Pauschaltransfers und Steuerhinterziehung treffen zu können, ist es aber angezeigt, auch Steuertarife einander gegenüber zu stellen, die bei unterschiedlichen Pauschaltransfers aufgrund gleichartiger Auswirkung auf die Steuerschuld, die erwartete Steuerzahlung oder den Erwartungsnutzen des Steuerpflichtigen vergleichbar sind.[24] Die Konstanz der Steuerschuld $T = \tau y - z$, der erwarteten Steuerzahlung (inkl. Strafsteuerzahlung) $E[T] = \tau y - z - (1 - p - p\phi/(\tau y e))\tau y e$ bzw. des Erwartungsnutzens $E[u(c + z)]$ wird durch entsprechende Anpassungen des Grenzsteuersatzes erreicht. Satz 3.7 faßt die Ergebnisse zur Progressivitätsanalyse zusammen.

Satz 3.7 *Ist der optimale Anteil hinterzogener Steuern positiv und kleiner als die zulässige Obergrenze $\bar{e}$, dann wirkt sich eine Erhöhung des Pauschaltransfers z (stärkere Progressivität) auf die hinterzogenen Steuern $\tau y e$ und das deklarierte Einkommen $y(1 - e)$ bei abnehmender absoluter Risikoaversion wie in den folgenden Tabellen beschrieben aus, wenn der Steuersatz τ oder durch Anpassungen des Steuersatzes die Steuerschuld T, die erwarteten Zahlungen an den Staat $E[T]$ oder der Erwartungsnutzen des Steuerpflichtigen $E[u(c + z)]$ unverändert bleiben:*
(a) Bestrafung nach ϕ^1:

$z \uparrow$	*Konstanz von*			
	τ	T	$E[T]$	$E[u(c+z)]$
Hinterzogene Steuern $\tau y e$	+	0	0	0
Deklariertes Eink. $y(1-e)$	−	+	+	+

,

[24] Die komparativ-statischen Vergleiche bei linear-progressiven Steuertarifen mit gleicher erwarteter Steuerzahlung bzw. gleichem Erwartungsnutzen gehen auf Koskela (1983b), S. 130 ff zurück, der allerdings nur die Auswirkung einer Änderung des Steuersatzes auf die Höhe des deklarierten Einkommens untersucht.

(b) Bestrafung nach ϕ^3:

$z \uparrow$	Konstanz von			
	τ	T	$E[T]$	$E[u(c+z)]$
Hinterzogene Steuern τye	+	+	?	+
Deklariertes Eink. $y(1-e)$	−	−	?	−

Beweis. Der Gesamteffekt einer Transfererhöhung setzt sich aus dem direkten und dem indirekten Effekt aufgrund der Anpassung des Steuersatzes zusammen:

$$\frac{d(\tau ye)}{dz} = \frac{\partial(\tau ye)}{\partial\tau}\frac{d\tau}{dz} + \frac{\partial(\tau ye)}{\partial z} \qquad \text{bzw.}$$

$$\frac{d(y(1-e))}{dz} = \frac{\partial(y(1-e))}{\partial\tau}\frac{d\tau}{dz} + \frac{\partial(y(1-e))}{\partial z}.$$

Dabei ist

$$\frac{\partial(y(1-e))}{\partial z} = \frac{R_A(c^1) - R_A(c^2)}{\tau\left[R_A(c^1) + R_A(c^2)\frac{\phi}{\tau ye}\right]}$$

negativ. Die anderen benötigten partiellen Ableitungen sind aus den Beweisen zu den Sätzen 3.4 und 3.5 zu entnehmen. Der Term $d\tau/dz$ ist gleich null, wenn der Steuersatz τ konstant gehalten wird, bzw. durch Anwendung des Satzes über implizite Funktionen aus den Gleichungen $T = 0$, $E[T] = 0$ oder $E[u(c+z)] = 0$ abzuleiten:

	Konstanz von			
	τ	T	$E[T]$	$E[u(c+z)]$
$\frac{d\tau}{dz}$ bei ϕ^1	0	$\frac{1}{y}$	$\frac{1}{y}$	$\frac{1}{y}$
$\frac{d\tau}{dz}$ bei ϕ^3	0	$\frac{1}{y}$	$\frac{1+(1-p\pi/\tau)\partial(\tau ye)/\partial z}{y-(1-p\pi/\tau)\partial(\tau ye)/\partial\tau - p\pi ye/\tau}$	$\frac{1}{y(1-e)}$

wobei bei der Herleitung von $d\tau/dz$ für konstante erwartete Staatseinnahmen berücksichtigt werden muß, daß der hinterzogene Steueranteil e eine Funktion von Steuersatz τ und Transfer z ist. Zur Ermittlung des Transfer-Steuersatz-Zusammenhanges bei konstantem Erwartungsnutzen ist dieser

funktionale Zusammenhang irrelevant, da aufgrund der optimalen Wahl der Hinterziehung $E[u_c(c+z)h]\tau y = 0$ gilt.
(a) Für ϕ^1 gilt dann:

$$\frac{d(\tau y e)}{dz} = 0 \quad \text{und} \quad \frac{d(y(1-e))}{dz} = \frac{e}{\tau}, \quad \text{für} \quad \frac{d\tau}{dz} = \frac{1}{y}.$$

(b) Für ϕ^3 gilt in Abhängigkeit von $d\tau/dz$:

	$\frac{d\tau}{dz} = \frac{1}{y}$	$\frac{d\tau}{dz} = \frac{1}{y(1-e)}$
$\frac{d(\tau y e)}{dz}$	$\frac{eR_A(c^2)\left[1+\frac{\phi}{\tau y e}\right]}{R_A(c^1)+R_A(c^2)\frac{\phi}{\tau y e}} - \frac{E[u_c(c)]}{E[u_{cc}(c)h^2]\tau y}$	$\frac{e}{1-e} - \frac{E[u_c(c)]}{E[u_{cc}(c)h^2]\tau y(1-e)}$
$\frac{d(y(1-e))}{dz}$	$\frac{e}{\tau}\ \frac{R_A(c^1)-R_A(c^2)}{R_A(c^1)+R_A(c^2)\frac{\phi}{\tau y e}} + \frac{E[u_c(c)]}{E[u_{cc}(c)h^2]\tau^2 y}$	$\frac{E[u_c(c)]}{E[u_{cc}(c)h^2]\tau^2 y(1-e)}$

Für konstante erwartete Staatseinnahmen führen auch Umformungen nicht zu einem eindeutigen Ergebnis. Q.E.D.

Wird c.p. der Pauschaltransfer heraufgesetzt, so wird das Einkommen des Steuerpflichtigen in beiden Zuständen (c^1 und c^2) erhöht, ohne Substitutionseffekte auszulösen. Bei abnehmender absoluter Risikoaversion geht der Steuerpflichtige unabhängig von der Konkretisierung der Bestrafung ein höheres Risiko ein, deklariert weniger bzw. hinterzieht mehr Steuern. Es liegt ein reiner Einkommenseffekt vor.[25] Der Steuertarif wird zwar progressiver, gleichzeitig sinkt aber auch für jede Einkommensposition die Steuerschuld. Die Anhebung des Einkommens determiniert das Ergebnis.

Werden hingegen Erhöhungen des Pauschaltransfers betrachtet, die aufgrund entsprechender Anpassungen des Grenzsteuersatzes neutral in bezug auf die Steuerschuld, die erwarteten Steuerzahlungen oder den Erwartungsnutzen sind, so hängt das Resultat von der Spezifikation der Straffunktion ab. Wenn nach ϕ^1 bestraft wird, ergibt sich als interessantes Ergebnis, daß eine steuerschuldneutrale Erhöhung des Grenzsteuersatzes ($y d\tau = dz$) gleichermaßen erwartete Staatseinnahmen und Erwartungsnutzen des Steuerpflichtigen unverändert läßt. Der Steuerpflichtige reagiert auf eine solche

[25] Die kritische Anmerkung von Yaniv (1990) zur Interpretation des Einkommenseffektes in Modellen der Steuerhinterziehung greift an dieser Stelle nicht, da das Einkommen in beiden Zuständen um den gleichen Betrag erhöht wird.

Erhöhung der Progressivität zwar durch Senkung des hinterzogenen Steueranteiles e; die Konsummöglichkeiten c^1 und c^2 bleiben aber unverändert, da sich einerseits das reguläre Nettoeinkommen $(1-\tau)y+z$ wegen der Steuerschuldneutralität der Tarifänderung nicht ändert und andererseits die hinterzogene Steuer τye auf dem alten Niveau verbleibt. Bei der Bestrafung nach ϕ^3 hängt die Anpassung des Grenzsteuersatzes von der stabil zu haltenden Zielgröße ab. Werden Steuerschuld oder Erwartungsnutzen konstant gehalten, erhöht der Steuerpflichtige den Hinterziehungsanteil e und hinterzieht mehr Steuern τye. Bei Konstanz der erwarteten Staatseinnahmen ergibt sich zum einen keine eindeutige Richtung der erforderlichen Anpassung des Grenzsteuersatzes und daraus folgend zum anderen keine eindeutige Reaktion der Steuerhinterziehungsgrößen. Mit Ausnahme des letztgenannten Falles ist aber immer eine Anhebung des Grenzsteuersatzes zur Neutralisierung der Transfererhöhung erforderlich.

Die Ergebnisse sind unterschiedlich, da die Richtung des Substitutionseffektes von der Straffunktion abhängt. Da eine Steuersatzerhöhung bei ϕ^1 lediglich einen negativen Einkommenseffekt aufweist, d.h. bezogen auf eine Einheit hinterzogene Steuer τye keinen Substitutionseffekt auslöst, ist es nicht verwunderlich, daß die Auswirkung erhöhten Transfers exakt kompensiert wird. Die hinterzogenen Steuern ändern sich nicht. Bei ϕ^3 ist dagegen der Substitutionseffekt positiv, die hinterzogenen Steuern steigen.

Die dargelegten Zusammenhänge zwischen kompensierter Transfererhöhung und hinterzogenen Steuern respektive deklariertem Einkommen gestatten es nicht zu behaupten, daß Eindeutigkeit in der Beziehung zwischen Progressivität und Steuerhinterziehung vorliegt. Für die untersuchte Flat rate tax sind die Wahl der Straffunktion und die Auswahl des Maßes der Steuerhinterziehung, deklariertes Einkommen oder hinterzogene Steuer, von Bedeutung. Das deklarierte Einkommen steigt bei kompensierten Transfererhöhungen, wenn die Strafe proportional zur hinterzogenen Steuer ist (ϕ^1). Es sinkt hingegen (mit der entsprechenden Einschränkung für konstante erwartete Staatseinnahmen), wenn die Strafe proportional zum nicht deklarierten Einkommen ist (mit Abzugsmöglichkeit für die Steuernachzahlung) (ϕ^3).[26] Mißt man Steuerhinterziehung jedoch nicht indirekt über das (nicht) deklarierte Einkommen, sondern direkt anhand der hinterzogenen Steuer, dann sind die Ergebnisse immerhin nicht derart widersprüchlich. Vielmehr

---

[26] Diesen Zusammenhang resümiert Koskela (1983b), S. 127: "If the penalty rate is charged on the undeclared income, tax evasion will increase, while if the penalty rate is charged on the evaded tax, tax evasion will decrease when the tax base is shifted towards progression."

rechtfertigen die Resultate (bei konstanter Steuerschuld bzw. konstantem Erwartungsnutzen) für Straffunktionen, die zum nicht deklarierten Einkommen oder zur hinterzogenen Steuer proportional sind, die Behauptung eines nicht negativen Zusammenhanges zwischen Progressivität und Steuerhinterziehung. Eine Erhöhung der Progressivität des Steuertarifes bewirkt zumindest keine Reduktion der Steuerhinterziehung.

Die bisherigen Darlegungen bezogen sich auf einen einzelnen Haushalt und auf ihn zugeschnittene Steuertarifänderungen. Die Untersuchung der Auswirkungen progressiver Steuertarifgestaltungen kann aber nicht abgeschlossen werden, ohne Einkommensunterschiede zu betrachten. Anhand der Straffunktion ϕ^1 läßt sich dies am einfachsten mit eindeutigen Ergebnissen durchführen. Satz 3.8 belegt eine intuitiv einleuchtende Beziehung zwischen der Höhe der Transfers an die Steuerzahler und der Intensität der Steuerhinterziehung.

Satz 3.8 *Werden Pauschaltransfererhöhungen so durch Steuersatzerhöhungen kompensiert, daß die Steuerschuld des Beziehers eines durchschnittlichen Einkommens sich nicht ändert, werden Bezieher unterdurchschnittlicher Einkommen mehr Steuern und Bezieher überdurchschnittlicher Einkommen weniger Steuern hinterziehen, wenn die Bestrafung eines Steuerhinterziehers proportional zur von ihm hinterzogenen Steuer ist* (ϕ^1) *und die absolute Risikoaversion jedes Steuerpflichtigen mit steigendem Einkommen abnimmt.*

Beweis. Bezieht ein Steuerpflichtiger das Einkommen y, dann ändert er die hinterzogenen Steuern gemäß

$$\frac{d(\tau ye)}{dz} = \frac{\partial(\tau ye)}{\partial\tau}\frac{d\tau}{dz} + \frac{\partial(\tau ye)}{\partial z} = \left(1 - y\,\frac{d\tau}{dz}\right)\frac{R_A(c^2) - R_A(c^1)}{R_A(c^1) + R_A(c^2)\frac{\phi}{\tau ye}}.$$

Da $d\tau/dz$ gleich dem Kehrwert des durchschnittlichen Einkommens ist, wenn sich die Steuerschuld bei durchschnittlichem Einkommen nicht ändern soll, ist dieser Term positiv (gleich null, negativ), wenn das Einkommen des Steuerpflichtigen kleiner (gleich, größer) als das Durchschnittseinkommen ist. Q.E.D.

Eine Erhöhung der Progressivität führt zu immer weniger Steuerhinterziehung der "Reichen" und zu immer mehr Steuerhinterziehung der "Armen", da für die Kalkulation des optimalen Hinterziehungsanteiles bei den Armen der Effekt der Transfererhöhung, für die Reichen hingegen derjenige der Steuersatzerhöhung überwiegt. Bei einer Flat rate tax und bei einer in der hinterzogenen Steuer linearen Strafe werden durch Transfererhöhungen die Einkommenspositionen von Arm und Reich einander angenähert. Die Steuerhinterziehung gleicht sich ebenfalls an.

3.3.2 Steuerhinterziehung bei endogenem Arbeits- und Zinseinkommen

Die Unterstellung vollständiger Separabilität von Einkommenserzielungs- und Steuerhinterziehungsentscheidung, die Allingham und Sandmo (1972) und in ihrer Nachfolge aus Vereinfachungsgründen eine Vielzahl von Autoren vornahmen, ist derart unbefriedigend, daß zahlreiche Versuche nicht unterbleiben konnten, auf diese Annahme zu verzichten. Schwerpunkt dieser Bemühungen ist die Einbeziehung der Arbeitsangebotsentscheidung in das Kalkül optimaler Steuerhinterziehung.[27] Nur wenige Autoren untersuchen hingegen die intertemporale Konsumentscheidung im Kontext der Steuerhinterziehung.[28] Die interdependente optimale Wahl von Arbeitsangebot bzw. Ersparnis auf der einen Seite und Steuerhinterziehung auf der anderen Seite entzieht sich allerdings ohne zusätzliche restriktive Annahmen einer ausschließlich theoretischen Lösung. Die Ergebnisse sind elementar von der Parameterkonstellation bzw. der Spezifikation der Nutzenfunkion abhängig.[29]

Andersen (1977) postuliert eine in Arbeit l und Konsum c additiv separable Nutzenfunktion $v(l) + u(c)$,[30] so daß der Steuerpflichtige im einfachsten Fall durch die Wahl von Arbeitsangebot l und Steuerhinterziehungsanteil e bei gegebenem Lohnsatz w, gegebenem konstanten Grenzsteuersatz τ, bei vom Steuerpflichtigen nicht zu beeinflussender Entdeckungswahrscheinlich-

---

[27] Andersen (1977) eröffnete die Diskussion über den Zusammenhang von Arbeitsangebot und Steuerhinterziehung. Ihm folgten in positiver und/oder normativer Analyse u.a. Pencavel (1979), Baldry (1979), Isachsen und Strøm (1980), Sandmo (1981), Wiegard (1984), Gijsel (1984), Cowell (1985a), Sproule (1985), Slemrod und Yitzhaki (1987), Cowell (1990a), S. 75 ff.

[28] In Anlehung an das Arbeitsangebot-Steuerhinterziehung-Modell von Andersen (1977) behandelt Hagedorn (1991), S. 65 ff den Zusammenhang von Sparen und Hinterziehung von Zinserträgen.

[29] Vgl. Cowell (1985a), S. 21 ff und Cowell (1990a), S. 79 ff.

[30] Additiv separable Nutzenfunktionen verwenden u.a. auch Isachsen und Strøm (1980) und Wiegard (1984). Kritik übt Cowell (1985a), S. 22 und Cowell (1990a), S. 215. Dieser stellt auch einen alternativen Ansatz mit konstanter Grenzrate der Substitution zwischen Arbeit und Konsum vor.

keit p und exogener Strafe, die mit π proportional zur hinterzogenen Steuer bemessen wird (ϕ^1), den Erwartungsnutzen maximiert:[31]

$$\max_{e,l} \quad v(l) + E[u(c)]$$
$$= v(l) + (1-p)u((1-\tau)wl + \tau wle) + pu((1-\tau)wl - \pi\tau wle).$$

Der zur Einkommenserzielung erforderliche Arbeitseinsatz l wird unabhängig von Erfolg bzw. Mißerfolg der Steuerhinterziehung in *gleicher* Höhe geleistet und ist bei additiv separabler Nutzenfunktion, deren Kreuzableitungen nach Arbeit und Konsum null sind, im unmittelbaren "Nutzen" $v(l)$ sicher, d.h. nicht risikobehaftet. Werden die Konsummöglichkeiten erneut als stochastische Variable $c = (1-\tau)wl + h\tau wle$ mit der Rendite

$$h = \begin{cases} 1 & \text{mit der Wahrscheinlichkeit } 1-p, \\ -\pi & \text{mit der Wahrscheinlichkeit } p \end{cases}$$

einer hinterzogenen Steuereinheit notiert, dann ist das innere Optimum durch die notwendigen und (und wie leicht zu zeigen ist) hinreichenden Bedingungen

$$E[u_c(c)h]\tau wl = 0,$$
$$E[u_c(c)](1-\tau)w + v_l(l) = 0.$$

gekennzeichnet. Optimal sind Steuerhinterziehung und Arbeitsangebot, wenn zum einen die bereits aus der Optimierung bei exogenem Einkommen bekannte Gleichsetzung des Nutzenzuwachses aufgrund marginaler Erhöhung des Hinterziehungsanteiles e bei erfolgreicher Steuerhinterziehung und des Betrages des Nutzenverlustes bei aufgedeckter Steuerhinterziehung erfüllt ist und zum anderen der Betrag des sicheren Grenzleides der Arbeit dem erwarteten Grenznutzen aufgrund zusätzlicher Konsummöglichkeiten in Folge des gestiegenen Arbeitseinsatzes entspricht. Andersen (1977), S. 377 ff untersucht die komparativ statischen Effekte, die für viele der Parameter der Entscheidung sowohl in bezug auf das nicht deklarierte Einkommen als insbesondere auch in bezug auf das Arbeitsangebot nicht eindeutig sind. Er zerlegt den Gesamteffekt in Substitutions- und Einkommenseffekt und bestimmt für eine Reihe der Parameter im Vorzeichen eindeutige

[31] Das Grenzleid der Arbeit ist negativ und im Arbeitseinsatz abnehmend ($v_l < 0, v_{ll} < 0$), der Grenznutzen des Konsums ist positiv und in der konsumierten Menge abnehmend ($u_c > 0, u_{cc} < 0$).

Substitutionseffekte.[32]

Mit geringen Änderungen kann das vorgestellte Modell auch zur Analyse intertemporaler Konsumentscheidungen kombiniert mit optimaler Hinterziehung von Zinserträgen herangezogen werden. l wird als Ersparnis in der ersten Periode interpretiert, c als Konsum der zweiten Periode, $v(l) + u(c)$ als eine additiv separable intertemporale Nutzenfunktion, die den Zeitpunkt des Entstehens von Nutzen berücksichtigt, und w als die Brutto-Verzinsung der Kapitalanlage. Es muß lediglich $(1-\tau)w$ durch $1+(1-\tau)w$ ersetzt werden. Optimalitätsbedingung und komparativ statische Ergebnisse entsprechen denen der Arbeitsangebotsproblematik. Die Optimalitätsbedingung hinsichtlich der Steuerhinterziehung gilt unverändert fort, die zweite Bedingung erhält die Form $E[u_c(c)][1 + (1 - \tau)w] + v_l(l) = 0$. Der Grenzschaden aufgrund erhöhter Ersparnis in der ersten Periode entspricht dem Betrage nach dem erwarteten Grenznutzen höherer Konsummöglichkeiten in der zweiten Periode.[33]

3.3.3 Steuerhinterziehung und Risikoübernahme

Die Höhe des Einkommens kann vom Steuerpflichtigen nicht nur durch das Arbeitsangebot und das Volumen der Ersparnis beeinflußt werden. Die Höhe der Einkünfte aus der Ersparnisbildung hängt wesentlich von der Art der Kapitalanlage und hierbei insbesondere von Höhe und Streuung des Ertrages ab. Durch die Übernahme von erhöhtem Risiko bei der Kapitalanlage kann der durchschnittliche Ertrag gesteigert werden. Die Bereitschaft, Vermögen in Aktiva mit unsicherem Ertrag zu halten, ist eine fundamentale Voraussetzung für die Dynamik einer Volkswirtschaft. Werden die Höhe und die Streuung der Einkünfte aus Kapitalerträgen durch den Grad der Risikoübernahme, durch die Aufteilung des gesamten Portefeuilles auf im Ertrag sichere und weniger sichere Anlageformen bestimmt, wird auch das Ausmaß der Steuerhinterziehung durch ein Mehr oder Minder an Risikoübernahme beeinflußt.

---

32 Vgl. auch Wiegard (1984), der zusätzlich die Effekte auf das Angebot an Schwarzarbeit und Arbeit auf dem offiziellen Arbeitsmarkt untersucht. Im hier vorgestellten Modell kann man le als Schwarzarbeit und $l(1-e)$ als offizielles Arbeitsangebot interpretieren (gleicher Lohnsatz w auf beiden Märkten vorausgesetzt). Im Kontext von Steuerhinterziehung und Arbeitsangebot öffnet sich das weite Feld der Literatur zur Schattenwirtschaft. Zur Einführung und Übersicht siehe z.B. Gijsel (1984), Wiegard (1984), Meyer (1989), Cowell (1990a), S. 14 ff und S. 75 ff und die dort angegebene Literatur.

33 Explizit ist die Ersparnis-Hinterziehung-Entscheidung bei Hagedorn (1991), S. 69 ff modelliert. Dieser leitet auch einen inversen Zusammenhang zwischen nicht deklariertem Einkommen und Strafsteuer π resp. Entdeckungswahrscheinlichkeit p ab.

Entscheidend für die Risikomischung und das Niveau der Steuerhinterziehung ist die steuerliche Behandlung von Verlusten. Besondere Beachtung findet in der Literatur die vollständige Absetzbarkeit entstandener Verluste, nicht zuletzt wegen der einfacheren theoretischen Modellierung und der Klarheit der Ergebnisse. Auch wenn die steuerliche Realität nicht immer und nicht vollständig dieser theoretischen Modellierung entspricht, so ist die vollständige steuerliche Anrechenbarkeit doch ein interessanter Referenzpunkt für kompliziertere und weniger eindeutige steuerliche Regelungen.

Die kombinierte Analyse von Steuerhinterziehung und Risikoverhalten bei voller steuerlicher Anrechenbarkeit von Verlusten kann in einem ähnlichen Modellrahmen wie die interdependente Arbeitsangebot-Hinterziehung-Entscheidung untersucht werden.[34]

Um das Modell[35] so einfach wie möglich zu halten, wird unterstellt, daß der Investor sein gegebenes Vermögen ν zu beliebigen Teilen auf zwei Anlageformen verteilen kann. Die erste Anlage hat eine sichere Rendite von null, gewährleistet Vermögenserhaltung. Das zweite Aktivum ist eine Anlage mit unsicherem Ertrag. Mit der Wahrscheinlichkeit q entspricht die Rendite x_1, mit der Wahrscheinlichkeit $1 - q$ hingegen x_2, mit

$$x_2 > 0 > x_1 > -1.$$

Das Zinseinkommen unterliegt proportionaler Besteuerung zum Steuersatz τ $(0 < \tau < 1)$. Der Investor wählt den Anteil a $(0 < a < 1)$, der in die riskobehaftete Anlage investiert wird. Erleidet er Verluste, d.h., tritt der ungünstige Fall der Rendite $x_1 < 0$ auf, führen diese Verluste zu Steuererstattungen (bzw. zu Verrechnungen mit anderen hier nicht betrachteten Einkünften bei der Steuerfestsetzung). Da die im Ertrag sichere Anlageform keine positive Rendite aufweist, wird nur der riskante Ertrag besteuert; die Einkommensteuer reduziert sich auf eine reine **Risikoertragsteuer**.

Wird die Steuer auf den Kapitalertrag nicht als Abzugsteuer von Dritten an das Finanzamt abgeführt, dann kann der Investor bei Deklaration der ange-

---

[34] Das Modell geht zurück auf Wrede (1991). Landskroner, Paroush und Swary (1990) untersuchen ebenfalls den Zusammenhang zwischen Steuerhinterziehung und riskanten Investitionen, unterstellen dabei aber, daß die Höhe des besteuerten Humankapitaleinkommens unabhängig von der Höhe des nicht zu versteuernden (unsicheren) Einkommens aufgrund von Finanzanlagen ist.

[35] Exklusive der Steuerhinterziehungsentscheidung ist das vorgestellte Modell eine aufgrund der spezifizierten Wahrscheinlichkeitsverteilung vereinfachte Variante des von Mossin (1968), S. 74 ff verwendeten Ansatzes. Siehe auch Atkinson und Stiglitz (1980), S. 97 ff.

fallenen Kapitalerträge durch falsche Angaben seine Steuerzahlung reduzieren. Im allgemeinen wird die Entscheidung über die Hinterziehung von Steuern erst dann fallen, wenn die Erträge angefallen sind, d.h., wenn kein Risiko mehr über die Höhe des Kapitalertrages besteht. Da nur das Risiko besteuert wird, zeigt auch nur die Deklaration bzw. Nicht-Deklaration des im Ertrag unsicheren Vermögensteiles Auswirkungen auf das Einkommen des Steuerpflichtigen. Ob der Vermögensanteil mit der sicheren Rendite von null gegenüber den Finanzbehörden angegeben wird, ist für die Einkommensbesteuerung nicht von Bedeutung. Hat die risikobehaftete Anlage zu Verlusten geführt, wird der Steuerpflichtige diese Verluste vollständig offenlegen, da Verluste aufgrund steuerlicher Absetzbarkeit die Steuerschuld senken. Nicht-Deklaration wäre bei Verlusten auf jeden Fall suboptimal. Ist hingegen die tatsächliche Rendite des riskant investierten Vermögensteiles positiv, kann der Steuerpflichtige durch Steuerhinterziehung die (erwartete) Steuerzahlung reduzieren. Der Steuerpflichtige entscheidet nicht nur über den Teil a des Anfangsvermögens, der riskant investiert wird, sondern auch über den Teil e $(0 \leq e \leq \bar{e} \leq 1)$ des riskant investierten Vermögens resp. der Erträge, der im Fall positiver Rendite gegenüber dem Finanzamt nicht angegeben wird. Zur Vereinfachung wird angenommen, daß ex-post die Rendite dem Finanzamt bekannt ist und Verluste belegt werden müssen, so daß der Steuerpflichtige nicht über die Option verfügt, durch Angabe von nicht realisierten Verlusten Steuererstattungen zu erreichen. Die Möglichkeiten der Steuerhinterziehung beschränken sich somit auf (teilweise) Nicht-Deklaration von realisierten Gewinnen. Das Finanzamt überprüft erfolgreich mit der Wahrscheinlichkeit p die Angaben des Steuerpflichtigen. Wird Steuerhinterziehung festgestellt, muß sowohl die hinterzogene Steuer als auch eine zur hinterzogenen Steuer $\nu a x_2 \tau e$ mit dem Strafsteuersatz π $(0 < \pi)$ proportionale Geldstrafe gezahlt werden (ϕ^1).

Dem Investor steht also in Abhängigkeit von seinen Entscheidungen, dem zufallsbedingten Ertrag der riskant investierten Anlageform und der zufälligen Überprüfung seiner Deklaration das Endvermögen

$$c = \begin{cases} c_1 = \nu(1 + a x_1(1-\tau)) & \text{mit der Wahrscheinlichkeit } q, \\ c_2^1 = \nu(1 + a x_2(1 - \tau + \tau e)) & \text{mit der Wahrscheinlichkeit} \\ & (1-q)(1-p), \\ c_2^2 = \nu(1 + a x_2(1 - \tau - \pi\tau e)) & \text{mit der Wahrscheinlichkeit } (1-q)p \end{cases}$$

zu Konsumzwecken zur Verfügung. Das Endvermögen entspricht entweder dem Anfangsvermögen abzüglich der um die Steuererstattung reduzierten

Verluste (c_1), dem Anfangsvermögen zuzüglich der um die Steuern auf die deklarierten Zinserträge reduzierten Erträge bei erfolgreicher Steuerhinterziehung (c_2^1) oder dem Anfangsvermögen zuzüglich der um die Strafe reduzierten Netto-Zinserträge (c_2^2).

Durch die Aufteilung des Vermögens auf sichere und unsichere Anlageformen und durch das Ausmaß der Steuerhinterziehung bei positiver Brutto-Rendite löst der steuerpflichtige Investor das Maximierungsproblem

$$\begin{aligned}
\max_{a,e} \quad & E[u(c)] = qu(c_1) + (1-q)[(1-p)u(c_2^1) + pu(c_2^2)] \\
\text{s.t.} \quad & 0 \leq a \leq 1, \\
& 0 \leq e \leq \bar{e}.
\end{aligned}$$

Die innere (lokale) Lösung dieses Optimierungsproblems charakterisiert das folgende Lemma.

Lemma 3.4 *Notwendig und hinreichend für das optimale Portfolio-Mix und die optimale Hinterziehung sind*

$$(3.6.a)\; (1-\tau)\nu\{qu_c(c_1)x_1 + (1-q)x_2[(1-p)u_c(c_2^1) + pu_c(c_2^2)]\} = 0,$$

$$(3.6.b) \qquad (1-q)\nu a x_2 \tau[(1-p)u_c(c_2^1) - p\pi u_c(c_2^2)] = 0,$$

wenn riskant investierter Anteil a und Steuerhinterziehungsanteil e im Inneren der zulässigen Intervalle liegen.

Beweis. Die linke Seite von (3.6.b) entspricht $E[u(c)]_e$, die linke Seite von (3.6.a) gleicht $E[u(c)]_a - E[u(c)]_e e/a$. Die zweiten Ableitungen

$$\begin{aligned}
E[u(c)]_{aa} &= q\nu^2 x_1^2(1-\tau)^2 u_{cc}(c_1) - (1-q)\nu^2 x_2^2(1-p)u_c(c_2^1) \\
&\quad \left\{R_A(c_2^1)(1-\tau+\tau e)^2 + \frac{R_A(c_2^2)}{\pi}(1-\tau-\pi\tau e)^2\right\}, \\
E[u(c)]_{ee} &= -(1-q)\nu^2 x_2^2 a^2 \tau^2 (1-p)u_c(c_2^1)[R_A(c_2^1) + R_A(c_2^2)\pi]
\end{aligned}$$

sind negativ. Für jeden Parameter/Variable $\eta \in \{a, e, p, \pi, \nu, x_2, x_1, \tau\}$ wird definiert:

$$\overline{E[u(c)]_{a\eta}} = E[u(c)]_{a\eta} - E[u(c)]_{e\eta}\,\frac{e}{a}.$$

Die Jacobi-Determinante Δ^1 des Systems der Bedingungen $E[u(c)]_a = E[u(c)]_e = 0$

$$\Delta^1 \stackrel{\text{def}}{=} \begin{vmatrix} E[u(c)]_{aa} & E[u(c)]_{ae} \\ E[u(c)]_{ae} & E[u(c)]_{ee} \end{vmatrix} = \begin{vmatrix} \overline{E[u(c)]_{aa}} - \overline{E[u(c)]_{ae}}\,\frac{e}{a} & \overline{E[u(c)]_{ae}} \\ \overline{E[u(c)]_{ae}} & E[u(c)]_{ee} \end{vmatrix}$$

ist gleich

$$(1-\tau)^2\nu^2\Big(qx_1^2u_{cc}(c_1)E[u(c)]_{ee}+$$
$$(1-q)^2\nu^2x_2^4a^2\tau^2(1-p)^2u_c(c_2^1)^2R_A(c_2^1)R_A(c_2^2)\frac{(1+\pi)^2}{\pi}\Big),$$

da gilt

$$\overline{E[u(c)]_{aa}} = (1-\tau)^2\nu^2\Bigg\{qx_1^2u_{cc}(c_1) - (1-q)x_2^2(1-p)u_c(c_2^1)$$
$$\left[R_A(c_2^1) + R_A(c_2^2)\frac{1}{\pi}\right]\Bigg\} + \overline{E[u(c)]_{ae}}\,\frac{e}{a},$$
$$\overline{E[u(c)]_{ae}} = (1-q)\nu^2x_2^2a(1-\tau)\tau(1-p)u_c(c_2^1)[R_A(c_2^2) - R_A(c_2^1)],$$

und ist damit positiv. Aufgrund des positiven Vorzeichens der Jacobi-Determinante und des negativen Vorzeichens der zweiten Ableitungen sind die angegebenen Bedingungen hinreichend. Q.E.D.

Im Optimum gilt zum einen die bekannte Optimalbedingung der Steuerhinterziehung und zum anderen die Gleichheit von Erwartungsgrenznutzen der Erhöhung des riskant investierten Anteiles bei positiver Rendite und betragsmäßigem erwarteten Grenzschaden bei negativer Rendite. Der Strafsteuersatz π, d.h. die Kosten marginalen Mehrkonsums bei erfolgreicher Steuerhinterziehung in Einheiten des Konsums bei mißglückter Steuerhinterziehung, entspricht der Grenzrate der Substitution zwischen den Konsummöglichkeiten c_2^1 und c_2^2 in den Zuständen erfolgreicher und mißlungener Steuerhinterziehung bei positiver Rendite des riskant investierten Vermögensteiles:

$$\text{GRS}_{c_2^1c_2^2} = -\frac{dc_2^2}{dc_2^1} = \frac{(1-p)u_c(c_2^1)}{pu_c(c_2^2)} = \pi.$$

Das Verhältnis zwischen erwartetem Grenznutzen bei positiver Rendite und erwartetem Grenznutzen bei negativer Rendite entspricht dem umgekehrten Renditenverhältnis:

$$\frac{(1-q)[(1-p)u_c(c_2^1)+pu(c_2^2)]}{qu_c(c_1)} = -\frac{x_1}{x_2}.$$

Die Berücksichtigung beider Bedingungen ergibt, daß die Grenzrate der Substitution zwischen Konsum c_2^2 nach mißglückter Steuerhinterziehung bei positiver Rendite und Konsum c_1 bei negativer Rendite gleich dem um die Strafsteuer korrigierten umgekehrten Renditeverhältnis ist:

$$\mathrm{GRS}_{c_2^2 c_1} = -\frac{dc_1}{dc_2^2} = \frac{(1-q)pu_c(c_2^2)}{qu_c(c_1)} = -\frac{x_1}{x_2(1+\pi)}.$$

Entsprechend gilt für die Grenzrate der Substitution zwischen Konsum c_2^1 nach geglückter Steuerhinterziehung bei positiver Rendite und Konsum c_1 bei negativer Rendite:

$$\mathrm{GRS}_{c_2^1 c_1} = -\frac{dc_1}{dc_2^1} = \frac{(1-q)(1-p)u_c(c_2^1)}{qu_c(c_1)} = -\frac{x_1\pi}{x_2(1+\pi)}.$$

Der Erwartungsnutzenpreis des Konsums c_2^1 nach geglückter Steuerhinterziehung bei positiver Rendite in Einheiten des Konsums c_1 bei negativer Rendite ($\mathrm{GRS}_{c_2^1 c_1}$) ist kleiner (größer) als der Erwartungsnutzenpreis des Konsums c_2^2 nach mißglückter Steuerhinterziehung bei positiver Rendite in Einheiten des Konsums c_1 bei negativer Rendite ($\mathrm{GRS}_{c_2^2 c_1}$), wenn der Strafsteuersatz kleiner (größer) als eins ist. Ist der Strafsteuersatz π kleiner als eins, ist der Absolutbetrag der Differenz zwischen dem Konsum bei geglückter Steuerhinterziehung c_2^1 und dem Konsum ohne Steuerhinterziehung $\nu(1+ax_2(1-\tau))$ größer als der Absolutbetrag der Differenz zwischen dem Konsum bei mißglückter Steuerhinterziehung c_2^2 und dem Konsum ohne Steuerhinterziehung $\nu(1+ax_2(1-\tau))$.

Änderungen von Parametern wirken sich äußerst komplex auf die optimale Anlage- und Hinterziehungsstrategie aus, da der steuerpflichtige Investor entlang zweier Grenzen substituieren kann (sichere vs. riskante Investition bzw. Steuerehrlichkeit vs. Steuerhinterziehung). Dennoch bestimmen die Erzwingungsparameter Entdeckungswahrscheinlichkeit p und Strafsteuer π wie bei exogenem Einkommen die Höhe der hinterzogenen Steuern $\nu a x_2 \tau e$, wie in Satz 3.9 gezeigt wird.

Satz 3.9 *Liegen Anteil riskant investierter Investitionen a und Hinterziehungsanteil e im Innern der zulässigen Intervalle, sinken die hinterzogenen Steuern $\nu a x_2 \tau e$, wenn der Strafsteuersatz π oder die Entdeckungswahrscheinlichkeit p steigt.*

Beweis. Das System der beiden Optimalbedingungen

$$E[u(c)]_a = E[u(c)]_e = 0$$

definiert implizit die Funktionen $a(p, \pi, \nu, x_2, x_1, \tau)$ und $e(p, \pi, \nu, x_2, x_1, \tau)$. Anwendung des Satzes über implizite Funktionen ergibt für einen Parameter $\eta \in \{p, \pi, \nu, x_2, x_1, \tau\}$:[36]

$$\frac{\partial a}{\partial \eta} = -\frac{1}{\Delta^1} \begin{vmatrix} \overline{E[u(c)]_{a\eta}} & \overline{E[u(c)]_{ae}} \\ E[u(c)]_{e\eta} & E[u(c)]_{ee} \end{vmatrix},$$

$$\frac{\partial e}{\partial \eta} = -\frac{1}{\Delta^1} \begin{vmatrix} \overline{E[u(c)]_{aa}} & \overline{E[u(c)]_{a\eta}} \\ \overline{E[u(c)]_{ae}} + E[u(c)]_{ee} \frac{e}{a} & E[u(c)]_{e\eta} \end{vmatrix}$$

und für $\eta \neq \nu, x_2, \tau$ damit

$$\begin{aligned} \frac{\partial(\nu a x_2 \tau e)}{\partial \eta} &= \nu x_2 \tau \left[\frac{\partial a}{\partial \eta} e + \frac{\partial e}{\partial \eta} a\right] \\ &= -\frac{\nu x_2 a \tau}{\Delta^1} \Big\{ E[u(c)]_{e\eta} \left[\overline{E[u(c)]_{aa}} - \overline{E[u(c)]_{ae}} \frac{e}{a}\right] \\ &\quad - \overline{E[u(c)]_{ae}}\; \overline{E[u(c)]_{a\eta}} \Big\}. \end{aligned}$$

Eingesetzt für $\eta = p, \pi$ ergibt:

$$\begin{aligned} \frac{\partial(\nu a x_2 \tau e)}{\partial p} &= -\frac{\nu^3 x_2 a \tau (1-\tau)^2}{\Delta^1} \Big\{ q x_1^2 u_{cc}(c_1) E[u(c)]_{ep} + (1-q)^2 \nu x_2^3 \tau a \\ &\quad (1+\pi)(1-p) u_c(c_2^1) \left[R_A(c_2^1) u_c(c_2^2) + R_A(c_2^2) u_c(c_2^1)/\pi\right] \Big\} < 0, \\ \frac{\partial(\nu a x_2 \tau e)}{\partial \pi} &= -\frac{\nu x_2 a \tau}{\Delta^1} \Big\{ (1-q) q \nu^4 (1-\tau)^2 \tau^2 a^2 x_2^2 x_1^2 \pi e p u_{cc}(c_2^2) u_{cc}(c_1) \\ &\quad - (1-q) \tau \nu a x_2 p u_c(c_2^2) \left[\overline{E[u(c)]_{aa}} - \overline{E[u(c)]_{ae}} \frac{e}{a}\right] \\ &\quad + (1-q)^2 \nu^4 x_2^4 \tau^2 (1-\tau)^2 a^2 e (1-p) p u_{cc}(c_2^1) u_{cc}(c_2^2)(1+\pi) \Big\} \\ &< 0, \end{aligned}$$

[36] Vgl. Lemma 3.4.

da gilt:

$$
\begin{aligned}
E[u(c)]_{ep} &= -(1-q)\nu a x_2 \tau[u_c(c_2^1) + \pi u_c(c_2^2)] < 0, \\
\overline{E[u(c)]_{ap}} &= (1-q)(1-\tau)\nu x_2[u_c(c_2^2) - u_c(c_2^1)] > 0, \\
E[u(c)]_{e\pi} &= (1-q)\nu x_2 a\tau p[\nu x_2 \tau a \pi e u_{cc}(c_2^2) - u_c(c_2^2)] < 0, \\
\overline{E[u(c)]_{a\pi}} &= -(1-q)\nu^2 x_2^2 \tau a e p(1-\tau) u_{cc}(c_2^2) > 0.
\end{aligned}
$$

Q.E.D.

Wird Steuerhinterziehung stärker überwacht bzw. rigider bestraft, reagiert der Steuerpflichtige derart durch Änderungen des riskant investierten Vermögensteiles a und des Hinterziehungsanteiles e, daß der nicht deklarierte riskant investierte Anteil ae sinkt und damit weniger Steuern hinterzogen werden.

Die Anpassung eines optimierenden steuerhinterziehenden Investors an Anhebungen des Steuersatzes ist aus zwei Gründen von besonderem Interesse.

Ein Grund liegt in der Eindeutigkeit der Wirkung. Ist das Einkommen reines Lohneinkommen, ist der Zusammenhang zwischen Steuersatz und Steuerhinterziehung alles andere als eindeutig. Wenn Höhe und Streuung des Einkommens das Resultat optimaler Risikomischung sind, ist dieser Zusammenhang hingegen eindeutig.

Der zweite Grund offenbart sich, wenn die Verbindung zu der Vielzahl finanzwissenschaftlicher Arbeiten gezogen wird, die der Frage nachgehen, ob eine Einkommensbesteuerung die volkswirtschaftlich gewünschte Risikoübernahme hemmt oder gar fördert. Domar und Musgrave (1944), S. 411 belebten die Diskussion der Auswirkung der Steuererhebung auf das soziale Risiko durch die Feststellung, "that the imposition of the tax will increase the total risk taken", wenn Verluste vollständig steuerlich abgesetzt werden können.[37] Grund für dieses überraschende Resultat, das sich in abgeschwächter Form auch bei teilweiser Absetzbarkeit von Verlusten einstellt, ist die Beteiligung des Staates an Gewinn *und* Verlust eines riskanten Projektes. Erstere erfolgt aufgrund der Steuererhebung, letztere wegen der steuerlichen Absetzbarkeit. Sowohl einen Teil des Ertrages, als auch einen Teil des Risikos erhält/trägt der steuererhebende Staat.[38]

---

[37] Im Gefolge von Domar und Musgrave (1944) bestätigen u.a. Mossin (1968) und Atkinson und Stiglitz (1980), S. 97 ff dieses Ergebnis. Für einen Überblick siehe Konrad (1992), S. 95 ff.

[38] Die staatliche Versicherung gegen Verluste durch Einkommensteueranrechnung ist

Der positive Einfluß der Erhebung von Einkommensteuern ist besonders deutlich bei einer reinen Risikoertragsteuer zu erkennen. Am einfachsten läßt sich der Domar-Musgrave-Effekt aufzeigen, wenn der Investor nur einen Anteil $1-a$ seines Vermögens ν in eine sichere Anlage mit einer Rendite von null und den komplementären Anteil a des Vermögens in eine andere Anlage mit einer unsicheren Rendite von x_i (mit $i = 1,2$ und $-1 < x_1 < 0 < x_2$) investieren kann, wobei x_1 (x_2) mit der Wahrscheinlichkeit q ($1-q$) anfällt. Der Ertrag seines Vermögens ist dann gleich $\nu(1 + ax_i)$, für $i = 1,2$. Wird der Ertrag proportional mit τ besteuert, entspricht der Nachsteuerertrag $\nu(1 + ax_i(1-\tau))$. Ist ohne Steuererhebung ein Anteil a^* optimal, so kann der steuerpflichtige Investor durch Erhöhung des riskant investierten Anteiles auf $a^*/(1-\tau)$ für jede Konstellation der Rendite das gleiche Endvermögen erzielen. Der Erwartungsnutzen wird durch Besteuerung nicht verändert. Nimmt man nun den riskant investierten Anteil a als Maß des **sozialen Risikos** und $a(1-\tau)$ als Maß des privaten Risikos, dann erhöht die Erhebung einer reinen Risikoertragsteuer das soziale Risikomaß auf das $1/(1-\tau)$–fache und läßt das privat getragene Risiko unverändert.[39]

Die optimistische Einschätzung der Wirkung der Einkommensteuer auf die Risikoübernahme ist, wie hier nicht gänzlich unerwähnt bleiben soll, in der Literatur allerdings nicht unwidersprochen geblieben. Mit dem Hinweis auf den partialanalytischen Charakter der vorgestellten Modellierung wird von einigen Autoren das Auftreten des Risikosteigerungseffektes der Einkommensteuererhebung bezweifelt.[40] Als Gründe für die Wirkungslosigkeit des Domar-Musgrave-Effektes werden u.a. Preiseffekte aufgrund gestiegener Nachfrage nach riskanten Papieren (die Rendite sinkt) bzw. neutralisierende Antizipation der Verwendung des Steueraufkommens genannt.

Akzeptiert man aber die Gültigkeit des Domar-Musgrave-Effektes, stellt sich die Frage, ob durch die Option der Steuerhinterziehung der positive Zusammenhang zwischen Steuersatz und Risikoübernahme durchbrochen oder immerhin quantitativ verändert werden kann. Steuerhinterziehung erhöht die erwartete dem Steuerpflichtigen zufließende Rendite einer riskant

---

allerdings paretoinferior im Vergleich zu einer privaten Versicherung gegen Zahlung fairer Prämien. Hierauf weist Kaplow (1992) hin.

[39] Die unterschiedliche Auswirkung einer proportionalen Risikoertragsteuer auf privates und soziales Risiko halten bereits Domar und Musgrave (1944), S. 410 ff und S. 389 f fest. Siehe auch Atkinson und Stiglitz (1980), S. 98 f.

[40] Für eine knappe Darstellung der Kritik des Domar-Musgrave-Ansatzes siehe Konrad (1992), S. 115 ff.

investierten Vermögenseinheit νa von $(1-\tau)[qx_1+(1-q)x_2]$ auf

$$(1-\tau)[qx_1+(1-q)x_2]+(1-q)x_2(1-p-p\pi)\tau e$$

und verändert die Streuung der Erträge des steuerpflichtigen Investors. Die Basis für die Diskussion des Domar-Musgrave-Effektes, wenn Steuerhinterziehung möglich ist, bildet der folgende Satz.

Satz 3.10 *Liegen Anteil riskant investierter Investitionen a und Hinterziehungsanteil e im Innern der zulässigen Intervalle, dann bewirkt eine Anhebung des Steuersatzes τ gemäß*

$$\frac{\partial a}{\partial \tau}=\frac{a}{1-\tau}$$

einen höheren riskant investierten Anteil a und gemäß

$$\frac{\partial e}{\partial \tau}=-\frac{e}{\tau(1-\tau)}$$

einen sinkenden Hinterziehungsanteil e.

Beweis. Der Satz über implizite Funktionen wird wie im vorangegangenen Satz angewandt, mit

$$\begin{aligned}E[u(c)]_{e\tau} &= -(1-q)\nu^2x_2^2a^2\tau(1-p)u_c(c_2^1)\\ &\quad [R_A(c_2^2)(1+\pi e)-R_A(c_2^1)(1-e)],\\ \overline{E[u(c)]_{a\tau}} &= (1-q)\nu^2x_2^2a(1-\tau)(1-p)u_c(c_2^1)[R_A(c_2^2)(1+\pi e)/\pi\\ &\quad + R_A(c_2^1)(1-e)]-q\nu^2x_1^2a(1-\tau)u_{cc}(c_1).\end{aligned}$$

Q.E.D.

Die Auswirkung erhöhter Besteuerung auf den nicht deklarierten Anteil des Zinseinkommens e ist qualitativ derselbe wie bei exogenem Einkommen und quantitativ nur vom Ausgangsniveau des hinterzogenen Anteiles und von der Höhe des Steuersatzes abhängig. Der Zusammenhang zwischen Steuersatz und riskant investiertem Anteil ist unverändert derjenige, der auch gilt, wenn Steuern nicht hinterzogen werden können. Da der Steuerpflichtige auch durch Steuerhinterziehung ein Risiko eingeht, sollte man a als Maß des *produktiven* sozialen Risikos bezeichnen. Das volkswirtschaftlich produktive soziale Risiko steigt bei erhöhter Besteuerung in gleichem Maße wie in einer Gesellschaft, in der keine Steuern hinterzogen werden. Die Reaktionen des steuerpflichtigen Investors können durch einige Überlegungen noch verdeutlicht werden. In einem ersten Schritt werden im folgenden Korollar die Zusammenhänge zwischen relativen Änderungen des Steuersatzes und relativen Änderungen der Entscheidungsvariablen a und e des Steuerpflichtigen präsentiert.

Korollar 3.1 *Die Steuersatzelastizität des riskant investierten Anteiles* a[41]

$$\frac{\partial a}{\partial \tau}\frac{\tau}{a} = \frac{\tau}{1-\tau}$$

und die Steuersatzelastizität des Hinterziehungsanteiles e

$$\frac{\partial e}{\partial \tau}\frac{\tau}{e} = -\frac{1}{1-\tau}$$

hängen nur vom Steuersatz ab.

Beweis. Dies folgt unmittelbar aus Satz 3.10. Q.E.D.

Die Höhe der Steuersatzelastizitäten der Entscheidungsvariablen des optimierenden Investors wird nur durch die Ausgangshöhe des Steuersatzes bestimmt. Der Absolutbetrag des Verhältnisses von relativer Änderung des riskant investierten Anteiles und relativer Änderung des Steuersatzes ist um das τ–fache kleiner als der Absolutbetrag des Verhältnisses von relativer Änderung des Hinterziehungsanteiles und relativer Änderung des Steuersatzes.

Satz 3.10 erlaubt aber darüber hinaus die Herleitung einiger Neutralitätsresultate der Steuererhebung,[42] die analog zu den aus der Domar-Musgrave-Literatur bekannten Ergebnissen sind, wie das folgende Korollar zeigt.

---

[41] Die Steuersatzelastizität ist offensichtlich gleich derjenigen ohne Hinterziehung, wie sie bei Mossin (1968), S. 76 festgehalten wird.

[42] Den Hinweis hierauf verdankt der Verfasser K. Konrad.

Korollar 3.2 *Wird der Steuersatz τ angehoben, verändert der steuerhinterziehende Investor den riskant investierten Anteil seines Vermögens a und den Hinterziehungsanteil e derart, daß*
(a) die Höhe der hinterzogenen Steuern $\nu a x_2 \tau e$ sich nicht ändert,
(b) der Steuerpflichtige in allen Zuständen (mit negativer Rendite, mit positiver Rendite und geglückter Steuerhinterziehung resp. mit positiver Rendite und mißglückter Steuerhinterziehung) über das vorherige Endvermögen verfügen kann und
(c) sich der Erwartungsnutzen des Steuerpflichtigen nicht ändert.

Beweis. (a) Für die hinterzogenen Steuern gilt:

$$\frac{\partial(\nu a x_2 \tau e)}{\partial \tau} = \nu x_2 \left(\tau e \frac{\partial a}{\partial \tau} + \tau a \frac{\partial e}{\partial \tau} + ae\right) = \nu x_2 \left(\frac{\tau e a}{1-\tau} - \frac{ea}{1-\tau} + ae\right) = 0.$$

(b) Dies ergibt sich unmittelbar aus (a) und den Darlegungen zum Domar-Musgrave-Effekt ohne Hinterziehung.
(c) Aus (b) folgt, daß sich der Erwartungsnutzen nicht ändert. Q.E.D.

Die Höhe des Endvermögens, das zu Konsumzwecken zur Verfügung steht, ist in jedem Zustand unabhängig von der Höhe des Steuersatzes. Das vom Steuerpflichtigen zu tragende Risiko wird nicht vom Steuersatz beeinflußt. Der Steuerpflichtige kann sich vollständig gegen Steuererhöhungen versichern.

Der positive Zusammenhang zwischen Steuersatz und produktivem sozialen Risiko ist nicht nur bei einer reinen Risikoertragsteuer, sondern auch bei zusätzlicher Besteuerung des Ertrages sicherer Anlageformen unter zusätzlichen Annahmen über die Risikoaversion der Investoren ableitbar.[43]

Resümiert man die dargelegten Resultate im Licht der Domar-Musgrave-Literatur, ist eine weitgehende **Neutralität der Steuerhinterziehung** festzustellen. Steuerhinterziehung verändert den risikosteigernden Effekt der Steuererhebung nicht; das produktive soziale Risiko wird durch die Option der Steuerhinterziehung nicht berührt. Sind Verluste voll absetzbar und entscheidet der Steuerpflichtige erst nach Kenntnis der Rendite über die Steuerhinterziehung, werden das Endvermögen und damit auch der Erwartungsnutzen durch Anhebung des proportionalen Steuersatzes der reinen Risikoertragsteuer nicht affiziert.

---

[43] Siehe Wrede (1991), S. 6.

Voraussetzung für die Neutralität der Steuerhinterziehung ist aber die Festsetzung der Strafe proportional zur hinterzogenen Steuer. Wird hingegen die Strafe proportional zum nicht deklarierten Einkommen erhoben (ϕ^3), stellt sich das auf den ersten Blick kuriose Resultat ein, daß der Erwartungsnutzen des Steuerpflichtigen mit steigendem Steuersatz *steigt*, wie in Satz 3.11 gezeigt wird. Mit steigendem Erwartungsnutzen gehen steigende hinterzogene Steuern $\nu a x_2 \tau e$ einher.[44]

Satz 3.11 *Wird die Geldstrafe bei Steuerhinterziehung proportional zum nicht deklarierten Einkommen bemessen (mit Abzugsmöglichkeit für die nachgezahlte Steuer),*
(a) erhöht sich der Erwartungsnutzen des Investors und
(b) steigen die hinterzogenen Steuern,
wenn der Steuersatz angehoben wird und in der Ausgangssituation die Entscheidungsvariablen a und e im Innern der zulässigen Intervalle liegen.

Beweis. Das System der notwendigen und hinreichenden Bedingungen ist so wie in Lemma 3.4, wenn π durch $(\tilde{\pi} - \tau)/\tau$ definiert wird. $\tilde{\pi}$ ist der auf das nicht deklarierte Einkommen bezogene Strafsteuersatz.[45] Dann ist $d\pi/d\tau = -\tilde{\pi}/\tau^2 < 0$.
(a) Bei optimaler Anpassung von a und e gilt nach dem Envelopentheorem:

$$\begin{aligned}\frac{dE[u(c)]}{d\tau} &= E[u(c)]_\tau + E[u(c)]_\pi \frac{d\pi}{d\tau} \\ &= (1-q)pu_c(c_2^2)\nu a x_2 e \tilde{\pi}/\tau > 0.\end{aligned}$$

(b) Die Reaktion der hinterzogenen Steuern auf Steuersatzänderungen unter der Allingham-Sandmo-Strafe setzt sich additiv aus dem für die Straffunktion ϕ^1 ermittelten Term $\partial(\nu a x_2 \tau e)/\partial\tau$ mit dem Wert null und

$$\frac{\partial(\nu a x_2 \tau e)}{\partial \pi}\,\frac{d\pi}{d\tau} > 0$$

zusammen. Dieses Produkt ist positiv, da der erste Term nach Satz 3.9 negativ ist. Q.E.D.

[44] Es kann gezeigt werden, daß der Zusammenhang von Steuersatz τ und riskant investiertem Anteil a resp. Hinterziehungsanteil e unter der Allingham-Sandmo-Strafe nicht eindeutig ist.

[45] Die von der im Grundmodell zunächst gewählten Vorgehensweise abweichende Formulierung erleichtert die Herleitung der Resultate.

Satz 3.11 sagt aus, daß der Steuerpflichtige sich bei vollständiger Verlustanrechenbarkeit über höhere Steuersätze freut. Der Unterschied in der Auswirkung höherer Steuersätze aufgrund verschiedener Strafbemessungsgrundlagen steht in enger Verbindung zu den unterschiedlichen Substitutionseffekten bei exogenem Einkommen. Bei exogenem Einkommen resultiert letzteres in inversem Zusammenhang von Steuersatz und Steuerhinterziehung bei der zur hinterzogenen Steuer proportionalen Straffunktion ϕ^1, wohingegen der Zusammenhang bei der von Allingham und Sandmo (1972) verwendeten Straffunktion ϕ^3 nicht eindeutig ist. Wird die Strafe nicht auf die hinterzogene Steuer, sondern auf das nicht deklarierte Einkommen bezogen, steigt bei höherem Steuersatz die Strafe (bei gleichem Hinterziehungsanteil) nicht; vielmehr sinkt der über die Steuernachzahlung hinausgehende reine Strafteil der Zahlungen an den Staat. Das Verhältnis von Strafe zu Ertrag der Steuerhinterziehung sinkt. Der Impuls, Steuerhinterziehung zu senken, wird geringer. Ist das Einkommen abhängig von der Risikoübernahme, so ist unter der Allingham-Sandmo-Strafe ϕ^3 nicht mehr sicher, daß der Hinterziehungsanteil e bei höherem Steuersatz sinkt; sicher aber ist, daß durch kombinierte Anpassung des riskant investierten Anteiles a und des Hinterziehungsanteiles e die hinterzogenen Steuern aufgrund der Senkung des relativen Preises der Steuerhinterziehung steigen.

Gibt es für den Steuerpflichtigen bei Anhebung des Steuersatzes für jedes Einkommensniveau einen Impuls, das Gut "ehrliche Steuerzahlung" durch "Steuerhinterziehung" zu ersetzen, profitiert der Steuerpflichtige übermäßig von der Absetzbarkeit der Verluste. Verluste werden weiterhin steuerlich geltend gemacht, aber der Investor wird mehr Steuern hinterziehen. Der Staat wird in einem geringeren Maß am Erfolg der Investition beteiligt. Die Teilhaberschaft des Staates am Investitionsprojekt ohne Steuerhinterziehung ist symmetrisch, mit Steuerhinterziehung aber asymmetrisch. Die Beteiligung an Verlusten ist vollständig, die Beteiligung an Gewinnen nur teilweise.

Im Gegensatz zur Analyse der Steuerhinterziehung in Verbindung mit der Entscheidung über das Arbeitsangebot oder der intertemporalen Allokation des Konsums ergeben sich bei der kombinierten Untersuchung von Risikoverhalten bei der Vermögensaufteilung und Steuerhinterziehung bei vollständiger steuerlicher Anrechenbarkeit von Verlusten eindeutige und intuitiv einleuchtende Ergebnisse, die überzeugend entweder analog zu den Resultaten der Untersuchung der Steuerhinterziehung bei exogenem Einkommen sind oder in enger Verbindung zur "klassischen" Domar-Musgrave-

Literatur zu sehen sind.

3.3.4 Abzugsteuern und Steuerhinterziehung

Nach ausführlicher Analyse der Hinterziehung von Steuern bei Selbstdeklaration ist es nun an der Zeit, sich der Frage zuzuwenden, ob Steuern nicht in wesentlich geringerem Maße hinterzogen werden, wenn die Steuer nicht als Veranlagungssteuer – wie bisher durchgehend unterstellt – sondern als **Abzugsteuer** erhoben wird. Bei Abzugsteuern sind Steuerschuldner und Steuerzahler nicht identisch. Bezogen auf die Einkommensteuer heißt das: Die Steuer wird vom Zahler des Einkommens bei der Auszahlung einbehalten und an das Finanzamt abgeführt und nicht vom Einkommensbezieher und Steuerschuldner gezahlt. Verbunden mit der Trennung von Steuerschuldner und Steuerzahler ist allerdings eine Regelung der Haftung, die denjenigen oder diejenigen trifft, die von der Steuerhinterziehung Kenntnis haben und/oder Vorteile daraus ziehen.

Lohnsteuer und Kapitalertragsteuer sind die bedeutendsten im Abzugsverfahren erhobenen Steuern in der Bundesrepublik Deutschland.[46] Die Lohnsteuer erbrachte 1991 als aufkommensstärkste Steuer 214,2 Mrd. DM und übersteigt mit einem Anteil von 34,8 Prozent am Gesamtsteueraufkommen aller Gebietskörperschaften das Volumen der veranlagten Einkommensteuer von 41,5 Mrd. DM (6,8 Prozent) beträchtlich.[47] In der wirtschaftspolitischen Diskussion wird meistens der Terminus **Quellensteuer** verwendet, um anzudeuten, daß die Steuer nicht am Ziel (dem Einkommensbezieher), sondern an der Quelle (dem Einkommens-(aus-)zahler) erhoben wird.[48] Seitdem das Bundesverfassungsgericht in seinem Urteil vom 27. Juni 1991 die Gleichmäßigkeit der Besteuerung der Kapitaleinkünfte eingefordert hat,[49] wird unter dem Namen "Zinsabschlagsteuer" die Einführung einer Abzugsteuer für Kapitalforderungen vorbereitet, welche die Kreditinstitute, die Zinserträge an den Gläubiger auszahlen, zur Abführung einer 30-prozentigen Steuer verpflichtet.[50] Im weitesten Sinne handelt es sich dabei um die Wiederbelebung der 1989 eingeführten und nach halbjähriger Geltung abgeschafften Quellensteuer.

---

[46] Die genannten Abzugsteuern sind in der Bundesrepublik Deutschland in §§ 38 - 45c EStG geregelt.

[47] Berechnungen nach den Aufkommensangaben in Deutsche Bundesbank (1992), S. 62*.

[48] Im folgenden werden die Begriffe Quellensteuer und Abzugsteuer synonym verwendet.

[49] Vgl. Bundesverfassungsgericht (1992).

[50] Vgl. Presse- und Informationsamt der Bundesregierung (1992).

Trotz der unzweifelhaften Bedeutung des Abzugsverfahrens[51] stellt Yaniv (1988), S. 183 zu Recht fest: "most of this literature (zur Einkommensteuerhinterziehung, d. Verf.) ... ignores the fact that the major part (if not all) of a wage-earner's tax liability is usually deducted at source by withholding regulations." Yaniv (1988) leitet mit dieser Bemerkung eine Untersuchung über die Lohnsteuerhinterziehung durch den zur Abführung verpflichteten Arbeitgeber ein und bezieht dabei auch die Verpflichtung zur Abgabe einer Einkommensteuererklärung bei höherem Einkommen ein, die in der Bundesrepublik Deutschland bei einem Jahreseinkommen von 27000 DM einsetzt (§ 46 Einkommensteuergesetz). Er beschränkt sich dabei allerdings auf nur vom Arbeitgeber zu verantwortende Steuerhinterziehung und schließt aus seinen Betrachtungen eine gemeinsame Steuerhinterziehung von Arbeitgeber und Arbeitnehmer aus. Yaniv (1988) gelangt unter dieser Voraussetzung zu dem Ergebnis, daß eine Quellenbesteuerung keineswegs eine Reduktion des hinterzogenen Betrages garantieren kann. Nur unter besonderen Bedingungen, zu denen u.a. solche über die Risikobereitschaft von Arbeitgeber und Arbeitnehmer gehören, senkt Quellenbesteuerung das Hinterziehungsniveau.

In der finanzwissenschaftlichen Literatur, die sich mit den Auswirkungen einer Quellenbesteuerung auf den Kapitalmarkt beschäftigt, wird jedoch wie selbstverständlich davon ausgegangen, daß im Abzugsverfahren erhobene Steuern vollständig an den Fiskus abgeführt werden.[52]

Hagedorn (1989)[53] kann in einer mikrotheoretischen Analyse der Hinterziehung von Einkommensteuern angesichts der Quellenbesteuerung der Zinserträge zu dem Ergebnis kommen, daß ein Anstieg des Quellensteuersatzes bei der nachfolgenden (jährlichen) Deklaration des Einkommens durch niedrigere Deklaration in seiner Auswirkung auf die Höhe der Hinterziehung und des Steueraufkommens vollständig neutralisiert wird, indem er voraussetzt, daß im Quellensteuerverfahren erhobene Steuern nicht hinterzogen werden. Die Neutralität der Besteuerung an der Quelle ergibt sich, wenn der Quellensteuersatz niedriger als der Einkommensteuersatz ist und die nicht an der Quelle abgeführte Steuerschuld im Anschluß an eine Selbstdeklaration vom Steuerschuldner nachentrichtet werden muß. Wenn der reguläre konstante Einkommensgrenzsteuersatz τ größer als der Quellensteuersatz τ^q ist, stehen dem Steuerpflichtigen von seinem Bruttoeinkommen y (entweder Zins-

[51] Abzugsteuern sind weltweit von Bedeutung. Vgl. Organisation for Economic Cooperation and Development (1990), S. 30 ff.

[52] Vgl. z. B. Nöhrbaß und Raab (1990), Tillmann (1989), Hagedorn (1989).

[53] Vgl. auch Hagedorn (1991), S. 89 ff.

oder Lohneinkommen) nach gelungener Hinterziehung eines Anteiles e der Steuer

$$c^1 = (1-\tau)y + (\tau - \tau^q)ye$$

und bei Anwendung einer zu der hinterzogenen Steuer mit π proportionalen Strafe nach mißlungener Hinterziehung

$$c^2 = (1-\tau)y - \pi(\tau - \tau^q)ye$$

unter der Vorausetzung, daß an der Quelle erhobene Steuern nicht hinterzogen werden können, für den Konsum zur Verfügung. Maximiert der Steuerpflichtige bei exogener Entdeckungswahrscheinlichkeit p durch die Wahl des Hinterziehungsanteiles e den Erwartungsnutzen $E[u(c)]$, dann wird eine Besteuerung an der Quelle durch verstärkte Hinterziehung bei der Deklaration ausgeglichen, wenn der Steuerpflichtige nicht ohne Quellensteuerabzug sein gesamtes Einkommen dem Finanzamt verschwiegen hätte, wie der folgende auf Hagedorn (1989), S. 30 zurückgehende Satz zeigt.

Satz 3.12 *Wird an der Quelle nur ein Teil der Steuerschuld abgeführt, so gleicht der Steuerpflichtige bei der nachfolgenden Deklaration die fehlende Hinterziehungsmöglichkeit an der Quelle durch verstärkte Unterdeklaration aus, wenn nicht ohne Quellensteuer bereits sämtliche Steuern hinterzogen wurden.*
(a) Wird der Quellensteuersatz angehoben, verändert sich der Hinterziehungsanteil gemäß

$$\frac{\partial e}{\partial \tau^q} = \frac{e}{\tau - \tau^q}.$$

(b) Hinterzogene Steuern, Konsummöglichkeiten und Erwartungsnutzen ändern sich durch Quellenbesteuerung nicht.

Beweis. (a) Die Optimalbedingung des Steuerpflichtigen für eine innere Lösung

$$[(1-p)u_c(c^1) - p\pi u_c(c^2)](\tau - \tau^q)y = 0 \tag{3.7}$$

definiert den Hinterziehungsanteil e als Funktion auch des Quellensteuersatzes τ^q. Anwendung des Satzes über implizite Funktionen ergibt sofort

das behauptete Resultat.
(b) Unter Verwendung von (a) ergibt sich:

$$\frac{\partial((\tau-\tau^q)ye)}{\partial\tau^q} = (\tau-\tau^q)y\frac{e}{\tau-\tau^q} - ye = 0.$$

Also ändern sich weder c^1 noch c^2 und damit auch nicht $E[u(c)]$. Q.E.D.

Die Abführung eines Teiles der Steuerschuld an der Quelle ist also hinterziehungsneutral, wenn der Steuerpflichtige bei einer Deklaration tatsächlich durch verstärkte Hinterziehung der verbliebenen Steuerschuld eine Möglichkeit der Kompensation hat. Dies ist aber offensichtlich dann nicht der Fall, wenn wie bei der Lohnsteuererhebung in der Bundesrepublik Deutschland an der Quelle (in etwa) die gesamte Steuerschuld vom Steuerzahler, dem Arbeitgeber, entrichtet wird, d.h., wenn der Grenzsteuersatz der Quellensteuer und derjenige der allgemeinen Einkommensteuer nicht voneinander abweichen. Ist der Steuersatz an der Quelle nicht geringer als der allgemeine Steuersatz, besteht für den Steuerpflichtigen die Option der nachträglichen "Korrektur" nicht. Steuerhinterziehung wird eingeschränkt, wenn nicht bereits an der Quelle Steuern hinterzogen werden. Die Möglichkeit der Hinterziehung an der Quelle wird nun im folgenden diskutiert.

3.3.4.1 Abzugsteuern und Interdependenzen der Steuerfahndung

Zunächst soll gezeigt werden, daß eine Quellensteuer tatsächlich die Vorteilhaftigkeit der Steuerhinterziehung beträchtlich reduzieren kann, wenn eine Interdependenz zwischen den Einzelfällen der Hinterziehung von Abzugsteuern besteht. Die Hinterziehung der Quellensteuer wird so modelliert, daß der Einkommensbezieher, also der Steuerpflichtige, einen Anteil γ an den hinterzogenen Steuern erhält, so daß dem Zahler des Einkommens, d.h. dem Steuerzahler, ein Anteil von $1-\gamma$ verbleibt. Die Aufteilung des Hinterziehungsertrages wird ebenso wie das Hinterziehungsniveau von den Hinterziehern festgelegt. Es wird zur Diskussion dieser Fragestellung unterstellt, daß Steuerzahler und -schuldner nur proportional zu dem jeweiligen Anteil an dem Hinterziehungsgewinn (d.h. der hinterzogenen Steuer ϕ^1)) bestraft werden. Die Bestrafung orientiert sich also für jeden Beteiligten an dem von diesem erlangten Vorteil.

Ein besonderes Kennzeichen der in der Realität implementierten Quellensteuersysteme ist, daß sie typischerweise in Situationen Anwendung finden, in denen ein Einkäufer von Faktorleistungen mit mehreren Anbietern von Faktorleistungen gleichartige Vertragsverhältnisse eingeht: Ein Arbeitgeber beschäftigt mehrere Arbeitnehmer, ein Unternehmen zahlt an mehrere Kapitalgeber Kapitalerträge. An diesem Faktum setzt die abschreckende Wirkung der Quellensteuer an. Es ist davon auszugehen, daß das Finanzamt bei der Entdeckung einer Verkürzung der Steuerschuld eines Einkommensbeziehers, an der der Steuerzahler aufgrund des Abzugsteuerverfahrens beteiligt war, die Verhältnisse des Steuerzahlers einer genaueren Prüfung unterzieht. Im nun idealisierend angenommenen Extremfall werden alle Steuerhinterziehungen aufgedeckt, die dieser bei gleichartigen Verhältnissen vorgenommen hat. Ein solches Überprüfungsmuster des Finanzamtes senkt den prohibitiven Strafsteuersatz einer Quellensteuer erheblich. Geht man davon aus, daß die Kontrollen der Einkommensbezieher unabhängig voneinander sind, entspricht die Rendite einer hinterzogenen Steuereinheit im m-ten Hinterziehungsfall

$$h = \begin{cases} 1 & \text{mit Wahrscheinlichkeit } (1-p)^m, \\ -\pi & \text{mit Wahrscheinlichkeit } 1-(1-p)^m, \end{cases}$$

wobei p die Wahrscheinlichkeit für die erfolgreiche Überprüfung eines einzelnen Einkommensbeziehers ist und mit π der (zur Vereinfachung sowohl für den Einkommenszahler als auch den Einkommensbezieher) relevante proportionale Strafsteuersatz bezeichnet wird. Der Einkommenszahler erhält $(1-\gamma)h$, der Einkommensbezieher γh.

Zunächst wird unterstellt, daß der Steuerzahler allein über das Ausmaß der Hinterziehung und die Aufteilung des Hinterziehungsgewinnes entscheidet. Damit es für den Einkommensbezieher individuell rational ist, einen die Einkommenszahlung begründenden Vertrag abzuschließen, muß der Nutzen des Sicherheitsäquivalentes der Hinterziehung auch für diesen mindestens dem Nutzenniveau ohne Hinterziehung entsprechen. Wenn man darüber hinaus annimmt, daß jeder der beiden Vertragspartner einer Hinterziehung nicht zustimmen würde, wenn diese nicht eine Nutzensteigerung mit sich brächte, sich also bei Gleichheit von Sicherheitsäquivalent und Nutzenniveau bei Ehrlichkeit der Hinterziehung verweigern würde, dann wird bei positivem Hinterziehungsanteil e der Anteil des Steuerschuldners γ weder gleich null noch gleich eins sein.

Steuerhinterziehung wird der Steuerzahler im m-ten Fall nur dann begehen, wenn der Erwartungsnutzenzuwachs für ihn (analog zu dem Ergebnis des statischen Basis-Modells) bei einer Situation ohne Hinterziehung für mindestens ein echt positives γ größer als null ist. Aufgrund der durch die Steuerfahndung hervorgerufenen Interdependenzen sinkt der prohibitive Steuersatz mit steigender Zahl der Vertragsbeziehungen, wie im folgenden Satz aufgezeigt wird.

Satz 3.13 *(a) Bei einer Abzugsteuer ist im $m-$ten Fall ein Strafsteuersatz*

$$\pi \geq \frac{(1-p)^m}{1-(1-p)^m}$$

prohibitiv.
(b) Mit der Zahl der Vertragsbeziehungen m sinkt der prohibitive Strafsteuersatz.

Beweis. (a) Steuerhinterziehung lohnt sich nicht, wenn die erwartete Rendite $E[h]$ nicht positiv ist.[54]
(b) Die Differenz des prohibitiven Steuersatzes im $(m+1)-$ten und im $m-$ten Fall

$$\frac{(1-p)^{m+1}}{1-(1-p)^{m+1}} - \frac{(1-p)^m}{1-(1-p)^m} = -\frac{p(1-p)^m}{[1-(1-p)^{m+1}][1-(1-p)^m]}$$

ist negativ. Q.E.D.

Bei einer Kontrollrate von 1 Prozent[55] wird der in der Bundesrepublik Deutschland in etwa angewandte Strafsteuersatz von eins[56] ca. bei dem siebzigsten Fall von Hinterziehung durch einen Steuerzahler prohibitiv wirken.

Diese Überlegungen belegen, daß das Abzugsteuerverfahren in der Breite Steuerhinterziehung verhindert. Sie legen gleichzeitig jedoch den Schluß nahe, daß Hinterziehung in wenigen Einzelfällen eines Steuerzahlers nicht ausgeschlossen werden kann.

Aus gleichgearteten Gründen können die in der Bundesrepublik Deutschland z.Z. jedoch stark eingeschränkten Kontrollmitteilungen der Banken über die Kontenführung ihrer Kunden[57] Steuerhinterziehung der Zinseinkünfte

---

[54] Siehe auch Lemma 3.3.
[55] Dieser Wert wird von Dubin, Graetz und Wilde (1990) für die USA im Jahr 1986 für die Kontrollen individueller Deklarationen ermittelt.
[56] Institut der deutschen Wirtschaft (1991).
[57] Vgl. § 30 und insbesondere § 30a AO.

wirkungsvoll beschränken bzw. behindern. Das aufsehenerregende Urteil des Bundesverfassungsgerichtes vom 27. Juni 1991, das basierend auf dem Gleichheitsgrundsatz den Gesetzgeber und die Administration zu einer stärkeren und gleichmäßigeren Durchsetzung des Anspruches auf Steuerzahlung auch bei den Einkünften aus Kapitalvermögen verpflichtet, hat daher auch Überlegungen in Gang gesetzt, Kontrollmitteilungen verstärkt als Instrument zur Verhinderung von Steuerhinterziehung einzusetzen.

3.3.4.2 Hinterziehung von Abzugsteuern in Einzelfällen

Im Anschluß an die Betrachtung interdependenter Vertragsbeziehungen zwischen Einkommenszahler und mehreren Einkommensbeziehern wird jetzt ein isolierter Fall der Hinterziehung von im Abzugsverfahren erhobenen Steuern betrachtet. Steuerzahler und Steuerschuldner entscheiden über die Hinterziehung des zu zahlenden Einkommens, ohne externe Effekte auf andere Hinterzieher auszulösen. Die Rendite einer hinterzogenen Steuereinheit ist bei erneut unterstellter zur hinterzogenen Steuer proportionalen Bestrafung

$$h = \begin{cases} 1 & \text{mit der Wahrscheinlichkeit } 1 - p, \\ -\pi & \text{mit der Wahrscheinlichkeit } p, \end{cases}$$

wenn p die Wahrscheinlichkeit einer staatlichen Kontrolle im betrachteten Hinterziehungsfall ist. Im weiteren wird angenommen, daß die erwartete Rendite $E[h]$ positiv ist, d.h., daß Steuerhinterziehung sich also prinzipiell lohnt. Wird wiederum unterstellt, daß sowohl der Hinterziehungsgewinn als auch die Strafe auf beide an der Hinterziehung beteiligten Parteien verteilt werden, wobei der Anteil des Steuerschuldners γ beträgt, so beträgt die Rendite aus der Sicht des Steuerzahlers $(1-\gamma)h$ und γh aus der Perspektive des Steuerschuldners. Für den Konsum (als stochastische Variable) steht dem Einkommensbezieher

$$c = (1 - \tau)y + \gamma h \tau y e$$

zur Verfügung. Der Nachhinterziehungsgewinn des Einkommenszahlers (ϑ) (als stochastische Variable) wird zu

$$\vartheta = \bar{\vartheta} + (1 - \gamma)h\tau y e,$$

wobei mit $\bar{\vartheta}$ der sichere Gewinn ohne Hinterziehung gekennzeichnet wird.

Wird angenommen, daß es jedem der beiden potentiellen Vertragspartner möglich ist, einen anderen ehrlichen Geschäftspartner zu finden, dann kann sich der Einkommenszahler den sicheren Gewinn $\bar{\vartheta}$ und der Einkommensbezieher das risikolose reguläre Nettoeinkommen $(1-\tau)y$ sichern. Jeder der Beteiligten kann darüber hinaus die Hinterziehung der Steuern aus dem Vertragsverhältnis durch eine Anzeige beim Finanzamt verhindern. Voraussetzung einer möglicherweise erfolgreichen Hinterziehung von Steuern ist also die Zustimmung sowohl des Steuerschuldners als auch des zur Abführung der Steuern Verpflichteten. Ist die Zustimmung beider Partner erforderlich und wird die Strafe für jeden Teilnehmer der Steuerverkürzung nur auf den Anteil des Hinterziehungsgewinnes bezogen, den dieser erhält, so ergibt sich auf einfache Weise ein eindeutig optimales Verhalten, wie der folgende Satz zeigt.

Satz 3.14 *Bei gemeinsamer Hinterziehung an der Quelle in einem Einzelfall entspricht der optimale Hinterziehungsanteil der Summe der Anteile, die Steuerzahler und -schuldner gewählt hätten, wenn ihr Anteil am Hinterziehungsgewinn gleich eins wäre und sie allein zu entscheiden hätten, solange die Summe dieser Anteile eins nicht überschreitet.*

Beweis. Sei e^1 der vom Steuerschuldner gewählte Teil, wenn $\gamma = 1$ gilt, und e^2 der vom Steuerzahler gewählte Teil, wenn $\gamma = 0$ gilt. Könnte der Steuerschuldner den Hinterziehungsanteil e und seinen Anteil am Gewinn γ frei wählen, würde er

$$e\gamma = e^1$$

festlegen. Entsprechend würde der Steuerzahler

$$e(1-\gamma) = e^2$$

fixieren. Die Zusammenfassung beider Gleichungen ergibt

$$e = e^1 + e^2 \quad \text{und} \quad \gamma = \frac{e^1}{e^1 + e^2}.$$

Q.E.D.

Satz 3.14 impliziert mehr Hinterziehung, als sie das statische Basis-Modell für die Hinterziehung einer deklarierten Einkommensteuer prognostiziert. Das Hinterziehungsniveau entspricht bei gemeinschaftlich durchgeführter Hinterziehung der Summe der individuell optimalen Niveaugrößen. Bei gemeinschaftlich durchgeführter Hinterziehung müssen sich Steuerschuldner und Steuerhinterzieher den Gewinn und können sich den Verlust bei der unterstellten Behandlung durch die Justiz teilen.

Es gibt keinen Interessenskonflikt zwischen Steuerschuldner und Steuerzahler. Ein Bargaining-Problem entsteht erst, wenn $e^1 + e^2 > 1$ gilt.

Wenn die Einkommensteuer in einem System mit Abzug der Steuer an der Quelle gemeinschaftlich von dem Steuerschuldner und dem zur Anmeldung und Abführung verpflichteten Zahler des Einkommens hinterzogen wird, die Angaben oder Nichtangaben beider Parteien also konsistent sein müssen, kann es, wenn es sich um nicht mit anderen Fällen von Hinterziehung verknüpftes Vorgehen handelt, zu stärkerer Hinterziehung kommen. In Verbindung mit den Ergebnissen des vorangegangenen Abschnittes folgt daraus: Hängen die Wahrscheinlichkeiten der Entdeckung von vielen Einkommensbeziehern in der beschriebenen Weise zusammen, wird Hinterziehung prohibitiv teuer; handelt es sich hingegen um Einzelfälle (z.B. Schwarzarbeit in kleinen Unternehmen), wird mehr hinterzogen.

3.3.5 Risikokostenfunktion der Hinterziehung

Den Abschluß der Darstellung des Grundmodells der rationalen Steuerhinterziehung wird im folgenden die Einführung eines einfacheren Ansatzes bilden, der sich zum einen für die makrotheoretische Analyse und zum anderen zur Beschreibung von Substitutionseffekten zwischen den verschiedenen Varianten des Steuerentzuges eignet. Damit wird zur isolierten Steuerhinterziehungsentscheidung und zum System der Selbstdeklaration zurückgekehrt.

Im Gegensatz zu der von Allingham und Sandmo (1972) inspirierten Vorgehensweise postuliert Usher (1986) eine a priori spezifizierte Kostenfunktion der Steuerhinterziehung, die vom nicht deklarierten Einkommen und der Höhe staatlicher Ausgaben zur Reduktion der Steuerhinterziehung abhängt. Die Kosten motiviert Usher (1986), S. 565 als Kosten der Verschleierung der Steuerbemessungsgrundlage vor den Finanzbehörden. Usher (1986) reduziert das Steuerhinterziehungsproblem auf diese Weise auf ein Entscheidungsproblem unter Sicherheit, da er unterstellt, daß die Aufwendungen des Steuerpflichtigen zur Tarnung der steuerhinterziehenden Aktivitäten eine Aufdeckung durch die Finanzbehörden ausschließen. Diese Hypothese ist nur dann geeignet, wenn die Bestrafung des Steuerhinterziehers durch den Staat oder andere gesellschaftliche Institutionen sehr rigide ist bzw. Tarnaktivitäten sehr billig sind. In formaler Hinsicht ist das von Usher (1986),

S. 565 ff verwendete Modell, abgesehen von den staatlichen Aufwendugen zur Aufdeckung der Hinterziehung, deckungsgleich mit dem vorgestellten Modell der "legalen" Steuervermeidung.

Cowell (1990b) verdeutlicht, daß auch der Portfolio-Selektions-Ansatz als Maximierung von Ertrag abzüglich Kosten der Steuerhinterziehung formuliert werden kann. Diese Umformulierung des Maximierungsproblems soll hier kurz anhand des Basismodells der Steuerhinterziehung bei proportionaler Besteuerung, exogenem Einkommen und zur hinterzogenen Steuer proportionaler Bestrafung überführter Steuerhinterzieher dargestellt werden. Auf diese Weise werden Risikokosten explizit als Kosten der Hinterziehung eingeführt. In der einführenden Erörterung anfallender Kosten des Steuerentzuges wurden die Risikokosten zunächst nicht in die Kosten miteinbezogen. Dies soll jetzt aber geschehen. Risikokosten der Hinterziehung werden zu diesem Zweck definiert.

Definition 3.2 Risikokosten der Steuerhinterziehung

Die Risikokosten der Steuerhinterziehung entsprechen dem Geldbetrag, den der Steuerhinterzieher gerade noch zahlen würde, wenn im Gegenzug eine Aufdeckung der Steuerhinterziehung ausgeschlossen wäre.

Der Erwartungsnutzen eines rationalen Steuerhinterziehers ist gleich dem Nutzen des **Sicherheitsäquivalentes** und damit gleich dem Nutzen der Differenz von Konsum c^1 bei gelungener Steuerhinterziehung und den Risikokosten der Hinterziehung $\varphi(\cdot)$, denn die Risikokosten der Hinterziehung sind als eben der Betrag definiert worden, um den das Nach-Hinterziehungseinkommen gekürzt werden kann, so daß der Steuerpflichtige die risikofreie Hinterziehung nicht dem Lotteriespiel der Hinterziehung vorziehen würde:

$$E[u(c)] \equiv u(c^1 - \varphi(\cdot)).$$

Diese Äquivalenz erlaubt es, die Risikokosten der Hinterziehung als Funktion der Parameter und der Entscheidungsvariablen e des Steuerhinterziehungsproblems zu definieren: $\varphi(e, \tau, p, \pi, y)$. Differentiation nach dem Hinterziehungsanteil e ergibt:

$$\varphi_e(\cdot) = \tau y - \frac{E[u_c(c)h]\tau y}{u_c(c^1 - \varphi(\cdot))}.$$

Erwartungsnutzenmaximal ist Steuerhinterziehung, wenn der Grenzertrag der Steuerhinterziehung τy den Grenzkosten der Steuerhinterziehung φ_e

entspricht:

$$\tau y - \varphi_e(\cdot) = 0.$$

Die Grenzkosten der Hinterziehung sind zunehmend ($\varphi_{ee} > 0$).[58] Es läßt sich zeigen, daß die Kosten und die Grenzkosten der Hinterziehung bei intensiverer Kontrolle oder stärkerer Bestrafung unter der zur hinterzogenen Steuer proportionalen Strafe ϕ^1 ansteigen ($\varphi_p(\cdot) \geq 0$, $\varphi_{ep}(\cdot) \geq 0$, $\varphi_\pi(\cdot) \geq 0$, $\varphi_{e\pi}(\cdot) \geq 0$). Bei abnehmender absoluter Risikoaversion steigen die Kosten und die Grenzkosten der Hinterziehung, wenn der Steuersatz steigt ($\varphi_\tau(\cdot) \geq 0$, $\varphi_{e\tau}(\cdot) \geq y$).[59] Die Ergebnisse bezüglich der Grenzkosten der Hinterziehung korrespondieren um das Optimum mit den komparativstatischen Resultaten des einfachen Basismodells der Hinterziehung, da

$$\frac{\partial e}{\partial \eta} = -\frac{\varphi_{e\eta}}{\varphi_{ee}} \leq 0, \quad \text{für } \eta = p, \pi, \qquad \text{und} \quad \frac{\partial e}{\partial \tau} = \frac{(y - \varphi_{e\tau})}{\varphi_{ee}} \leq 0$$

gilt.

Die Rückführung des Erwartungsnutzenmaximierungsproblems auf das äquivalente Problem der Maximierung des Sicherheitsäquivalentes und die aus dem Sicherheitsäquivalent abgeleitete Risikokostenfunktion der Steuerhinterziehung können zur zusätzlichen Rechtfertigung einer a priori spezifizierten Kostenfunktion der Steuerhinterziehung herangezogen werden, die es erlaubt, Steuerhinterziehung analog zur Steuervermeidung zu modellieren. Damit ist eine leichtere Analyse der Wahl zwischen Varianten des Steuerentzuges möglich. Selbstredend können den Risikokosten der Hinterziehung entsprechend auch Risikokosten der Steuerumgehung definiert werden. Akzeptiert man die Modellierung der Steuerhinterziehung als Maximierungsproblem unter Sicherheit, dessen Lösung durch Ausgleich von Grenzertrag und Grenzkosten der Steuerhinterziehung erreicht ist, ist zudem eine makroökonomische Modellierung der Steuerhinterziehung im Kontext optimalen Wachstums unter geringem formalen Aufwand möglich.

---

[58] Vgl. Cowell (1990b), S. 232 f.

[59] Vgl. Cowell (1990b), S. 235.

3.4 Steuerentzug: Optimales Varianten-Mix

Nachdem Steuerentzug unter der Prämisse untersucht wurde, daß nur eine der drei Varianten des Steuerentzuges zur Verfügung steht, ist es jetzt an der Zeit, die Frage zu stellen, wie sich der Steuerpflichtige entscheiden wird, wenn ihm mehrere Varianten als Optionen offenstehen. Den Interdependenzen von Steuervermeidung, -umgehung und -hinterziehung ist in der finanzwissenschaftlichen Literatur nur wenig Aufmerksamkeit geschenkt worden.[60] Unzweifelhaft bestehen Substitutionsbeziehungen zwischen den verschiedenen Möglichkeiten des Steuerentzuges. In Abhängigkeit von den Relationen der Kosten der Varianten wird der Steuerpflichtige sein Ziel, durch Steuerersparnis Nutzenmaximierung zu betreiben, durch unterschiedliche Intensität der diversen Möglichkeiten der Steuerreduktion zu verwirklichen suchen. Im folgenden sollen einige Anmerkungen zu den Konsequenzen unterschiedlicher Grade der Substitutionalität gemacht werden.

Hängen im einfachsten Fall die Kosten des Steuerentzuges von der Summe der Anteile vermiedener, umgangener und hinterzogener Steuern (e_v, e_u und e_h) mit positiven und zunehmenden Grenzkosten ab,[61] so wird sich der Steuerpflichtige, sofern möglich, auf die legale, im Ertrag sichere Variante der Steuervermeidung konzentrieren. Wird das exogene Einkommen y mit dem konstanten Grenzsteuersatz τ besteuert, Hinterziehung mit π proportional zur hinterzogenen Steuer bestraft, überprüft das Finanzamt mit vom Steuerpflichtigen nicht zu beeinflussender Wahrscheinlichkeit p die Steuererklärung und werden bei einer solchen Überprüfung sowohl etwaige Steuerumgehung als auch Steuerhinterziehung aufgedeckt, so steht dem Steuerpflichtigen ohne Überprüfung

$$c^1 = (1-\tau)y + \tau y(e_v + e_u + e_h) - \varphi(e_v + e_u + e_h)$$

oder nach Überprüfung

$$c^2 = (1-\tau)y + \tau y e_v - \pi\tau y e_h - \varphi(e_v + e_u + e_h)$$

zu Konsumzwecken zur Verfügung. Der Steuerpflichtige löst das Maximie-

[60] Interdependenzen untersuchen modelltheoretisch Cross und Shaw (1982), Alm (1988), Alm und McCallin (1990), Cowell (1990b).

[61] Die Kostenfunktion $\varphi(e_v + e_u + e_h)$, mit $\varphi_{e_v e_h}, \varphi_{e_h e_v} > 0$, ist entgegengesetzt zu der von Cross und Shaw (1982), S. 40 ff behandelten Joint cost function von Vermeidung und Hinterziehung mit negativen Kreuzableitungen.

rungsproblem:

$$\max_{e_v, e_u, e_h} \quad E[u(c)]$$

$$\text{s.t.} \quad 0 \leq e_v \leq \bar{e}_v,$$

$$0 \leq e_u \leq \bar{e}_u,$$

$$0 \leq e_h \leq \bar{e}_h,$$

$$e_v + e_u + e_h \leq 1.$$

Die Lösung dieses Optimierungsproblems wird durch den folgenden Satz gekennzeichnet.

Satz 3.15 *Wenn die Kosten des Steuerentzuges von der Summe nicht besteuerter Einkommensanteile $e_v + e_u + e_h$ abhängen und $\varphi'(0) < \tau y$ gilt, (a) wird der Steuerpflichtige nur Steuern mit dem Anteil e_v^* vermeiden, d.h. Grenzertrag τy und Grenzkosten des Steuerentzuges $\varphi'(e_v^*)$ zum Ausgleich bringen, wenn $\varphi'(\bar{e}_v) > \tau y$ gilt.*
(b) Wenn $\varphi'(\bar{e}_v) < \tau y$ gilt, wird der Steuerpflichtige Steuern mit dem Anteil $\bar{e}_v$ vermeiden und einen Anteil e_u^* umgehen, wenn $\tau y(1-p)u_c(c^1) - \varphi' E[u_c(c)] = 0$ an der Stelle e_u^* erfüllbar ist.
(c) Wenn $\varphi'(\bar{e}_v) < \tau y$ und $\tau y(1-p)u_c(c^1) - \varphi' E[u_c(c)] > 0$ an der Stelle $\bar{e}_u$ gilt, wird der Steuerpflichtige Steuern mit dem Anteil $\bar{e}_v$ vermeiden, mit dem Anteil $\bar{e}_u$ umgehen und mit dem Anteil e_h^* hinterziehen, wenn $\tau y[(1-p)u_c(c^1) - \pi p u_c(c^2)] - \varphi' E[u_c(c)] \geq 0$ an der Stelle e_h^* erfüllbar ist.

Beweis. Da gilt

$$E[u(c)]_{e_v} = [\tau y - \varphi']E[u_c(c)],$$

$$E[u(c)]_{e_u} = E[u(c)]_{e_v} - \tau y p u_c(c^2),$$

$$E[u(c)]_{e_h} = E[u(c)]_{e_u} - \pi \tau y p u_c(c^2),$$

ist der (abnehmende) Grenzerwartungsnutzen der Steuervermeidung immer höher als derjenige der Steuerumgehung, welcher wiederum größer als der Grenzerwartungsnutzen der Steuerhinterziehung ist. Q.E.D.

Steuern werden nur umgangen, wenn die Obergrenze der Steuervermeidung wirksam einschränkt. Steuerhinterziehung ist nur optimal, wenn Steuern auch maximal umgangen werden. Hier ist unterstellt, daß Steuervermeidung, -umgehung und -hinterziehung völlig gleichartig auf die Kosten des

Steuerentzuges ($\varphi_{e_v} = \varphi_{e_u} = \varphi_{e_h}$) wirken, im Ertrag aber unterschiedlich sind. Der (positive) Ertrag der Steuerumgehung kann bei einer Überprüfung und entsprechenden Qualifizierung durch die Finanzgerichte entzogen werden; Steuerhinterziehung hat nach einer Überprüfung gar einen negativen Ertrag.

Es sollte angemerkt werden, daß es auch durchaus optimal sein kann, lediglich Steuern zu vermeiden, wenn der Grenzertrag τy größer ist als die Grenzkosten der maximal möglichen Steuervermeidung $\varphi'(\bar{e}_v)$. Es ist in einer solchen Konstellation immer dann rational, nicht die weiteren Optionen des Steuerentzuges einzubeziehen, wenn selbst ein marginales Risiko bereits zu einer Verschlechterung führen würde, wie das folgende Korollar zeigt.

Korollar 3.3 *Wenn $\tau y > \varphi'(\bar{e}_v) > \tau y(1-p)$ gilt, ist $(e_v, e_u, e_h) = (\bar{e}_v, 0, 0)$ optimal.*

Beweis. Dies folgt aus Satz 3.15, wenn berücksichtigt wird, daß bei ausschließlicher Steuervermeidung $c^1 = c^2$ erfüllt ist, da für $(\bar{e}_v, 0, 0)$ $E[u(c)]_{e_v} > 0$ und $E[u(c)]_{e_u} < 0$ gilt. Q.E.D.

Die staatlichen Erzwingungsparameter Strafsteuersatz π und Entdeckungswahrscheinlichkeit p wirken sich nur dann auf die Entscheidung des Steuerpflichtigen aus, wenn dieser tatsächlich Steuern umgeht resp. hinterzieht. In diesen Konstellationen haben staatliche Überwachung und Verfolgung offensichtlich die bekannten Implikationen auf das individuelle Verhalten, solange nicht die Grenzen eines Regimes, welches einem der Fälle (a), (b) oder (c) entspricht, erreicht werden. Um die Auswirkungen von Steuersatzänderungen und Einkommenserhöhungen innerhalb eines Regimes zu beschreiben, ist es möglich, auf die Ergebnisse der separaten Analyse der verschiedenen Varianten zurückzugreifen. Regimewechsel sind jedoch keineswegs ausgeschlossen.

Die perfekte Kostensubstitutionalität der verschiedenen Varianten des Steuerentzuges ist nur eine mögliche Annahme bezüglich der Kostenstruktur steuersparender Aktivitäten. Unterstellt man additive Separabilität der Kostenfunktion[62] für alle steuerentziehenden Tätigkeiten und nimmt weiterhin an, daß eine staatliche Überprüfung Steuerumgehung *und* Steuerhinterziehung aufdeckt, so ist eine optimale Steuerentzugsstrategie denkbar,

---

[62] Für Steuervermeidung und -hinterziehung vgl. Cross und Shaw (1982), S. 38 ff.

die durch positive Werte aller Einkommensanteile e_v, e_u und e_h unterhalb möglicher Obergrenzen gekennzeichnet ist. Eine solche innere Lösung ist durch die Optimalbedingungen erster Ordnung in Gleichungsform charakterisiert, die für die jeweiligen isolierten Entscheidungsprobleme ebenfalls Gültigkeit haben und in den Lemmata 3.1, 3.2 und 3.3 dargelegt sind. Aus diesen Gleichungen läßt sich ableiten, daß die Steuervermeidungsentscheidung vollständig unabhängig von den anderen Entscheidungen ist, da weder der Grenzertrag τy noch die Grenzkosten der Steuervermeidung aufgrund der unterstellten additiv separablen Kostenstruktur von der Höhe der Steuerumgehung und der Steuerhinterziehung abhängen und das Optimum nur durch Ausgleich von Grenzertrag und Grenzkosten charakterisiert ist. Die Analyse der Steuervermeidung führt in diesem Kontext also nicht zu neuen Resultaten. Wird die Geldstrafe für Steuerhinterziehung proportional zu der hinterzogenen Steuer bemessen, ergeben sich bei Parameteränderungen auch für Steuerumgehung und -vermeidung keine wesentlichen Änderungen.

Cross und Shaw (1982), S. 40 ff erweitern die Palette möglicher Kostenfunktionen durch die Annahme einer Joint cost function von Vermeidung und Hinterziehung. Durch negative Kreuzableitungen der Kostenfunktion werden Komplementaritätsbeziehungen zwischen Vermeidung und Hinterziehung berücksichtigt. Vermehrte Steuervermeidung kann beispielsweise aufgrund dabei erlangter Informationen auch Steuerhinterziehung erleichtern und folglich die Grenzkosten der Hinterziehung senken. Über die interdependente Kostenstruktur wirken sich Verschärfungen staatlicher Politik, höhere Strafsteuer oder intensivere Überwachung, auch auf die Steuervermeidung aus. Steuervermeidung ist weiterhin durch Ausgleich von Grenzertrag τy und Grenzkosten $\varphi_e(\cdot)$ bestimmt. Geringere Hinterziehung aufgrund verstärkter Verfolgung bewirkt über die komplementäre Kostenstruktur einen Anstieg der Grenzkosten der Steuervermeidung, dem durch Senkung des Vermeidungsanteiles entgegengewirkt werden kann.

Werden nun sämtliche relevanten Kosten der Steuerhinterziehung inkl. gegebenenfalls erforderlicher Kosten der Tarnung resp. Risikokosten der Hinterziehung in die Kostenfunktion integriert, dann reduziert sich das Optimierungsproblem eines Steuerpflichtigen, dem Vermeidung und Hinterziehung zur Wahl stehen, auf die Maximierung des sicheren Konsums, der aus dem regulären Nettoeinkommen $(1-\tau)y$ und dem Ertrag $\tau y(e_v + e_h)$ abzüglich der Kosten $\varphi(e_v, e_h, \cdots)$ von Steuervermeidung und Hinterziehung finanziert wird:

$$\max_{e_v,e_h} \quad (1-\tau)y + \tau y(e_v + e_h) - \varphi(e_v, e_h, \cdots)$$
$$\text{s.t.} \quad 0 \leq e_v \leq \bar{e}_v,$$
$$0 \leq e_h \leq \bar{e}_h,$$
$$e_v + e_h \leq 1.$$

Solange die Kostenfunktion strikt konvex ist, gilt im inneren Optimum

$$\tau y = \varphi_{e_v} = \varphi_{e_h}.$$

Die Grenzkosten der Steuervermeidung stimmen mit dem Grenzertrag und damit auch mit den Grenzkosten der Hinterziehung überein.[63] Ein Teil der Steuer wird vermieden, ein Teil hinterzogen und ein dritter gezahlt. Das Ergebnis ist im wesentlichen kongruent mit den Ergebnissen von Cross und Shaw (1982) für additiv separable oder komplementäre Kostenfunktionen.

Ganz generell ergibt sich jedoch ein Informationsproblem, wenn der Steuerpflichtige einen Teil der Steuer vermeidet und einen anderen Anteil hinterzieht.[64] Steuervermeidung wird in der Regel ungetarnt durchgeführt; die Inanspruchnahme von Steuervergünstigungen kann gar per definitionem nicht vor dem Staat verheimlicht werden. Steuerhinterziehung wird hingegen verschleiert und nicht dem Finanzamt gegenüber offengelegt. Kennt das Finanzamt aber die Kostenstruktur der Steuervermeidung, dann offenbart der Steuerpflichtige möglicherweise durch offen vorgenommene Steuervermeidung Informationen über das tatsächliche Bruttoeinkommen. Kann das Finanzamt aufgrund der Vermeidung von Steuern auf verborgene Einkommensteile schließen, wird es mit größerer Wahrscheinlichkeit eine Überprüfung durchführen. Der von Cowell vorgebrachte Einwand setzt voraus, daß die Finanzbehörden die Kostenstruktur der Steuervermeidung kennen. Die Realitätsnähe dieser Hypothese muß angesichts der Komplexität steuersparender Aktivitäten allerdings bezweifelt werden. Die Höhe der legalen Steuervermeidung scheint als verläßlicher Indikator für das tatsächliche Einkommen weniger geeignet zu sein als andere Verhaltensweisen des Steuerpflichtigen, wie z.B. die Konsumgewohnheiten.

[63] Dieses "griffige" Resultat ermittelt Cowell (1990b), S. 236 ff für das Konzept der Risikokosten der Hinterziehung.

[64] Auf dieses Problem weist Cowell (1990b), S. 238 ff hin.

3.5 Zusammenfassung

Die "klassische" mikroökonomische Theorie der verschiedenen Varianten des Steuerentzuges stellt in den Mittelpunkt ihrer partialanalytischen Betrachtung den optimierenden Steuerpflichtigen, der entscheidet, welchen Anteil der Steuerschuld er tatsächlich an den steuererhebenden Staat abführt. Die mikroökonomische Modellierung sieht den Steuerpflichtigen bei der Entscheidungsfindung zunächst als gieriges, durch keine Moral gebändigtes, selbstsüchtiges Individuum an, das die Auswirkungen seines Tuns auf die Finanzierung und das Angebot staatlicher Leistungen völlig außer acht läßt. Aufgrund der relativen Geringfügigkeit des eigenen Finanzierungsbeitrages vermutet der Steuerpflichtige keinen merklichen eigenen Einfluß auf Quantität resp. Qualität des staatlichen Güterangebotes. Es wird unterstellt, daß der optimierende Steuersparer ebensowenig das Verhalten anderer Wirtschaftssubjekte bzw. der Finanzbehörden ernsthaft in Betracht zieht. Er erwartet wiederum keinen eigenen Einfluß auf Handlungen anderer Individuen bzw. staatlicher Institutionen. Die Umwelt ist dem Steuerpflichtigen in den Grundmodellen der mikroökonomischen Theorie des Steuerentzuges vorgegeben. Mit Ausnahme des Ausmaßes des Steuerentzuges kann der Steuerpflichtige keine weiteren relevanten Größen verändern. Erst in einem weiteren Schritt werden andere Entscheidungen im Kontext des Steuerentzuges untersucht, wobei sich die Theoriebildung auf die Entscheidung über den Aufwand zur Erzielung des Einkommens und hier insbesondere auf die Höhe des Arbeitsangebotes konzentriert. Kennzeichnend für die mikroökonomischen Grundmodelle ist darüber hinaus die Einmaligkeit der steuerentziehenden Entscheidung. Interdependenzen zwischen nacheinander getroffenen Entscheidungen, die jedesmal Steuerentzug beinhalten, werden nicht betrachtet. Rückwirkungen und Konsequenzen für zukünftige Möglichkeiten des Steuerentzuges sind nicht Gegenstand der bisher skizzierten Modelle.

Der rationale Steuerpflichtige wählt den (erwartungs-)nutzenmaximalen Anteil des von ihm gegenüber den Behörden nicht-deklarierten Einkommens resp. den Anteil, der Besteuerung vermeidet oder umgeht. Die exogenen Parameter seiner Entscheidung sind der Steuertarif, die staatliche Politik der Überprüfung der Angaben, die Strafen für etwaige Steuerhinterziehung und meist die Höhe des Einkommens. Üblicherweise wird Proportionalität sowohl des Steuertarifes als auch der Geldstrafe angenommen. Werden Steuern umgangen oder hinterzogen, umfaßt die Menge möglicher Zustände, in die der Steuerpflichtige gelangen kann, nur den Zustand erfolgreicher und denjenigen mißglückter Umgehung bzw. Hinterziehung. Die Wahrscheinlichkeit staatlicher Kontrolle ist vorgegeben.

Den Schwerpunkt dieses Kapitels bildet die separate positive Analyse der diversen Varianten des Steuerentzuges, die in erster Linie auf die Charakterisierung des jeweils optimalen Verhaltens und die Bestimmung des Einflusses der Entscheidungsparameter abzielt. Steuerumgehung und -hinterziehung werden in der von Allingham und Sandmo (1972) inspirierten Weise im Rahmen eines Portfolio-Selektions-Modells untersucht.

Optimalität der Steuervermeidung wird durch Ausgleich von sicherem Grenzertrag und sicheren Grenzkosten erreicht. Optimale Steuerumgehung verlangt hingegen einen Überschuß des Grenzertrages über die Grenzkosten, um den etwaigen Verlust bei staatlicher Qualifizierung der Handlung als Steuerumgehung auszugleichen. Steuerhinterziehung ist individuell rational, wenn der erwartete Grenznutzen im Erfolgsfall dem Betrage nach dem erwarteten Grenzschaden bei mißglückter Steuerhinterziehung entspricht.

Wird die Kostenfunktion gestreckt, werden weniger Steuern vermieden bzw. umgangen. Ob "Reichere" sich in größerem Ausmaß der Besteuerung entziehen, hängt entweder von der Spezifikation der Kostenfunktion der Vermeidung oder von der Einstellung gegenüber Risiko, d.h. dem Grad der Risikoaversion, ab. Die Erhöhung der staatlichen Erzwingungsparameter Überprüfungswahrscheinlichkeit und Strafe schreckt vor Steuerumgehung resp. Steuerhinterziehung verstärkt ab. Besonderes Augenmerk ist dem Einfluß des Grenzsteuersatzes auf die Höhe der Steuerhinterziehung gewidmet. Dieser i.a. nicht eindeutige Einfluß wird maßgeblich durch die staatliche Wahl der Bemessungsgrundlage der Strafe für Steuerhinterzieher bestimmt. Bei einer zur hinterzogenen Steuer proportionalen Bestrafung löst die Anhebung des Steuersatzes keinen Substitutionseffekt aus und veranlaßt daher den Steuerpflichtigen unzweifelhaft, weniger Steuern zu hinterziehen.

Wird die Annahme proportionaler Besteuerung aufgegeben, ergeben sich hinsichtlich der staatlichen Erzwingungsparameter keine neuen Erkenntnisse bei der Untersuchung der Steuerhinterziehung. Interessanter ist hingegen, daß unter einer Flat rate tax die Anhebung des Pauschaltransfers, die einer Erhöhung des Grades der Progressivität gleichkommt, in Abhängigkeit von der Ausgestaltung der Strafe zumindest nicht zur Senkung der hinterzogenen Steuern führt. Die Angleichung der Nach-Steuer-Einkommen von Arm und Reich erzeugt zudem eine Angleichung im Hinterziehungsverhalten.

Ein zentrales Thema dieses Kapitels ist die Untersuchung des durch Risikoübernahme endogenisierten Einkommens im Kontext der Steuerhinterziehung. Die Erhebung einer reinen Risikoertragsteuer wird ausführlich im Rahmen eines Portfolio-Selektions-Modells diskutiert. Zusätzlich zu der Optimalitätsbedingung für "reine" Steuerhinterziehung ist der Ausgleich von erwartetem Grenznutzen bei erfolgreicher im Ertrag ungewisser Anlage und betragsmäßigem erwarteten Grenzschaden eines Verlustes erforderlich. Wiederum bestätigt sich der hinterziehungssenkende Einfluß staatlicher Erzwingungsparameter. Bemerkenswert ist, daß bei vollständiger steuerlicher Anrechenbarkeit von Verlusten und einer zur hinterzogenen Steuer proportionalen Strafe die Erhebung einer reinen Risikoertragsteuer in gleichem Maße wie in einer Welt ohne Steuerhinterziehung einen Anstieg volkswirtschaftlich produktiver Risikoübernahme impliziert. Steuerhinterziehung ist in bezug auf die Übernahme von Risiko unter proportionalem Steuertarif neutral. Die Höhe des Steuersatzes ist für das vom Steuerpflichtigen erreichbare Nutzenniveau ohne Belang. Wird die Strafe hingegen proportional zum nicht deklarierten Einkommen bemessen, profitiert der Steuerpflichtige paradoxerweise von höherer Besteuerung. Der Steuerpflichtige kann die asymmetrische Teilhaberschaft des Staates zu seinen Gunsten ausbeuten, d.h. den Staat relativ stärker an den Verlusten beteiligen.

Erhebt der Staat eine Steuer direkt an der Quelle und wird diese Steuer auch gezahlt, d.h., hat der Auszahlende keine Möglichkeit der Steuerhinterziehung, so stimmt die Höhe der hinterzogenen Steuern mit dem Niveau überein, das sich bei einem reinen Deklarationssystem ergibt, wenn an der Quelle nicht die gesamte Steuerschuld abgedeckt wird und der Steuerschuldner die Möglichkeit hat, den von ihm gewünschten Steuerbetrag im Zuge der nachträglichen Deklaration zu hinterziehen. Dennoch wirkt sich die Erhebung einer Steuer an der Quelle hinterziehungssenkend aus, wenn der Auszahlende, d.h. der Steuerzahler, mehrere miteinander verbundene Vertragsverhältnisse eingegangen ist und daher eine Interdependenz in der Steuerfahndung bei mehreren Hinterziehungsfällen vorliegt. In Einzelfällen wird an der Quelle aber möglicherweise mehr hinterzogen, wenn sich Steuerzahler und -schuldner Hinterziehungsgewinn und -verlust teilen. Dies erklärt u.a. das Auftreten von Schwarzarbeit insbesondere in kleinen Unternehmen.

Zur kombinierten Untersuchung der verschiedenen Varianten des Steuerentzuges kann es ratsam sein, das Risiko der Steuerhinterziehung nicht explizit über die Maximierung des Erwartungsnutzens, sondern durch Bildung einer daraus abgeleiteten Funktion der Risikokosten der Steuerhinterziehung zu berücksichtigen.

Die Entscheidung des Steuerpflichtigen zwischen verschiedenen Varianten des Steuerentzuges hängt von den Interdependenzen in den Kosten des Steuerentzuges ab. Sind die verschiedenen Varianten vollständige Substitute in den Kosten des Steuerentzuges (exklusive der Risikokosten), so ergibt sich eine starke Präferenz für Steuervermeidung, da diese keine Kosten des Risikos mit sich bringt. Ist die Kostenfunktion additiv separabel, ist ein Mix aller Varianten denkbar. Die Entscheidungen sind (beinahe) separabel, es gibt keine neuen Erkenntnisse. Sind die Varianten aber komplementär in den Kosten, wirken sich Parameter auch auf die Entscheidungsvariablen aus, die sie nicht unmittelbar beeinflussen. Eine Erhöhung staatlicher Erzwingungsparameter schreckt beispielsweise auch vor Steuervermeidung ab.

Kapitel 4

Steuerentzug: Strategische Entscheidungssituationen

Die mikroökonomische Theorie des Steuerentzuges konzentrierte sich über Jahre hinweg auf die entscheidungstheoretische Fundierung steuersparender Aktivitäten. Insbesondere das Ausmaß individuell rationaler Steuerhinterziehung bei verschiedenen Parameterkonstellationen stand im Mittelpunkt der theoretischen Bemühungen. Erst spät entdeckte die Theorie die Bedeutung, die den Interdependenzen der Handlungen verschiedener Wirtschaftssubjekte und den entsprechenden Erwartungsbildungen gerade bei der Hinterziehung von Steuern zukommt.

Das Resultat einer Steuerhinterziehung hängt von den Handlungen verschiedener, teilweise leicht zu identifizierender Personen ab. Die Höhe und die Verteilung der Ressourcentransfers der Privaten an den steuererhebenden Staat werden durch die Deklarationsentscheidung *und* den Finanzbeamten, der den Angaben des Steuerpflichtigen entweder unbesehen Glauben schenkt oder diese einer genaueren Überprüfung unterzieht, bestimmt. Sowohl die Deklarationsentscheidung als auch die Entscheidung, ob eine Kontrolle angesetzt werden soll, ist von den Erwartungen über das Verhalten des jeweiligen Gegenübers geprägt. Eine realitätsgerechte Untersuchung der Steuerhinterziehung muß sich also mit den Interdependenzen zwischen Steuerpflichtigem und Finanzbehörde auseinandersetzen.

Ein wesentlicher Grund für das Interesse der Finanzwissenschaft an Hinterziehung und Vermeidung von Steuern ist die Tatsache, daß diese zur Finanzierung des staatlichen Güterangebotes dienen. Im allgemeinen besteht zwischen der konkreten Steuerschuld (und erst recht der tatsächlichen Steuerzahlung) und den Leistungen des Staates kein unmittelbarer Zusammenhang. Das auf dem Markt gültige Äquivalenzprinzip kann für staatliche Leistungen allein aufgrund des Öffentlichen-Gut-Charakters zahlreicher staatlicher Güterangebote nicht personenbezogen gelten. Der Wert staatlicher Leistungen für den Steuerpflichtigen hängt mit anderen Worten nicht nur von der eigenen Steuerzahlung, sondern auch von der Steuerzahlung anderer Wirtschaftssubjekte ab. Mithin ergibt sich auch über die staatliche Verwendung der Steuern eine Interdependenz zwischen den Handlungen verschiedener Steuerpflichtiger, die von den wechselseitigen Erwartungen beeinflußt wird. Dieser aus der Theorie öffentlicher Güter wohlbekannte Zusammenhang kann für die Analyse des Steuerentzuges ausgenutzt werden, wenn man Steuerzahlung als "quasi-freiwilligen" Beitrag zur Finanzierung staatlicher Leistungen interpretiert.

Für all die auf Erwartungsbildung und Verhaltensinterdependenz im Kontext des Entzuges der Steuerzahlung resultierenden Probleme bietet sich die Spieltheorie als Lösungsinstrumentarium an. Mit den Konzepten der nichtkooperativen Spieltheorie lassen sich überzeugende Lösungen finden.

Im folgenden werden Steuerhinterziehung bei strategischer Interdependenz zwischen Steuerpflichtigem und Finanzamt und ganz allgemein Steuerentzug bei strategischer Interdependenz zwischen allen Steuerpflichtigen analysiert.

4.1 Steuerpflichtiger versus Finanzamt

Im Blickpunkt der Analyse interdependenter Entscheidungen von Finanzbehörde und Steuerpflichtigem stehen die Häufigkeit von Überprüfungen der Deklarationen und Informationsasymmetrien zwischen Steuerpflichtigem und Steuerbehörde.

Das Verhalten des Steuerpflichtigen bei gegebener Kontrollpolitik der Finanzbehörden ist bereits bekannt; die theoretisch abgeleiteten Reaktionen auf Änderungen der Häufigkeit staatlicher Überprüfungen entsprechen der Intuition. Es stellt sich aber die Frage, mit welcher Wahrscheinlichkeit die Finanzbehörden vorliegende Deklarationen überprüfen. Unter Vorgabe einer Zielfunktion und von Prämissen der Erwartungsbildung läßt sich die Entdeckungswahrscheinlichkeit in Verbindung mit dem nicht deklarierten Einkommensanteil als Ergebnis strategischen Verhaltens herleiten.

Während über das Ziel der Maximierung des Erwartungsnutzens durch den Steuerpflichtigen im Kreise der Ökonomen weitgehend Einigkeit besteht, ist die Wahl einer staatlichen Zielfunktion weit mehr umstritten. In der normativen Theorie wird, wenn es erforderlich erscheint, über das allgemein akzeptierte Paretokriterium hinauszugehen, in der Tradition des Utilitarismus gewöhnlich eine auf den individuellen Nutzenwerten fußende soziale Wohlfahrtsfunktion gebildet.[1] In der positiven Theorie wird entweder in der Tradition der Politischen Ökonomie Budgetmaximierung, hergeleitet aus den Eigeninteressen von Politik und Bürokratie,[2] oder staatliche Überschußmaximierung im Sinne des fiskalischen Zieles der Besteuerung unterstellt.

Über die Verifikation hinaus ist der eigentliche Grund für die Notwendigkeit staatlicher Kontrollen die Asymmetrie in den Informationen über die tatsächliche Höhe der Steuerbemessungsgrundlage zwischen Steuerpflichtigem und Finanzbehörde. Während der Steuerpflichtige bei der Deklaration seiner Einkünfte die Höhe des realisierten Einkommens kennt, verfügt das Finanzamt über diese Information nicht. Allerdings ist der Steuerpflichtige zur Deklaration seiner Einkünfte verpflichtet. Die von ihm vorgelegte Steuererklärung kann dem Finanzamt Informationen über die tatsächliche Höhe des realisierten Einkommens vermitteln. Der Steuerpflichtige ist zur Abgabe eines Signals gesetzlich gezwungen, das der Reduktion des Informationsvorsprunges dient.[3]

Die Implikationen strategischer Interdependenz und asymmetrischer Informationen werden im folgenden detailliert untersucht.

4.1.1 Steuereintreibung als Spiel bei symmetrischer Information

Bei der Deklaration und der Festsetzung der Steuern stehen sich Steuerpflichtiger und Finanzbehörde gegenüber. Das Pendant der Erwartungsnutzenmaximierung des Steuerpflichtigen sei die Maximierung der erwarteten Überschüsse staatlicher Einnahmen über die Kosten staatlicher Überwachung. Der Steuerpflichtige entscheidet über den Anteil e seines gegebenen Einkommens y, den er nicht deklariert; das Finanzamt bestimmt die Höhe der Entdeckungswahrscheinlichkeit p. Der deklarierte Teil des Einkommens wird mit dem konstanten Grenzsteuersatz τ $(0 < \tau < 1)$ besteuert. Kommt Steuerhinterziehung durch eine staatliche Kontrolle ans Licht, so muß der Steuerpflichtige die hinterzogenen Steuern nachzahlen und zusätzlich eine Strafe entrichten, von der der Einfachheit halber unterstellt wird, daß sie mit π $(0 < \pi)$ proportional zu der hinterzogenen Steuer bemessen wird (ϕ^1). Wählt das Finanzamt eine Entdeckungswahrscheinlichkeit p, ist der Erwartungsnutzen $E[u(c)]$, wobei $c = (1-\tau)y + h\tau ye$ eine

[1] Vgl. u.a. Atkinson und Stiglitz (1980), S. 336 ff.

[2] Vgl. beispielsweise Brennan und Buchanan (1980).

[3] Auf die Bedeutung dieser Pflicht weisen Reinganum und Wilde (1986), S. 739 mit Nachdruck hin.

stochastische Variable ist, mit

$$h = \begin{cases} 1 & \text{mit der Wahrscheinlichkeit } 1-p, \\ -\pi & \text{mit der Wahrscheinlichkeit } p. \end{cases}$$

Die erwarteten staatlichen Überschüsse

$$E[T] = \tau y - [1 - p(1+\pi)]\tau ye - \psi(p)$$

entsprechen den "freiwilligen" Steuerzahlungen des Zensiten $\tau y(1-e)$ zuzüglich der erwarteten Steuernachzahlung $p\tau ye$ und der erwarteten Strafzahlung $p\pi\tau ye$ abzüglich der Kosten der Überwachung $\psi(p)$, die als Funktion der Entdeckungswahrscheinlichkeit mit positiven und steigenden Grenzkosten aufgefaßt werden. Die Kostenfunktion der Überwachung soll den folgenden Annahmen genügen, die eine sinnvolle theoretische Behandlung ermöglichen.

Annahme 4.1 *Die Kostenfunktion der Überwachung $\psi(p)$ erfüllt*

$$\psi(0) = 0, \quad \psi_p \geq 0, \quad \psi_p(0) = 0, \quad \lim_{p \to 1/(1+\pi)} \psi_p = \infty \quad \text{und} \quad \psi_{pp} > 0.$$

Unterstellt man zunächst, daß sowohl der Steuerpflichtige als auch die Finanzbehörde über alle relevanten Informationen verfügen, dann kann die Notwendigkeit staatlicher Überwachung nur aus der Tatsache herrühren, daß für Steuernachzahlung und Strafzahlung das reine Wissen des Finanzamtes nicht ausreicht; ein Nachweis, der entweder durch Erklärungen des Steuerpflichtigen oder durch Verifizierung des tatsächlichen Einkommens durch staatliche Prüfung erbracht werden kann, ist unabdingbar.

Die interdependente Wahl von Falschdeklaration und Kontrollwahrscheinlichkeit läßt sich als nicht-kooperatives Zwei-Personen-Spiel mit vollständiger Information auffassen.[4,5] Die beiden Spieler sind der Steuerpflichtige

---

[4] Die Beziehung zwischen Finanzamt und Steuerpflichtigem wurde erstmals von Schleicher (1971) als Null-Summen-Spiel mit diskreter Strategiemenge modelliert. Vgl. hierzu auch Höflich (1983), insbesondere S. 24 ff. Interpretierbare Ergebnisse erzielte erstmals Corchon (1984), der ein Zwei-Personen-Spiel in Normalform konstruiert, in dem jeder Spieler über zwei reine Strategien verfügt. Vgl. auch Cowell (1990a), S. 121 f.

[5] Zur spieltheoretischen Begrifflichkeit vgl. u.a. Friedman (1990), insbesondere S. 64 ff, Kreps (1990), Kapitel 11 und 12, Rasmusen (1989), Kapitel 1, 2 und 3, Holler und Illing (1991), Kapitel 1, 2 und 3.

und das Finanzamt. Jeder Spieler zieht einmal. Die Strategievariable des Steuerpflichtigen ist der Hinterziehungsanteil $e \in [0,1]$; die Strategievariable des Finanzamtes ist die Entdeckungswahrscheinlichkeit $p \in [0,1]$. Die Strategieräume sind stetig.[6] Die Auszahlung des Steuerpflichtigen, notiert in Nutzeneinheiten, ist der Erwartungsnutzen $E[u(c)]$; die Auszahlung des Finanzamtes wird durch die erwarteten staatlichen Überschüsse $E[T]$ angegeben. Für dieses Spiel existiert ein **Cournot-Nash-Gleichgewicht**[7], ein Gleichgewicht wechselseitig bester Antworten, wie das folgende Lemma zeigt.

Lemma 4.1 *Das Steuerpflichtiger-Finanzamt-Spiel hat mindestens ein Cournot-Nash-Gleichgewicht.*

Beweis. Der Strategieraum $[0,1]$ jedes Spielers ist kompakt und konvex. Die Auszahlungsfunktionen existieren, sind stetig und beschränkt. Die Auszahlungsfunktionen sind für eine gegebene Strategie des jeweils anderen Spielers strikt konkav:

$$E[u(c)]_{ee} = E[u_{cc}(c)h^2]\tau^2 y^2 < 0 \quad \text{und} \quad E[T]_{pp} = -\psi_{pp}(p) < 0.$$

Unter diesen Bedingungen hat das Spiel mindestens ein Gleichgewicht, wie aus dem Existenztheorem 3.1 von Friedman (1990), S. 72 folgt. Q.E.D.

Dem Cournot-Nash-Gleichgewichtskonzept liegt die Hypothese zugrunde, jeder Spieler nehme an, der andere Spieler reagiere auf eigene Verhaltensänderungen nicht. Diese Erwartungen werden als **Cournot conjectures** bezeichnet. Um die Eigenschaften eines solchen Gleichgewichtes ausloten zu können, werden die **Reaktionsfunktionen**, die Funktionen bester Antworten, betrachtet.

Die Reaktionsfunktion des Steuerpflichtigen definiert sich aus der Bedingung für maximalen Erwartungsnutzen. Maximal ist der Erwartungsnut-

---

[6] Reinganum und Wilde (1986), S. 742 fassen die Strategie des Finanzamtes, allerdings bei asymmetrischer Information, ebenfalls als Strategie im stetigen Strategieraum auf. Vgl. auch Jung (1991).

[7] In Anlehung an eine häufig getroffene Unterscheidung wird der Begriff Cournot-Nash-Gleichgewicht auf Spiele mit stetigen Strategieräumen beschränkt und ansonsten (auch als Oberbegriff) der Terminus Nash-Gleichgewicht verwendet.

zen, wenn gilt:[8]

$$(4.1) \qquad E[u_c(c)h]\tau y \begin{cases} \leq 0 & \text{und } e = 0; \\ = 0 & \text{und } 0 < e < 1; \\ \geq 0 & \text{und } e = 1. \end{cases}$$

Aus dieser Bedingung resultiert, daß die Reaktionsfunktion $e^*(p)$ definiert ist durch:

$$e^*(p) = \begin{cases} 1 & \text{für } p \leq \underline{p}; \\ e(p) \in [0,1] & \text{für } \underline{p} < p < \frac{1}{1+\pi}; \\ 0 & \text{für } p \geq \frac{1}{1+\pi}, \end{cases}$$

wobei für jede Wahrscheinlichkeit $p < \underline{p}$ für den erwartungsnutzenmaximalen Hinterziehungsanteil $e = 1$ der erwartete Grenznutzen $E[u_c(c)h]\tau y$ positiv ist. Im Intervall $(\underline{p}, 1/(1+\pi))$ weist die Reaktionsfunktion die negative Steigung

$$\frac{\partial e^*}{\partial p} = -\frac{E[u(c)]_{ep}}{E[u(c)]_{ee}} = \frac{u_c(c^1) + \pi u_c(c^2)}{E[u_{cc}(c)h^2]\tau y}$$

auf.

Abbildung 4.1: Reaktionsfunktionen und Gleichgewicht

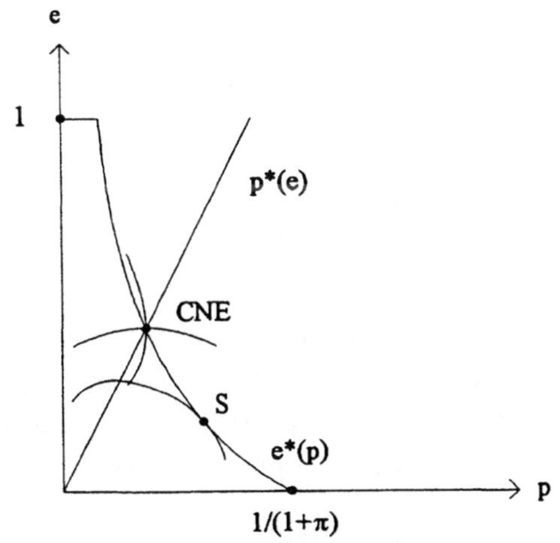

Die Reaktionsfunktion $p^*(e)$ des Finanzamtes ergibt sich aus der Bestim-

[8] Vgl. Lemma 3.3.

mungsgleichung für maximale erwartete Staatseinnahmen:

$$E[T]_p = (1+\pi)\tau y e - \psi_p(p) = 0. \tag{4.2}$$

Die Steigung der Reaktionsfunktion $p^*(e)$

$$\frac{\partial p^*}{\partial e} = -\frac{E[T]_{pe}}{E[T]_{pp}} = \frac{(1+\pi)\tau y}{\psi_{pp}(p)}$$

ist positiv.

In Abbildung 4.1 sind die Reaktionsfunktionen abgetragen. Der Schnittpunkt beider Reaktionsfunktionen stellt das Cournot-Nash-Gleichgewicht (CNE) dar. Die Existenz eines Gleichgewichtes läßt sich an diesem Diagramm nachvollziehen. Entweder liegt das Gleichgewicht des Spieles am Rand des Strategieraumes, wie in Abbildung 4.2 dargestellt ist. Dann ist das Gleichgewicht ein Punkt $(1, p^*(1))$ auf dem Randstück der Reaktionskurve $e^*(p)$. Ist das nicht der Fall, muß $p^*(1)$ größer als jeder inverse Reaktionskurvenwert $p(e^* = 1)$ sein. Da $p^*(0) = 0$ und $e^*(1/(1+\pi)) = 0$ gilt, muß es im Intervall $(0, 1/(1+\pi))$ aufgrund der Stetigkeit beider Reaktionskurven einen Schnittpunkt der Reaktionskurven geben. Das Gleichgewicht liegt im Inneren des Strategieraumes des Spieles.

Zusätzlich zu den Reaktionsfunktionen sind die Kurven konstanten Erwartungsnutzens und konstanter erwarteter Staatseinnahmen eingezeichnet. Die Kurve konstanten Erwartungsnutzens verläuft im Schnittpunkt mit der Reaktionsfunktion $e^*(p)$ vertikal, steigt unterhalb und fällt oberhalb, wie die Interpretation von

$$\frac{\partial p}{\partial e} = -\frac{E[u(c)]_e}{E[u(c)]_p} = \frac{E[u_c(c)h]\tau y}{u(c^1) - u(c^2)}$$

unter Beachtung der Optimalbedingung erster Ordnung des Steuerpflichtigen ergibt. Links der Indifferenzkurve ist der Erwartungsnutzen höher als rechts der Kurve. Die Kurve konstanter erwarteter Überschüsse $E[T]$ verläuft im Schnittpunkt mit der Reaktionsfunktion $p^*(e)$ horizontal, steigt links und fällt rechts vom Schnittpunkt, wie die Interpretation von

$$\frac{\partial e}{\partial p} = -\frac{E[T]_p}{E[T]_e} = \frac{(1+\pi)\tau y e - \psi_p(p)}{[1 - p(1+\pi)]\tau y}$$

unter Beachtung der Optimalbedingung erster Ordnung des Finanzamtes ergibt. Unterhalb der Iso-Staatseinnahmenüberschuß-Kurve sind die erwarteten staatlichen Überschüsse größer als oberhalb der Kurve.

Abbildung 4.2: Gleichgewicht am Rand des Strategieraumes

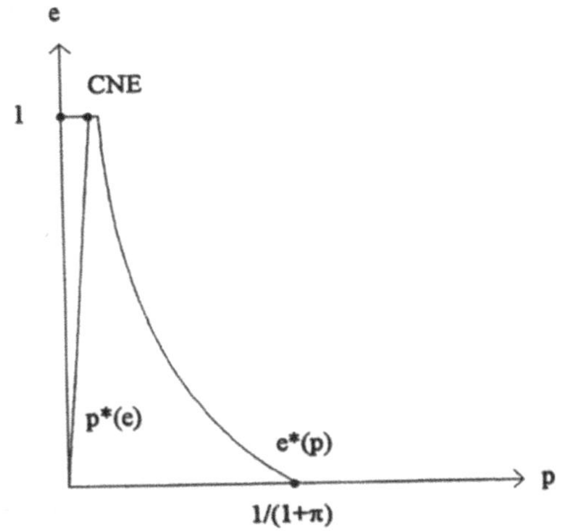

Die Darstellung der Reaktionsfunktionen wird im folgenden Lemma zum geometrischen Beweis der Eindeutigkeit des Cournot-Nash-Gleichgewichtes herangezogen.

Lemma 4.2 *Das Cournot-Nash-Gleichgewicht des Steuerpflichtiger-Finanzamt-Spieles ist eindeutig.*

Beweis. Die Reaktionsfunktion $p^*(e)$ hat eine positive Steigung, die Reaktionsfunktion $e^*(p)$ hat eine negative Steigung. Maximal ein Schnittpunkt ist möglich. Die getroffenen Annahmen sichern, daß auch am Rand des Strategieraumes keine Mehrdeutigkeit möglich ist. Q.E.D.

Liegt das Cournot-Nash-Gleichgewicht im Inneren des Strategieraumes des Spieles, lassen sich Auswirkungen von Parameteränderungen einfach beschreiben, wie im folgenden Satz gezeigt wird. Um eine Streckung der Kostenfunktion zu analysieren, wird der Kostenfunktion ein multiplikativer Faktor ϵ $(0 < \epsilon)$ vorangestellt: $\epsilon\psi(p)$.

Satz 4.1 *Liegt das Cournot-Nash-Gleichgewicht des Steuerpflichtiger-Finanzamt-Spieles im Inneren des Strategieraumes* $((e^*, p^*) \in (0,1) \times (0,1))$, *so wirken sich Erhöhungen der Strafsteuer* π, *des Steuersatzes* τ *und eine*

Streckung der Kostenfunktion staatlicher Kontrolle bei abnehmender absoluter Risikoaversion des Steuerpflichtigen gemäß folgender Tabelle auf die gleichgewichtigen Entscheidungsvariablen Hinterziehungsanteil e^* und Entdeckungswahrscheinlichkeit p^* aus:

	$\pi\uparrow$	$\tau\uparrow$	$\epsilon\uparrow$
e^*	$-$	$-$	$+$
p^*	$-$	$-$	$-$

Beweis. Das System der Optimalbedingungen erster Ordnung $E[u(c)]_e = 0$ und $E[T]_p = 0$ definiert für die (erweiterte) Kostenfunktion $\epsilon\psi(p)$ implizit die Funktionen $e^*(\pi, \tau, \epsilon)$ und $p^*(\pi, \tau, \epsilon)$. Die Anwendung des Satzes über implizite Funktionen erlaubt die Ableitung der komparativ-statischen Effekte. Da gilt

$$\Delta^2 \stackrel{\text{def}}{=} \begin{vmatrix} E[u(c)]_{ee} & E[u(c)]_{ep} \\ E[T]_{pe} & E[T]_{pp} \end{vmatrix}$$
$$= \left[(1+\pi)[u_c(c^1) + \pi u_c(c^2)] - \epsilon\psi_{pp}(p)E[u_{cc}(c)h^2]\right] \tau^2 y^2 > 0,$$

ist für $\eta \in \{\pi, \tau, \epsilon\}$

$$\frac{\partial e^*}{\partial \eta} = -\frac{1}{\Delta^2} \begin{vmatrix} E[u(c)]_{e\eta} & E[u(c)]_{ep} \\ E[T]_{p\eta} & E[T]_{pp} \end{vmatrix} \quad \text{und}$$
$$\frac{\partial p^*}{\partial \eta} = -\frac{1}{\Delta^2} \begin{vmatrix} E[u(c)]_{ee} & E[u(c)]_{e\eta} \\ E[T]_{pe} & E[T]_{p\eta} \end{vmatrix}.$$

Da

$$E[u(c)]_{e\pi} = p\tau y[\pi\tau y e u_{cc}(c^2) - u_c(c^2)] < 0, \quad E[T]_{p\pi} = \tau y e > 0,$$
$$E[u(c)]_{e\tau} = -E[u_{cc}(c)h]y^2\tau + E[u_{cc}(c)h^2]y^2\tau e < 0,$$
$$E[T]_{p\tau} = (1+\pi)ye > 0, \quad E[u(c)]_{e\epsilon} = 0, \quad E[T]_{p\epsilon} = -\psi_p(p) < 0$$

gilt, können die behaupteten Effekte abgeleitet werden. Q.E.D.

Der Steuerpflichtige reagiert auf Anhebungen des regulären Steuersatzes und des Strafsteuersatzes auch im Cournot-Nash-Gleichgewicht durch Reduktion des Hinterziehungsanteiles. Auffälliger ist schon die Reaktion des gleichgewichtigen Anteiles auf eine Änderung der Kosten der Überwachung. Eine isolierte Betrachtung des Steuerpflichtigen würde keinerlei Auswirkung veränderter Kosten im Bereich des Finanzamtes auf das Verhalten des Hinterziehers ergeben. Unmittelbar einleuchtend ist der inverse Zusammenhang zwischen einer Streckung der Kostenfunktion und der Höhe der Entdeckungswahrscheinlichkeit. Steigt der Straf- oder der reguläre Steuersatz, reduziert das Finanzamt die Wahrscheinlichkeit der Überwachung.[9]

Einige dieser Ergebnisse erfordern eine genauere Erklärung. Zu diesem Zweck ist die Argumentation anhand der Grafik der Reaktionsfunktionen geeignet. Um das Gleichgewicht läßt sich eine Anhebung des Strafsteuersatzes als Verschiebung der Reaktionskurve des Steuerpflichtigen $e^*(p)$ nach unten und als Verschiebung der (inversen) Reaktionskurve des Finanzamtes $e(p^*)$ ebenfalls nach unten darstellen. Würde sich das Verhalten des Steuerpflichtigen nicht ändern, würde das Finanzamt bei höherer Strafe intensiver kontrollieren, da der Grenzertrag der Kontrolle steigt. Dieser direkte Effekt einer Erhöhung des Strafsteuersatzes wird aber durch den indirekten Effekt aufgrund der verringerten Hinterziehung des Steuerpflichtigen überkompensiert. Bei einer Änderung des regulären Steuersatzes ergibt sich ein ähnliches Bild. Eine Anhebung des regulären Steuersatzes verschiebt um das Gleichgewicht die Reaktionskurve des Steuerpflichtigen und die inverse Reaktionskurve des Finanzamtes ebenfalls nach unten. Wird die Kostenfunktion gestreckt (ϵ erhöht), verändert sich die Reaktionskurve des Steuerpflichtigen nicht. Die inverse Reaktionskurve des Finanzamtes verschiebt sich hingegen nach oben. Die Entdeckungswahrscheinlichkeit sinkt, und dies bewegt den Steuerpflichtigen, im neuen Gleichgewicht wechselseitig bester Antworten mehr zu hinterziehen.

Die Cournot-Nash-Hypothese über die Erwartungsbildung ist nur eine unter mehreren möglichen Unterstellungen. Im Gegenüber von staatlichen Institutionen und Privaten wird häufig auch angenommen, daß sich der Staat gegenüber dem Privaten als Stackelberg-Leader und der Steuerpflichtige sich als Stackelberg-Follower verhält. Bezogen auf das Zusammenspiel von Finanzamt und Steuerpflichtigem würde das bedeuten, daß der Steuerpflich-

[9] Die komparativ-statischen Effekte weisen mit den im Modell von Corchon (1984) ableitbaren Auswirkungen von Parameteränderungen Übereinstimmungen auf. Vgl. auch Cowell (1990a), S. 122.

tige weiterhin annimmt, sein eigenes Verhalten motiviere das Finanzamt nicht zu einer Verhaltensänderung. Die Finanzbehörde aber berücksichtigt das Kalkül des Steuerpflichtigen und geht davon aus, daß der Steuerpflichtige sich optimal an die vom Finanzamt gewählte Entdeckungswahrscheinlichkeit anpaßt.[10] Die Stackelberg-Hypothese setzt voraus, daß die Finanzbehörde sich selbst an die als optimal erkannte Politik binden kann, denn die Handlung eines Stackelberg-Leaders ist ex post nicht die optimale Reaktion auf das Verhalten eines Stackelberg-Followers, wie auch die folgende kurze Analyse zeigen wird.

Der Steuerpflichtige maximiert den Erwartungsnutzen $E[u(c)]$; er paßt sich optimal an die Vorgaben des Finanzamtes an. Die Finanzbehörde maximiert nun aber die erwarteten staatlichen Überschüsse unter Berücksichtigung optimaler Anpassung des Steuerpflichtigen. Optimal aber paßt sich der Steuerpflichtige entlang der Reaktionskurve $e^*(p)$ an. Die Finanzbehörde maximiert daher:

$$\max_p \quad E[T] = \tau y - [1 - p(1+\pi)]\tau y e - \psi(p)$$

$$\text{s.t.} \quad e = e^*(p).$$

Kann sich die Finanzbehörde selbst binden, wird weniger hinterzogen und öfter kontrolliert, wie der folgende Satz zeigt.

Satz 4.2 *Wählt das Finanzamt als Stackelberg-Leader die überschußmaximierende Kontrollwahrscheinlichkeit p und der Steuerpflichtige als Stackelberg-Follower den erwartungsnutzenmaximierenden Hinterziehungsanteil e, so wird im Gleichgewicht weniger hinterzogen und mit größerer Wahrscheinlichkeit kontrolliert als im Cournot-Nash-Gleichgewicht.*

Beweis. Eine Wahrscheinlichkeit, die so hoch ist, daß sie Hinterziehung ausschließt, kann wegen Annahme 4.1 nicht optimal sein. Die Optimalbedingung des überschußmaximierenden Finanzamtes ist

$$(1+\pi)\tau y e^*(p) - \psi_p(p) - [1 - p(1+\pi)]\tau y \frac{\partial e^*}{\partial p} = 0 \tag{4.3}$$

Da die Steigung der Reaktionskurve negativ ist, ist $(1+\pi)\tau y e - \psi_p(p)$ kleiner als null und damit kleiner als der entsprechende Term unter der Cournot-Nash-Verhaltenshypothese. Dies ist nur für ein größeres p möglich, da $e^*(p)$

[10] Die Stackelberg-Hypothese wurde bereits von Kolm (1973) auf das Zusammenspiel von Hinterzieher und wohlfahrtsmaximierendem Staat angewandt.

mit der Wahrscheinlichkeit sinkt. Bei kleinerem p wäre sowohl $(1+\pi)\tau ye$ größer als auch $\psi_p(p)$ kleiner. Q.E.D.

Das **Stackelberg-Gleichgewicht** (S) ist in der Abbildung 4.1 leicht zu identifizieren. Es wird als Tangentialpunkt der Reaktionskurve des Steuerpflichtigen $e^*(p)$ und einer Kurve gleicher erwarteter staatlicher Überschüsse dargestellt. Die Reaktionskurve fungiert als Budgetbeschränkung des Finanzamtes. Die Kurve gleicher erwarteter staatlicher Überschüsse ist eine Niveaulinie der Zielfunktion. Das Stackelberg-Gleichgewicht ist im Vergleich zum Cournot-Nash-Gleichgewicht durch geringeren Erwartungsnutzen im privaten Gut und höhere erwartete staatliche Einnahmenüberschüsse charakterisiert. Offensichtlich liegt das Stackelberg-Gleichgewicht nicht auf der Reaktionskurve des Finanzamtes; die zugehörige Wahrscheinlichkeit stellt also nicht die optimale Antwort auf die zum Stackelberg-Gleichgewicht gehörige Hinterziehungsquote dar. Das Stackelberg-Gleichgewicht ist also nur eine plausible Lösung des interdependenten Steuerpflichtiger-Finanzamt-Spieles, wenn die Selbstbindung des Finanzamtes an die Stackelberg-Strategie wirksam ist.

Obwohl im Brennpunkt dieser Arbeit die Wirkungen und nicht normative Schlußfolgerungen stehen, sollte ein offensichtliches Resultat nicht unterschlagen werden. Im folgenden Korollar wird die Paretooptimalität der gleichgewichtigen Lösungen untersucht.

Korollar 4.1 *Weder das Cournot-Nash-Gleichgewicht noch das Stackelberg-Gleichgewicht des Steuerpflichtiger-Finanzamt-Spieles sind paretooptimal.*

Beweis. Im Cournot-Nash-Gleichgewicht verläuft die Indifferenzkurve vertikal, die Kurve gleicher erwarteter Staatseinnahmen horizontal; linksunterhalb erreichen beide Zielfunktionen höhere Werte. Im Stackelberg-Gleichgewicht ist die Kurve gleicher erwarteter staatlicher Überschüsse abwärts geneigt, daher liegen auch hier links(-unterhalb) paretosuperiore Punkte. Q.E.D.

Das Korollar zeigt auf, daß weder Cournot-Nash-Hypothese noch Stackelberg-Hypothese geeignet sind, zwischen den Beteiligten eine paretooptimale Allokation herbeizuführen.[11] Würde das Finanzamt mit geringerer Wahrscheinlichkeit die Deklaration überprüfen und der Steuerpflichtige weniger hinterziehen als im Cournot-Nash-Gleichgewicht, so stiegen sowohl die erwarteten staatlichen Überschüsse als auch der Erwartungsnutzen des Steuerpflichtigen, der die staatlichen Einnahmen nicht einkalkuliert. Im Vergleich zum Stackelberg-Gleichgewicht würde eine Reduktion der Entdeckungswahrscheinlichkeit reichen, um Staatsüberschüsse und privaten Erwartungsnutzen zu steigern.

4.1.2 Steuereintreibung unter Berücksichtigung des Informationsflusses

Die Beschreibung wechselseitig abhängiger Verhaltensweisen von Steuerpflichtigem und Finanzamt durch ein Spiel bei symmetrischer Information, in dem angenommen wird, die Finanzbehörde setze einen Zufallsprozeß in Gang, um eine Entscheidung über eine Überprüfung der Umstände des Steuerpflichtigen zu treffen, wird den realen Gegebenheiten nur in erster Näherung gerecht. Ein wichtiges Kennzeichen der Problematik der Steuerhinterziehung, das bisher unberücksichtigt blieb, ist die Asymmetrie in der Information über die tatsächliche Höhe der Steuerbemessungsgrundlage. Bei der Abgabe der Steuererklärung kennt der Steuerpflichtige die Höhe seiner Einkünfte; der die Erklärung bearbeitende Finanzbeamte weiß allenfalls um die Einkommensverteilung, kennt aber die Realisation des Einkommens nicht. Steuererklärung und Überprüfung dienen nicht nur, wie bisher unterstellt, der Verifizierung bereits bekannter Tatsachen, sondern auch der Aufdeckung den Finanzbehörden bisher nicht zur Kenntnis gelangter Vorgänge. Die Steuererklärung ist nichts anderes als ein gesetzlich vorgeschriebenes Signal des Steuerpflichtigen über die Höhe seiner Einkünfte, welches das Finanzamt zum Abbau des Informationsdefizits heranziehen kann.

Probleme asymmetrischer Informationen können spieltheoretisch auf zweierlei Weise behandelt werden. Entweder agieren alle Spieler, ohne sich vor Spielbeginn an eine Strategie binden zu können, oder ein Spieler ist in der Lage, sein eigenes Verhalten glaubwürdig auf eine angekündigte Strategie festzulegen. Besteht die Fähigkeit zur Selbstbindung nicht, sind das Nash-Gleichgewicht und die aufgrund der häufig unvermeidbaren Mehrdeutigkeit entwickelten "Refinements" geeignete spieltheoretische Lösungskonzepte.[12]

---

[11] Dieses Resultat korrespondiert mit den allgemein bekannten Ergebnissen der klassischen Duopoltheorie. Vgl. z.B. Holler und Illing (1991), S. 78 ff.

[12] Durch Hinzufügung weiterer Kriterien (Teilspielperfektheit, "Trembling hand perfect-

Kann sich ein weniger gut informierter Spieler zu einer Strategie selbst verpflichten, die anderen, besser informierten Spieler hingegen nicht, entsteht ein um das Informationsproblem erweitertes Stackelberg-Problem, das unter der Bezeichnung "Principal-agent problem" firmiert. Die Vielzahl der Lösungskonzepte für das Problem des über wichtige Umstände nicht informierten Prinzipals, den besser informierten Agenten in seinem Interesse einzusetzen, münden schließlich im "Revelation principle", das besagt, daß alle möglichen Ergebnisse auch durch einen für den Agenten anreiz-kompatiblen Mechanismus erreicht werden können, der diesen zur Offenbarung seiner Informationen bringt. Die Gestaltung solcher Mechanismen wird in der Theorie des "Mechanism design" behandelt.[13] In die Finanzwissenschaft hat die Theorie des Mechanismusdesigns vor allem über die Mechanismen Eingang gefunden, die gewährleisten, daß wahrheitsgemäße Präferenzoffenbarung für öffentliche Güter zur dominanten Strategie wird.[14]

Bezogen auf das Problem der Steuerhinterziehung sind entweder Finanzamt und Steuerpflichtiger gleichermaßen nicht bzw. nur beschränkt zur Selbstbindung in der Lage, oder das Finanzamt bzw. der Staat agiert als Prinzipal und die Steuerpflichtigen als Agenten. Das Erkenntnisinteresse der Anwendung der "Refinements" des Nash-Gleichgewichtes auf das Problem der Steuerhinterziehung ist eher die Beschreibung tatsächlicher Vorgänge; die Anwendung des Offenbarungsprinzips ist der normativen Theorie zuzuordnen.[15]

Der Prinzipal-Agent-Ansatz kann allerdings nur benutzt werden, wenn das Problem der "Time consistency" gelöst ist, d.h., wenn sichergestellt ist, daß der Staat sich nachher auch tatsächlich an die angekündigte Politik hält. Da Steuern einer gesetzlichen Grundlage bedürfen, besteht an der Bindungskraft hinsichtlich der Steuererhebung kein Zweifel. Die Politik staatlicher Überwachung kann nicht derart genau vorgeschrieben werden, eine Selbstbindungsmöglichkeit erscheint in Anbetracht der zeitlichen Struktur von

ness", Sequentielle Rationalität etc.) werden unplausible Nash-Gleichgewichte ausgesondert. Siehe für einen Überblick Damme (1987), Friedman (1990), S. 43 ff und einführend Kreps (1990), S. 417 ff, Holler und Illing (1991), S. 102 ff.

[13] Siehe zur Einführung Kreps (1990), Kapitel 18 und Holler und Illing (1991), Kapitel 7.

[14] Vgl. u.a. Atkinson und Stiglitz (1980), S. 513 ff.

[15] Das Lösungskonzept (Bayes-)Nash-Gleichgewicht nach Elimination schwach dominierter Strategien wenden Graetz, Reinganum und Wilde (1986) an. Reinganum und Wilde (1986) bestimmen das "Sequentielle Gleichgewicht". Im Prinzipal-Agent-Rahmen argumentieren Reinganum und Wilde (1985) und Cremer, Marchand und Pestieau (1990). Das Revelation principle kommt bei Border und Sobel (1987) und Mookherjee und P'ng (1989) zur Anwendung.

Deklaration und Kontrolle unwahrscheinlich. Insbesondere bestehen Zweifel an der staatlichen Überprüfung von Steuererklärungen, wenn durch geeignete Mechanismen, die aber sehr wohl Kontrollen verlangen, Wahrhaftigkeit der Steuererklärung gesichert wird.[16]

Zwei weitere Eigenschaften solcher optimaler Kontrakte zwischen Staat und Steuerpflichtigem stehen darüber hinaus einer Realisierung und politischen Durchsetzbarkeit im Wege. Zum einen ist als Anreiz zu (mehr) Steuerehrlichkeit eine Belohnung ehrlicher Steuerzahlung nach staatlicher Kontrolle Bestandteil eines optimalen Mechanismus,[17] zum anderen wird mindestens tendenziell eine mit der Höhe der erklärten Einkünfte sinkende Überwachungsintensität abgeleitet, was zur Deklaration größerer Einkommen verleitet.[18] Explizite Belohnung für Erfüllung der Gesetze und geringere Überwachung höherer Einkünfte (was bei wahrheitsgemäßer Deklaration aus dem Gesagten folgt) scheinen nicht in die heutige Gesetzeslandschaft zu passen.

4.1.2.1 Arbeitsangebot und Steuerhinterziehung

Hält man es für unmöglich, die Überprüfungsstrategie des Finanzamtes im voraus bindend festzulegen, d.h., wird unterstellt, daß die Finanzbehörde die im Sinne der ihr vorgegebenen Zielfunktion ex post rationale Strategie wählt, was angesichts der zeitlichen Abfolge von Steuererklärung und nachfolgender potentieller Überwachung naheliegt, dann ist der Prinzipal-Agent-Ansatz nicht das geeignete Instrumentarium zur theoretischen Analyse. Im folgenden wird anhand eines einfachen extensiven Spieles die zeitliche Struktur adäquat berücksichtigt. Beim Finanzamt kann nur dann Unsicherheit über die Höhe des Einkommens bestehen, wenn sich das Einkommen endogen bestimmt. Im Gegensatz zu den meisten Modellen wird die Höhe

[16] Melumad und Mookherjee (1989) erweitern den Prinzipal-Agent-Ansatz durch die Untersuchung der Delegation der Kontrolle auf eine dritte Instanz und verbinden auf diese Weise beide Richtungen der spieltheoretischen Analyse.

[17] Vgl. Mookherjee und P'ng (1989), S. 406. Dies ist im Prinzip auch das Resultat von Border und Sobel (1987), S. 530 f. Zu einem ähnlichen Ergebnis gelangen im nicht spieltheoretischen Kontext Falkinger und Walther (1991a). Interessant ist in diesem Zusammenhang auch die Idee von Falkinger und Walther (1991b), Steuerpflichtige zwischen zwei Regimen, "Steuerreduktion (Bonus) und hohe Strafe" einerseits und "niedrige Strafe" andererseits, wählen zu lassen.

[18] Vgl. Mookherjee und P'ng (1989), S. 409 ff und Border und Sobel (1987), S. 530 f. Reinganum und Wilde (1985), S. 9 ff und Cremer, Marchand und Pestieau (1990), S. 72 f und S. 88 ff gelangen zu einer, einer gleichmäßigen, zufälligen Kontrolle überlegenen "Cutoff-Kontrolle", die Überwachung nur unterhalb eines bestimmten deklarierten Einkommens vorsieht.

des Einkommens zunächst nicht durch einen Zufallsprozeß festgelegt,[19] sondern ergibt sich aus der Höhe des Arbeitsangebotes.[20] Da also (zunächst) kein Spielzug der Natur dem Spiel von Steuerpflichtigem und Finanzamt vorangestellt wird, handelt es sich weiterhin um ein Spiel mit vollständiger Information.[21]

Die Modellstruktur wird denkbar einfach gewählt. Es wird unterstellt, daß der Steuerpflichtige bei der Wahl des Arbeitseinsatzes nur zwischen zwei Alternativen wählen kann: Geringer bzw. hoher Einsatz (l_L bzw. l_H). Ist der Arbeitseinsatz gering, erzielt er ein niedriges Einkommen y_L, andernfalls ein hohes Einkommen y_H, mit $y_H > y_L$. Der Steuerpflichtige stellt die Höhe des Einkommens fest und entscheidet im Anschluß, in welcher Höhe er Einkommen gegenüber den Finanzbehörden deklariert. Der Steuertarif sieht Steuerzahlungen $T_L(y_L)$ bzw. $T_H(y_H)$ vor, mit $T_H > T_L$. Die Finanzbehörde erhält die Steuererklärung und kann in Kenntnis der gemachten Angaben, aber in Unkenntnis der tatsächlichen Einkommensrealisationen entscheiden, ob sie eine Kontrolle durchführt oder nicht. Eine staatliche Kontrolle ist mit Kosten ψ verbunden. Solange keine Kontrolle durchgeführt wird, bemißt sich die Steuerzahlung nach dem deklarierten Einkommen. Wird der Steuerpflichtige einer zu geringen Deklaration überführt, muß er Steuern nach Steuertarif bezahlen und wird zusätzlich mit einer Geldstrafe ϕ belegt. Zur weiteren Vereinfachung wird angenommen, daß das Finanzamt die beiden *möglichen* Werte der Einkommenshöhe kennt. Der Steuerpflichtige wird daher nur entweder y_L oder y_H gegenüber dem Finanzamt deklarieren. Abweichende Werte würden entweder aufgrund sicherer Steuerhinterziehung eine Kontrolle nach sich ziehen oder würden den Steuerpflichtigen benachteiligen. Dem Steuerpflichtigen stehen also vier Strategien zur Wahl: "Geringe Arbeitsleistung und niedrige Deklaration" ($l_L y_L$), "Geringe Arbeitsleistung und hohe Deklaration" ($l_L y_H$), "Hohe Arbeitsleistung und niedrige Deklaration" ($l_H y_L$) bzw. "Hohe Arbeitsleistung und hohe Deklaration" ($l_H y_H$). Das Finanzamt hat zwei Handlungsmöglichkeiten: kontrollieren ($\mathcal{K}$) oder nicht kontrollieren ($\mathcal{N}$).

In Abbildung 4.3 ist das resultierende Spiel in extensiver Form abgetragen. Da das Finanzamt das tatsächliche Einkommen nicht kennt, umfassen die

---

[19] Zufallsprozesse legen Reinganum und Wilde (1985), Graetz, Reinganum und Wilde (1986), Reinganum und Wilde (1986), Border und Sobel (1987) und Melumad und Mookherjee (1989) zugrunde.

[20] Den Einsatz zur Einkommenserzielung berücksichtigen ebenfalls Mookherjee und P'ng (1989).

[21] Zum Begriff der Vollständigkeit der Information siehe u.a. Friedman (1990), S. 28, S. 67 und S. 88 ff und Rasmusen (1989), S. 51 ff.

durch gestrichelte Verbindungslinien gekennzeichneten Informationsmengen beim Zug des Finanzamtes jeweils zwei Knoten; gleich ist jeweils die Höhe des deklarierten Einkommens, unterschiedlich aber der tatsächliche Arbeitseinsatz resp. das tatsächliche Einkommen.

Abbildung 4.3: Arbeitsangebot-Hinterziehung-Spiel: Extensive Form

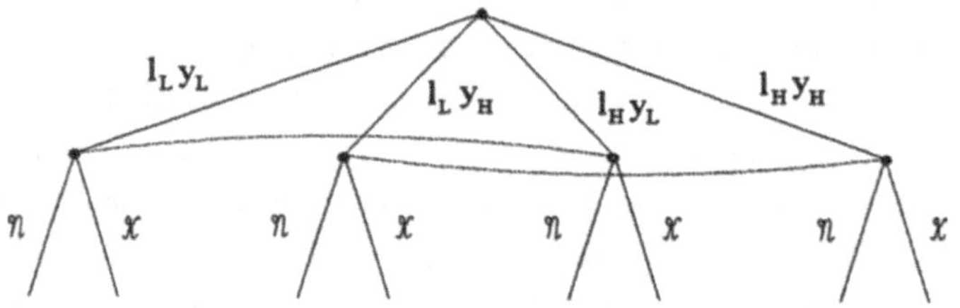

Die Auszahlungen des Spieles sind für das Finanzamt die Summe aus Steuerzahlung und Strafzahlung abzüglich der Kosten einer Überprüfung sowie für den Steuerpflichtigen der Nutzen $u(c, l)$, der vom für den Konsum c zur Verfügung stehenden Bruttoeinkommen abzüglich der Zahlungen an den Staat und vom Arbeitsleid l bestimmt wird.[22] Die Wahl der Auszahlungen steht in Verbindung mit der Maximierung erwarteter staatlicher Einnahmenüberschüsse durch die Finanzbehörde und der Erwartungsnutzenmaximierung durch den Steuerpflichtigen.

Staatliche Kontrolle kann nur dann die staatlichen Nettoeinnahmen positiv beeinflussen, wenn die staatlichen Überschüsse nach einer erfolgreichen Kontrolle $T_H - \psi + \phi$ größer als die Steuerschuld eines gering verdienenden Steuerpflichtigen T_L sind. Deshalb wird im folgenden unterstellt, daß die Kosten der Überwachung ψ kleiner als die Summe aus Steuernachzahlung $T_H - T_L$ und Strafzahlung ϕ sind.

Betrachtet man den Spielbaum unter Berücksichtigung der resultierenden Auszahlungen, fällt die Widersinnigkeit einzelner Strategien ins Auge. Erklärt der Steuerpflichtige gegenüber dem Finanzamt ein hohes Einkommen, kann die Finanzbehörde durch Überprüfung dieser Angaben keine zusätzlichen Einnahmen erzielen, vielmehr durch entstehende Kosten nur verlieren. Ebensowenig ist es aus der Sicht des Steuerzahlers sinnvoll, we-

[22] Positiver Grenznutzen des Konsums, negativer Grenznutzen des Arbeitseinsatzes und strikte Konkavität werden wie bisher unterstellt.

nig zu arbeiten und folglich ein geringes Einkommen zu erzielen, aber ein hohes Einkommen zu deklarieren. Bestenfalls wird durch eine staatliche Überwachung und anschließende korrekte Steuerbemessung der Fehler wiedergutgemacht; andernfalls zahlt der Steuerpflichtige zu viel Steuern.

Werden die offensichtlich unsinnigen Strategien aus dem Spielbaum entfernt und dieser in die strategische Form überführt, ergibt sich das in Tabelle 4.1 dargestellte Bild. Die Strategien in der Normalform explizieren Verhalten für jede mögliche Informationsmenge, daher sind die resultierenden Strategien der Finanzbehörde Verhaltensweisen für jede mögliche Deklaration des Steuerpflichtigen. Schließt man Kontrolle nach Angabe hohen Einkommens – wie erwähnt – aus, verbleiben dem Finanzamt die (reinen) Strategien "Unter keinen Umständen Kontrolle" ($\mathcal{N}_{y_L}\mathcal{N}_{y_H}$) und "Keine Kontrolle bei Erklärung hohen Einkommens und Kontrolle bei niedrig deklariertem Einkommen" ($\mathcal{K}_{y_L}\mathcal{N}_{y_H}$). Die Wahl der Strategie des Finanzamtes kann also auf die Bestimmung der Wahrscheinlichkeit p reduziert werden, mit der nach Angabe eines niedrigen Einkommens durch den Steuerpflichtigen eine Kontrolle durchgeführt wird. Da aus der Sicht des Steuerpflichtigen nur die Strategie "Geringe Arbeitsleistung und hohe Deklaration" ($l_L y_H$) ausscheidet, ist das Strategiewahlproblem durch die Bestimmung der Wahrscheinlichkeiten q_1, q_2 und q_3, mit $q_3 = 1 - q_1 - q_2$, für die verbliebenen drei Strategien gekennzeichnet.

Tabelle 4.1: Arbeitsangebot-Hinterziehung-Spiel: Reduzierte Normalform

		Finanzamt: $\mathcal{N}_{y_L}\mathcal{N}_{y_H}$	Finanzamt: $\mathcal{K}_{y_L}\mathcal{N}_{y_H}$	
Steuer-	$l_L y_L$	$u(y_L - T_L, l_L), T_L$	$u(y_L - T_L, l_L), T_L - \psi$	q_1
pflich-	$l_H y_L$	$u(y_H - T_L, l_H), T_L$	$u(y_H - T_H - \phi, l_H), T_H - \psi + \phi$	q_2
tiger	$l_H y_H$	$u(y_H - T_H, l_H), T_H$	$u(y_H - T_H, l_H), T_H$	q_3
		$1 - p$	p	

Die Beschränkung der Strategiemenge für die Wahl einer geeigneten Lösung läßt sich auch anhand der Normalform des Spieles beschreiben. Die Übertragung des Spielbaumes der extensiven Form in die strategische Form ohne Elimination einzelner Strategien hätte für jeden Spieler vier Strategien impliziert. Werden dann die (unabhängig von der Gewichtung des Arbeitsleides) *schwach dominierten* Strategien entfernt, ergibt sich die in

Tabelle 4.1 skizzierte Auszahlungsmatrix, da "Keine Kontrolle bei niedriger Deklaration und Kontrolle bei hoher Deklaration" ($\mathcal{N}_{y_L}\mathcal{K}_{y_H}$) von "Unter keinen Umständen Kontrolle" ($\mathcal{N}_{y_L}\mathcal{N}_{y_H}$), "Unter allen Umständen Kontrolle" ($\mathcal{K}_{y_L}\mathcal{K}_{y_H}$) von "Kontrolle bei niedriger Deklaration und keine Kontrolle bei hoher Deklaration" ($\mathcal{K}_{y_L}\mathcal{N}_{y_H}$) und "Geringe Arbeitsleistung und hohe Deklaration" ($l_L y_H$) von "Geringe Arbeitsleistung und niedrige Deklaration" ($l_L y_L$) schwach dominiert wird.[23] Die Reihenfolge der Elimination der schwach dominierten Strategien ist (in diesem Fall) unerheblich.

Die Entfernung schwach dominierter Strategien kann durch ihre Unverträglichkeit mit dem von Selten (1975) entwickelten Konzept des "**Trembling-hand-perfekten Gleichgewichtes**" in einem Zwei-Personen-Spiel motiviert werden. Die Strategien eines Trembling-hand-perfekten Gleichgewichtes sind auch beste Antworten bei einer möglichen geringfügigen Abweichung durch andere Spieler.[24] Ein Trembling-hand-perfektes Gleichgewicht ist mithin fehlertolerant. Schwach dominierte Strategien können nicht Bestandteil eines Trembling-hand-perfekten Gleichgewichtes sein, da sie gegen Abweichungen beste Antworten darstellen müßten, die das Spielen *aller* anderen Strategien der anderen Spieler mit (wenn auch geringster) positiver Wahrscheinlichkeit beinhalten. Bessere Antworten gegen Abweichungen wären aber auf jeden Fall die (schwach) dominanten Strategien. Für Zwei-Personen-Spiele in Normalform gilt sogar nicht nur, daß ein trembling-hand-perfektes Gleichgewicht keine weich dominierte Strategie enthält, sondern darüber hinaus, daß jedes Nash-Gleichgewicht, das keinerlei weich dominierte Strategie enthält, trembling-hand-perfekt ist.[25]

Unter bestimmten Umständen sind nicht nur die bereits eliminierten Strategien des Steuerpflichtigen (schwach) dominiert. Die Bewertung der verschiedenen Konstellationen durch den Steuerpflichtigen wird wesentlich von der Einstellung gegenüber dem Arbeitsleid beeinflußt. Wegen der

---

[23] Eine Strategie eines Spielers wird schwach dominiert, wenn es eine andere Strategie des Spielers gibt, die nie zu einer niedrigeren Auszahlung führt, mindestens für eine Strategiekombination der anderen Spieler aber eine höhere Auszahlung bewirkt. Eine Strategie eines Spielers wird strikt dominiert, wenn es eine andere Strategie des Spielers gibt, die unabhängig vom Verhalten der anderen Spieler eine höhere Auszahlung verspricht. Siehe zur (sukzessiven) weichen Dominanz Kreps (1990), S. 393 ff und S. 418 ff, Friedman (1990), S. 39 f.

[24] Etwas genauer: Ein Trembling-hand-perfektes Gleichgewicht liegt vor, wenn es für jeden Spieler eine Folge *strikt* gemischter Strategien gibt, so daß der Grenzwert der Folge die Gleichgewichtsstrategie ist und die gleichgewichtige Strategie für jeden Spieler gegen die Abweichungsstrategien der anderen eine beste Antwort darstellt. Für eine formale Darstellung siehe Selten (1975), S. 37 ff und S. 46 ff, Damme (1987), S. 25 ff und S. 48 ff, Kreps (1990), S. 438, Friedman (1990), S. 49 ff.

[25] Siehe Theorem 3.2.2 von Damme (1987), S. 48 f.

Berücksichtigung des Arbeitsleides ist nicht für alle Konstellationen unabhängig von der Spezifikation der Nutzenfunktion eine ordinale Reihung anzugeben. Für die Nutzenfunktion gilt

$$u(y_H - T_L, l_H) > u(y_H - T_H, l_H) > u(y_H - T_H - \phi, l_H)$$

zwar allgemein, da bei gleichem Arbeitseinsatz die Zustände anhand der Menge des privaten Gutes eindeutig geordnet sind. Die relative Bewertung des Zustandes $(y_L - T_L, l_L)$, der sich bei geringer Arbeitsleistung ergibt, ist jedoch von der jeweiligen Ausprägung der Nutzenfunktion abhängig.

Im folgenden Lemma werden die Nash-Gleichgewichte nach Elimination schwach dominierter Strategien angegeben. Aufgrund der Bedeutung des Arbeitsleides ist es erforderlich, Fallunterscheidungen zu treffen. Es sollte dabei betont werden, daß Voraussetzung für die gewählte Normalform und die im folgenden dargestellten Gleichgewichtskonstellationen weiterhin u.a. die Kenntnis des Finanzamtes über die Nutzenfunktion des Steuerpflichtigen ist.

Lemma 4.3 *Das Arbeitsangebot-Hinterziehung-Spiel in der reduzierten Normalform hat in Abhängigkeit von der relativen Ordnung von $u(y_L - T_L, l_L)$ folgende(s) Nash-Gleichgewicht(e) nach Elimination schwach dominierter Strategien:*

(a) Wenn $u(y_L - T_L, l_L) \geq u(y_H - T_L, l_H)$ gilt, dann ist $l_L y_L \mathcal{N}_{y_L} \mathcal{N}_{y_H}$ ein eindeutiges Nash-Gleichgewicht in reinen Strategien nach Elimination schwach dominierter Strategien.

(b) Wenn $u(y_H - T_L, l_H) > u(y_L - T_L, l_L) > u(y_H - T_H, l_H)$ gilt, dann ist

$$q_2^* = \frac{\psi}{T_H - T_L + \phi}, \quad q_1^* = 1 - q_2^*, \quad q_3^* = 0 \quad \text{und}$$

$$p^* = \frac{u(y_H - T_L, l_H) - u(y_L - T_L, l_L)}{u(y_H - T_L, l_H) - u(y_H - T_H - \phi, l_H)}$$

ein eindeutiges Nash-Gleichgewicht $(p^*, q_1^*, q_2^*, q_3^*)$ in gemischten Strategien nach Elimination schwach dominierter Strategien.

(c) Wenn $u(y_L - T_L, l_L) = u(y_H - T_H, l_H)$ gilt, dann gibt es ein Kontinuum von Nash-Gleichgewichten $(p^*, q_1^*, q_2^*, q_3^*)$ nach Elimination schwach dominierter Strategien, die folgende Bedingungen erfüllen:

$$p^* = \frac{u(y_H - T_L, l_H) - u(y_H - T_H, l_H)}{u(y_H - T_L, l_H) - u(y_H - T_H - \phi, l_H)}, \quad q_2^* = \frac{q_1^* \psi}{T_H - T_L + \phi - \psi},$$

$$0 < q_1^* \leq 1 - \frac{\psi}{T_H - T_L + \phi} \quad \text{und} \quad q_3^* = 1 - q_1^* - q_2^*.$$

$l_H y_H, \mathcal{K}_{y_L} \mathcal{N}_{y_H}$ *ist zudem ein Gleichgewicht in reinen Strategien nach Elimination schwach dominierter Strategien.*
(d) Wenn $u(y_L - T_L, l_L) < u(y_H - T_H, l_H)$ *gilt, dann ist* $l_H y_H, \mathcal{K}_{y_L} \mathcal{N}_{y_H}$ *ein eindeutiges Nash-Gleichgewicht in reinen Strategien nach Elimination schwach dominierter Strategien.*

Beweis. Die Maximierung der erwarteten staatlichen Einnahmenüberschüsse

$$E[T] = p\{q_1(T_L - \psi) + q_2(T_H + \phi - \psi)\} + (1-p)T_L(q_1 + q_2) + q_3 T_H$$

bezüglich p führt zur Bestimmung der notwendigen Optimalbedingung erster Ordnung für eine innere Lösung

$$E[T]_p = q_2[T_H - T_L + \phi - \psi] - q_1\psi = 0.$$

Der Erwartungsnutzen des Steuerschuldners

$$E[u(c)] = q_1 u(y_L - T_L, l_L) + q_3 u(y_H - T_H, l_H) + q_2\{pu(y_H - T_H - \phi, l_H) + (1-p)u(y_H - T_L, l_H)\}$$

wird in bezug auf q_i bei Beachtung von $\sum_i q_i = 1$ maximiert ($i = 1,2,3$).
(a) $l_L y_L$ ist eine (strikt oder schwach) dominante Strategie; die Steuerbehörde kann bei dieser Strategie durch Kontrollmaßnahmen nur verlieren.
(b) $l_H y_H$ wird durch $l_L y_L$ strikt dominiert und daher nicht gespielt. In den übrigen Strategien existiert kein reines Gleichgewicht. Die gleichgewichtigen Wahrscheinlichkeiten können aus den Optimalbedingungen für erwartete Staatseinnahmen und Erwartungsnutzen für $q_1^* = 1 - q_2^*$ und $q_3^* = 0$ berechnet werden.
(c) Ein Gleichgewicht in reinen Strategien, bei denen der Steuerpflichtige eine der ersten beiden Strategien spielt, kann nicht existieren. Ansonsten können die gleichgewichtigen Werte für die Wahrscheinlichkeiten durch Maximierung für $q_3^* = 1 - q_1^* - q_2^*$ errechnet werden. Die Abschätzung für q_1^* ergibt sich aus der Bedingung $0 < q_1^* + q_2^* \leq 1$. Zum Gleichgewicht in reinen Strategien siehe (d).
(d) Geringe Arbeitsleistung wird strikt dominiert und daher nicht gespielt. Wenn der Steuerpflichtige allerdings immer viel arbeitet, dann kennt das Finanzamt das tatsächliche Einkommen des Steuerschuldners, und wird daher bei niedriger Deklaration auf jeden Fall kontrollieren, was den Steuerpflichtigen zur Steuerehrlichkeit veranlaßt. Q.E.D.

Mit Lemma 4.3 werden die Nash-Gleichgewichte nach Elimination schwach dominierter Strategien bei strategischem Verhalten unter Einbeziehung des Arbeitsangebotes beschrieben und die Abhängigkeit des Ausmaßes der Steuerhinterziehung von der relativen Bewertung von Arbeit und Konsum konkretisiert. Welches Gleichgewicht sich ergibt bzw. ergeben kann, hängt offensichtlich wesentlich von der Bewertung des Arbeitsleides ab. Je stärker Arbeit den Nutzen des Individuums schmälert, desto weniger wird gearbeitet. Steuerhinterziehung tritt nur dann auf, wenn der Steuerpflichtige nicht auf jeden Fall viel arbeiten will, denn in jenem Fall (d) kennt die Steuerbehörde das tatsächliche Einkommen und kann Steuerhinterziehung verhindern. Ebensowenig ist Steuerhinterziehung im Gleichgewicht möglich, wenn der Steuerpflichtige eine starke Aversion gegen Arbeit hat (a). Zieht der Steuerpflichtige hingegen die Situation, die sich bei erfolgreicher Steuerhinterziehung ergibt, die jedoch mit hohem Arbeitseinsatz verbunden ist, dem Fall geringer Konsummöglichkeiten und geringer Arbeitsleistung und diese Situation derjenigen mit hohem Arbeitseinsatz und Steuerehrlichkeit vor (b), dann stellt sich ein Gleichgewicht ein, bei dem der Zensit zwischen kleinem Arbeitsangebot und hohem Arbeitsangebot verbunden mit Minderdeklaration indifferent ist. In dem Grenzfall (c), bei dem der Zensit alle drei Strategien spielt, ist der Staat zwischen seinen Strategien indifferent, solange der Steuerpflichtige nur im richtigen Verhältnis seine drei Strategien spielt. Spielt der Steuerpflichtige die dritte Strategie ($l_H y_H$), ist der Staat indifferent zwischen seinen beiden Strategien. Erhöht der Steuerpflichtige die Wahrscheinlichkeit geringer Arbeitsleistung (q_1^*), dann muß er im Gleichgewicht auch die Wahrscheinlichkeit der Steuerhinterziehung erhöhen ($\partial q_2^* / \partial q_1^* > 0$), da die Steuereintreibungsbehörde andernfalls weniger Anlaß zur Durchführung von Kontrollen hat, d.h., daß p^* keine beste Antwort mehr wäre. Selbstverständlich muß die Erhöhung von q_1^* und q_2^* von einer Senkung von q_3^* begleitet sein.

Analysiert man die Nash-Gleichgewichte anhand der Auszahlungen, offenbart sich die Erfolglosigkeit des Versuches, durch Steuerhinterziehung eine höhere Auszahlung zu erzielen. Im folgenden Korollar werden die Auszahlungen einer näheren Betrachtung unterzogen.

Korollar 4.2 *In den Fällen (a) und (b) des Arbeitsangebot-Hinterziehung-Spieles sind die gleichgewichtigen erwarteten staatlichen Überschüsse* $E[T] = T_L$ *und der Erwartungsnutzen des Steuerpflichtigen* $E[u(c)] = u(y_L - T_L, l_L)$.

Im Fall (c) erhält der Steuerpflichtige im Gleichgewicht $u(y_H - T_H, l_H)$. Die erwarteten staatlichen Überschüsse

$$E[T] = T_H - \frac{(T_H - T_L + \phi)(T_H - T_L)q_1}{T_H - T_L + \phi - \psi}$$

im Nash-Gleichgewicht in gemischten Strategien liegen im Intervall $[T_L, T_H)$. Die Gleichgewichte sind anhand von q_1 paretogeordnet. Das Gleichgewicht in reinen Strategien ist paretooptimal.
Im Fall (d) erhält der Steuerpflichtige im Gleichgewicht $u(y_H - T_H, l_H)$; die Staatseinnahmen sind T_H.

Beweis. Die Aussagen sind durch Einsetzen der gleichgewichtigen Wahrscheinlichkeiten in die Bestimmungsgleichungen für $E[T]$ und $E[u(c)]$ abzuleiten. Q.E.D.

In keinem Fall kann der Steuerpflichtige durch Steuerhinterziehung den Nutzen steigern. In den Regimen (a) und (b) könnte der Steuerpflichtige durch die **Maximin-Strategie** $l_L y_L$ die gleiche Auszahlung erzwingen, in den Fällen (c) und (d) durch die Maximin-Strategie $l_H y_H$. Während das Finanzamt im Fall (a) keine Kontrollen durchführt und im Regime (b) durch die Kontrollen die erwarteten staatlichen Überschüsse nicht über T_L hinaus steigern kann, sind im Fall (d) die erwarteten Staatseinnahmen unter dem gegebenen Steuertarif maximal und im Fall (c) hängt es vom Steuerpflichtigen ab, d.h. von der Gleichgewichtsselektion, inwieweit der staatliche Überschuß über die Einnahmen der Maximin-Strategie gehoben werden könnte.

Das Ausmaß der Steuerhinterziehung und die Höhe des Arbeitseinsatzes werden durch die Entlohnung des Faktors Arbeit, den Steuertarif, die Straffunktion und die Kosten staatlicher Überwachung beeinflußt. Verändern sich die Entlohnung der Arbeit oder der Steuertarif, kann es sowohl zu einem Regimewechsel kommen, da der indirekte Nutzen der Arbeit verändert wird, als auch innerhalb der Regime (b) und (c) zu einer Änderung von relativer Häufigkeit von Steuerhinterziehung bzw. hohem Arbeitseinsatz. Verbessert sich nur die Entlohnung des hohen Arbeitseinsatzes, ist ein Wechsel von (a) nach (b) denkbar, da starker Einsatz mehr Einkommen erbringt, also relativ wertvoller wird. Mit positiver Wahrscheinlichkeit wird der Steuerpflichtige dann mehr arbeiten, aber auch Steuern hinterziehen, d.h. den Staat nicht im gesetzlich fixierten Rahmen an der Einkommenssteigerung teilhaben lassen. Auch ein Wechsel von (b) nach (c) bzw. von (c) nach (d) kann erreicht werden, wenn nicht durch entsprechende steuertarifliche Regelungen der Mehrertrag durch höhere Steuerschuld hinreichend gesenkt wird. Wird die Schere in der Besteuerung von hohem und niedrigem Einkommen weiter geöffnet, d.h. höheres Einkommen im Verhältnis zu kleinerem Einkommen stärker besteuert (Anstieg der Progressivität), ist ein Regimewechsel von (d) nach (c) bzw. (b) im Bereich des Möglichen. Die zum Gleichgewicht mit hohem Arbeitseinsatz und Steuerehrlichkeit führende Strategie des Steuerpflichtigen wird weniger attraktiv. Durch Senkung des Arbeitseinsatzes und Steuerhinterziehung gewinnt der Steuerpflichtige.

Änderungen der Parameter können innerhalb der Regime (b) und (c) ebenfalls Auswirkungen zeigen. Im Regime (b), in dem der Steuerpflichtige zwischen geringem und hohem Arbeitseinsatz, (erzwungener) Steuerehrlichkeit und Steuerhinterziehung wählt, wirken sich geänderte Rahmenbedingungen ähnlich wie im Steuerpflichtiger-Finanzamt-Spiel bei symmetrischer Information aus. Dies ist aufgrund der Vollständigkeit der Information nicht verwunderlich, da das Regime (b) dem Steuerpflichtiger-Finanzamt-Spiel bei exogenem Einkommen beinahe gleicht. Wird Arbeit mit konstantem Lohnsatz w entlohnt, die Steuer mit τ proportional zum Einkommen bemessen und die Geldstrafe für Steuerhinterziehung mit π proportional zur hinterzogenen Steuer bestimmt, gilt:

$$y_i = wl_i, \quad T_i = \tau w l_i \quad \text{und} \quad \phi = \pi\tau w(l_H - l_L), \quad \text{mit } i = L, H.$$

Die komparativ-statischen Effekte beschreibt das folgende Korollar.

Korollar 4.3 *Wenn $u(y_H - T_L, l_H) > u(y_L - T_L, l_L) > u(y_H - T_H, L_H)$ gilt, dann wirken Erhöhungen von Steuersatz τ, Strafsteuersatz π, Kosten staatlicher Überwachung ψ und Lohnsatz w auf die gleichgewichtige Wahrscheinlichkeit der Steuerhinterziehung q_2^* gemäß*

	$\tau\uparrow$	$\pi\uparrow$	$\psi\uparrow$	$w\uparrow$
q_2^*	$-$	$-$	$+$	$-$

und Erhöhungen des Strafsteuersatzes π bzw. der Kosten der Überwachung ψ auf die gleichgewichtige Kontrollwahrscheinlichkeit p^* gemäß

	$\pi\uparrow$	$\psi\uparrow$
p^*	$-$	0

Beweis. Differentiation im Regime (b) ergibt:

$$\frac{\partial q_2^*}{\partial \tau} = -\frac{q_2^*}{\tau}, \quad \frac{\partial q_2^*}{\partial \pi} = -\frac{q_2^*}{(1+\pi)}, \quad \frac{\partial q_2^*}{\partial \psi} = \frac{q_2^*}{\psi}, \quad \frac{\partial q_2^*}{\partial w} = -\frac{q_2^*}{w},$$

$$\frac{\partial p^*}{\partial \pi} = -\frac{(T_H - T_L)u_c(y_H - T_H - \phi, l_H)p^*}{u(y_H - T_L, l_H) - u(y_H - T_H - \phi, l_H)} \quad \text{und} \quad \frac{\partial p^*}{\partial \psi} = 0.$$

Q.E.D.

Vergleicht man die komparativ-statischen Ergebnisse mit denen des Steuerpflichtiger-Finanzamt-Spieles im stetigen Strategieraum, so ergibt sich als qualitativer Unterschied die unterschiedliche Auswirkung der Kontrollkosten auf die Wahrscheinlichkeit staatlicher Überwachung, die schlichtweg ein Ergebnis der divergierenden Modellierung der Kostenfunktionen ist.

4.1.2.2 Arbeitsangebot und unterschiedliche Fähigkeiten

Ein Merkmal des im vorigen Abschnitt vorgestellten Modells ist, daß dem Finanzamt bei besonders hoher bzw. geringer Gewichtung des Arbeitsleides, d.h. in den Regimen (a) und (d), die Arbeitsleistung des strategisch handelnden Individuums implizit bekannt ist. Graetz, Reinganum und Wilde (1986) haben ein einfaches spieltheoretisches Modell entwickelt, in dem das Einkommen des Steuerpflichtigen durch einen Zufallsprozeß festgelegt wird, und unterscheiden darüber hinaus zwischen einem strategischen und einem gewohnheitsmäßig volldeklarierenden Steuerzahler. Die Idee, einen zweiten Typ (mit gleicher Nutzenfunktion) und einen Zufallsprozeß in das Modell einzugliedern, soll an dieser Stelle aufgegriffen werden, um einen Rückschluß des Finanzamtes auf das tatsächliche Einkommen in einer dem Regime (d) analogen Konstellation ausschließen zu können.

Im folgenden gebe es zwei Typen von Steuerzahlern, die sich nur durch die Einsatzfähigkeit unterscheiden. Der eine Typ entspricht dem strategischen Steuerzahler des vorher entwickelten Modells, der andere Typ habe lediglich die Fähigkeit, eine niedrige Arbeitsleistung zu erbringen. Letzterer hat also faktisch keine Wahlmöglichkeit hinsichtlich der Arbeits- und Deklarationsentscheidung, da sich auch für ihn eine zu hohe Deklaration in keinem Fall positiv auswirken kann. Die A-priori-Wahrscheinlichkeit, einen strategischen Steuerzahler vor sich zu haben, sei β $(0 < \beta < 1)$. In der spieltheoretischen Literatur wird die zufällige Bestimmung einer relevanten Größe als Zug der **Natur** bezeichnet. Der Zug der Natur, die Auswahl des Steuerzahlertyps, erfolgt zu Beginn des Spieles. Wenn der Steuerpflichtige zum Zeitpunkt seiner Entscheidungsfindung zwar seinen Typ kennt, das Finanzamt aber nicht, dieses also im Anschluß an die Deklaration ohne Kenntnis des Typs (und des Arbeitsangebotes) handelt, dann wird die Situation durch ein Spiel mit ***unvollständiger*** und ***asymmetrischer*** Information beschrieben. Unvollständig ist die Information aufgrund der nicht von allen Spielern beobachtbaren Typauswahl,[26] asymmetrisch ist die Informationsstruktur, da einer der Spieler – der Steuerpflichtige – den Zug der Natur beobachten kann und der andere – die Finanzbehörde – nicht. Der resultierende Spielbaum nimmt dann nach Ausschluß der für alle Möglichkeiten der Bewertung des Arbeitsleides irrationalen (weich dominierten) Strategien in einer zum Arbeitsangebot-Hinterziehung-Spiel analogen Prozedur die in Abbildung 4.4 dargestellte Form an.

Abbildung 4.4: Arbeitsfähigkeit-Hinterziehung-Spiel: Reduzierter Spielbaum

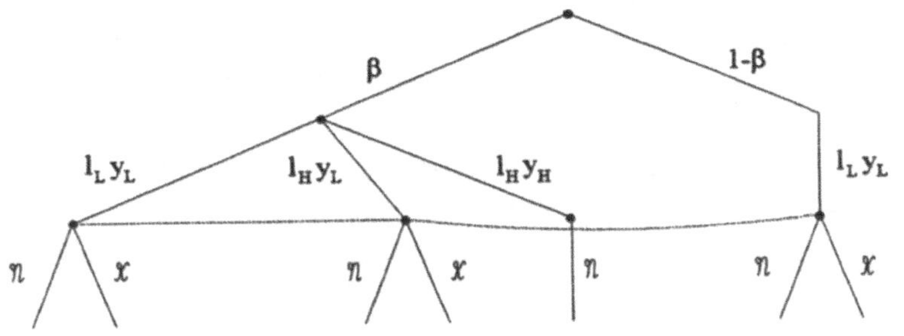

Jetzt vergrößert sich die Informationsmenge der Steuerbehörde bei niedriger Deklaration um einen weiteren Knoten. Diese Veränderung führt auch zu einer Modifikation der Nash-Gleichgewichte. Offensichtlich kann das Finanzamt dann, wenn der strategische Steuerpflichtige dem durch geringen Konsum und wenig Arbeit gekennzeichneten Ergebnis nur einen geringen Stellenwert beimißt, bei der Deklaration eines geringen Einkommens nicht mehr (wie im Fall (d) des vorher dargestellten Spieles) gewiß sein, es mit einem Fall von Minderdeklaration zu tun zu haben. Es könnte sich auch um die korrekten Angaben eines weniger fähigen Bürgers handeln.

[26] Im Sinne der Harsanyi-Transformation heißt das: vollständige, aber imperfekte Information.

Aufgrund der Unvollständigkeit der Information ist es erforderlich, Aussagen über die Wahrscheinlichkeitseinschätzungen ("Beliefs") der Spieler zu machen. Da die Informationsmenge des Steuerpflichtigen nur einen Knoten umfaßt und er den Zug der Natur beobachten kann, d.h. seinen Typ kennt, weiß er mit Sicherheit, an welchem Knoten des Spielbaumes er sich befindet, wenn er am Zug ist, d.h., in welcher Konstellation er handelt. Anders beim Finanzamt: Die Finanzbehörde kennt den Typ des Steuerpflichtigen, der eine Steuererklärung eingereicht hat, nicht. Allerdings sind die A-priori-Wahrscheinlichkeiten für die Typen des Steuerpflichtigen auch dem Finanzamt bekannt. Eliminiert man alle schwach dominierten Strategien, sind über die A-priori-Wahrscheinlichkeiten keine weiteren Wahrscheinlichkeitseinschätzungen über die Lokalisierung des Knotens im Gleichgewicht möglich und erforderlich. Wenn ein hohes Einkommen deklariert wird, ist die Wahrscheinlichkeit, daß die Steuererklärung von einem strategisch handelnden, fähigen Steuerpflichtigen abgegeben wurde, gleich eins, da die Deklaration eines hohen Einkommens für einen nicht zur hohen Arbeitsleistung fähigen Steuerzahler eine schwach dominierte Strategie darstellt. Hat der nicht strategisch handelnde Steuerzahler aber de facto keine Wahl und deklariert immer ein niedriges Einkommen, so ist die Informationsmenge "Niedrige Deklaration" immer im Gleichgewichtspfad. Die Wahrscheinlichkeitseinschätzungen bezüglich der Knoten dieser Informationsmenge können also anhand der Bayesschen Regel ermittelt werden. Out-of-equilibrium-beliefs müssen nicht gebildet werden bzw. sind aufgrund der eindeutigen Zuordnung "Hohe Deklaration" zu strategischem Steuerzahler unzweifelhaft.

Der strategische Steuerpflichtige verhält sich wie gehabt, da er seinen Typ kennt und sein Erwartungsnutzen durch den zweiten Typ nicht verändert wird.

Die staatlichen Überschüsse umfassen zusätzlich zu den mit der A-priori-Wahrscheinlichkeit β gewichteten Zahlungsüberschüssen des strategischen Spielers an den Staat einen mit $1 - \beta$ gewichteten Einnahmenteil aus den Steuerzahlungen T_L und gegebenenfalls Kontrollkosten der Überwachung des nicht strategischen Typs. Kommt das Finanzamt zum Zuge, d.h., kann es nach Erhalt einer Steuererklärung entscheiden, ob eine Prüfung durchgeführt wird, so entsprechen die staatlichen Einnahmenüberschüsse mit der Wahrscheinlichkeit β den in Tabelle 4.1 für das Arbeitsangebot-Hinterziehung-Spiel angegebenen Auszahlungen, mit der Wahrscheinlichkeit $1 - \beta$ aber T_L, der Steuerschuld des aufgrund mangelnder Fähigkeit nicht strategischen Steuerzahlers, bzw. gar $T_L - \psi$, wenn das Finanzamt sich zu einer Prüfung der Deklarationen eines niedrigen Einkommens entschließt $(\mathcal{K}_{y_L}\mathcal{N}_{y_H})$.

Im Lemma 4.4 werden die resultierenden (Bayes)-Nash-Gleichgewichte nach Elimination schwach dominierter Strategien beschrieben. Zusätzlich zu der Bewertung des Arbeitsleides ist für die Bestimmung der Nash-Gleichgewichte entscheidend, ob sich Kontrolle für den Staat überhaupt lohnt. Der Überschuß der Summe aus Steuernachzahlung und Strafzahlung eines entlarvten Steuerhinterziehers $T_H - T_L + \phi$ über die Kosten einer Prüfung ψ reicht nicht aus. Durch die Hinzunahme eines zweiten Typs Steuerzahler gewinnt die Bedingung

$$\beta[T_H - T_L + \phi - \psi] > (1-\beta)\psi$$

eine Bedeutung, die sich ökonomisch leicht interpretieren läßt: Der mit dem Anteil an strategischen Steuerzahlern gewichtete staatliche Nettogewinn, der bei durchgeführter Hinterziehung durch den Übergang von passivem staatlichen Verhalten zu aktiver Überwachung bei den strategischen Steuerpflichtigen erzielbar ist, ist größer als der mit dem Anteil nicht strategischer Steuerzahler gewichtete Verlust, der beim Wechsel der Strategie der Steuereintreibungsbehörde bei den weniger fähigen Steuerzahlern einzukalkulieren ist. Wenn diese Bedingung, die umso eher eingehalten wird, je größer der Anteil strategischer Steuerpflichtiger β ist, nicht erfüllt ist, ist staatliche Überprüfung gegen das Ziel der Maximierung staatlicher Einnahmenüberschüsse gerichtet und damit eine dominierte Strategie.

Lemma 4.4 *Das Arbeitsfähigkeit-Hinterziehung-Spiel in der reduzierten Normalform hat in Abhängigkeit von der relativen Ordnung von $u(y_L - T_L, l_L)$ folgende(s) Nash-Gleichgewicht(e) nach Elimination schwach dominierter Strategien:*
(a′) Wenn $u(y_L - T_L, l_L) \geq u(y_H - T_L, l_H)$ gilt, dann ist $l_L y_L, \mathcal{N}_{y_L}\mathcal{N}_{y_H}$ ein eindeutiges Nash-Gleichgewicht in reinen Strategien nach Elimination schwach dominierter Strategien.
(b′) Wenn $u(y_H - T_L, l_H) > u(y_L - T_L, l_L) > u(y_H - T_H, l_H)$ und $\beta[T_H - T_L + \phi - \psi] > (1-\beta)\psi$ gilt, dann ist

$$q_2^* = \frac{\psi}{\beta[T_H - T_L + \phi]}, \quad q_1^* = 1 - q_2^*, \quad q_3^* = 0 \quad \text{und}$$

$$p^* = \frac{u(y_H - T_L, l_H) - u(y_L - T_L, l_L)}{u(y_H - T_L, l_H) - u(y_H - T_H - \phi, l_H)}$$

ein eindeutiges Nash-Gleichgewicht $(p^*, q_1^*, q_2^*, q_3^*)$ *in gemischten Strategien nach Elimination schwach dominierter Strategien.*
(c') Wenn $u(y_L - T_L, l_L) = u(y_H - T_H, l_H)$ *und* $\beta[T_H - T_L + \phi - \psi] > (1-\beta)\psi$ *gilt, dann gibt es ein Kontinuum von Nash-Gleichgewichten* $(p^*, q_1^*, q_2^*, q_3^*)$ *nach Elimination schwach dominierter Strategien, die folgende Bedingungen erfüllen:*

$$p^* = \frac{u(y_H - T_L, l_H) - u(y_H - T_H, l_H)}{u(y_H - T_L, l_H) - u(y_H - T_H - \phi, l_H)}, \quad q_2^* = \frac{\psi[(1-\beta) + \beta q_1^*]}{\beta[T_H - T_L + \phi - \psi]},$$

$$0 \leq q_1^* \leq 1 - \frac{\psi}{\beta[T_H - T_L + \phi]} \quad \text{und} \quad q_3^* = 1 - q_1^* - q_2^*.$$

(d') Wenn $u(y_L - T_L, l_L) < u(y_H - T_H, l_H)$ *und* $\beta[T_H - T_L + \phi - \psi] > (1-\beta)\psi$ *gilt, dann ist*

$$q_2^* = \frac{(1-\beta)\psi}{\beta[T_H - T_L + \phi - \psi]}, \quad q_3^* = 1 - q_2^*, \quad q_1^* = 0 \quad \text{und}$$
$$p^* = \frac{u(y_H - T_L, l_H) - u(y_H - T_H, l_H)}{u(y_H - T_L, l_H) - u(y_H - T_H - \phi, l_H)}$$

ein eindeutiges Nash-Gleichgewicht $(p^*, q_1^*, q_2^*, q_3^*)$ *in gemischten Strategien nach Elimination schwach dominierter Strategien.*
(e') Wenn $u(y_L - T_L, l_L) < u(y_H - T_L, l_H)$ *und* $\beta[T_H - T_L + \phi - \psi] < (1-\beta)\psi$ *gilt, dann ist* $l_H y_L, \mathcal{N}_{y_L} \mathcal{N}_{y_H}$ *ein eindeutiges Nash-Gleichgewicht in reinen Strategien nach Elimination schwach dominierter Strategien.*

Beweis. Die Maximierung der erwarteten staatlichen Überschüsse

$$E[T] = \beta\{p[q_1(T_L - \psi) + q_2(T_H + \phi - \psi)] + (1-p)T_L(q_1 + q_2) + q_3 T_H\}$$
$$+ (1-\beta)\{T_L - p\psi\}$$

bezüglich p führt zur Bestimmung der notwendigen Optimalbedingung erster Ordnung für eine innere Lösung

$$\frac{E[T]_p}{\beta} = q_2[T_H - T_L + \phi - \psi] - q_1\psi - \frac{(1-\beta)\psi}{\beta} = 0.$$

Der Erwartungsnutzen des strategischen Steuerschuldners

$$E[u(c)] = q_1 u(y_L - T_L, l_L) + q_3 u(y_H - T_H, l_H)$$
$$+ q_2\{pu(y_H - T_H - \phi, l_H) + (1-p)u(y_H - T_L, l_H)\}$$

wird in bezug auf q_i bei Beachtung von $\sum_i q_i = 1$ maximiert ($i = 1, 2, 3$).

(a′) $l_L y_L$ ist eine strikt oder schwach dominante Strategie; die Steuerbehörde kann bei dieser Strategie durch Kontrollmaßnahmen unter allen Umständen nur verlieren.

(b′) $l_H y_H$ wird durch $l_L y_L$ strikt dominiert und daher nicht gespielt. In den übrigen Strategien existiert kein reines Gleichgewicht. Die gleichgewichtigen Wahrscheinlichkeiten können aus den Optimalbedingungen für erwartete Staatseinnahmen und Erwartungsnutzen für $q_1^* = 1 - q_2^*$ und $q_3^* = 0$ berechnet werden.

(c′) Ein Gleichgewicht in reinen Strategien, bei dem der Steuerpflichtige eine der ersten beiden Strategien spielt, kann nicht existieren. Ansonsten können die gleichgewichtigen Werte für die Wahrscheinlichkeiten durch Maximierung für $q_3^* = 1 - q_1^* - q_2^*$ errechnet werden. Die Abschätzung für q_1^* ergibt sich aus der Bedingung $0 \leq q_1^* + q_2^* \leq 1$.

(d′) Geringe Arbeitsleistung wird strikt dominiert und daher nicht gespielt. Kontrolle $\mathcal{K}_{y_L}\mathcal{N}_{y_H}$ ist lohnend, aber wegen der Möglichkeit, auf einen nicht strategischen Steuerzahler zu treffen, nicht beste Antwort auf $l_H y_H$. Es existiert nur ein Gleichgewicht in gemischten Strategien. Die gleichgewichtigen Wahrscheinlichkeiten können durch Maximierung für $q_3^* = 1 - q_2^*$ und $q_1^* = 0$ berechnet werden.

(e′) Für das Finanzamt ist $\mathcal{N}_{y_L}\mathcal{N}_{y_H}$ strikt dominante Strategie. Kontrolliert das Finanzamt nicht, ist Steuerhinterziehung ($l_H y_L$) die beste Antwort des Steuerpflichtigen. Q.E.D.

Im Anschluß an die Bestimmung der/des Nash-Gleichgewichte(s) nach Elimination schwach dominierter Strategien für die durch die Präferenzen des strategischen Steuerpflichtigen bezüglich Konsum und Arbeit abgegrenzten Regime (a′) bis (e′)[27] erhebt sich die Frage, welche Änderungen im strategischen Verhalten von Steuerpflichtigem und Finanzamt aus der Existenz von "ehrlichen" Steuerzahlern, die nicht über die Option der Hinterziehung von Steuern verfügen, resultieren. Diese ist offensichtlich ohne Einfluß auf das Verhalten von Finanzamt und strategischem Steuerpflichtigen, wenn letzterer eine so starke Abneigung gegen Arbeit hat, daß er auch erfolgreiche Steuerhinterziehung nach großem Arbeitseinsatz schlechter als

[27] Graetz, Reinganum und Wilde (1986) untersuchen in einem Modell mit durch einen Zufallsprozeß endogenisiertem Bruttoeinkommen ohne Berücksichtigung des Arbeitsleides Konstellationen, die den Regimen (d′) und (e′) ähneln, in denen die relative Bewertung der Auszahlungen durch den Steuerpflichtigen nur anhand des Nutzens des Konsumgutes erfolgt. Vgl. dazu auch die Adaption dieses Ansatzes bei Cowell (1990a), S. 180 ff.

ehrliche Steuerzahlung nach geringem Arbeitseinsatz bewertet (a′). In diesem Regime ist $l_L y_L$ immer eine (strikt) dominante Strategie. Daher kann staatliche Überprüfung unter keinen Umständen einnahmenerhöhende Auswirkungen haben.

Die Regime (b′) und (b) unterscheiden sich nur quantitativ, nicht qualitativ. Im Regime (c′) existiert im Gegensatz zum Fall (c) kein Gleichgewicht in reinen Strategien, da staatliche Abschreckung $(\mathcal{K}_{y_L} \mathcal{N}_{y_H})$ keine optimale Reaktion mehr auf hohen Arbeitseinsatz gepaart mit Steuerehrlichkeit $(l_H y_H)$ darstellt, da die Abschreckung Kosten in Form von Überwachungskosten der nicht strategisch handelnden Steuerzahler verursacht. Die Gleichgewichte in gemischten Strategien weisen keine essentiellen Unterschiede auf.

Gänzlich neu ist, daß im Regime (d′), dem Pendant zum Regime (d), in dem das Arbeitsleid gering gewichtet wird, Steuerhinterziehung Bestandteil der gemischten Strategie des Steuerpflichtigen im einzigen Nash-Gleichgewicht ist. Da das Finanzamt die Möglichkeit in Betracht ziehen muß, es handle sich um die Steuererklärung eines nicht strategischen Steuerzahlers, wird es die Wahrscheinlichkeit der Überprüfung der Angabe eines niedrigen Einkommens unter eins senken. Steuerhinterziehung wird so eine sinnvolle Handlungsweise eines strategisch handelnden Steuerpflichtigen. Wenn staatliche Kontrolle die staatlichen Einnahmenüberschüsse senkt (Regime (e′)), ist der Verzicht auf Kontrolle für das Finanzamt zwingend geboten. Steuerhinterziehung $(l_H y_L)$ ist die optimale (ungefährliche) Antwort des strategischen Steuerpflichtigen.

Die Existenz zum strategischen Handeln unfähiger Steuerzahler fördert in vielen Fällen Steuerhinterziehung, da die zum strategischen Handeln Befähigten vorgeben können, sie wären es nicht. Im folgenden Satz wird dieser Zusammenhang unter der Voraussetzung präzisiert, daß Kontrollen des Finanzamtes nicht die staatlichen Überschüsse senken. Als Maß der Steuerhinterziehung werden sowohl die gleichgewichtige Wahrscheinlichkeit q_2^* der Strategie $l_H y_L$ als auch die gesamten erwarteten hinterzogenen Steuern $\beta q_2^*(T_H - T_L)$ herangezogen.

Satz 4.3 *Wenn $\beta[T_H - T_L + \phi - \psi] > (1-\beta)\psi$ erfüllt ist, wirkt sich eine Erhöhung des Anteiles strategisch handelnder Steuerzahler β auf die gleichgewichtige Hinterziehungswahrscheinlichkeit q_2^* und die gesamten erwarteten hinterzogenen Steuern $\beta q_2^*(T_H - T_L)$ in den Regimen (b ′) und (d ′) gemäß folgender Tabelle aus:*

$\beta \uparrow$	(b ')	(d ')
q_2^*	$-$	$-$
$\beta q_2^*(T_H - T_L)$	0	$-$

Beweis. Durch Differentiation der in Lemma 4.4 angegebenen Wahrscheinlichkeiten ergibt sich:

	(b')	(d')
$\frac{\partial q_2^*}{\partial \beta}$	$-\frac{q_2^*}{\beta}$	$-\frac{q_2^*}{\beta(1-\beta)}$
$\frac{\partial(\beta q_2^*(T_H-T_L))}{\partial \beta}$	0	$-\frac{q_2^*\beta(T_H-T_L)}{1-\beta}$

Q.E.D.

Im Umkehrschluß ergibt Satz 4.3: Je *kleiner* der Anteil der strategisch handelnden Steuerpflichtigen ist, desto *größer* ist die gleichgewichtige Wahrscheinlichkeit der Wahl der Steuerhinterziehungsstrategie. Im Regime (b') neutralisiert der indirekte Effekt gerade den gegenläufigen unmittelbaren Effekt, der sich aus der Reduktion des Anteiles der Steuerpflichtigen ergibt, die überhaupt in der Lage sind, Steuern zu hinterziehen. Die erwarteten hinterzogenen Steuern verändern sich folglich nicht. Anders im Regime (d'): Auch die erwarteten hinterzogenen Steuern steigen. Im Regime (d) als Grenzfall des Regimes (d'), in dem der Anteil strategischer Steuerzahler β gleich eins ist, werden sämtliche Steuern gezahlt.

Im Vergleich der Regime (b') und (d') ergibt sich, daß Steuerhinterziehung mit geringerer Wahrscheinlichkeit vorgenommen wird, wenn das Arbeitsleid sehr gering eingestuft wird, wie das folgende Korollar zeigt.

Korollar 4.4 *Die gleichgewichtige Wahrscheinlichkeit der Steuerhinterziehung q_2^* ist im Regime (b ') größer als im Regime (d ').*

Beweis. Aus der Konsistenzbedingung $\beta[T_H - T_L + \phi - \psi] > (1-\beta)\psi$ kann

$$\frac{(1-\beta)\psi}{\beta[T_H - T_L + \phi - \psi]} < \frac{\psi}{\beta[T_H - T_L + \phi]}.$$

gefolgert werden. Q.E.D.

Das Regime (b') stellt sich aus der Sicht des Fiskus beträchtlich ungünstiger als das Regime (d') dar, denn der strategische Steuerpflichtige wird einerseits nie eine hohe Arbeitsleistung verbunden mit vollständiger Deklaration der erzielten Einkünfte erbringen und andererseits mit größerer Wahrscheinlichkeit Steuern hinterziehen.

Abschließend sollte betont werden, daß Änderungen der Entscheidungsparameter Steuersatz, Strafsteuersatz, Kosten staatlicher Steuerprüfung und Lohnsatz sich in den Regimen (b') und (d') im Arbeitsfähigkeit-Hinterziehung-Spiel qualitativ durch die Aussagen des Korollar 4.3 für das Arbeitsangebot-Hinterziehung-Spiel beschreiben lassen. Es liegen keine fundamental anderen Strukturen vor.[28]

Die Beschränkung der Optionen der Arbeitsleistung und der Einkommensdeklaration auf nur zwei Niveaugrößen erleichtert die Analyse erheblich. Reinganum und Wilde (1986) erweitern den von Graetz, Reinganum und Wilde (1986) gewählten Ansatz durch Aufgabe der Beschränkung auf zwei diskrete Werte. Einkommen und folglich auch deklariertes Einkommen sind über ein Intervall definiert. Aufgrund der Vieldeutigkeit der resultierenden Nash-Gleichgewichte beschränken sich Reinganum und Wilde (1986) auf separierende sequentielle Gleichgewichte, die bezüglich der Beliefs entlang und außerhalb der Gleichgewichtspfade die von Kreps und Wilson (1982) aufgestellten Konsistenzforderungen erfüllen.[29] Im Kontext der strategischen Entscheidungssituation zwischen Steuerzahler und Finanzamt bei unvollständiger und asymmetrischer Information ist ein Gleichgewicht separierend, wenn *im Gleichgewicht* jedem deklarierten Einkommen eindeutig eine Höhe des tatsächlichen Einkommens zugeordnet werden kann. Steuerpflichtige mit unterschiedlichem Einkommen deklarieren nicht dasselbe Einkommen. Reinganum und Wilde (1986) beschränken sich auf Gleichgewichtskonstellationen, in denen das deklarierte Einkommen mit dem tatsächlichen Einkommen steigt.[30] Reinganum und Wilde (1986) können ableiten, daß ein solches separierendes Gleichgewicht auf jeden Fall durch einen negativen Zusammenhang zwischen der Höhe des deklarierten Einkommens und der Überprüfungswahrscheinlichkeit gekennzeichnet ist.[31] Je weniger der Steuerpflichtige deklariert, desto häufiger wird er kontrolliert. Dieses Resultat bestätigt das offensichtliche Ergebnis des mathematisch bedeutend

[28] Ähnliche Resultate erzielen auch Graetz, Reinganum und Wilde (1986), S. 17 und S. 22 und Cowell (1990a), S. 185.

[29] Vgl. Kreps und Wilson (1982), S. 872 und Reinganum und Wilde (1986), S. 745.

[30] Vgl. Reinganum und Wilde (1986), S. 744.

[31] Vgl. Reinganum und Wilde (1986), S. 745 f.

leichter handhabbaren Modells von Graetz, Reinganum und Wilde (1986), daß die Angaben eines Steuerpflichtigen, der ein höheres Einkommen deklariert, nicht, und desjenigen, der ein niedrigeres Einkommen angibt, unter Umständen überprüft werden.[32] Die größere Allgemeinheit hinsichtlich der Typauswahl und des Strategieraumes des Steuerpflichtigen im Modell von Reinganum und Wilde (1986) erzingt einen erheblichen formalen Mehraufwand und verlangt auf der anderen Seite an anderer Stelle stärkere Spezialisierung.[33]

4.1.2.3 Beratertätigkeit und Rechtsunsicherheit

Strategisches Handeln erstreckt sich im Zuge der Steuereintreibung nicht nur auf Steuerpflichtige und Finanzbehörde, sondern auch auf andere, in die Steuereintreibung involvierte Personen und Institutionen. In einigen neueren Ansätzen werden daher zusätzlich andere Akteure berücksichtigt: Steuerberater und Wirtschaftsprüfer, die einerseits dem Steuerpflichtigen und andererseits dem Staat verpflichtet sind.[34] Ein Ziel dieser Untersuchungen ist es anzugeben, unter welchen Bedingungen Steuerberater und Wirtschaftsprüfer sich loyal gegenüber ihren Kunden bzw. loyal gegenüber dem Staat verhalten. Ob Steuerberater ihre Kunden bei Steuerhinterziehung (aktiv oder passiv) unterstützen, wird einerseits von unmittelbarer staatlicher Sanktionierung, d.h. den auch den Beratern drohenden Strafen, und andererseits von den Marktzutrittsbeschränkungen und den daher erzielbaren ökonomischen Renten, deren Verlust bei Unterstützung illegaler Praktiken droht, abhängen.

Die Inanspruchnahme von Dienstleistungen der steuerberatenden Branche hat ihre Ursache in der Komplexität des Steuerrechtes und der Verpflichtung auch für Nicht-Kaufleute, sich angemessen über die steuerrechtlichen Regelungen zu informieren. Den Auswirkungen nicht eindeutiger steuerrechtlicher Regelungen bzw. erheblicher Informationsdefizite bei den Zensiten über das Steuerrecht ist in der Literatur in neuester Zeit beträchtliche Aufmerksamkeit geschenkt worden, entweder unter Vernachlässigung der Interdependenzen zwischen den Entscheidungen von Steuerpflichtigem und

---

[32] Dies ergibt sich auch im hier beschriebenen Modell mit integrierter Arbeitsangebotsentscheidung.

[33] Beschränkung auf risikoneutrale Steuerpflichtige, proportionales Steuersystem und separierende sequentielle Gleichgewichte. Vgl. Reinganum und Wilde (1986), S. 741 ff.

[34] Vgl. Nitzan und Tzur (1987), Graetz, Reinganum und Wilde (1989) und Reinganum und Wilde (1990).

Finanzamt[35] oder bei Berücksichtigung der strategischen Elemente der Entscheidungssituation[36]. Besteht Ungewißheit über die tatsächliche Steuerschuld (beispielsweise über Abzugsmöglichkeiten einzelner Ausgaben), gibt es für den Steuerpflichtigen keine Möglichkeit, durch "ehrliche" Deklaration bereits zum Zeitpunkt der Steuererklärung Ungewißheit über den Ressourcentransfer an den Staat vollständig abzubauen. Das wichtigste Ergebnis dieses Zweiges der Literatur resultiert aus der Untersuchung des Zusammenhanges von Ungewißheit und Höhe des deklarierten Einkommens: Steigt die Unsicherheit über die tatsächliche Steuerschuld, wird der Steuerzahler veranlaßt, mehr zu deklarieren.[37] Von steigender Unsicherheit über die Steuerschuld sprechen die Autoren i.a., wenn sich das Intervall möglicher Steuerschuldzumessungen nach einer staatlichen Prüfung vergrößert.[38] Der positive Zusammenhang zwischen Unsicherheit und Deklaration resultiert nicht allein aus risikoaversem Verhalten,[39] sondern auch aus den mit erhöhter Unsicherheit über die gesetzliche Steuerschuld verbundenen gestiegenen erwarteten Strafzahlungen.[40]

4.2 Steuerentzug und staatliche Leistungen

Interdependenzen mit den Entscheidungen anderer Wirtschaftssubjekte bestehen bei der Steuerhinterziehung nicht nur in bezug auf die mit der Durchsetzung des Steueranspruches betrauten Institutionen, sondern, wie auch bei allen anderen Formen des Steuerentzuges, über die Verwendung der Zahlungen an den Staat. Steuereinnahmen dienen zur Finanzierung staatlicher Leistungen in Form von Transfers und Bereitstellung privater oder öffentlicher Güter. Ist der Staat aber nicht in der Lage oder nicht willens, den Steueranspruch vollständig durchzusetzen, d.h., entziehen sich Steuerpflichtige teilweise oder gänzlich der Steuer, dann entscheiden die Steu-

---

[35] Vgl. u.a. Scotchmer und Slemrod (1989), Beck und Jung (1989b). Das Problem untersuchen in einem Experiment Alm, Jackson und McKee (1992).

[36] Vgl. u.a. Beck und Jung (1989a), Jung (1991).

[37] Vgl. Beck und Jung (1989a), S. 477 ff. Aufgrund der spezifischen Modellkonstruktion ergibt sich dieser Effekt bei Scotchmer und Slemrod (1989), S. 21 ff und Jung (1991), S. 327 erst, wenn in der Ausgangslage bereits erhebliche Unsicherheit über die Steuerschuld besteht.

[38] Siehe Scotchmer und Slemrod (1989), S. 21 ff und Jung (1991), S. 327.

[39] Im Kontext der Analyse ungewisser Steuerschuld wird häufig Risikoneutralität unterstellt.

[40] Siehe Jung (1991), S. 328. Eine erwartungswertneutrale Erhöhung der Streuung bezüglich der Steuerschuld führt aufgrund der Asymmetrie der Bestrafungsfunktion (keine Belohnung für "Überdeklaration") zu einem Anstieg der erwarteten Strafzahlungen.

erpflichtigen nicht nur über die Höhe des selbstbestimmten privaten Konsums, sondern auch über die Quantität des staatlichen Leistungsangebotes, und dies nicht nur in politischen Prozessen, sondern auch bei der Abgabe der Steuererklärung. Das Angebot staatlicher Leistungen wird durch die Steuererklärungen mitbestimmt, wirkt aber auch über den Nutzen, den es den Steuerpflichtigen stiftet, auf die Entscheidung über das Ausmaß des Steuerentzuges zurück. Gilt das strenge Äquivalenzprinzip auf individueller Ebene zwischen tatsächlicher Steuerzahlung und staatlicher Leistung nicht (und im Zusammenhang mit der Bereitstellung öffentlicher Güter ist dies ausgeschlossen), so hängt das individuell nutzbare staatliche Angebot zwangsläufig auch von den tatsächlichen Steuerzahlungen aller anderen Steuerpflichtigen ab. Das Angebot reiner öffentlicher Güter, durch Nichtrivalität im Konsum und Nichtausschließbarkeit vom Konsum gekennzeichnet, ist, wenn Steuerentzug möglich ist, nicht vorgegeben, sondern ergibt sich aus den individuellen Entscheidungen bezüglich des Steuerentzuges. Das Verfahren zur Bestimmung des staatlichen Angebotes öffentlicher Güter angesichts möglichen Steuerentzuges ähnelt den Prozessen zur Festlegung des Angebotes öffentlicher Güter, wenn es durch freiwillige Beiträge aller Nutzer finanziert wird.[41] Der Teil der Steuer, dem sich der Steuerpflichtige nicht entzieht, entspricht dem freiwilligen Beitrag zur Finanzierung des öffentlichen Güterangebotes. Diese Analogie kann, wie im folgenden zu zeigen sein wird, leicht verdeutlicht werden.

Das staatlich bereitgestellte Güterangebot ist das Ergebnis strategischer Handlungen, wenn Steuerentzug möglich ist. Jeder Steuerpflichtige weiß, daß andere das für ihn erreichbare Nutzenniveau beeinflussen und seine Entscheidung das Wohlbefinden anderer tangiert. Das staatliche Güterangebot schafft eine strategische Interdependenz zwischen den Steuerpflichtigen.

Steuerentzug im strategischen Kontext kann aus finanzwissenschaftlicher Sicht also schwerlich untersucht werden, ohne den Zusammenhang zum Angebot öffentlicher Güter zu berücksichtigen. Dies ist nach Kenntnis des Verfassers allerdings für Steuervermeidung bei Verwendung von Kostenfunktionen noch nicht geschehen. Anders verhält es sich mit der Steuerhinterziehung. Cowell und Gordon (1988) und Falkinger (1988) beschäftigen sich ausführlich unter der Annahme identischer Individuen mit dem Zusammenhang zwischen dem Angebot öffentlicher Güter und dem Ausmaß der

---

[41] Zur einführenden Darstellung des Nash-Gleichgewichtes bei freiwilliger Finanzierung des Angebotes öffentlicher Güter siehe Atkinson und Stiglitz (1980), S. 505 f. Vgl. auch Bergstrom, Blume und Varian (1986).

Steuerhinterziehung in strategischen Entscheidungssituationen.[42] Gleichgewichtige Konstellationen werden dabei unter verschiedenen Hypothesen über die Erwartungsbildung analysiert. Die Autoren rekurrieren dabei (implizit) auf die aus der Oligopoltheorie wohlbekannten Konzepte der "**Conjectural variations**" (der vermuteten Reaktionen anderer Wirtschaftssubjekte auf Änderungen des eigenen Verhaltens)[43] zur Beschreibung dieser Erwartungen.[44]

In diesem Abschnitt werden in systematischer Weise für Steuerhinterziehung und Steuervermeidung in Gesellschaften mit nicht notwendigerweise identischen Individuen auf der Basis der Erkenntnisse der Oligopoltheorie[45] Gleichgewichtskonstellationen untersucht, ihre Abhängigkeit von den Erwartungshypothesen beschrieben und die Systematik der komparativen Statik herausgearbeitet. Dabei werden die Varianten des Steuerentzuges in vereinheitlichter Weise betrachtet und erst zum Schluß im einzelnen untersucht. Es wird die Basis für die Beantwortung vor allem zweier Fragen gelegt. Zum einen soll geklärt werden, wie die Erwartungen eines Steuerpflichtigen über die "Reaktionen" der anderen Steuerzahler das Ausmaß des Steuerentzuges jedes Akteurs beeinflussen und insbesondere, ob die A-priori-Vermutung eines positiven Zusammenhanges zwischen Steuerzahlung und einer Unterstellung verstärkten Steuerentzuges anderer bei Erhöhung des eigenen, der Steuer entzogenen Einkommens bestätigt werden kann. Zum anderen wird der Frage nachzugehen sein, ob es einen positiven Zusammenhang zwischen der Höhe der "freiwilligen" Steuerzahlung und der Höhe des Anteiles staatlicher Einnahmen, der dem jeweiligen Steuerzahler zugute kommt, gibt.

4.2.1 Das Gleichgewicht des Steuerentzuges

Es wird eine Gesellschaft mit N Individuen betrachtet, die mit $i = 1, 2, \ldots, N$ indiziert werden und von denen jedes über ein gegebenes Einkommen y_i verfügt. Das Einkommen unterliegt einer proportionalen Besteuerung mit dem konstanten Grenzsteuersatz τ. Jedes Individuum hat die Möglichkeit, einen Betrag $\tilde{e}_i$ nicht zu versteuern.[46] Das staatliche Bud-

---

[42] Erstmalig wird die strategische Interdependenz bei Gottlieb (1985) untersucht.

[43] Siehe Friedman (1983), S. 104 ff, Shapiro (1989), S. 353 ff und Dixit (1986), S. 108 f und S. 116.

[44] Auf Conjectural variations bei der freiwilligen Finanzierung öffentlicher Güter gehen Bergstrom, Blume und Varian (1986), S. 31 ein.

[45] Siehe vor allem Dixit (1986).

[46] Das Vorgehen wird erheblich vereinfacht, wenn anstelle des Steuerentzugssanteiles e_i das nicht besteuerte Einkommen $\tilde{e}_i = y_i e_i$ als Entscheidungsvariable gewählt wird.

get A wird entweder zur Finanzierung von Transfers an die Individuen verwendet oder zur Bereitstellung von Gütern herangezogen, die mehr oder weniger den Charakter eines öffentlichen Gutes haben. Ist ϱ_i $(0 < \varrho_i \leq 1)$ der Anteil, den das $i-$te Individuum erhält, dann kann von diesem $g_i = \varrho_i A$ genutzt werden. Die Präferenzen jedes Individuums werden durch eine strikt konkave Nutzenfunktion $v^i(c_i, g_i)$ in dem für Konsum verfügbaren Einkommen c_i und dem nutzbaren Anteil staatlicher Ausgaben g_i beschrieben.

Finanziert der Staat ein reines öffentliches Gut, ist der Anteil ϱ_i für alle Individuen gleich eins; die Nutzenfunktion entspricht $v^i(c_i, A)$. Fließt das staatliche Budget ausschließlich in Transfers, ist der Nutzen durch $v^i(c_i+g_i)$ beschreibbar. Die ersten und zweiten Ableitungen nach c_i und g_i stimmen jeweils überein.

Ist Steuerhinterziehung nicht möglich und Steuervermeidung die einzige Option des Steuerentzuges, handelt der Steuerpflichtige unter Sicherheit. Konsummöglichkeiten, staatliches Budget und Nutzenfunktion nehmen die im folgenden beschriebene Gestalt an. Sind die strikt konvexen Kostenfunktionen der Steuervermeidung $\varphi(\cdot)$ für alle Individuen identisch und unabhängig vom Verhalten anderer Individuen, dann wird der sichere Konsum des $i-$ten Individuums zu

$$c_i = (1-\tau)y_i + \tau\tilde{e}_i - \varphi(\cdot), \tag{4.4.a}$$

das staatliche Budget zu

$$A = \tau\sum_{j=1}^{N}(y_j - \tilde{e}_j) \tag{4.4.b}$$

und die Nutzenfunktion ist

$$v^i(c_i, g_i) = u^i(c_i, g_i), \tag{4.4.c}$$

wenn u^i den Nutzen des sicheren Konsums bezeichnet.

Der Fall freiwilliger Finanzierung öffentlicher Güter kann als Spezialfall der Steuervermeidung aufgefaßt werden. Sind die Kosten der Nicht-Zahlung gleich null, wird Steuervermeidung zur freiwilligen Finanzierung des öffentlichen Güterangebotes. Mit der Steuerschuld wird ein maximaler Beitrag jedes Individuums vorgegeben, und der freiwillige Beitrag des $i-$ten Individuums beträgt $\tau(y_i - \tilde{e}_i)$. Konsum, Budget und Nutzenfunktion werden zu

$$c_i = (1-\tau)y_i + \tau\tilde{e}_i, \tag{4.5.a}$$

$$A = \tau\sum_{j=1}^{N}(y_j - \tilde{e}_j), \tag{4.5.b}$$

$$v^i(c_i, g_i) = u^i(c_i, g_i). \tag{4.5.c}$$

Besteht hingegen nur die Möglichkeit der Steuerhinterziehung, d.h., ist Steuervermeidung ausgeschlossen, so ist der Konsum des i-ten Individuums c_i unter der Prämisse einer exogenen, für alle Individuen gleichen Entdeckungswahrscheinlichkeit p und einer zur hinterzogenen Steuer mit π proportionalen Bestrafung nach aufgedeckter Hinterziehung (ϕ^1) eine stochastische Variable,

$$c_i = (1-\tau)y_i + h\tau\tilde{e}_i, \tag{4.6.a}$$

wobei die Rendite einer hinterzogenen Steuereinheit wie im Basis-Modell der Steuerhinterziehung durch

$$h = \begin{cases} 1 & \text{mit der Wahrscheinlichkeit } 1-p, \\ -\pi & \text{mit der Wahrscheinlichkeit } p, \end{cases}$$

mit $E[h] > 0$, gegeben ist. Sind die Kontrollen nicht miteinander korreliert und ist die Zahl der Individuen hinreichend groß, dann entspricht das staatliche Budget A den erwarteten Staatseinnahmen:

$$A = \tau\sum_{j=1}^{N}\Big(y_j - (1-p-p\pi)\tilde{e}_j\Big). \tag{4.6.b}$$

Es ist plausibel anzunehmen, daß die Staatseinnahmen auch in der Erwartung des einzelnen Steuerpflichtigen nicht davon berührt werden, ob dieser erfolgreich oder erfolglos Steuern hinterzieht.[47] Der Nutzen der Hinterziehung entspricht dem Erwartungsnutzen:

$$v^i(c_i, g_i) = E[u^i(c_i, g_i)]. \tag{4.6.c}$$

[47] Entsprechend verfährt auch Falkinger (1988), S. 389 f. Cowell und Gorden (1988), S. 307 f, S. 314 und analog Cowell (1990a), S. 115 ff hingegen definieren A in der Erwartung des i–ten Individuums (im Modell identischer Individuen) als stochastische, individuell (potentiell) verschiedene Variable A_i, mit

$$A_i = y_i - c_i + \tau\sum_{j\neq i}\big(y_j - (1-p-p\pi)\tilde{e}_j\big).$$

Die formale Beschreibung des Gleichgewichtes und der komparativ-statischen Eigenschaften kann auf der Basis der gewählten, vereinheitlichten Darstellung der Finanzierung von Transfers oder von öffentlichen Gütern bei Steuerhinterziehung oder Steuervermeidung vorgenommen werden. Das staatliche Budget ist in allen Fällen eine Funktion der Summe der nicht besteuerten Einkommensanteile,

$$A = A\left(\sum_{j=1}^{N} \tilde{e}_j\right),$$

und darüber hinaus nicht von einzelnen Finanzierungsbeiträgen separat abhängig. Zur Vereinfachung der Notation wird die Summe der nicht besteuerten Beträge aller von i verschiedenen Individuen mit

$$\tilde{e}_{-i} = \sum_{j \neq i} \tilde{e}_j$$

gekennzeichnet. Von jedem Steuerpflichtigen wird angenommen, er lege seiner Entscheidung eine Conjectural variation zugrunde, d.h. eine Hypothese über die Änderung der von anderen Steuerpflichtigen der Steuer entzogenen Einkommensbeträge bei einer Änderung des vom Individuum selbst der Steuer entzogenen Einkommensbetrages.[48] Es scheint unrealistisch anzunehmen, daß für jeden anderen Steuerpflichtigen separat Mutmaßungen hinsichtlich dessen Reaktion auf Änderungen der Höhe des eigenen Einkommens, das der Besteuerung entzogen werden soll, angestellt werden. Realistischer ist eine Beschränkung auf die Reaktion des gesamten Steuerentzuges aller anderen Steuerpflichtigen. Zur Vereinfachung seien die Conjectural variations

$$\frac{d\tilde{e}_{-i}}{d\tilde{e}_i} \stackrel{\text{def}}{=} \mu_i$$

Konstanten, also auch unabhängig vom derzeitigen Ausmaß eigenen und fremden Steuerentzuges. Aus der spieltheoretischen Literatur wie aus der Literatur zur Oligopoltheorie sind einige Spezialfälle der Conjectural variations bekannt:

---

[48] Die Vermutung einer solchen Anpassungserwartung kann unter Umständen als Ausweg aus dem Dilemma dienen, das sich aus der Schwierigkeit ergibt, die Free-Rider-Hypothese empirisch in dem theoretisch prognostizierten Ausmaß zu bestätigen. Vgl. Dawes und Thaler (1988), die u.a. neuere experimentelle Untersuchungen zur Free-Rider-Hypothese vorstellen.

Competitive conjecture (Wettbewerbsvermutung)	$\mu_i = -1,$
Cournot conjecture	$\mu_i = 0,$
Collusive conjecture (Kartellvermutung)	$\mu_i = \tilde{e}_{-i}/\tilde{e}_i.$

Die genannten Spezialfälle sind insbesondere hinsichtlich der Reaktion des gesamten vermuteten Steuerentzuges auf Erhöhungen des individuellen Steuerentzuges

$$1 + \frac{d\tilde{e}_{-i}}{d\tilde{e}_i} = 1 + \mu_i$$

markant. Es ergibt sich offensichtlich:

Competitive conjecture:	$1 + \mu_i = 0,$
Cournot conjecture:	$1 + \mu_i = 1,$
Collusive conjecture:	$1 + \mu_i = \sum_{j=1}^{N} \tilde{e}_j/\tilde{e}_i.$

Bei "Wettbewerbsvermutungen" erwartet der Steuerpflichtige den Ausgleich des eigenen Steuerentzuges durch die anderen Steuerzahler. Er vermutet also bei verstärktem Steuerentzug, daß andere mehr Steuern zahlen. Der eigene Steuerentzug ist irrelevant für das volkswirtschaftliche Steuerentzugsniveau. Die bereits im Zusammenspiel von Steuerpflichtigem und Finanzamt behandelten Cournot conjectures formulieren die Erwartung, daß die anderen Steuerpflichtigen nicht reagieren; das Gesamtniveau des Steuerentzuges verändert sich genau im Ausmaß der Modifikation des eigenen Steuerentzuges. Unterstellt der Steuerpflichtige hingegen gleichgerichtetes Verhalten, so nimmt er an, daß jede Veränderung des eigenen Steuerentzuges durch die anderen Steuerpflichtigen verstärkt wird. Im Spezialfall identischer Individuen und für alle Individuen gleicher Ausgangssituation wird die Kartellvermutung zu $\mu_i = N - 1$; der Steuerpflichtige vermutet im Ergebnis eine N–fache Verstärkung des eigenen Verhaltens.

Im weiteren wird der Bereich der zulässigen Conjectural variations eingeschränkt:

Annahme 4.2 *Im Gleichgewicht gelte für $i = 1, 2, \ldots, N$:*

$$-1 \leq \mu_i \leq \tilde{e}_{-i}/\tilde{e}_i.$$

Es wird also insbesondere ausgeschlossen, daß ein Steuerpflichtiger vermuten könnte, daß die anderen Steuerzahler einen verstärkten Steuerentzug überkompensieren würden, d.h., daß $1 + \mu_i$ negativ wäre.

Mit v_{ii}^i bzw. v_{i-i}^i werden die partiellen Ableitungen der ersten totalen Ableitung der Zielfunktion des i–ten Individuums nach der Steuerentzugsvariable des i–ten Individuums bzw. nach der Summe der nicht besteuerten Einkommen der anderen Individuen im Gleichgewicht bezeichnet, d.h.

$$v_{ii}^i = \frac{\partial\left(\frac{dv^i(c_i,g_i)}{d\tilde{e}_i}\right)}{\partial \tilde{e}_i} \quad \text{und} \quad v_{i-i}^i = \frac{\partial\left(\frac{dv^i(c_i,g_i)}{d\tilde{e}_i}\right)}{\partial \tilde{e}_{-i}}.$$

Die Werte dieser Ableitungen können, wie später bei der Analyse der Varianten des Steuerentzuges im einzelnen deutlich wird, für das Problem des Steuerentzuges auf den nicht-positiven Bereich begrenzt werden. Dies kommt in der folgenden Annahme u.a. zum Ausdruck, deren Geltung im weiteren unterstellt wird.

Annahme 4.3 *Es gilt für $i = 1, 2, \ldots, N$:*

$$v_{ii}^i < 0, \tag{4.7.a}$$

$$v_{i-i}^i \leq 0, \tag{4.7.b}$$

$$v_{ii}^i - v_{i-i}^i < 0. \tag{4.7.c}$$

Das Gleichgewicht ist durch die in Lemma 4.5 angegebenen Bedingungen charakterisiert.[49]

Lemma 4.5 *(a) Liegt keine Randlösung vor, dann ist das Gleichgewicht $(\tilde{e}_1, \tilde{e}_2, \ldots, \tilde{e}_N)$ durch die notwendigen Bedingungen*

$$\frac{dv^i(c_i,g_i)}{d\tilde{e}_i} = 0, \qquad \text{für } i = 1, 2, \ldots, N \tag{4.8}$$

gekennzeichnet. Diese Bedingungen sind darüber hinaus bei Erfüllung der Annahmen 4.2 und 4.3 hinreichend.

---

[49] Siehe Dixit (1986), S. 116 im oligopoltheoretischen Zusammenhang.

Beweis. Solange keine verbindlichen Abmachungen geschlossen werden können, reichen die individuellen Maximalbedingungen aus. Die Bedingungen erster Ordnung sind hinreichend, wenn

$$\frac{d^2 v^i(c_i, g_i)}{d\tilde{e}_i^2} = v_{ii}^i + v_{i-i}^i \mu_i < 0, \qquad \text{für } i = 1, 2, \ldots, N,$$

erfüllt ist. Nach Annahme 4.2 gilt $-1 \leq \mu_i$, woraus nach Annahme 4.3

$$-v_{i-i}^i \geq v_{i-i}^i \mu_i$$

folgt. Damit gilt

$$v_{ii}^i - v_{i-i}^i \geq v_{ii}^i + v_{i-i}^i \mu_i.$$

Also gilt $v_{ii}^i + v_{i-i}^i \mu_i < 0$. Q.E.D.

Im Gleichgewicht ist durch vermehrten Steuerentzug marginal kein Nutzenzuwachs zu erzielen. Hinreichend ist diese Bedingung für jeden Steuerpflichtigen, weil der Grenznutzen bei vermehrtem eigenen Steuerentzug unter Einschluß der erwarteten Reaktionen anderer Steuerpflichtiger sinkt.

Die im weiteren folgende komparativ-statische Analyse des Gleichgewichtes ist im Sinne des **Korrespondenzprinzips** von Samuelson ohne eine Stabilitätsanalyse nicht sinnvoll. Unterstellt man einen myopischen Anpassungsprozeß, in dem jeder Steuerpflichtige einen größeren Betrag der Steuer entzieht, wenn dieses einen Nutzenzuwachs impliziert, so kann der Anpassungsprozeß im zeitstetigen Modell durch ein System von N Differentialgleichungen[50], z.B. in der Form

$$\dot{\tilde{e}}_i = \xi_i \frac{dv^i(c_i, g_i)}{d\tilde{e}_i}, \qquad \text{für } i = 1, 2, \ldots, N,$$

beschrieben werden, wobei $\xi_i > 0$ jeweils die Anpassungsgeschwindigkeit angibt. Durch Linearisierung dieses Systems können Stabilitätsbedingungen ermittelt werden, wie das folgende Lemma zeigt.[51]

---

[50] Durch $\cdot$ werden Ableitungen nach der Zeit gekennzeichnet.

[51] Siehe Dixit (1986), S. 117 f im oligopoltheoretischen Zusammenhang.

Lemma 4.6 *Unter der Annahme 4.3 sind notwendige Bedingungen für die Stabilität des durch die Bedingungen (4.8) bestimmten Gleichgewichtes* $(\tilde{e}_1, \tilde{e}_2, \ldots, \tilde{e}_N)$

(4.9.a) $v^i_{ii} \leq 0,$ *für* $i = 1, 2, \ldots, N,$

und $v^i_{ii} < 0$ *für mindestens ein* $i \in \{1, \ldots, N\},$

(4.9.b) $$(-1)^N \left(\prod_{j=1}^{N} (v^j_{jj} - v^j_{j-j}) \right) \Gamma > 0$$

erfüllt, wobei

$$\Gamma \stackrel{\text{def}}{=} 1 + \sum_{j=1}^{N} \frac{v^j_{j-j}}{v^j_{jj} - v^j_{j-j}} > 0.$$

Beweis. Die Determinante der Koeffizientenmatrix des linearisierten dynamischen Systems ist[52]

$$\Delta^3 \stackrel{\text{def}}{=} \begin{vmatrix} \xi_1 v^1_{11} & \xi_1 v^1_{1-1} & \cdots & \xi_1 v^1_{1-1} \\ \xi_2 v^2_{2-2} & \xi_2 v^2_{22} & \cdots & \xi_2 v^2_{2-2} \\ \vdots & \vdots & \ddots & \vdots \\ \xi_N v^N_{N-N} & \xi_N v^N_{N-N} & \cdots & \xi_N v^N_{NN} \end{vmatrix} = \left(\prod_{j=1}^{N} \xi_j (v^j_{jj} - v^j_{j-j}) \right) \Gamma.$$

Notwendige Bedingung für Stabilität ist, daß die Spur der Koeffizientenmatrix (die Summe der Eigenwerte) negativ ist und die Determinante (das Produkt der Eigenwerte) das Vorzeichen von $(-1)^N$ hat. Die Spur ist nur für *alle zulässigen* Anpassungsgeschwindigkeiten negativ, wenn $v^i_{ii} \leq 0, \forall i$, gilt und $v^i_{ii} < 0$ für mindestens ein $i \in \{1, \ldots, N\}$ gilt. Die Determinante Δ^3 hat nur dann für alle zulässigen Anpassungsgeschwindigkeiten das gleiche Vorzeichen wie $(-1)^N$, wenn (4.9.b) gilt. Wenn Annahme 4.3 erfüllt ist, gelten (4.9.a) und (4.9.b) offensichtlich. Q.E.D.

Das Gleichgewicht kann auch als Schnittpunkt der Reaktionskurven interpretiert werden. Für eine anschauliche Darstellung eignet sich die Betrachtung der Reaktionskurve eines $i-$ten Individuums und der aggregierten Reaktionskurve der restlichen Steuerzahler. Die Reaktionskurve des $i-$ten

---

[52] Siehe Anhang 1, Fall a.

Steuerpflichtigen gibt an, wie dieser seinen Steuerentzug ändert, wenn alle anderen in größerem Maße sich der Steuer entziehen. Umgekehrt gibt die Reaktionskurve aller anderen Steuerzahler an, wie alle Steuerpflichtigen, mit Ausnahme des $i-$ten Individuums, auf eine Änderung des Steuerentzuges des $i-$ten Steuerzahlers reagieren. Lemma 4.7 beschreibt die Steigungen der Reaktionskurven.[53]

Lemma 4.7 *(a) Die Reaktionskurve $\tilde{e}_i^*(\tilde{e}_{-i})$ des $i-$ten Steuerpflichtigen hat die Steigung:*

$$\frac{d\tilde{e}_i^*}{d\tilde{e}_{-i}} = -\frac{v_{i-i}^i}{v_{ii}^i + v_{i-i}^i \mu_i}. \tag{4.10.a}$$

(b) Die Reaktionskurve $\tilde{e}_{-i}^*(\tilde{e}_i)$ aller von i verschiedenen Steuerpflichtigen hat die Steigung:

$$\frac{d\tilde{e}_{-i}^*}{d\tilde{e}_i} = -\frac{\sum_{j\neq i}\left[v_{j-j}^j/(v_{jj}^j - v_{j-j}^j)\right]}{1+\sum_{j\neq i}\left[v_{j-j}^j/(v_{jj}^j - v_{j-j}^j)\right]}, \tag{4.10.b}$$

mit

$$-1 < \frac{d\tilde{e}_{-i}^*}{d\tilde{e}_i} \leq 0$$

im Gleichgewicht.

Beweis. (a) Die Optimalbedingung des $i-$ten Individuums definiert $\tilde{e}_i^*$ als Funktion von $\tilde{e}_{-i}$.
(b) Die Optimalbedingungen aller von i verschiedenen Individuen definieren $\tilde{e}_{-i}^*$ als Funktion von $\tilde{e}_i$. Anwendung des Satzes über implizite Funktionen und Zusammenfassungen und Umformungen ergeben die Bedingung[54]

$$\frac{d\tilde{e}_{-i}^*}{d\tilde{e}_i} = -\frac{\sum_{j\neq i}\Delta_{ij}^4}{\Delta_i^4},$$

mit

$$\Delta^4 = \begin{vmatrix} v_{11}^1 & v_{1-1}^1 & \cdots & v_{1-1}^1 \\ v_{2-2}^2 & v_{22}^2 & \cdots & v_{2-2}^2 \\ \vdots & \vdots & \ddots & \vdots \\ v_{N-N}^N & v_{N-N}^N & \cdots & v_{NN}^N \end{vmatrix}.$$

[53] Siehe Dixit (1986), S. 118 im oligopoltheoretischen Zusammenhang.
[54] Siehe Anhang 1, Fall c und a.

Von Δ^4 gelangt man zu Δ_i^4 durch Entfernung der i–ten Zeile und Spalte, aus Δ_i^4 wird Δ_{ij}^4, indem die j–te Spalte durch $(v_{1-1}^1, v_{2-2}^2, \ldots, v_{N-N}^N)^T$ ersetzt wird. Wegen Annahme 4.3 ist die Steigung von $\tilde{e}_{-i}^*(\tilde{e}_i)$ nicht positiv und

$$1 + \frac{d\tilde{e}_{-i}^*}{d\tilde{e}_i} = \frac{1}{1 + \sum_{j \neq i} \left[v_{j-j}^j / (v_{jj}^j - v_{j-j}^j) \right]}$$

ist positiv. Damit ist die Abschätzung begründet. Q.E.D.

Die tatsächliche Reaktion aller anderen Individuen ist immer dem Verhalten eines Steuerzahlers entgegengerichtet. Die Reaktionskurve $\tilde{e}_{-i}^*(e_i)$ hat eine nicht positive Steigung.

Nachdem die Reaktionskurven bestimmt sind, besteht die Möglichkeit, eine in der Literatur häufig diskutierte, aber auch kritisierte Conjectural variation einzuführen. Unbefriedigend an der meistens verwendeten Cournot conjecture ist der häufig festzustellende Widerspruch zwischen der Vermutung, die anderen reagierten nicht, einerseits und der von null verschiedenen Steigung der Reaktionskurve andererseits, die eben gerade Reaktionen auf Verhaltensänderungen vorhersagt. Die Vermutung, die Mitspieler verhielten sich passiv, wird im Gleichgewicht nicht bestätigt. Stimmen hingegen die Reaktionen im Gleichgewicht mit den unterstellten Verhaltensweisen überein, spricht man von einem **Gleichgewicht konsistenter Vermutungen** ("Consistent-conjectures equilibrium").[55] Im Zusammenhang von Steuerentzug und staatlichem Güterangebot können konsistente Vermutungen in einem Gleichgewicht anhand der eingeführten Größen wie folgt definiert werden.

Definition 4.1 Gleichgewicht konsistenter Vermutungen

Ein Gleichgewicht konsistenter Vermutungen ist durch

$$(4.11) \qquad \mu_i = \frac{d\tilde{e}_{-i}^*}{d\tilde{e}_i}, \quad \text{für } i = 1, 2 \ldots, N,$$

gekennzeichnet.

[55] Zum Konzept der Consistent conjectural variations im oligopoltheoretischen Kontext siehe Perry (1982), Dixit (1986), S. 111 und S. 119. Kritik übt z.B. Shapiro (1989), S. 354.

Im symmetrischen Gleichgewicht identischer Individuen sind konsistente Vermutungen offensichtlich durch[56]

$$\mu = -\frac{(N-1)v_{i-i}}{v_{ii} + (N-2)v_{i-i}}$$

charakterisiert.

In Verbindung mit Lemma 4.7 läßt sich der Bereich der Conjectural variations einschränken, der ein Gleichgewicht konsistenter Vermutungen generieren kann, was das folgende Korollar verdeutlicht.

Korollar 4.5 *Notwendige Bedingung für ein Gleichgewicht konsistenter Vermutungen ist*

$$\mu_i \leq 0, \quad \forall i.$$

Beweis. Da im Gleichgewicht konsistenter Vermutungen

$$\mu_i = \frac{d\tilde{e}^*_{-i}}{d\tilde{e}_i}, \quad \text{für } i = 1, 2 \ldots, N,$$

gilt, folgt dies unmittelbar aus Lemma 4.7. Q.E.D.

Die vermuteten Reaktionen entsprechen nur dann den tatsächlichen Reaktionen, wenn keine auch nur ansatzweise gleichgerichtete Reaktion anderer Steuerpflichtiger erwartet wird.

Für jedes Gleichgewicht können in Abhängigkeit von der Erwartungsbildung die komparativ-statischen Effekte quantifiziert werden. Die Resultate sind in Satz 4.4 angegeben. Dazu wird $v^i_{i\eta}$ als die partielle Reaktion der Optimalbedingung erster Ordnung des $i-$ten Individuums (4.8) auf eine Änderung eines (beliebigen) Parameters η für $i = 1, 2, \ldots, N$ definiert.

---

[56] Soweit es sinnvoll erscheint, wird der Index zur Kennzeichnung des Individuums bei Betrachtung symmetrischer Gleichgewichtskonstellationen mit identischen Individuen weggelassen.

Satz 4.4 *Die gleichgewichtigen Einkommensbeträge $(\tilde{e}_1, \tilde{e}_2, \ldots, \tilde{e}_N)$ des Steuerentzuges eines durch Lemma 4.5 charakterisierten Gleichgewichtes reagieren auf Änderungen eines Parameters η für $i = 1, 2, \ldots, N$ gemäß:*

$$\frac{\partial \tilde{e}_i}{\partial \eta} = -\frac{v^i_{i\eta}}{v^i_{ii} - v^i_{i-i}} + \frac{v^i_{i-i}}{(v^i_{ii} - v^i_{i-i})\Gamma} \sum_{j=1}^{N} \frac{v^j_{j\eta}}{v^j_{jj} - v^j_{j-j}}, \tag{4.12.a}$$

Die Summe des nicht deklarierten Einkommens $\sum_{i=1}^{N} \tilde{e}_i$ reagiert auf die Änderung des Parameters η gemäß

$$\frac{\partial(\sum_{i=1}^{N} \tilde{e}_i)}{\partial \eta} = -\frac{1}{\Gamma} \sum_{i=1}^{N} \frac{v^i_{i\eta}}{v^i_{ii} - v^i_{i-i}}. \tag{4.12.b}$$

Beweis. Das Gleichungssystem (4.8) definiert $(\tilde{e}_1, \tilde{e}_2, \ldots, \tilde{e}_N)$ als vektorwertige Funktion der exogenen Parameter. Also gilt in Anwendung des Satzes über implizite Funktionen

$$\frac{\partial \tilde{e}_i}{\partial \eta} = -\frac{\Delta^4_{i\eta}}{\Delta^4},$$

wobei man von der in Lemma 4.7 definierten Determinante Δ^4 zur Determinante $\Delta^4_{i\eta}$ durch Ersetzen der i-ten Spalte in der zugrundeliegenden Matrix durch den Vektor $(v^1_{1\eta}, v^2_{2\eta}, \ldots, v^N_{N\eta})^T$ gelangt. Die Determinantenberechnung ist analog zu Anhang 1, Fall a und b. Summiert man über alle i, gelangt man zu (4.12.b). Q.E.D.

Als Spezialfall des dargestellten Satzes der komparativen Statik des erwartungskompatiblen Steuerentzugsgleichgewichtes kann der im folgenden Korollar behandelte Fall angesehen werden.

Korollar 4.6 *Ist $v^j_{j\eta} = 0, \forall j \neq i$, dann gilt:*

(a)
$$\frac{\partial \tilde{e}_i}{\partial \eta} = -\frac{v^i_{i\eta}}{v^i_{ii} - v^i_{i-i}} \left(1 - \frac{v^i_{i-i}}{(v^i_{ii} - v^i_{i-i})\Gamma}\right),$$

$$\frac{\partial \tilde{e}_j}{\partial \eta} = \frac{v^i_{i\eta} v^j_{j-j}}{(v^i_{ii} - v^i_{i-i})(v^j_{jj} - v^j_{j-j})\Gamma}, \quad \forall j \neq i, \quad \text{und}$$

$$\frac{\partial(\sum_{j=1}^{N} \tilde{e}_j)}{\partial \eta} = -\frac{v^i_{i\eta}}{(v^i_{ii} - v^i_{i-i})\Gamma}$$

(b) und

$$\text{sign}\left(\frac{\partial \tilde{e}_i}{\partial \eta}\right) = \text{sign}\left(\frac{\partial(\sum_{j=1}^{N} \tilde{e}_j)}{\partial \eta}\right) = \text{sign}\,(v^i_{i\eta}),$$

$$\text{sign}\left(\frac{\partial \tilde{e}_j}{\partial \eta}\right) = \text{sign}\,(-v^i_{i\eta}), \forall j \neq i,$$

wenn Annahme 4.3 erfüllt ist.

Beweis. (a) Die Terme sind durch Einsetzen in (4.12) abzuleiten.
(b) Wegen Annahme 4.3 gilt $\Gamma > 0$. Da nach Umformungen[57]

$$\frac{\partial \tilde{e}_i}{\partial \eta} = -\frac{v^i_{i\eta}}{(v^i_{ii} - v^i_{i-i})\Gamma}\left(1 + \sum_{j \neq i} \frac{v^j_{j-j}}{v^j_{jj} - v^j_{j-j}}\right)$$

gilt und der Term in der Klammer wegen Annahme 4.3 positiv ist, gilt sign $(\partial \tilde{e}_i / \partial \eta) = $ sign $(v^i_{i\eta})$. Die anderen Behauptungen sind offenkundig.

Q.E.D.

Das dargelegte allgemeine Resultat der komparativen Statik läßt sich für den wichtigen Spezialfall identischer Individuen in einem bzw. um ein symmetrisches Gleichgewicht, in dem sich alle Steuerpflichtigen mit dem gleichen Einkommensbetrag der Steuer entziehen, griffiger formulieren, wie das folgende Korollar zeigt.

Korollar 4.7 *Sind alle Individuen identisch und ist das Ausgangsgleichgewicht symmetrisch, mit $\tilde{e}_i = \tilde{e}, \forall i$,*
(a) dann ist die komparative Statik durch

$$\frac{\partial \tilde{e}}{\partial \eta} = -\frac{v_{i\eta}}{v_{ii} + (N-1)v_{i-i}} \quad \text{und} \quad \frac{\partial(\sum_{i=1}^{N} \tilde{e})}{\partial \eta} = -\frac{N v_{i\eta}}{v_{ii} + (N-1)v_{i-i}}$$

beschrieben,
(b) und es gilt

$$\text{sign}\left(\frac{\partial \tilde{e}}{\partial \eta}\right) = \text{sign}\left(\frac{\partial(\sum_{i=1}^{N} \tilde{e})}{\partial \eta}\right) = \text{sign}\,(v_{i\eta}),$$

wenn Annahme 4.3 gilt.

[57] Siehe auch Anhang 1, Fall a und d.

Beweis. (a) Durch Einsetzen in die Gleichungen aus Satz 4.4 herzuleiten,[58] wobei dann

$$\Gamma = \frac{v_{ii} + (N-1)v_{i-i}}{v_{ii} - v_{i-i}}$$

gilt und v_{ii}, v_{i-i} und $v_{i\eta}$ für alle Individuen gleich sind.
(b) Die Abschätzungen sind offensichtlich. Q.E.D.

Wenn kein Steuerpflichtiger vermutet, daß der Grenznutzen des individuell getätigten Steuerentzuges durch den Steuerentzug aller anderen Steuerpflichtigen tangiert wird, d.h., daß v^i_{i-i} gleich null ist, reduziert sich das Steuerentzugsproblem auf ein individuelles Entscheidungsproblem ohne strategische Komponente. Die bisherigen Resultate faßt das folgende Korollar für diesen Spezialfall zusammen.

Korollar 4.8 *Wenn $v^i_{i-i} = 0$ für $i = 1, 2, \ldots, N$ gilt und Annahme 4.3 erfüllt ist, dann*
(a) ist das Gleichgewicht stabil,
(b) hat die Reaktionskurve $\tilde{e}^*_{-i}(\tilde{e}_i)$ die Steigung null,
(c) gilt für die komparative Statik:

$$\frac{\partial \tilde{e}_i}{\partial \eta} = -\frac{v^i_{i\eta}}{v^i_{ii}} \quad \text{und} \quad \frac{\partial(\sum_{i=1}^N \tilde{e}_i)}{\partial \eta} = -\sum_{i=1}^N \frac{v^i_{i\eta}}{v^i_{ii}},$$

mit

$$sign\left(\frac{\partial \tilde{e}_i}{\partial \eta}\right) = sign\,(v^i_{i\eta}),$$

jeweils für $i = 1, 2, \ldots, N$.

Beweis. (a) Hinreichend für Stabilität ist diagonale Dominanz,[59] d.h.

$$|v^i_{ii}| > (N-1)|v^i_{i-i}|, \qquad \forall i.$$

Dies ist aber für $v^i_{i-i} = 0$ und Annahme 4.3 offensichtlich erfüllt.
(b) Lemma 4.7. (c) Satz 4.4. Q.E.D.

[58] Siehe auch Anhang 1, Fall e und f.
[59] Vgl. Intriligator (1971), S. 494 und Dixit (1986), S. 117.

Die individuell hinreichenden Optimalitätsbedingungen zweiter Ordnung genügen zur Sicherung von Stabilität, da die Veränderung des Steuerentzuges im Anpassungsprozeß an das Gleichgewicht nur von der individuellen Höhe des Steuerentzuges berührt wird.

Ein Gleichgewicht konsistenter Vermutungen würde bei identischen Individuen für $v_{i-i} = 0$ verlangen, daß die Steuerpflichtigen der Cournot-Hypothese folgen. Dieses aber impliziert in der Regel, daß v^i_{i-i} nicht gleich null ist.

Nach der Herleitung der allgemeinen Zusammenhänge ist man nun in der Lage, für die angesprochenen Spezialfälle der Steuervermeidung und Steuerhinterziehung einige zusätzliche Ergebnisse herzuleiten. Dabei wird zur Vereinfachung für die Analyse des öffentlichen Güterangebotes eine im privaten und öffentlichen Gut additiv separable Nutzenfunktion unterstellt, deren Kreuzableitungen offensichtlich null sind.[60]

4.2.2 Steuervermeidung und staatliche Leistungen

Die für die Analyse von Steuervermeidung und staatlichem Güterangebot benötigten Informationen enthält das Gleichungssystem (4.4).

4.2.2.1 Steuervermeidung und öffentliche Güter

Finanziert der Staat ein Güterangebot, das mehr oder weniger den Charakter eines öffentlichen Gutes hat, dann wird die Optimalbedingung erster Ordnung (4.8) zu

$$\frac{dv^i(c_i, g_i)}{d\tilde{e}_i} = (\tau - \varphi_{\tilde{e}}(\cdot))u^i_c(c_i, g_i) - \varrho_i \tau (1 + \mu_i) u^i_g(c_i, g_i) = 0.$$

Der Grenzsteuersatz ist im Optimum größer als die individuellen Grenzkosten der Steuervermeidung. Die Terme v^i_{ii} und v^i_{i-i} werden zu:

$$\begin{aligned} v^i_{ii} &= (\tau - \varphi_{\tilde{e}}(\cdot))^2 u^i_{cc}(c_i, g_i) + \varrho_i^2 \tau^2 (1 + \mu_i) u^i_{gg}(c_i, g_i) - \varphi_{\tilde{e}\tilde{e}}(\cdot) u^i_c(c_i, g_i) \\ &< 0, \\ v^i_{i-i} &= \varrho_i^2 \tau^2 (1 + \mu_i) u^i_{gg}(c_i, g_i) \leq 0. \end{aligned}$$

---

[60] Entsprechend verfährt Falkinger (1988). Cowell und Gordon (1988) hingegen unterstellen quasi-lineare Präferenzen mit einem Null-Einkommenseffekt für das öffentliche Gut; die Nutzenfunktion wird zu: $u^i(g_i) + c_i$. Für kompetitive Erwartungen und Ziff public goods (Zero income effect) zeigt Falkinger (1991), daß das optimale Güterangebot bei Steuerhinterziehung der Samuelson-Regel $\sum_i MRS^i = MRT$ genügt.

Da zusätzlich

$$v_{ii}^i - v_{i-i}^i = (\tau - \varphi_{\tilde{e}}(\cdot))^2 u_{cc}^i(c_i, g_i) - \varphi_{\tilde{e}\tilde{e}}(\cdot) u_c^i(c_i, g_i) < 0$$

gilt, ist Annahme 4.3 erfüllt. Die Voraussetzungen für Optimalität und Stabilität sind gegeben.[61]

Im symmetrischen Gleichgewicht identischer Individuen kann ausgeschlossen werden, daß Steuerpflichtige im Gleichgewicht konsistenter Vermutungen ihrem Verhalten die Cournot-Hypothese zugrundelegen,[62] da μ gleich null verlangen würde, daß v_{i-i} ebenfalls gleich null wäre, was aber für die Cournot-Hypothese nicht erfüllbar ist. Konsistenz, d.h. Bestätigung der Vermutungen, entsteht nur dann, wenn die Steuerpflichtigen voneinander teilweise Kompensation der eigenen Steuervermeidung erwarten. Ebensowenig gewährleisten Competitive conjectures ($\mu = -1$) bei identischen Individuen im symmetrischen Gleichgewicht Konsistenz, da unter Competitive conjectures v_{i-i} gleich null ist; Konsistenz also nur mit $\mu = 0$ möglich wäre.

Von besonderem Interesse ist in strategischen Entscheidungssituationen der Zusammenhang zwischen den Erwartungen über das Verhalten anderer Individuen, d.h. den Conjectural variations, und dem Steuervermeidungsverhalten des Steuerpflichtigen. Im folgenden Satz wird dieser Zusammenhang dargelegt.

Satz 4.5 (a) *Wenn der $i-$te Steuerpflichtige eine stärker gleichgerichtete Reaktion der anderen Steuerpflichtigen erwartet, d.h., wenn μ_i steigt, so sinkt der nicht besteuerte Einkommensteil des $i-$ten Steuerpflichtigen $\tilde{e}_i$, steigt für $\mu_i \neq -1$ der nicht besteuerte Einkommensteil jedes anderen Steuerpflichtigen $\tilde{e}_j$, für $j \neq i$, und verringert sich die Summe aller nicht besteuerten Einkommensteile $\sum_{j=1}^{N} \tilde{e}_j$.*
(b) Wenn in einem symmetrischen Gleichgewicht identischer Individuen jeder Steuerpflichtige eine stärker gleichgerichtete Reaktion der anderen Steuerpflichtigen erwartet, d.h., wenn μ steigt, dann sinkt der nicht besteuerte Einkommensteil jedes Steuerpflichtigen $\tilde{e}$ und verringert sich folglich auch die Summe aller nicht besteuerten Einkommensteile $N\tilde{e}$.

Beweis. (a) Da

$$v_{i\mu_i}^i = -\varrho_i \tau u_g^i(c_i, g_i) < 0$$

[61] Vgl. Lemmata 4.5 und 4.6.
[62] Vgl. Defintion 4.1.

und (für $\mu_i \neq -1$) $v^i_{i-i} < 0$ gilt, gelten nach Korollar 4.6 die behaupteten Zusammenhänge, wenn nur μ_i sich ändert, da eine unmittelbare Auswirkung der Vermutung eines Individuums auf andere Individuen ausgeschlossen ist ($v^j_{j\mu_i} = 0, \forall j \neq i$).
(b) Im Gleichgewicht identischer Individuen gelten nach (a) aufgrund von Korollar 4.7 die behaupteten Effekte. Q.E.D.

Erwartet ein Steuerpflichtiger, daß andere Steuerpflichtige stärker als bisher mit verstärktem Steuerentzug auf eigenen vermehrten Steuerentzug reagieren, wird sich dieser Steuerpflichtige in geringerem Ausmaß der Steuer entziehen. Solange sich aber die Erwartungen der anderen Steuerpflichtigen nicht ändern, werden diese im neuen Gleichgewicht mehr Steuern vermeiden, ohne allerdings den positiven Effekt auf die gesamten Staatseinnahmen vollständig konterkarieren zu können. Das aggregierte Niveau der Steuervermeidung sinkt. Verändern sich die Erwartungen aller identischen Steuerpflichtigen gleichartig, sind der individuelle und der aggregierte Effekt gleichgerichtet.

Je größer die vermutete Konformität ist, desto weniger Steuern werden von sich tatsächlich konform verhaltenden identischen Individuen vermieden. Solange identische Individuen keine vollständige Konformität im Steuervermeidungsverhalten erwarten, d.h. keine Collusive conjectures ($\mu_i = N - 1$) bilden, werden zuwenig Steuern gezahlt. Das Ergebnis ist für die vorgegebene Steuerstruktur nicht paretooptimal. Dies gilt auch für das Cournot-Nash-Gleichgewicht der Steuervermeidung. Erst wenn perfekte Konformität erwartet wird, ist das Ausmaß der Steuervermeidung paretooptimal (für den vorgegebenen Steuersatz), da sich die Individuen wie ein Individuum verhalten. Externe Effekte werden über die Erwartungsbildung vollständig internalisiert. Im folgenden Satz wird dieses Effizienzergebnis festgehalten.

Satz 4.6 *Wenn im symmetrischen Gleichgewicht identischer Individuen nicht jedes Individuum von den anderen vollständige Konformität erwartet, d.h., wenn $\mu < N - 1$ gilt, ist das Gleichgewicht der Steuervermeidung nicht paretooptimal.*

Beweis. Paretooptimale Allokationen maximieren die Summe gewichteter Nutzenwerte der Individuen $\sum_{i=1}^{N} \rho_i v^i(c_i, g_i)$, für beliebige ρ_i, mit $\rho_i \geq 0, \forall i$, und $\sum_{i=1}^{N} \rho_i = 1$,[63] d.h. erfüllen notwendigerweise

$$\rho_i(\tau - \varphi_{\bar{e}}(\cdot))u_c^i(c_i, g_i) - \rho_i \varrho_i u_g^i(c_i, g_i)\tau - \sum_{j \neq i} \rho_j \varrho_j u_g^j(c_j, g_j)\tau = 0, \quad \forall i.$$

Summiert man über alle i für identische Individuen mit gleichen Anteilen ϱ am staatlichen Güterangebot im symmetrischen Gleichgewicht, ergibt sich

$$(\tau - \varphi_{\bar{e}}(\cdot))u_c(c_i, g_i) - N\varrho u_g(c_i, g_i)\tau = 0.$$

Diese Bedingung stimmt nur mit der individuellen Optimalbedingung des Steuervermeidungsgleichgewichtes überein, wenn $\mu = N - 1$ gilt. Q.E.D.

Je größer der Erwartungsparameter μ_i ist, desto mehr werden die negativen externen Effekte eigener Steuervermeidung über das staatliche Güterangebot auf andere Individuen implizit in das eigene Optimalkalkül einbezogen, indem implizit die Auswirkung verringerter Steuerzahlung anderer Steuerpflichtiger auf das Wohlbefinden beachtet wird.

Durch Anpassung des Steuersatzes sind auch bei vollständiger erwarteter Konformität so lange Paretoverbesserungen möglich, bis die Pareto-Bedingung ohne Steuervermeidung (bei reinen öffentlichen Gütern die Samuelson-Bedingung) erfüllt ist. Kosten der Steuervermeidung können nicht optimal sein.

Über den Einfluß, den der individuelle Anteil ϱ_i am staatlich bereitgestellten Gut, der auch als Maß der Rivalität im Konsum des staatlichen Güterangebotes angesehen werden kann, auf die Steuervermeidungsentscheidung nimmt, läßt sich ebenfalls etwas sagen. Die Auswirkung einer Erhöhung des Anteiles ϱ_i eines Individuums bzw. des Anteiles jedes Individuums im symmetrischen Gleichgewicht identischer Individuen wirkt sich auf die Vermeidungsentscheidung wie im folgenden Satz aufgezeigt aus.

Satz 4.7 *Wenn*

$$-\frac{u_{gg}^i}{u_g^i}\, g_i > (<)\, 1 \qquad \text{und} \qquad \mu_i > -1$$

gilt,
(a) vermeidet das $i-$te Individuum verstärkt (weniger) Steuerzahlung und

[63] Vgl. Holler und Illing (1991), S. 78.

alle anderen Individuen weniger (mehr), wenn der Anteil des $i-$ten Steuerpflichtigen am staatlichen Güterangebot ϱ_i angehoben wird und
(b) erhöht (verringert) sich das individuelle und aggregierte Vermeidungsniveau, wenn sich im symmetrischen Gleichgewicht identischer Individuen der Anteil ϱ jedes Steuerpflichtigen am erwarteten Steueraufkommen erhöht.

Beweis. (a) Die Reaktion des vom $i-$ten ($j-$ten) Individuum nicht besteuerten Einkommensteiles auf eine Erhöhung des Anteiles am Steueraufkommen weist nach Korollar 4.6 das gleiche (entgegengesetzte) Vorzeichen wie

$$v^i_{i\varrho_i} = -\tau(1+\mu_i)u^i_g(c_i,g_i)\left\{1+\frac{u^i_{gg}(c_i,g_i)g_i}{u^i_g(c_i,g_i)}\right\}$$

auf.
(b) Die Herleitung ist analog zu (a) nach Korollar 4.7 für Änderungen des für alle gleichen Anteiles ϱ. Q.E.D.

Wird nur der Anteil des $i-$ten Individuums am staatlichen Angebot c.p. erhöht, so zahlt dieses nur dann mehr Steuern bzw. die anderen Steuerpflichtigen weniger, wenn für den $i-$ten Steuerpflichtigen die Grenznutzenelastizität des staatlich bereitgestellten Gutes kleiner als eins ist. Andernfalls tritt gerade die entgegengesetzte Reaktion ein.

Wird im symmetrischen Gleichgewicht der Anteil *jedes* Individuums am über Steuern finanzierten Güterangebot größer, d.h., sinkt die Rivalität im Konsum dieses Gutes, so werden ebenfalls nur dann mehr Steuern gezahlt, wenn die Grenznutzenelastizität des öffentlichen Güterangebotes kleiner als eins ist.

Ist der relative Rückgang des Grenznutzens (betragsmäßig) größer als der relative Anstieg des staatlichen Güterangebotes für einen Steuerpflichtigen, d.h., gilt $-u^i_{gg}g_i/u^i_g > 1$, so wird dieser mehr Steuern vermeiden, wenn sich sein Anteil vergrößert. Der überproportionale Rückgang des Grenznutzens bei einer Vergrößerung des staatlichen Güterangebotes läßt es für den $i-$ten Steuerpflichtigen sinnvoll erscheinen, den Anstieg des Anteiles ϱ_i durch verstärkte Steuervermeidung zu kompensieren.

Vermutet der $i-$te Steuerpflichtige, daß die anderen Steuerzahler seine Steuervermeidung vollständig kompensieren würden ($\mu_i = -1$), so ist die Höhe des Anteiles ϱ_i für das Ausmaß der Steuervermeidung irrelevant, da der Steuerpflichtige den eigenen Einfluß auf die Menge staatlich bereitgestellter Güter vollständig vernachlässigt und sich ausschließlich an der Menge des privat disponierten Gutes orientiert.

Die Tatsache, daß Steuervermeidung Kosten verursacht, wirkt sich hinsichtlich der behandelten Fragestellungen nicht auf die prinzipielle Struktur der Ergebnisse aus. Freiwillige Zahlungen für das öffentliche Güterangebot, wie sie durch das Gleichungssystem 4.5 gekennzeichnet sind, hängen in entsprechender Weise von den zugrundeliegenden Erwartungen und Verteilungsparametern ab.

4.2.2.2 Steuervermeidung und Umverteilung

Werden die Steuern nicht zur Finanzierung eines mehr oder weniger öffentlichen Gutes, das additiv separabel in die Nutzenfunktion jedes Steuerpflichtigen eingeht, verwendet, sondern nach vorgegebenem Verteilungsschlüssel als Transfer an die Steuerpflichtigen weitergeleitet und beziehen diese die Rückübertragung an den privaten Sektor in ihr Kalkül ein, ändert sich die Entscheidungssituation jedes Steuerpflichtigen. Die strategische Interdependenz nimmt ab.

Die um den Transfer ergänzten Konsummöglichkeiten betragen bei Steuervermeidung:

$$c_i = (1-\tau)y_i + \tau\tilde{e}_i - \varphi(\cdot) + \varrho_i\tau\sum_{j=1}^{N}(y_j - \tilde{e}_j), \quad \forall i.$$

Die Optimalbedingung erster Ordnung einer inneren Lösung (4.8) ist

$$\frac{dv^i(c_i)}{d\tilde{e}_i} = [\tau - \varphi_{\tilde{e}}(\cdot) - \varrho_i\tau(1+\mu_i)]u_c^i(c_i) = 0.$$

Würden keine Kosten der Steuervermeidung anfallen, bzw. handelt es sich um reine Fixkosten, dann wird der Steuerpflichtige keinerlei Beitrag leisten, wenn

$$\varrho_i < \frac{1}{1+\mu_i} \qquad \text{bzw.} \qquad \mu_i < \frac{1-\varrho_i}{\varrho_i}$$

gilt. Vermutet der Steuerpflichtige, daß seine Steuervermeidung teilweise oder ganz von anderen Steuerpflichtigen ausgeglichen wird bzw. deren Verhalten nicht berührt ($\mu_i \leq 0$), ist die Ungleichung für $\varrho_i < 1$ immer erfüllt. Er wird sich nicht an der Finanzierung der Transfers beteiligen. Gilt die

Ungleichung in umgekehrter Richtung, werden Steuerzahlungen nicht vermieden; bei Gleichheit liegt Indifferenz über die Höhe der Steuervermeidung vor. Nur wenn teilweise Konformität erwartet wird ($\mu_i > 0$), ist in Abhängigkeit von dem Verteilungsschlüssel Beteiligung an der Finanzierung der Transfers zu erwarten.

Die Terme v^i_{ii} und v^i_{i-i} werden zu:

$$v^i_{ii} = -\varphi_{\tilde{e}\tilde{e}}(\cdot)u^i_c(c_i) < 0,$$
$$v^i_{i-i} = 0.$$

Steuervermeidung mit Rückerstattung der Steuerzahlungen an die Privaten ist also ein Spezialfall des in Korollar 4.8 dargestellten Phänomens. Stabilität liegt folglich vor, und die anderen Steuerzahler reagieren nicht auf das Verhalten eines Individuums ($\tilde{e}^*_{-i}(\tilde{e}^*_i)$ hat die Steigung null). Konsistenz, d.h. Übereinstimmung von erwarteten und tatsächlichen Reaktionen, läßt sich erzielen, wie das folgende Korollar zeigt.

Korollar 4.9 *Ein Gleichgewicht konsistenter Vermutungen liegt bei Steuervermeidung mit Rückerstattung der Staatseinnahmen nach vorgegebenem Verteilungsschlüssel vor, wenn alle Steuerpflichtigen Cournot conjectures* ($\mu_i = 0$), $\forall i$, *bilden.*

Beweis. Siehe Definition 4.1. $v^i_{i-i} = 0$ gilt unabhängig von den Conjectures, also auch für $\mu_i = 0$. Q.E.D.

Unter der Cournot-Hypothese betrachten die Steuerpflichtigen das Verhalten der anderen als gegeben. Da das individuelle Verhalten zwar von den erwarteten Reaktionen anderer Steuerpflichtiger (μ_i), nicht aber von der aggregierten Steuervermeidung der anderen ($\sum_{j \neq i} \tilde{e}_j$) bestimmt wird, wie eine Analyse der Optimalbedingung erster Ordnung jedes Steuerpflichtigen ergibt, werden die Cournot-Erwartungen im Gleichgewicht bestätigt.

Erwartet der i−te Steuerpflichtige ein stärker gleichgerichtetes Verhalten, d.h., steigt μ_i, so wird er weniger Steuern vermeiden; verändern sich die Erwartungen aller anderen Individuen nicht, werden diese in unveränderter Höhe Steuern vermeiden. Ein Anstieg des Anteiles ϱ_i veranlaßt den i−ten Steuerpflichtigen eindeutig zur Reduktion der Steuervermeidung, solange $\mu_i > -1$ gilt, und hat bei Konstanz der Anteile ϱ_j, mit $j \neq i$, keinen Einfluß auf das Verhalten der anderen Steuerzahler. Die Neutralität von

Änderungen eines unmittelbar nur das Verhalten eines Steuerpflichtigen tangierenden Parameters für das Ausmaß der Steuervermeidung anderer Steuerpflichtiger ergibt sich aus dem Fehlen eines Transmissionsriemens zwischen den Steuerpflichtigen.

4.2.3 Steuerhinterziehung und staatliche Leistungen

Die für die Analyse von Steuerhinterziehung und staatlichem Güterangebot benötigten Informationen enthält das Gleichungssystem (4.6).

4.2.3.1 Steuerhinterziehung und öffentliche Güter

Nimmt man zunächst an, daß der Staat ein Güterangebot finanziert, das mehr oder weniger den Charakter eines öffentlichen Gutes hat, dann wird die Optimalbedingung erster Ordnung (4.8) zu[64]

$$\frac{dv^i(c_i, g_i)}{d\tilde{e}_i} = \left\{E[u^i_c(c_i, g_i)h] - \varrho_i E[h]u^i_g(c_i, g_i)[1 + \mu_i]\right\}\tau = 0.$$

Die Terme v^i_{ii} und v^i_{i-i} werden zu:

$$\begin{aligned} v^i_{ii} &= \left\{E[u^i_{cc}(c_i, g_i)h^2] + \varrho_i^2 E[h]^2 u^i_{gg}(c_i, g_i)[1 + \mu_i]\right\}\tau^2 < 0, \\ v^i_{i-i} &= \varrho_i^2 E[h]^2 u^i_{gg}(c_i, g_i)[1 + \mu_i]\tau^2 \leq 0. \end{aligned}$$

Da zusätzlich

$$v^i_{ii} - v^i_{i-i} = E[u^i_{cc}(c_i, g_i)h^2]\tau^2 < 0$$

gilt, ist Annahme 4.3 erfüllt. Wiederum liegen die verwendeten Voraussetzungen für Optimalität und Stabilität vor.

Steuerhinterziehung und öffentliches Güterangebot stehen in einem ähnlichen Zusammenhang wie Steuervermeidung und öffentliches Güterangebot, wie das folgende Korollar zeigt.

---

[64] Aufgrund der additiven Separabilität ist der Grenznutzen des öffentlichen Güterangebotes unabhängig von der privat konsumierten Menge c_i und damit nicht unsicher.

Korollar 4.10 *(a) Wenn μ_i steigt, sinkt $\tilde{e}_i$, steigt $\tilde{e}_j$, für $j \neq i$, und sinkt $\sum_{j=1}^N \tilde{e}_j$.*
(b) Wenn μ im symmetrischen Gleichgewicht identischer Individuen steigt, sinken $\tilde{e}$ und $N\tilde{e}$.[65]
(c) Wenn μ im symmetrischen Gleichgewicht identischer Individuen kleiner als $N-1$ ist, ist das Gleichgewicht der Steuervermeidung nicht paretooptimal.[66]
(d) Wenn ϱ_i steigt, steigt (sinkt) $\tilde{e}_i$, sinkt (steigt) $\tilde{e}_j$, für $j \neq i$, wenn $-u^i_{gg}g_i/u^i_g >$ $(<)$ 1 und $\mu_i > -1$ gilt.
(e) Wenn ϱ im symmetrischen Gleichgewicht identischer Individuen steigt, steigen (sinken) $\tilde{e}$ und $N\tilde{e}$, wenn $-u_{gg}g/u_g >$ $(<)$ 1 und $\mu > -1$ gilt.[67]

Beweis. (a) Die Berechnung ist wie in Satz 4.5 (a), mit

$$v^i_{i\mu_i} = -\varrho_i E[h]\tau u^i_g(c_i, g_i) < 0.$$

(b) Die Berechnung ist wie in Satz 4.5 (b).
(c) Die Berechnung ist wie in Satz 4.6, mit

$$\{E[u_c(c_i, g_i)h] - N\varrho E[h]u_g(c_i, g_i)\}\,\tau = 0.$$

(d) Die Berechnung ist wie in Satz 4.7 (a), mit

$$v^i_{i\varrho_i} = -E[h][1+\mu_i]\tau u^i_g(c_i, g_i)\left\{1 + \frac{u^i_{gg}(c_i, g_i)g_i}{u^i_g(c_i, g_i)}\right\}.$$

(e) Die Berechnung ist wie in Satz 4.7 (b). Q.E.D.

Auch für Steuerhinterziehung gilt, daß Steuerhinterziehung unter Einbeziehung der staatlichen Parameter Steuersatz, Strafsteuersatz und Entdeckungswahrscheinlichkeit nie optimal sein kann, da die Übernahme von Risiko mit Nutzeneinbußen verbunden ist.[68]

---

[65] Dieses Resultat erzielen für eine Ökonomie identischer Individuen ebenfalls Cowell und Gordon (1988), S. 315.

[66] Paretoinferiorität des Nash-Gleichgewichtes der Steuerhinterziehung hat zuerst Gottlieb (1985) nachgewiesen. Siehe auch Cowell und Gordon (1988), S. 315, Fußnote 16.

[67] Siehe auch Falkinger (1988), S. 391.

[68] Vgl. auch Cowell (1990a), Kapitel 7.

Ist die Grenznutzenelastizität größer als eins, trifft das auf dem Äquivalenzprinzip beruhende Argument, Steuerzahler betrachteten die Steuerzahlung als Äquivalent für die ihnen zugute kommenden staatlichen Leistungen und würden daher in inverser Beziehung zum staatlichen Leistungsangebot Steuern hinterziehen, nicht zu. Dieser Fall begründet die von Falkinger (1988), S. 392 geäußerte Einschätzung, "that the equity argument is an ex post rationalization of otherwise motivated tax evasion."

Im Vergleich zu den für Steuervermeidung erzielten Resultaten treten keine qualitativen Änderungen hinsichtlich Effizienz, Erwartungsbildung und Äquivalenz auf.

4.2.3.2 Steuerhinterziehung und Umverteilung

Werden die Staatseinnahmen zur Umverteilung verwendet und berücksichtigen die Steuerpflichtigen diesen Umstand, so werden der um den Transfer erweiterte Konsum im Zustand $i = 1, 2$ zu:

$$c_i = (1-\tau)y_i + h\tau\tilde{e}_i + \varrho_i\tau\sum_{j=1}^{N}(y_j - E[h]\tilde{e}_j)$$

und die Optimalbedingung erster Ordnung (4.8) zu

$$\frac{dv^i(c_i)}{d\tilde{e}_i} = E[u_c^i(c_i)(h - \varrho_i E[h](1+\mu_i))]\tau = 0.$$

Die Terme v_{ii}^i und v_{i-i}^i werden zu:

$$\begin{aligned} v_{ii}^i &= E[u_{cc}^i(c_i)(h - \varrho_i E[h](1+\mu_i))(h - \varrho_i E[h])]\tau^2 < 0, \\ v_{i-i}^i &= -E[u_{cc}^i(c_i)(h - \varrho_i E[h](1+\mu_i))\varrho_i E[h]]\tau^2 \\ &= (1 - \varrho_i E[h](1+\mu_i))\varrho_i E[h]\tau^2(1-p)u_c^i(c_i^1)[R_A(c_i^1) - R_A(c_i^2)] < 0. \end{aligned}$$

Die Abschätzung für v_{i-i}^i verlangt abnehmende absolute Risikoaversion. Außerdem gilt

$$v_{ii}^i - v_{i-i}^i = E[u_{cc}^i(c_i)(h - \varrho_i E[h](1+\mu_i))h]\tau^2 < 0.$$

Annahme 4.3 ist erfüllt. Optimalität und Stabilität können auf dem im allgemeinen Teil begangenen Weg bestimmt werden.

Werden die Staatseinnahmen an den privaten Sektor rückverteilt und haben die Steuerpflichtigen die Möglichkeit, über mit Strafe bedrohte Steuerhinterziehung die Höhe ihres Beitrages zu bestimmen, so liegen die Dinge wesentlich anders als bei risikoloser Steuervermeidung. Zwar wirkt sich auch bei Steuerhinterziehung ein Anstieg des Konformitätsparameters μ_i hinterziehungsmindernd aus, aber weder generieren Cournot conjectures ein Gleichgewicht konsistenter Vermutungen noch ist der Zusammenhang zwischen der Höhe des Anteiles an den Staatseinnahmen ϱ_i und dem Ausmaß der Hinterziehung eindeutig. Da

$$v^i_{i\varrho_i} = -E[h](1+\mu_i)\tau E[u^i_c(c_i)] + \tau E[u^i_{cc}(c_i)(h - \varrho_i E[h](1+\mu_i)]A$$

gilt, wirkt sich ein Anstieg des Anteiles ϱ_i nicht nur direkt grenznutzensenkend, sondern bei abnehmender absoluter Risikoaversion auch indirekt positiv auf den Grenznutzen aus.

4.3 Zusammenfassung

Wenn Steuerpflichtige Steuern vermeiden oder hinterziehen, handeln sie nicht als isolierte Individuen einer Robinson-Crusoe-Ökonomie, sondern berücksichtigen die Entscheidungen anderer Wirtschaftssubjekte. Die getroffenen Entscheidungen lassen sich ohne Beachtung des strategischen Elementes der Entscheidungssituation nur unvollständig untersuchen. Grenzt man die strategische Interdependenz des Steuerentzuges nicht mehr aus, beschränkt sich aber weiterhin auf statische Entscheidungsprobleme, so lassen sich in erster Linie zwei Problemfelder finden, die wesentlich von den wechselseitigen Erwartungen der handelnden Personen und Institutionen geprägt werden. Zum einen wird der Erfolg bzw. Mißerfolg einer Steuerhinterziehung wesentlich von der Strategie der Steuereintreibungsbehörde mitbestimmt; strategische Interdependenz besteht zwischen Steuerzahler und Finanzamt. Zum anderen besteht zwischen allen Steuerpflichtigen nicht nur bei Steuerhinterziehung, sondern auch bei Steuervermeidung über das staatliche Budget und dessen Verwendung eine enge Verzahnung. Gegenstand dieses Kapitels war die Untersuchung dieser beiden Probleme strategischer Interdependenz des Steuerentzuges.

Wird dem erwartungsnutzenmaximierenden Steuerhinterzieher das überschußmaximierende Finanzamt gegenübergestellt, wobei hinterzogener Anteil der Steuer resp. Entdeckungswahrscheinlichkeit die Strategievariablen sind, läßt sich Steuerhinterziehung als das Resultat einer Spielsituation auffassen. Die Beschränkung auf die Entdeckungswahrscheinlichkeit als staatliche Strategievariable scheint insofern sinnvoll zu sein, als daß diese im Gegensatz zu Steuersatz und Strafe gesetzlich nicht fixiert ist und somit in der Höhe das Ergebnis auch kurzfristiger strategischer Überlegungen sein kann.

Unterstellt man, daß sowohl Steuerpflichtiger als auch Finanzamt sich von Cournot conjectures leiten lassen, sind der der Besteuerung entzogene Einkommensanteil und die Entdeckungswahrscheinlichkeit im Cournot-Nash-Gleichgewicht Funktionen einerseits der gesetzlich fixierten Parameter Steuersatz und Strafsteuersatz, andererseits aber auch der Kosten, die dem Finanzamt bei einer Prüfung entstehen. Erfolgt die Bemessung der Strafe bei aufgedeckter Hinterziehung proportional zur Höhe der hinterzogenen Steuer, dann schreckt eine Anhebung des Strafsteuersatzes verstärkt vor Hinterziehung ab und erlaubt es dem Staat mit geringerer Entdeckungswahrscheinlichkeit zu agieren. Da eine Anhebung des regulären Steuersatzes ausschließlich einen Einkommenseffekt auslöst, wird weniger hinterzogen. Die Auswirkungen von Strafsteuersatz und Steuersatz entsprechen hinsichtlich des Steuerpflichtigen qualitativ vollständig denjenigen, die sich ohne Beachtung strategischer Interdependenz ergeben. Ein anderes Resultat wäre bei Cournot conjectures nur dann denkbar, wenn die unmittelbaren Effekte durch entsprechend starke gegenläufige Effekte über die Höhe der Entdeckungswahrscheinlichkeit im Gleichgewicht konterkariert werden würden. Über die optimale Reaktion des Finanzamtes auf eine Erhöhung der Kosten und der Grenzkosten der Überwachung ergibt sich ein ohne Beachtung der strategischen Interdependenz nicht zu ermittelnder positiver Effekt auf die Höhe des Hinterziehungsanteiles. Wird die Kostenfunktion gestreckt, d.h., steigen überall die Grenzkosten der Überwachung, so wird mit geringerer Wahrscheinlichkeit kontrolliert und daher mehr hinterzogen.

Kann die Finanzbehörde sich an eine angekündigte Überwachungsstrategie glaubhaft binden, d.h., verhält sie sich als Stackelberg-Leader, so wird im Gleichgewicht weniger hinterzogen und mit größerer Wahrscheinlichkeit kontrolliert als im Cournot-Nash-Gleichgewicht. Der Staat erzielt höhere erwartete Einnahmenüberschüsse. Allerdings sind weder Cournot-Nash-Gleichgewicht noch Stackelberg-Gleichgewicht paretooptimal bezüglich der Verteilung der Ressourcen auf Staat und Steuerzahler.

Steuerhinterziehung ist bei Veranlagungssteuern allerdings unter Berücksichtigung der Verpflichtung zur Abgabe einer Steuererklärung zu sehen.

Diese Deklaration kann als erzwungenes Signal des Steuerpflichtigen interpretiert werden und transportiert damit unter Umständen verwertbare Informationen über die Höhe des tatsächlichen Einkommens an die Finanzbehörde. Um der Auswirkung dieser Struktur des Informationsflusses Rechnung zu tragen, wird in ein einfaches Modell, in dem sowohl die Strategievariable des Finanzamtes als auch die des Steuerpflichtigen jeweils diskret (und zwar dichotomisch) sind, das Arbeitsangebot integriert. Wenn der Steuerpflichtige zunächst die Höhe des Arbeitseinsatzes und damit die des tatsächlichen Einkommens sowie die Höhe des deklarierten Einkommens festlegt und anschließend das Finanzamt über eine Kontrolle entscheidet, wird die Struktur des Nash-Gleichgewichtes (nach Elimination schwach dominierter Strategien) entscheidend von der Bewertung des Arbeitsleides geprägt. Zwischen den Extremen “geringes Sozialprodukt ohne Hinterziehung” und “hohes Sozialprodukt ohne Hinterziehung” ist bei mittlerer Gewichtung des Arbeitsleides auch ein Gleichgewicht in gemischten Strategien, mit mittlerem Sozialprodukt, aber niedrigen staatlichen Einnahmenüberschüssen, denkbar. Solange eine Änderung der vorgegebenen Parameter nicht die relative Bewertung des mit geringem Nettoeinkommen verbundenen niedrigen Arbeitseinsatzes verschiebt, entsprechen die komparativ-statischen Effekte im Gleichgewicht gemischter Strategien den bereits ohne Einbeziehung des Arbeitsangebotes ermittelten Effekten.

Die Berücksichtigung des Informationsflusses wirkt sich noch gravierender aus, wenn die Gesellschaft nicht nur aus zum strategischen Handeln befähigten Steuerzahlern besteht. Unterstellt man, zwecks vereinfachender Modellierung, es gäbe auch Steuerzahler, die nicht in der Lage sind, einen hohen Arbeitseinsatz zu erbringen und damit ein hohes Einkommen zu erzielen, entsteht ein Problem unvollständiger und asymmetrischer Information. Das Finanzamt muß bei der Bearbeitung einer Deklaration eines niedrigen Einkommens immer damit rechnen, daß diese Steuererklärung von einem Steuerpflichtigen verfaßt wurde, der gar keine andere Möglichkeit hatte; bei diesem Typ würde jede Prüfung nur Kosten verursachen, jedoch keine zusätzlichen Einnahmen nach sich ziehen. Die Einbeziehung dieses zweiten Typs läßt auch Nash-Gleichgewichte (nach Elimination schwach dominierter Strategien) in gemischten Strategien zu, wenn das Arbeitsleid nur eine geringe Beachtung durch den Steuerpflichtigen erfährt, dieser also eine starke Präferenz für hohe Einkommen bei hohem Arbeitseinsatz hat. Steuerhinterziehung wird möglich, da ein strategisch handelnder Steuerpflichtiger implizit behaupten kann, er wäre vom Typ des zur Ehrlichkeit verdammten

Steuerzahlers. Je kleiner der Anteil strategisch handelnder Steuerpflichtiger ist, desto größer ist die gleichgewichtige Wahrscheinlichkeit der Wahl der Steuerhinterziehungsstrategie.

Nicht nur bei der Hinterziehung von Steuern, sondern auch bei der nicht von Bestrafung bedrohten, häufig aus den verschiedensten Gründen von den staatlichen Stellen gewollten Steuervermeidung entsteht eine strategische Interdependenz zwischen den Steuerpflichtigen über die Verwendung der staatlichen Einnahmen. Werden die Staatseinnahmen zur Finanzierung eines Gutes, das mehr oder weniger den Charakter eines öffentlichen Gutes hat, oder zur Umverteilung anhand eines unabhängig von der Entscheidung des einzelnen Steuerpflichtigen über das Ausmaß des Steuerentzuges festgelegten Verteilungsschlüssels, d.h. zur Finanzierung von Transfers an die Steuerzahler, verwendet, dann wirken sich Zahlungen an den Staat auch positiv auf den Steuerpflichtigen aus. Der Nutzen der zuletzt gezahlten Einheit hängt aber von der Größe des tatsächlichen staatlichen Budgets und damit von den Zahlungen anderer Steuerpflichtiger ab.

Das Verhalten eines Steuerpflichtigen wird von den Erwartungen bezüglich des Verhaltens der anderen Steuerzahler beeinflußt. Eine Möglichkeit der Operationalisierung dieser Interdependenz ergibt sich aus der Berücksichtigung der erwarteten Reaktionen anderer Steuerzahler auf Verhaltensänderungen im Optimalkalkül jedes Steuerpflichtigen. Ob, insbesondere bei großen Gesellschaften, Conjectural variations, die nicht den Cournot conjectures entsprechen, das Verhalten der Individuen leiten, ist eine letztlich nur empirisch beantwortbare Frage. Anhand des Cournot-Nash-Gleichgewichtes läßt sich allerdings kaum das erhebliche Maß an Beteiligung an der Finanzierung öffentlicher Güter erklären, das in der Realität zu beobachten ist. Die theoretisch so bestechende Free-Rider-Hypothese ist in Experimenten und empirischen Untersuchungen häufig nicht in dem erwarteten Ausmaß zu bestätigen.[69] Daher ist die Diskussion eines **Konformitätsindex**, nichts anderes stellt die vermutete Reaktion dar, eine wertvolle Ergänzung der Theorie der Finanzierung öffentlicher Güter.

Im Mittelpunkt der hier angestellten Betrachtungen zur strategischen Interdependenz über das Staatsbugdet stehen die der Entscheidung zugrundeliegenden Conjectural variations jedes Steuerpflichtigen, von denen angenommen wird, daß sie Konstanten seien. Nach der formalen Charakterisierung gleichgewichtiger Lösungen und Angabe notwendiger Stabilitätsbedingungen ist man in der Lage, auch unter Ausnutzung der Stabi-

[69] Vgl. Dawes und Thaler (1988).

litätscharakteristika komparativ-statische Effekte auch für eine Gesellschaft heterogener Steuerpflichtiger abzuleiten. Vereinfachend wird dazu unterstellt, daß privates und öffentliches Gut additiv separabel in die Nutzenfunktion eingehen.

Wird von den Staatseinnahmen ein öffentliches Gut finanziert, so ist ein Gleichgewicht konsistenter Vermutungen, in dem die vermuteten den tatsächlichen Reaktionen entsprechen, nur möglich, wenn kein gleichgerichtetes Verhalten erwartet wird, d.h., wenn nicht als Reaktion auf verstärkten eigenen Steuerentzug verstärkter Steuerentzug anderer erwartet wird. Die tatsächliche Reaktionskurve, die Kurve des aggregierten Steuerentzuges aller anderen Steuerpflichtigen für mögliche Entzugswerte eines Individuums, weist unabhängig von den Conjectural variations nie eine positive Steigung auf.

Bei Steuervermeidung und Finanzierung öffentlicher Güter besteht ein eindeutiger Zusammenhang zwischen den vermuteten Reaktionen anderer Steuerpflichtiger und dem Ausmaß der Steuervermeidung. Erwartet ein Steuerpflichtiger, daß alle anderen stärker gleichgerichtet reagieren, wird er mehr Steuern zahlen. Die anderen Steuerzahler werden aber, wenn sich ihre Erwartungen nicht ändern, tatsächlich weniger Steuern zahlen. In der Summe überwiegt aber der staatseinnahmensteigernde Effekt des Steuerzahlers, dessen Erwartungen sich geändert haben. Die geringfügigen negativen Reaktionen der anderen resultieren aus dem mit steigendem Staatsbudget einhergehenden sinkenden Grenznutzen des öffentlichen Gutes. Paretooptimal (für eine gegebene Höhe der Steuersätze und der Kosten der Steuervermeidung) ist ein Gleichgewicht der Steuervermeidung identischer Individuen allenfalls dann, wenn jeder von jedem vollständige Konformität erwartet. Dann wird über die Erwartungsbildung der externe Effekt der Steuervermeidung internalisiert, und die Entscheidung reduziert sich letztendlich auf eine individuelle Entscheidung. Andernfalls kommt es immer zu einer Unterversorgung mit dem öffentlichen Gut. Dies gilt, wie aus der Literatur wohlbekannt ist, auch dann, wenn keine Kosten der Steuervermeidung anfallen, das Gleichgewicht der Steuervermeidung mithin nichts anderes als das Gleichgewicht freiwilliger Finanzierung eines öffentlichen Gutes darstellt. Ob eine geringere Rivalität im Konsum des staatlich bereitgestellten Gutes, d.h. ein Anstieg des von einem Steuerzahler nutzbaren Teiles des Staatsbudgets, zu verringerter Steuervermeidung führt, hängt von der Grenznutzenelastizität des öffentlichen Gutes ab. Es gilt also nicht allgemein eine Art Äquivalenz zwischen der individuell zurechenbaren Leistung des Staates und der "freiwilligen" Zahlung des Steuerpflichtigen. Vielmehr sind auch Fälle denkbar, in denen ein Mehr an staatlichen Leistungen für ein Individuum durch weniger Steuerzahlung dieses Individuums "bestraft" wird.

Werden die Staatseinnahmen anhand eines Verteilungsschlüssels an die Masse der Steuerpflichtigen "zurückgegeben", so sind die individuellen Entscheidungen weitgehend voneinander separiert. Das Optimalkalkül jedes Steuerpflichtigen wird zwar durch die erwarteten Reaktionen der anderen Steuerzahler mitbestimmt, nicht aber durch die Höhe des Staatsbudgets. Also ist ein Gleichgewicht konsistenter Vermutungen mit der Cournot-Erwartungshypothese kompatibel. Steigende erwartete Gleichartigkeit des Verhaltens und ein steigender Anteil an den rückverteilten Staatseinnahmen wirken eindeutig steuervermeidungshemmend.

Solange Steuern zur Finanzierung eines öffentlichen Gutes verwandt werden, besteht kein wesentlicher qualitativer Unterschied zwischen einem Steuervermeidungs- und einem Steuerhinterziehungsgleichgewicht, wenn die Höhe des staatlichen Güterangebotes in der Erwartung der Steuerpflichtigen unabhängig von dem Erfolg der Steuerhinterziehung ist, d.h. bei Mißerfolg nicht aufgrund der Strafzahlung höher liegt. Werden die Steuereinnahmen hingegen umverteilt, besteht ein grundsätzlicher Unterschied zwischen Steuervermeidung und Steuerhinterziehung. Die Höhe des Nach-Transfer-Einkommens ist vom Erfolg der Hinterziehung abhängig. Über die Substitution zwischen den Zuständen erfolgreicher und erfolgloser Hinterziehung erlangt auch das aggregierte Niveau der Steuerhinterziehung Bedeutung. Es treten wiederum beträchtliche Interdependenzen auf, wobei insbesondere über die Einflußnahme des Verteilungsschlüssels auf die individuelle Entscheidung keine allgemeinen Aussagen gemacht werden können.

Kapitel 5

Steuerhinterziehung: Dynamische Entscheidungssituationen

Steuern werden vom Steuerpflichtigen nicht nur einmal im Leben vom Staat eingefordert. Das Problem optimalen Steuerentzuges stellt sich jedem Steuerpflichtigen wiederholt. Die Veranlagung zur Einkommensteuer erfolgt jährlich, soweit nicht ein reiner Quellenabzug der Lohnsteuer vorgenommen wird. In der bisherigen Analyse wurden Interdepenzen zwischen zu verschiedenen Zeitpunkten getroffenen Entscheidungen des Steuerentzuges ein und desselben Individuums vernachlässigt. In diesem Kapitel wird den dynamischen Auswirkungen und Abhängigkeiten Beachtung geschenkt und damit die Annahme vollkommen unabhängiger Entscheidungen im Zeitablauf aufgegeben.

Da zur dynamischen Struktur der Steuervermeidung im folgenden Kapitel weitere Untersuchungen im makroökonomischen Kontext angestellt werden und sich besonders über die Gestaltung des Mechanismus zur Durchsetzung des staatlichen Steueranspruches (Kontrollen und Strafen) wesentliche dynamische Interdependenzen ergeben, wird die mikroökonomische Analyse der Dynamik in diesem Kapitel auf das Problem der Steuerhinterziehung beschränkt. Bei der wiederholten Steuerhinterziehung ergeben sich eine Reihe von Problemen, die wesentlich durch die Unsicherheit des Entscheidungsrahmens bedingt sind.

Zunächst stellt sich die Frage, ob wiederholte Steuerhinterziehung einer qualitativ anderen Struktur als eine einmalige Steuerhinterziehung unterliegt, wenn es über die Bildung von Ersparnissen einen Transmissionsriemen zwischen den Entscheidungszeitpunkten gibt. Ist wiederholte Steuerhinterziehung als Entscheidungsproblem in statische Einzelentscheidungen zerlegbar, wenn die Vermögensakkumulation einem stochastischen Prozeß unterliegt, der durch das Ausmaß der Steuerhinterziehung mitbestimmt wird?

Darüber hinaus kann der von den Finanzbehörden angewandte Durchsetzungsmechanismus in vielfältiger Weise auf die dynamische Struktur der Steuerhinterziehung abgestellt sein.

Zum einen kann der Durchsetzungsmechanismus retroaktiv gestaltet werden. Kontrollen umfassen nicht nur die gegenwärtige Steuererklärung, sondern beziehen in der Vergangenheit gemachte Angaben mit ein. Werden Falschangaben in der Vergangenheit aufgedeckt, erstrecken sich der Steuererstattungs- und der Strafanspruch inkl. Verzinsung auch auf zurückliegende Steuerminderzahlungen. Es ist wohl gängige Praxis, daß die Finanzbehörden nach Aufdeckung einer aktuellen Steuerhinterziehung auch die Vergangenheit des Steuerpflichtigen näher untersuchen und der Steuerpflichtige die in der Vergangenheit verkürzten Steuern, soweit der Anspruch des Staates nicht verjährt ist, nachzuzahlen hat. Die Strafe wird nicht nur an der Höhe der aktuell hinterzogenen Steuern bemessen. Die Auswirkungen rückwirkender Kontrollen und Strafen sind aufgrund ihrer unzweifelhaften empirischen Relevanz im Ansatz bereits von Allingham und Sandmo (1972) untersucht worden.

Dem Finanzamt steht aber auch grundsätzlich die Möglichkeit offen, den Durchsetzungsmechanismus nicht rück- sondern vorauswirkend zu gestalten. Die Kontrolle oder die Bestrafung werden nach Aufdeckung eines Steuerdeliktes verändert. Steuerpflichtige, die bereits in der Vergangenheit einer Verkürzung von Steuern überführt werden konnten, werden mit anderer Wahrscheinlichkeit kontrolliert als Steuerpflichtige, bei denen bisher ein Steuerdelikt noch nicht festgestellt werden konnte. Die Einführung eines solchermaßen zustandsabhängigen Durchsetzungsmechanismus diskutierten erstmals Landsberger und Meilijson (1982). Andererseits kann in der Strafgesetzgebung oder durch die Rechtsprechung eine verstärkte Bestrafung von Wiederholungstätern, wie sie beispielsweise von Polinsky und Rubinfeld (1991) betrachtet wird, zur wirkungsvolleren Abschreckung vorgesehen sein.

Die Diskussion dieser Aspekte der Dynamik der Steuerhinterziehung ist insbesondere unter dem Blickwinkel des Abschreckungseffektes Gegenstand dieses Kapitels.

5.1 Steuerhinterziehung als unendlich wiederholte Entscheidung

Da bei der Durchsetzung des Steueranspruches der Einkommensteuer auf Kapitalerträge weltweit zumindest teilweise auf die Erhebung an der Quelle verzichtet wird, konzentriert sich das Problem der Steuerhinterziehung abgesehen von Schwarzarbeit auf die Besteuerung der Kapitaleinkommen. Zinserträge unterliegen bei einer umfassenden Einkommensteuer im Sinne der Besteuerung des Reinvermögenszuwachses ebenfalls der Einkommensteuer und werden (soweit nicht an der Quelle teilweise besteuert) anhand der jährlichen Einkommensteuererklärung erhoben und mit dem allgemeinen Einkommensteuersatz besteuert. Deklariert ein Steuerpflichtiger einen Teil der Kapitaleinkünfte nicht, verändert sich die tatsächliche Netto-Rendite des Vermögens. Der Vermögenszuwachs liegt oberhalb des von einem ehrlichen Zensiten erzielbaren Zuwachses, wenn die Steuerhinterziehung gelingt, und unterhalb, wenn sie mißlingt. Die Vermögensakkumulation wird durch die Höhe der Ersparnis beeinflußt, aber auch bei gegebenen Zinsen und Steuern nicht determiniert. Sie entspricht vielmehr einem stochastischen Prozeß, der im Zeitablauf je nach Zeitpunkt und Häufigkeit staatlicher Kontrollen einen sehr unterschiedlichen Verlauf nehmen kann. Eine zu einem bestimmten Zeitpunkt vorgenommene Steuerhinterziehung wirkt sich über die Veränderung der Vermögensakkumulation aufgrund des unsicheren Ertrages der Hinterziehung nicht eindeutig vorherbestimmbar auf alle zukünftigen Perioden aus. Entscheidet der Steuerpflichtige zu einem späteren Zeitpunkt erneut, welchen Anteil der Zinserträge er deklarieren möchte, hängt diese Entscheidung ganz allgemein von vorangegangen Hinterziehungsentscheidungen und insbesondere nicht nur von der damals erwarteten Kontrollwahrscheinlichkeit, sondern auch von den tatsächlich vorgenommenen Kontrollen in der Vergangenheit ab. Die intertemporale Entscheidungsstruktur wird sich also bei einer wiederholten Steuerhinterziehung von Kapitalerträgen im Zeitablauf verändern.

Es gibt aber einen interessanten, in der dynamischen Theorie häufig postulierten Spezialfall der intertemporalen Nutzenfunktion, der eine Separabilität der Steuerhinterziehungsentscheidung von der Konsumentscheidung und über die Unabhängigkeit von der Höhe des akkumulierten Vermögens eine einfache Wiederholbarkeit des statischen Entscheidungsproblems generiert. Diskontiert der Steuerpflichtige zukünftige Nutzenwerte mit einer konstanten Diskontrate, ist die Nutzenfunktion damit additiv separabel in den zu verschiedenen Zeitpunkten realisierten Nutzenwerten und weist sie darüber hinaus eine konstante Grenznutzenelastizität (konstante relative Risikoaversion) auf, dann ist bei unendlichem Zeithorizont eine Unabhängigkeit der Steuerhinterziehungsentscheidung von der Höhe des Vermögens gegeben. Die Entscheidungsstruktur entspricht der Struktur bei einmaliger Hinterziehung von Kapitalerträgen; das intertemporale Problem optimaler Steuerhinterziehung läßt sich auf die simple Wiederholung des statischen Problems reduzieren. Diese Aussage bestätigt das im Basis-Modell der Steuerhinterziehung abgeleitete Resultat der Unabhängigkeit des optimalen Hinterziehungsanteiles von der Höhe des Einkommens bei konstanter relativer Risikoaversion.[1] Die Separabilität von Konsum- und Hinterziehungsentscheidung kann in einem einfachen mikroökonomischen intertemporalen Optimierungsproblem für die Nutzenfunktion des Konsums zu einem Zeitpunkt t $(0 \leq t)$

$$u(c_t) = \frac{c_t^{\varepsilon}}{\varepsilon}, \qquad \text{mit} \quad 0 < \varepsilon < 1,$$

mit der Grenznutzenelastizität $\sigma = 1 - \varepsilon$ bei unendlichem Zeithorizont abgeleitet werden.[2] In Entsprechung zur tatsächlichen Entscheidungsstruktur der Deklaration wird das Problem mit diskreter Zeitstruktur modelliert. Der Steuerpflichtige maximiere den Erwartungsnutzen über einen unendlichen Zeithorizont und diskontiere zukünftige Erträge und Kosten in Erwartungsnutzeneinheiten mit einer konstanten Diskontrate θ von Periode zu Periode. Der Zensit verfügt über ein Anfangsvermögen ν_0. Von dem Vermögen der Periode t kann er einen Teil konsumieren und den anderen Teil $s_t\nu_t$ zu einem gegebenen, in der Zeit konstanten nominalen Zinssatz r anlegen. s_t ist die Sparquote. Zur Vereinfachung wird angenommen, daß der Konsum ausschließlich aus dem Vermögen und den Vermögenserträgen finanziert wird. Eine weitere Einkommensquelle existiere nicht. Der Konsum in der Periode t beträgt also:

$$c_t = (1 - s_t)\nu_t.$$

Das Zinseinkommen wird in jeder Periode gegenüber dem Staat deklariert. Der Steuerzahler entscheidet dabei über den Anteil der Steuern auf Zinseinkommen e_t, den er dem Staat vorzuenthalten versucht. Diese Entscheidung wirkt sich auf das Vermögen der folgenden Periode aus. Das Vermögen der folgenden Periode ist somit die stochastische Variable

$$\nu_{t+1} = s_t\nu_t(1 + r(1 - \tau) + he_t r\tau),$$

[1] Siehe Beweis zu Satz 3.4.

[2] Dieses Modell lehnt sich eng an den Nachweis möglicher Separabilität von Konsumentscheidung und Portfolioselektion bei Atkinson und Stiglitz (1980), S. 121 ff an.

wobei

$$h = \begin{cases} 1 & \text{mit der Wahrscheinlichkeit } 1-p, \\ -\pi & \text{mit der Wahrscheinlichkeit } p. \end{cases}$$

Die Strafe wird mit π proportional zur hinterzogenen Steuer bemessen (ϕ^1). Der Steuerpflichtige löst folglich das intertemporale Optimierungsproblem

$$\max_{s_t, e_t} \quad \sum_{t=0}^{\infty} \left(\frac{1}{1+\theta}\right)^t E[u(c_t)],$$

$$\text{s.t.} \quad \nu_{t+1} = s_t \nu_t (1 + r(1-\tau) + h e_t r \tau), \; \forall t,$$

$$0 \leq e_t \leq 1, \quad \forall t,$$

$$0 \leq s_t \leq 1, \quad \forall t.$$

Bezeichnet man mit $\Phi(\nu_t)$ den Maximalwert des abdiskontierten erwarteten Nutzens, den das Vermögen ν_t in der Gegenwart und Zukunft stiften kann, läßt sich die Lösung des dynamischen stochastischen Optimierungsproblems unter Rückgriff auf das (stochastische) Bellmannsche Optimalitätsprinzip beschreiben, welches verlangt, daß die Maximalwertfunktion zu jedem Zeitpunkt der Funktionalgleichung

$$\Phi(\nu_t) = \max_{s_t} \left\{ u((1-s_t)\nu_t) + \left(\frac{1}{1+\theta}\right) \max_{e_t} E[\Phi(\nu_{t+1})] \right\} \tag{5.1}$$

genügt. Der maximale Nutzen des gegenwärtigen Vermögens entspricht dem maximalen Nutzen des Konsums in der laufenden Periode zuzüglich des maximalen abdiskontierten erwarteten Nutzens des Vermögens der folgenden Periode. Da der Nutzen des gegenwärtigen Konsums nicht von der Hinterziehung beeinflußt wird, kann der Maximumsoperator bezüglich e_t auf den Term $E[\Phi(\nu_{t+1})]$ beschränkt werden.

Diese Funktionalgleichung kann durch eine einfache Maximalwertfunktion gelöst werden; mit dem Ergebnis, daß die optimale Strategie der Hinterziehung separabel von der Konsumentscheidung ist, wie der folgende Satz zeigt.

Satz 5.1 *(a) Die Funktionalgleichung (5.1) wird durch*

$$\Phi(\nu_t) = \frac{\Upsilon \nu_t^{\varepsilon}}{\varepsilon}$$

gelöst, mit

$$\Upsilon = (1-s)^{\varepsilon-1} \quad \textit{und} \quad s^{1-\varepsilon} = \frac{\varepsilon\Psi}{1+\theta},$$

wobei

$$\Psi = \max_{e} E\left[\frac{1}{\varepsilon}(1 + r(1-\tau) + her\tau)^{\varepsilon}\right].$$

(b) Der optimale Hinterziehungsanteil e ist unabhängig von dem optimalen Sparpfad s.

Beweis. Einsetzen von $\Phi(\nu_t) = \Upsilon\nu_t^{\varepsilon}/\varepsilon$ in die Funktionalgleichung ergibt

$$\frac{\Upsilon\nu_t^{\varepsilon}}{\varepsilon} = \max_{s_t}\left\{\frac{1}{\varepsilon}[(1-s_t)\nu_t]^{\varepsilon} + \left(\frac{1}{1+\theta}\right)\Upsilon\nu_t^{\varepsilon}s_t^{\varepsilon}\Psi\right\}.$$

Diese Gleichung verdeutlicht die Separabilität. Die notwendige Optimalbedingung erster Ordnung dieses Maximierungsproblems für eine innere Lösung

$$-(1-s_t)^{\varepsilon-1} + \left(\frac{1}{1+\theta}\right)\Upsilon\varepsilon s_t^{\varepsilon-1}\Psi = 0$$

erlaubt es, in Verbindung mit der Funktionalgleichung nach Umformungen

$$\Upsilon = (1-s_t)^{\varepsilon} + \left(\frac{1}{1+\theta}\right)\Upsilon s_t^{\varepsilon}\Psi\varepsilon$$

den optimalen, im Zeitablauf konstanten Sparpfad s und auch die Konstante Υ zu bestimmen. Q.E.D.

Der ersparte Anteil s ist somit konstant und von der relativen Risikoaversion ($R_R = \sigma = 1-\varepsilon$), dem erwarteten Grenznutzen der Nach-Hinterziehungsrendite einer angelegten Vermögenseinheit (Ψ) und der Diskontrate (θ) abhängig.

Aufgrund der speziellen Struktur der Nutzenfunktion und damit auch der die Funktionalgleichung lösenden Maximalwertfunktion ist das optimale Ausmaß der Hinterziehung nicht von der Höhe des jeweiligen Vermögens abhängig, d.h. konstant im Zeitablauf. Die Überlegungen und Ergebnisse des statischen Einkommensteuerhinterziehungsmodells sind unmittelbar anwendbar. Bezüglich der Hinterziehung unterscheidet sich das Optimierungsproblem des myopischen Hinterziehers von Einkommensteuern im statischen

Modell nicht von dem Problem des über einen unendlichen Zeithorizont optimierenden Steuerpflichtigen, der die Einkünfte aus Kapitalvermögen (zum Teil) hinterzieht.

Der kurze Ausblick auf ein dynamisches Modell hat gezeigt, daß ein rationaler Steuerschuldner sich auch bei erweitertem Zeithorizont durchaus wie im statischen Optimierungskalkül verhalten kann, wenn, wie hier unterstellt, sowohl die Entdeckungswahrscheinlichkeit als auch die Bestrafung exogen sind bzw. nur von der Hinterziehung der jeweiligen Periode abhängig sind, bzw. die Wahrscheinlichkeit der Entdeckung bei gleichgewichtiger Übereinstimmung von Zeitpräferenzrate und Marktzins bereits die Möglichkeiten zukünftiger Entdeckung einschließt.

5.2 Retroaktiver Steuerdurchsetzungsmechanismus

Werden vom Finanzamt nicht nur die gegenwärtigen Angaben des Steuerpflichtigen, sondern auch die in der Vergangenheit abgegebenen Steuererklärungen unter bestimmten Umständen überprüft, dann bezieht sich die Pflicht zur Steuernachzahlung auch auf in der Vergangenheit hinterzogene Steuern. Wird darüber hinaus die Höhe der Strafe von den Gerichten auch anhand der zurückliegenden hinterzogenen Steuern bemessen, liegt ein retroaktiver (rückwirkender) Steuerdurchsetzungsmechanismus vor. Wirken die Bestrafung und die Steuernachzahlungspflicht auch in die Vergangenheit, ändert sich das Hinterziehungsverhalten des Steuerpflichtigen. Die Kosten der Hinterziehung steigen. In der Literatur sind, angefangen mit einigen Überlegungen von Allingham und Sandmo (1972), verschiedene Ansätze entwickelt worden, um die dynamische Struktur der Steuerhinterziehung bei retroaktiver Bestrafung zu beschreiben. Dabei standen folgende miteinander verknüpfte Fragen im Mittelpunkt:

1. Verhindert rückwirkende Bestrafung Steuerhinterziehung?
2. Verändert rückwirkende Bestrafung das Ausmaß der Steuerhinterziehung in einzelnen Perioden?
3. Verändert rückwirkende Bestrafung die dynamische Struktur der optimalen Steuerhinterziehung?

Die Gestaltungsmöglichkeiten rückwirkender Steuerdurchsetzungsmechanismen sind äußerst vielfältig. Es ist festzulegen,

- unter welchen Bedingungen das Finanzamt die vergangenen Angaben überprüft, d.h., ob die Vergangenheit nur durchleuchtet wird, wenn bei der aktuellen Steuererklärung Steuerhinterziehung aufgedeckt wird, [3]

- unter welchen Umständen das Finanzamt die Durchforstung der Vergangenheit abbricht, d.h., ob eine Verjährungsfrist für Steuerhinterziehung sowohl hinsichtlich des Steueranspruches als auch der Strafzahlung die Rückwirkung begrenzt[4] oder ob das Finanzamt so lange weiter in Richtung Vergangenheit prüft, bis es eine wahrheitsgemäße Deklaration erkennt. [5]

Im folgenden sollen einige Elemente rückwirkender Steuerdurchsetzungsmechanismen näher beleuchtet werden.

5.2.1 Rückwirkende Bestrafung und prohibitiver Strafsteuersatz

Ist die Bemessungsgrundlage der Strafe für Steuerhinterziehung die in der Periode hinterzogene Steuer und ist der Strafsteuersatz π konstant (Strafe ϕ^1), wirkt der Strafsteuersatz

$$\bar{\pi} = \frac{1-p}{p}$$

prohibitiv. Ist der Strafsteuersatz niedriger, so ist die erwartete Rendite einer hinterzogenen Steuereinheit ($E[h]$) positiv und Steuerhinterziehung lohnt sich. Ist Steuerhinterziehung nicht nach einer Periode verjährt und werden auch in weiteren Perioden Steuererklärungen vergangener Perioden überprüft, sinkt der prohibitive Strafsteuersatz.[6] Dies läßt sich für einen risikoneutralen Steuerhinterzieher leicht zeigen, wenn angenommen wird, daß Fehlangaben einer Periode nicht nur in dieser Periode mit gegebener Wahrscheinlichkeit p, sondern auch in $\bar{t}$ zukünftigen Perioden mit jeweils gleicher Wahrscheinlichkeit p aufgedeckt werden, wobei eine Aufdeckung in zukünftigen Perioden Steuernachzahlung und Strafzahlung nach sich zieht. Die Möglichkeit der Aufdeckung der gegenwärtigen Steuerhinterziehung in

---

[3] Vgl. Allingham und Sandmo (1972), S. 333, Rickard, Russell und Howroyd (1982), S. 380 und Hagedorn (1991), S. 142.

[4] Vgl. Rickard, Russell und Howroyd (1982), S. 381 und Hagedorn (1991), S. 154 ff.

[5] Vgl. Allingham und Sandmo (1972), S. 333.

[6] Rickard, Russell und Howroyd (1982), S. 383 kommen zum gegenteiligen Ergebnis. Voraussetzung für ihre Schlußfolgerung ist zum ersten die Ad-hoc-Annahme eines im Zeitablauf konstanten Hinterziehungsanteiles, zum zweiten die Konzentration auf vergangene Hinterziehungsgewinne und zum dritten der Ausschluß rückwärtiger Kontrolle durch das Finanzamt bei vollständiger Steuerehrlichkeit in der Gegenwart. So ist erst der statisch prohibitive Strafsteuersatz dynamisch prohibitiv, da alle niedrigeren Strafsteuersätze, wenn keine Hinterziehungsgewinne aus der Vergangenheit zur Disposition stehen, zur Hinterziehung verleiten.

der Zukunft sei mithin unabhängig vom zukünftigen Verhalten. Auch bei Steuerehrlichkeit in der Zukunft besteht die Gefahr der Entlarvung der gegenwärtigen Hinterziehung. Die Annahme der Risikoneutralität ist für diese Fragestellung insofern ohne Belang, als daß bei einmaliger Überwachung (statisches Basis-Modell) der prohibitive Strafsteuersatz bei Risikoneutralität derselbe wie bei Risikoaversion ist. Der Grad der Risikoaversion ist nur bei nicht prohibitiver Bestrafung für das Ausmaß der Hinterziehung relevant: Der risikoneutrale Steuerpflichtige wird alles, der risikoaverse Steuerzahler in der Regel nur einen Teil des Einkommens hinterziehen.

Zur Debatte steht die Steuerhinterziehung eines Steuerpflichtigen in der Periode 0. Der Steuerpflichtige realisiert einen Hinterziehungsertrag τye. Mit der Wahrscheinlichkeit p erfolgt sofort eine Kontrolle, mit der Komplementärwahrscheinlichkeit $1-p$ wird in der Hinterziehungsperiode keine Nachzahlung fällig. Wird die Hinterziehung in der Ausgangsperiode nicht aufgedeckt, dann hat der Steuerpflichtige mit der Wahrscheinlichkeit $(1-p)p$ in der zweiten Periode Steuern und Strafe zu zahlen. Erfolgt auch in dieser Periode keine Überprüfung, fällt die Zahlung in der anschließenden Periode mit der Wahrscheinlichkeit $(1-p)^2 p$ an, usw. Die hinterzogenen Steuern müssen in späteren Perioden mit einem staatlich fixierten Zinssatz r_S verzinst an den Staat gezahlt werden. Bezüglich der Strafe werden im folgenden zwei verschiedene Varianten untersucht: Zum einen **zeitkonsistente Bestrafung**, bei der auch die Strafzahlung mit dem Zinssatz r_S verzinst wird, und **zeitinkonsistente Bestrafung**, bei der die Strafe nominal konstant bleibt. Ist die Festlegung der Höhe der Strafe unabhängig vom Zeitpunkt der Aufdeckung, profitiert der Steuerdelinquent von späterer Entlarvung. Der Gegenwartswert der Strafe sinkt von Periode zu Periode. Bei zeitkonsistenter Bestrafung muß der bisher erfolgreiche Hinterzieher in der Periode t, in der die Steuerhinterziehung aufgedeckt wird, Konsumverzicht c_t in Höhe von

$$c_t = -(1+\pi)(1+r_S)^t \tau ye$$

leisten, bei zeitinkonsistenter Strafregel

$$c_t = -\{\pi + (1+r_S)^t\}\tau ye.$$

Ein risikoneutraler Steuerpflichtiger maximiert den Gegenwartswert des erwarteten Hinterziehungsertrages. Wenn nach $\bar{t}$ Perioden die Verjährung einsetzt[7] und der Steuerpflichtige mit der konstanten Diskontrate θ zukünf-

[7] Zur Vereinfachung wird für Steuernachzahlung und Strafzahlung eine einheitliche Verjährungsfrist unterstellt.

tige Kosten diskontiert, löst er das Maximierungsproblem

$$\max_e \quad \tau y e + p \sum_{t=0}^{\bar{t}} \left(\frac{1-p}{1+\theta} \right)^t c_t.$$

Ist $\bar{t} = 0$, dann handelt es sich offensichtlich um den statischen Fall; die Zukunft ist ohne Bedeutung. Bei zeitkonsistenter Strafregel ergibt sich, der Intuition entsprechend, ein erheblicher Abschreckungseffekt, der mit der Dauer der Verfolgung steigt, wie Satz 5.2 zeigt.

Satz 5.2 *(a) Bei zeitkonsistenter Bestrafung wirkt der Strafsteuersatz*

$$\bar{\pi} = \frac{1-\zeta}{p(1-\zeta^{\bar{t}+1})} - 1 \tag{5.2}$$

prohibitiv, wobei

$$\zeta \stackrel{\text{def}}{=} (1-p)\frac{1+r_S}{1+\theta} > 0,$$

wenn $\zeta \neq 1$ gilt.
(b) Steigt die Dauer der Verfolgung, verringert sich der prohibitive Strafsteuersatz.
(c) Steigt die individuelle Diskontrate θ bzw. sinkt der Zinssatz der Nach- und Strafzahlung r_S, erhöht sich der prohibitive Strafsteuersatz.

Beweis. (a) Der prohibitive Strafsteuersatz $\bar{\pi}$ senkt den erwarteten abdiskontierten Grenzertrag

$$\tau y \left\{ 1 - p(1+\pi) \sum_{t=0}^{\bar{t}} (1-p)^t \left(\frac{1+r_S}{1+\theta} \right)^t \right\} = \tau y \left\{ 1 - p(1+\pi) \frac{1-\zeta^{\bar{t}+1}}{1-\zeta} \right\}$$

auf null.
(b) Die Differenz zwischen dem prohibitiven Strafsteuersatz $\bar{\pi}_{\bar{t}+1}$ bei einer Verfolgungsdauer $\bar{t}+1$ und dem prohibitiven Strafsteuersatz $\bar{\pi}_{\bar{t}}$, wenn $\bar{t}$ Perioden verfolgt wird,

$$\bar{\pi}_{\bar{t}+1} - \bar{\pi}_{\bar{t}} = -\frac{(1-\zeta)^2 \zeta^{\bar{t}+1}}{p(1-\zeta^{\bar{t}+1})(1-\zeta^{\bar{t}+2})}$$

ist negativ.
(c) Da gilt

$$\frac{\partial \bar{\pi}}{\partial \zeta} = \frac{\zeta^{\bar{t}}(1+(1-\zeta)\bar{t})-1}{p(1-\zeta^{\bar{t}+1})^2}, \quad \frac{\partial \zeta}{\partial \theta} = -(1-p)\frac{1+r_S}{(1+\theta)^2} < 0 \quad \text{und}$$

$$\frac{\partial \zeta}{\partial r_S} = \frac{1-p}{1+\theta} > 0$$

und $\zeta^{\bar{t}}(1+(1-\zeta)\bar{t})-1<0$ durch vollständige Induktion nachgewiesen werden kann, ist $\partial\bar{\pi}/\partial\zeta$ kleiner als null und gelten damit die behaupteten Abschätzungen.

Induktionsverankerung ($\bar{t}=1$): $\zeta(1+(1-\zeta))-1=-(1-\zeta)^2<0$ identisch erfüllt.

Schluß von $\bar{t}$ auf $\bar{t}+1$:

$$\begin{aligned} & \zeta^{\bar{t}}(1+(1-\zeta)\bar{t})-1<0 \\ \Rightarrow\ & \zeta^{\bar{t}+1}(1+(1-\zeta)(\bar{t}+1))-\zeta-\zeta^{\bar{t}+1}(1-\zeta)<0 \\ \Rightarrow\ & \zeta^{\bar{t}+1}(1+(1-\zeta)(\bar{t}+1))-1<(1-\zeta)(\zeta^{\bar{t}+1}-1)<0. \end{aligned}$$

Q.E.D.

Je länger die Zeit möglicher Entdeckung und Strafverfolgung ist, desto geringer kann der Strafsteuersatz gewählt werden, um dennoch prohibitiv zu wirken. Umgekehrt gilt: je geringer der vom Gesetzgeber fixierte Zinssatz für Steuernachzahlung und Strafe ist, desto höher ist der prohibitive Strafsteuersatz. Der in der Abgabenordnung festgelegte Nominalzinssatz (0,5 Prozent) hat bei hoher Inflation also eine geringere Abschreckungswirkung als bei niedriger Inflation, da der Zins dann real niedriger ist.

Fallen der für die Steuernachzahlung angesetzte Zins r_S und (der Marktzins resp.) die individuelle Diskontrate nicht auseinander ($r_S=\theta$), ist der prohibitive Strafsteuersatz

$$\bar{\pi} = \frac{1}{1-(1-p)^{\bar{t}+1}} - 1.$$

In diesem Fall reicht bei einer Periodenentdeckungswahrscheinlichkeit von 1 Prozent und einer Verfolgungszeit von zehn Jahren bereits ein Strafsteuersatz von 9.46 zur Abschreckung aus. Bei unendlichem Zeithorizont genügt bei Übereinstimmung von Nachzahlungs-Zinssatz und Diskontrate ein beliebig kleiner Strafsteuersatz zur Verhinderung von Steuerhinterziehung ($\lim_{\bar{t}\to\infty} \bar{\pi} = 0$).

Eine zeitkonsistente retroaktive Bestrafung hat – zusammengefaßt – eine stärkere Abschreckungswirkung als eine einmalige Bestrafung, die um so wirksamer ist, je länger die Verjährungsfrist und je geringer die individuelle Diskontrate im Verhältnis zum festgesetzten Zinssatz sind.

Bevorteilt die Strafregel hingegen eine späte Entlarvung der Hinterziehung, muß die Strafe also nicht inklusive Zinsen gezahlt werden, dann wird der Abschreckungseffekt einer retroaktiven Bestrafung gemildert. Dies ist die Kernaussage des folgenden Satzes.

Satz 5.3 *Der prohibitive Strafsteuersatz bei zeitinkonsistenter Bestrafung*

$$\hat{\pi} = \frac{1-\hat{\zeta}}{1-\zeta}\,\frac{1-\zeta^{\bar{t}+1}}{1-\hat{\zeta}^{\bar{t}+1}}\bar{\pi}, \tag{5.3}$$

für

$$\zeta \neq 1 \quad \text{und} \quad \hat{\zeta} \stackrel{\text{def}}{=} \frac{1-p}{1+\theta} < 1,$$

ist größer als der prohibitive Strafsteuersatz bei zeitkonsistenter Bestrafung $\bar{\pi}$.

Beweis. Aus der Gleichung

$$1 - p\sum_{t=0}^{\bar{t}}(1-p)^t\left(\frac{1+r_S}{1+\theta}\right)^t - p\hat{\pi}\sum_{t=0}^{\bar{t}}(1-p)^t\left(\frac{1}{1+\theta}\right)^t$$

$$= 1 - p\frac{1-\zeta^{\bar{t}+1}}{1-\zeta} - \hat{\pi}p\frac{1-\hat{\zeta}^{\bar{t}+1}}{1-\hat{\zeta}} = 0$$

ist der prohibitive Strafsteuersatz $\hat{\pi}$ herzuleiten. Dieser ist größer als $\bar{\pi}$, da $\frac{1-\hat{\zeta}}{1-\zeta}\frac{1-\zeta^{\bar{t}+1}}{1-\hat{\zeta}^{\bar{t}+1}} > 1$ durch vollständige Induktion nachweisbar ist. Hier wird der Beweis für $\zeta < 1$ geführt, analog für $\zeta > 1$.

Induktionsverankerung ($\bar{t} = 1$): $\frac{1-\hat{\zeta}}{1-\zeta}\frac{1-\zeta^2}{1-\hat{\zeta}^2} = \frac{1+\zeta}{1+\hat{\zeta}} > 1$, da $\zeta > \hat{\zeta}$.

Schluß von $\bar{t}$ auf $\bar{t}+1$:

$$(1-\hat{\zeta})(1-\zeta^{\bar{t}+1}) > (1-\zeta)(1-\hat{\zeta}^{\bar{t}+1})$$

$$\Rightarrow \quad (1-\hat{\zeta})(1-\zeta^{\bar{t}+2}) - \zeta^{\bar{t}+1}(1-\zeta)(1-\hat{\zeta})$$
$$> (1-\zeta)(1-\hat{\zeta}^{\bar{t}+2}) - \hat{\zeta}^{\bar{t}+1}(1-\zeta)(1-\hat{\zeta})$$
$$\Rightarrow \quad \frac{(1-\hat{\zeta})(1-\zeta^{\bar{t}+2})}{(1-\zeta)(1-\hat{\zeta}^{\bar{t}+2})} > 1 + \frac{(1-\hat{\zeta})(\zeta^{\bar{t}+1}-\hat{\zeta}^{\bar{t}+1})}{(1-\hat{\zeta}^{\bar{t}+2})}.$$

Q.E.D.

Der Verzicht auf eine nominale Steigerung der Strafe im Zeitablauf kann nur durch einen höheren prohibitiven Strafsteuersatz ausgeglichen werden.

5.2.2 Rückwirkende Bestrafung und Periodizität der Hinterziehung

Verjährt Steuerhinterziehung nach einer fixierten Anzahl von Perioden und erfolgt in jeder Periode eine Nachprüfung der Steuererklärungen zurückliegender Perioden, auch dann, wenn der Steuerpflichtige in dieser Periode sein Einkommen vollständig deklariert hat, wie dies im vorangegangenen Abschnitt unterstellt wurde, so rentiert es sich für den Steuerpflichtigen nicht, zwischen Phasen vollständiger und unvollständiger Deklaration zu wechseln, wenn Entdeckungswahrscheinlichkeit, Strafsteuersatz, regulärer Steuersatz und Bruttoeinkommen sich im Zeitablauf nicht ändern. Anders verhält es sich, wenn vollständige Deklaration in einer Periode die (weiter zurückliegende) Vergangenheit vor nachträglicher Kontrolle schützt.

Mit einem rückwirkenden Steuerdurchsetzungsmechanismus befaßten sich bereits Allingham und Sandmo (1972). Sie betrachten folgendes Verhalten der Steuerfahndung: In jeder Periode führt diese in zufälliger Auswahl Kontrollen durch und überprüft bei Feststellung eines Steuerdeliktes solange rückwärtsgehend die Deklarationen, bis keine Hinterziehung auftritt bzw. eine staatliche Kontrolle bereits erfolgte. Für alle dadurch aufgedeckten Vergehen wird der Steuerhinterzieher bestraft. Diese von Allingham und Sandmo (1972), S. 334 als "clearly arbitrary" bezeichnete Bestrafungsregel gestattet es einem langjährigen Hinterzieher von Steuern, sich durch einmalig wahrhaftige Angaben einer möglichen Bestrafung zurückliegender Delikte zu entziehen. Deshalb können Allingham und Sandmo (1972) ableiten, daß ein konsistent handelndes Individuum bei der geschilderten Bestrafungsregel und statisch nicht prohibitiver Strafe (1) anfänglich etwas hinterziehen und (2) nach einer endlichen Zahl von Perioden das Einkommen vollständig deklarieren wird.

Daß Wechsel zwischen Steuerhinterziehung und Steuerehrlichkeit, d.h. Periodizität der Hinterziehung, optimal sein kann, soll jetzt anhand eines ähnlich konstruierten Steuerdurchsetzungsmechanismus, den Hagedorn (1991), S. 142 ff vorstellt und analysiert, aufgezeigt werden. Der Steuerpflichtige beziehe in jeder Periode ein fixes Einkommen y, das jeweils mit dem konstanten Steuersatz τ besteuert wird. In jeder Periode wird er zur Einkommensteuer veranlagt und hat zu entscheiden, welchen Anteil des Einkommens er nicht deklariert. Die Angaben werden jeweils mit der Wahrscheinlichkeit p überprüft. Die Strafe bei aufgedeckter Hinterziehung ist mit π proportional zur hinterzogenen Steuer. Die erwartete Rendite einer hinterzogenen Steuereinheit $E[h]$ ist in jeder Periode positiv. Rückwirkend ist der Steuerdurchsetzungsmechanismus, da nach einer Prüfung der Angaben einer Periode durch das Finanzamt, die Steuerhinterziehung ans Licht bringt, auch die Angaben der Vorperiode überprüft werden. Wird auch in der Vorperiode Steuerhinterziehung festgestellt, muß der Steuerpflichtige hinterzogene Steuer und Strafe mit θ verzinst nachzahlen (zeitkonsistente Bestrafung). Nach Ablauf einer Periode verjährt Steuerhinterziehung. Der Steuerpflichtige sei risikoneutral und diskontiere zukünftige Erträge und Nutzen mit konstanter Diskontrate θ, die gleich dem Zinssatz auf hinterzogene Steuern und Strafen sein soll. Der Zeithorizont des Steuerpflichtigen sei unendlich. Der Steuerpflichtige maximiert den Gegenwartswert der erwarteten Erträge und Kosten der Steuerhinterziehung durch die Hinterziehungsentscheidungen jeder Periode.

Da die Rückwirkung unabhängig von der Höhe der hinterzogenen Steuern einsetzt, sobald Steuerhinterziehung überhaupt vorliegt und bei einer Prüfung aufgedeckt wird, und die erwartete Rendite jeder hinterzogenen Steuereinheit in der Periode, in der diese Steuereinheit hinterzogen wird, positiv ist, wird ein risikoneutraler Steuerpflichtiger entweder sämtliche oder keine Steuern hinterziehen. Die Hinterziehungsentscheidung ist in jeder Periode eine Null-Eins-Entscheidung.

Das Entscheidungsproblem des Steuerpflichtigen ist ein unendlichstufiges **Markov-Entscheidungsproblem** mit Diskontierung. Um dies aufzuzeigen, werden die Entscheidungskonstellationen als Zustände definiert. Der Steuerpflichtige kann sich in jeder Periode in einem von zwei Zuständen befinden: Entweder im Zustand Z_0, in dem der Steuerpflichtige bei Hinterziehung und deren Aufdeckung keine Steuernachzahlungen und Strafzahlungen für vergangene Steuerhinterziehung zu leisten hat, da er in der Vorperiode nicht hinterzogen hat bzw. erfolglos versucht hat, Steuern zu hinterziehen, oder im Zustand Z_1, in dem der Steuerpflichtige aufgrund vergangener Steuerhinterziehung bei Aufdeckung einer Hinterziehung in dieser Periode mit Nachzahlungen zu rechnen hat.[8] Hinterzieht der Steuerpflichtige und wird diese Steuerhinterziehung von den Finanzbehörden nicht festgestellt, geht er unabhängig vom Ausgangszustand in den Zustand Z_1 über. Bei der nächsten Entscheidung muß er gegebenenfalls mit Steuernachzahlung und rückwirkender Strafe rechnen. Hinterzieht der Steuerpflichtige nicht, bzw. wird eine Hinterziehung aufgedeckt, werden Steuernachzahlung und Strafe also gleich fällig, so geht der Steuerzahler in den Zustand Z_0 über. In der Folgeperiode besteht keine Gefahr rückwirkender Bestrafung. Den Zusammenhang zwischen den Handlungen des Steuerpflichtigen und den Übergängen zwischen den Zuständen verdeutlicht die folgende Tabelle.

Tabelle 5.1: Retroaktive Bestrafung: Zustände und Übergänge

Aktueller Zustand	Übergang bei erfolgreicher Hinterziehung in den Zustand	sonst
Z_0	Z_1	Z_0
Z_1	Z_1	Z_0

Die Wahrscheinlichkeit eines Überganges von einem Zustand in einen anderen Zustand ist nur vom Zustand und der Handlung des Steuerpflichtigen in diesem Zustand abhängig. Die weiter zurückliegende Vergangenheit ist ohne direkten Einfluß. Die Unabhängigkeit der Übergangswahrscheinlichkeit von der Vergangenheit, die **Markov-Eigenschaft**, ist für die Lösbarkeit des stochastischen dynamischen Optimierungsproblems von zentraler Bedeutung.

Hinterzieht der Steuerpflichtige im Zustand Z_0, erhält er pro hinterzogener Steuereinheit $1-p-p\pi = E[h]$ und geht entweder in den Zustand Z_0 oder in den Zustand Z_1 über. Hinterzieht der Steuerpflichtige hingegen im Zustand Z_1, erhält er nur

$$E[h] - \frac{p(1+\pi)}{\delta},$$

wobei δ den Diskontfaktor $1/(1+\theta)$ bezeichnet, mit $0 < \delta < 1$, der aus Gründen der Übersichtlichkeit der Notation im folgenden verwendet wird.

[8] Hagedorn (1991), S. 144 unterscheidet drei Zustände; die Unterscheidung zwischen Steuerehrlichkeit und mißlungener Steuerhinterziehung in der Vorperiode ist aber zumindest bei dieser Fragestellung unnötig.

Der unmittelbare Ertrag bei vollständiger Deklaration ist null, verbunden mit dem sicheren Übergang in den Zustand Z_0.

Das Optimierungsproblem des Steuerpflichtigen besteht in der Auswahl einer Strategie, d.h. Festlegung einer Handlung für jeden Zeitpunkt und jeden Zustand, die den Gegenwartswert der erwarteten Erträge maximiert. Da die unmittelbaren Erträge, die eine in einem der beiden Zustände begangene Handlung nach sich zieht, unabhängig vom Zeitpunkt sind, nach oben und unten beschränkt sind und zukünftige Erträge mit dem Diskontfaktor $\delta < 1$ abdiskontiert werden, konvergieren die Summen zur Berechnung der Gegenwartswerte trotz des unendlichen Zeithorizontes. Der Gegenwartswert jeder Strategie ist endlich.[9] Es gibt darüber hinaus immer eine (bezogen auf den Diskontfaktor δ) optimale Strategie, die **stationär** ist. Die Handlungen sind nicht von der Periode abhängig, sondern nur vom Zustand, da sich in jeder Periode aufgrund der Unabhängigkeit der unmittelbaren Erträge vom Zeitpunkt und wegen des unendlichen Zeithorizontes immer das gleiche Entscheidungsproblem stellt.[10] Die optimale Strategie ist zudem unabhängig vom Ausgangszustand des stochastischen Prozesses. Jede stationäre Strategie definiert für eine gegebene Anfangsverteilung eine homogene Markov-Kette.

Um eine optimale Strategie der Steuerhinterziehung unter dem beschriebenen rückwirkenden Steuerdurchsetzungsmechanismus zu bestimmen, müssen die vier möglichen stationären Strategien, die für jeden der beiden Zustände (Z_0 und Z_1) eine der beiden sinnvollen Handlungen (Hinterziehung oder Vollständige Deklaration) festlegen, miteinander verglichen werden. Mit $\mathcal{M}^{ij}$, mit $i,j \in \{0,1\}$, wird eine Strategie gekennzeichnet, wobei 0 für vollständige Deklaration und 1 für vollständige Hinterziehung steht, i den Zustand Z_0 und j den Zustand Z_1 markiert. Die Strategie $\mathcal{M}^{01}$ beispielsweise sieht jeweils im Zustand Z_0 vollständige Deklaration und im Zustand Z_1 Hinterziehung vor. Die Matrizen der Übergangswahrscheinlichkeiten sind

$$\begin{matrix} \mathcal{M}^{00} & \mathcal{M}^{01} & \mathcal{M}^{10} & & \mathcal{M}^{11} \\ \begin{pmatrix} 1 & 0 \\ 1 & 0 \end{pmatrix}, & \begin{pmatrix} 1 & 0 \\ p & 1-p \end{pmatrix}, & \begin{pmatrix} p & 1-p \\ 1 & 0 \end{pmatrix} & \text{und} & \begin{pmatrix} p & 1-p \\ p & 1-p \end{pmatrix}, \end{matrix}$$

wobei das Element in der i–ten Zeile und j–Spalte einer der Matrizen angibt, mit welcher Wahrscheinlichkeit der Steuerpflichtige bei der jeweiligen

[9] Siehe z.B. Kohlas (1977), S. 134.
[10] Siehe z.B. Kohlas (1977), S. 136.

Strategie vom i–ten in den j–ten Zustand übergeht. Unter den Strategien $\mathcal{M}^{00}$ und $\mathcal{M}^{01}$ ist der Zustand Z_0 ein **absorbierender Zustand**, da aufgrund der Steuerehrlichkeit im Zustand Z_0 unter keinen Umständen ein Wechsel in den Zustand Z_1 erfolgt. Der Gegenwartswert zukünftiger Erträge und Kosten in diesem Zustand ist unter diesen Strategien immer gleich null, da in der Gegenwart und in der Zukunft keine Erträge und Kosten zu erwarten sind. Die Gegenwartswerte $\Omega^{1i}(Z_0)$ bzw. $\Omega^{1i}(Z_1)$ der Strategien $\mathcal{M}^{11}$ und $\mathcal{M}^{10}$ für die beiden Zustände als Ausgangszustände, mit $i = 0, 1$, gibt das folgende Lemma an.

Lemma 5.1 *(a) Die Gegenwartswerte der Strategie $\mathcal{M}^{11}$ sind:*

$$\Omega^{11}(Z_0) = \frac{E[h] - (1-p)p(1+\pi)}{1-\delta},$$
$$\Omega^{11}(Z_1) = \frac{\delta E[h] - p(1+\pi)(1-p\delta)}{(1-\delta)\delta}.$$

(b) Die Gegenwartswerte der Strategie $\mathcal{M}^{10}$ sind:

$$\Omega^{10}(Z_0) = \frac{E[h]}{(1-\delta)(1+\delta-p\delta)} > 0,$$
$$\Omega^{10}(Z_1) = \frac{\delta E[h]}{(1-\delta)(1+\delta-p\delta)} > 0.$$

Beweis. Der Vektor der Gegenwartswerte ist gleich dem Vektor der unmittelbaren Erträge plus dem Produkt aus Diskontfaktor, Matrix der Übergangswahrscheinlichkeiten und Vektor der Gegenwartswerte. Diese Berechnung wird für die Strategien durchgeführt.
(a) Gesucht sind die Lösungen von:

$$\Omega^{11}(Z_0) = E[h] + \delta[p\Omega^{11}(Z_0) + (1-p)\Omega^{11}(Z_1)],$$
$$\Omega^{11}(Z_1) = E[h] - \frac{p(1+\pi)}{\delta} + \delta[p\Omega^{11}(Z_0) + (1-p)\Omega^{11}(Z_1)].$$

(b) Gesucht sind die Lösungen von:

$$\Omega^{10}(Z_0) = E[h] + \delta[p\Omega^{10}(Z_0) + (1-p)\Omega^{10}(Z_1)],$$
$$\Omega^{10}(Z_1) = \delta\Omega^{10}(Z_0).$$

Q.E.D.

Die ermittelten Gegenwartswerte erlauben es, die optimale Strategie des Steuerhinterziehers zu charakterisieren. In Satz 5.4 werden Bedingungen aufgeführt, unter denen eine der beiden Strategien $\mathcal{M}^{11}$ und $\mathcal{M}^{10}$ optimal ist. Außerdem wird aufgezeigt, daß keine der anderen Strategien optimal sein kann. Dabei wird der Umstand ausgenutzt, daß unter den gegebenen Voraussetzungen, insbesondere der Beschränkung der unmittelbaren Erträge, eine Strategie dann optimal ist, wenn in keinem Zustand eine andere Handlung als die gewählte Handlung, unter sonstiger Beibehaltung der vorgegebenen Strategie, zu einem höheren Gegenwartswert führt.[11] Eine Strategie ist, mit anderen Worten, optimal, wenn sie nicht in einem Schritt, d.h. durch *einmalige* Abweichung, verbesserbar ist.

Satz 5.4 *(a) Die Strategie $\mathcal{M}^{00}$ ist nie optimal.*
(b) Die Strategie $\mathcal{M}^{01}$ ist nie optimal.
(c) Genau dann wenn

$$E[h] \geq (1-p)p(1+\pi) + \frac{p(1+\pi)}{\delta}, \tag{5.4}$$

ist die Strategie $\mathcal{M}^{11}$ optimal. Andernfalls ist $\mathcal{M}^{10}$ optimal.

Beweis. (a) Weicht der Steuerpflichtige (nur) im Zustand Z_0 von der Strategie $\mathcal{M}^{00}$ ab, ist der Wert dieser Abweichung $E[h]$ größer als der Wert der Beibehaltung der Strategie $\Omega^{00}(Z_0) = 0$.
(b) Ist

$$\Omega^{01}(Z_1) = \frac{E[h] - \frac{p(1+\pi)}{\delta}}{1-\delta(1-p)}$$

positiv, lohnt sich eine einmalige Abweichung in Z_0, da der Wert der Abweichung $E[h] + \delta(1-p)\Omega^{01}(Z_1)$ größer als der Wert der Beibehaltung der Strategie $\Omega^{01}(Z_0) = 0$ ist; ist aber $\Omega^{01}(Z_1)$ negativ, lohnt sich eine einmalige Abweichung in Z_1, da dann der Wert der Abweichung $\delta\Omega^{01}(Z_0) = 0$ größer als der Wert der Beibehaltung $\Omega^{01}(Z_1) < 0$ ist.
(c) Ist $\Omega^{11}(Z_0) < 0$, ist $\mathcal{M}^{10}$ optimal. Weicht der Steuerpflichtige (nur) im Zustand Z_0 von der Strategie $\mathcal{M}^{11}$ ab, ist der Wert dieser Abweichung $\delta\Omega^{11}(Z_0)$ kleiner als der Wert der Beibehaltung der Strategie $\Omega^{11}(Z_0)$. Weicht der Steuerpflichtige (nur) im Zustand Z_1 von der Strategie $\mathcal{M}^{11}$ ab, ist der Wert dieser Abweichung $\delta\Omega^{11}(Z_0)$ genau dann kleiner als $\Omega^{11}(Z_1)$,

[11] Siehe Kohlas (1977), S. 136.

wenn $E[h]-(1-p)p(1+\pi)-p(1+\pi)/\delta > 0$ gilt, wie durch Einsetzen der Gegenwartswerte $\Omega^{11}(Z_0)$ und $\Omega^{11}(Z_1)$ zu ermitteln ist. Analog gilt dies für die Strategie $\mathcal{M}^{10}$. Q.E.D.

Die Strategie $\mathcal{M}^{00}$ wird von $\mathcal{M}^{10}$ und die Strategie $\mathcal{M}^{01}$ von $\mathcal{M}^{11}$ oder $\mathcal{M}^{00}$ dominiert. Vollständige Deklaration im Zustand Z_0, wie es die Strategien $\mathcal{M}^{00}$ und $\mathcal{M}^{01}$ vorsehen, ist nie optimal. Wenn keine "Altlasten" in Form drohender Bestrafung der Vergangenheit vorliegen, dann ist Steuerhinterziehung wegen der unterstellten positiven augenblicklichen Rendite einer hinterzogenen Steuereinheit $E[h]$ immer optimal. In der Zukunft (d.h. im Zustand Z_1) kann der Steuerpflichtige den Ertrag dieser Hinterziehung sichern, indem er vollständig deklariert. Er wird dies tun, d.h. die Strategie $\mathcal{M}^{10}$ wählen, wenn der unmittelbare Ertrag der Hinterziehung $E[h]$ kleiner als die Summe aus Gegenwartswert der erwarteten Steuernachzahlung und Strafzahlung in der nächsten Periode $(1-p)p(1+\pi)$ und der erwarteten (aufgezinsten) Steuer- plus Strafzahlung für die Hinterziehung der vergangenen Periode $p(1+\pi)/\delta$ ist.[12]

Sollte der Strafsteuersatz π gleich null sein, d.h., droht dem Steuerpflichtigen nur Steuernachzahlung, ist $\mathcal{M}^{10}$, der teilweise Verzicht auf Hinterziehung, optimal, wenn

$$\theta > \frac{(1-p)^2 - p}{p}$$

gilt. Aufgrund der Gefahr der Steuernachzahlung nicht nur für die gegenwärtig und in der Vergangenheit hinterzogenen Steuern, sondern auch der Gefahr zukünftiger Nachzahlungen bei weiterer Hinterziehung, lohnt sich die periodische Abweichung von der Hinterziehungsstrategie.[13] Allerdings verdeutlicht ein Blick auf die Abschätzung für die Diskontrate, daß Abschreckung bei annähernd realistischen Werten für die Entdeckungswahrscheinlichkeit und die Diskontrate nicht erreichbar ist.

Anders als bei der Strategie $\mathcal{M}^{11}$, die zu jedem Zeitpunkt Hinterziehung vorsieht, wird unter der Strategie $\mathcal{M}^{10}$ "abwechselnd" hinterzogen und vollständig deklariert. Da aber aufgrund der Hinterziehung im Zustand Z_0 die Möglichkeit besteht, auch aus dem Zustand Z_0 in den Zustand Z_0 zu gelangen, ist auf Dauer die Wahrscheinlichkeit, sich im Zustand Z_0 zu

---

[12] Die Bedingung (5.4) ist wesentlich eingängiger als die äquivalente von Hagedorn (1991), S. 151 angegebene Bedingung $1 - p(1+\pi)(2 - p + \delta^{-1}) > 0$.

[13] Auf diesen interessanten Aspekt macht Hagedorn (1991), S. 152 aufmerksam.

befinden, größer als die Wahrscheinlichkeit, im Zustand Z_1 zu sein. Die stationären Zustandswahrscheinlichkeiten (oder die Gleichgewichtswahrscheinlichkeiten) $\omega^{1i}(Z_0)$ und $\omega^{1i}(Z_1)$ der Strategien $\mathcal{M}^{10}$ und $\mathcal{M}^{11}$, mit $i = 0, 1$, gibt das folgende Korollar an.[14] Diese Werte geben die Wahrscheinlichkeit dafür an, daß sich der stochastische Prozeß nach t Perioden in dem entsprechenden Zustand befindet, wenn t gegen ∞ geht. Entsprechen die Wahrscheinlichkeiten der Zugehörigkeit zu den Zuständen bereits am Beginn des stochastischen Prozesses $\omega^{1i}(Z_j)$, mit $i, j = 0, 1$, ist zu jedem Zeitpunkt t die Wahrscheinlichkeit, den Prozeß im Zustand j anzutreffen, $\omega^{1i}(Z_j)$.

Korollar 5.1 *(a) Unter der Strategie $\mathcal{M}^{11}$ sind die stationären Zustandswahrscheinlichkeiten*

$$\omega^{11}(Z_0) = p \quad \textit{und} \quad \omega^{11}(Z_1) = 1 - p.$$

(b) Unter der Strategie $\mathcal{M}^{10}$ sind die stationären Zustandswahrscheinlichkeiten

$$\omega^{10}(Z_0) = \frac{1}{2-p} \quad \textit{und} \quad \omega^{10}(Z_1) = \frac{1-p}{2-p} < \omega^{10}(Z_0).$$

Beweis. Jede Strategie definiert eine nicht dekomponierbare ergodische Markov-Kette, für die stationäre Zustandswahrscheinlichkeiten existieren und für die jeweils gilt:[15]

(a) $\omega^{11}(Z_0)$ und $\omega^{11}(Z_1)$ lösen

$$\begin{pmatrix} \omega^{11}(Z_0) \\ \omega^{11}(Z_1) \end{pmatrix} = \begin{pmatrix} p & p \\ 1-p & 1-p \end{pmatrix} \begin{pmatrix} \omega^{11}(Z_0) \\ \omega^{11}(Z_1) \end{pmatrix} \quad \text{und} \quad \sum_{i=0}^{1} \omega^{11}(Z_i) = 1.$$

(b) $\omega^{10}(Z_0)$ und $\omega^{10}(Z_1)$ lösen

$$\begin{pmatrix} \omega^{10}(Z_0) \\ \omega^{10}(Z_1) \end{pmatrix} = \begin{pmatrix} p & 1 \\ 1-p & 0 \end{pmatrix} \begin{pmatrix} \omega^{10}(Z_0) \\ \omega^{10}(Z_1) \end{pmatrix} \quad \text{und} \quad \sum_{i=0}^{1} \omega^{10}(Z_i) = 1.$$

Q.E.D.

---

[14] Zu Ergebnis (a) vgl. auch Hagedorn (1991), S. 166 und zu Ergebnis (b) Hagedorn (1991), S. 167, der hier – wie bereits erwähnt – jedoch zwischen drei Zuständen unterscheidet.

[15] Siehe z.B. Kohlas (1977), S. 81 f.

Unter der Strategie $\mathcal{M}^{10}$, in der periodisch hinterzogen wird, ist Z_0 der wahrscheinlichere Zustand. Entspricht die Anfangsverteilung der Steuerpflichtigen den Zustandswahrscheinlichkeiten, werden immer mehr Steuerpflichtige hinterziehen als vollständig deklarieren.

Bei einjähriger Verjährungsfrist stellt sich (in modifizierter) Form das bereits von Allingham und Sandmo (1972) abgeleitete Resultat, daß zu gewissen Zeitpunkten Hinterziehung und zu anderen Zeitpunkten Nicht-Hinterziehung optimal sein kann, ebenfalls ein. Dieses Ergebnis gilt aufgrund der kurzen Verjährungsfrist allerdings nur bei relativ hoher Bestrafung. Andernfalls ist permanente Hinterziehung für den Steuerpflichtigen optimal.

Hagedorn (1991) diskutiert unter Beibehaltung der Annahme, daß rückwirkende Kontrolle durch vollkommen ehrliche Deklaration ausgeschlossen werden kann, zusätzlich die Verlängerung der Verjährungsfrist. Würde ein Steuerpflichtiger bei einjähriger Verjährungsfrist notorisch hinterziehen, d.h. die Strategie $\mathcal{M}^{11}$ wählen, wird die sukzessive Verlängerung der Verjährungsfrist den Steuerpflichtigen bei Überschreiten eines Grenzwertes dazu bewegen, nach einer bestimmten Zahl von Perioden erfolgreicher Hinterziehung vollständig zu deklarieren, um den Ertrag der vergangenen Hinterziehung abzusichern. Aus einem notorischen Hinterzieher wird ein periodischer Hinterzieher. Eine weitere Verlängerung der Verjährungsfrist hätte keinen weiteren Einfluß auf das Verhalten des Steuerpflichtigen, da dieser durch ehrliche Deklaration nach mehrjähriger Hinterziehung selbst für Aussetzung der Verfolgung sorgt.[16]

5.3 Vorauswirkender Steuerdurchsetzungsmechanismus

Nicht nur die Drohung von Steuer- und Strafnachzahlung begrenzt Steuerhinterziehung stärker als ein nur auf die Gegenwart ausgerichteter Steuerdurchsetzungsmechanismus, sondern auch eine schärfere Kontrolle in der Zukunft bzw. eine stärkere Bestrafung von Wiederholungstätern senkt den Ertrag der Steuerhinterziehung und bewirkt damit in verstärktem Maße Steuerehrlichkeit. Die Ausrichtung des Steuerdurchsetzungsmechanismus auf die Zukunft fand zum ersten Mal bei Landsberger und Meilijson (1982), später bei Greenberg (1984) und Harrington (1988) Beachtung.[17] Der Schwerpunkt der Literatur zur Steuerhinterziehung lag dabei auf der

---

[16] Siehe Hagedorn (1991), S. 154 ff.

[17] Einen Überblick über Vorgehen und Resultate liefert Hagedorn (1991), S. 169 ff.

Abhängigkeit der Entdeckungswahrscheinlichkeit vom vergangenen Verhalten des Steuerpflichtigen. In den folgenden Abschnitten werden die Grundgedanken und wesentlichsten Ergebnisse zur Vorwärtswirkung des Steuerdurchsetzungsmechanismus dargestellt. Dabei konzentriert sich das Bemühen auf die Beantwortung der bereits im Zusammenhang der retroaktiven Mechanismen diskutierten Fragen der Abschreckungswirkung der Vorwärtswirkung und der Periodizität der Hinterziehung unter einem vorwärtswirkenden Mechanismus. Zum Vergleich werden statische Mechanismen herangezogen, die summiert über alle Steuerpflichtigen mit gleicher Intensität Prüfungen vorsehen.

5.3.1 Zustandsabhängige Entdeckungswahrscheinlichkeit bei zwei Gruppen

Landsberger und Meilijson (1982) untersuchen die Auswirkungen eines von ihnen entwickelten und als "Anreiz Generierendes Dynamisches Zustandsabhängiges Bestrafungssystem" (IGDSP) bezeichneten Systems zustandsabhängiger Entdeckungswahrscheinlichkeiten auf das Verhalten des Steuerschuldners. Sie definieren anhand unterschiedlich hoher Wahrscheinlichkeiten ($p_0 < p_1$) zwei Zustände Z_0 und Z_1 (Kontrollklassen), in denen sich der Steuerzahler befinden kann. Ein Zustandswechsel erfolgt nur nach zufälligen staatlichen Überprüfungen. Nach einer Kontrolle wird der Steuerzahler aus dem Zustand Z_0 in den Zustand Z_1 überführt, wenn er hinterzogen hatte, und aus dem Zustand Z_1 in den Zustand Z_0, wenn er *nicht* hinterzogen hatte. Landsberger und Meilijson (1982) zeigen, daß das IGDSP bei risikoneutralen Individuen die Häufigkeit der Steuerhinterziehung im Vergleich zum statischen System mit für alle gleicher Wahrscheinlichkeit verringert, wenn die Anzahl der Kontrollen insgesamt[18] mit der des statischen Systems übereinstimmt. Auslösend für diese Überlegenheit des zustandsabhängigen Systems sind die beim Steuerzahler erzeugten Kosten des Überganges von einem Zustand in den anderen. Um in den günstigeren Zustand zu kommen, wird der Steuerzahler weniger hinterziehen.

Auf der Basis der Arbeit von Harrington (1988) läßt sich das wesentliche Resultat, die Reduktion der Steuerhinterziehung aufgrund einer Variation der Entdeckungswahrscheinlichkeit, für einige mögliche Konstellationen von Entdeckungswahrscheinlichkeiten, Strafsteuersätzen und Diskontraten

[18] Die Anzahl der Kontrollen ist gleich der Summe der Produkte aus stationärer Zustandswahrscheinlichkeit und zustandsbezogener Entdeckungswahrscheinlichkeit.

aufzeigen.[19]

Die wesentlichen Annahmen über die Rahmenbedingungen der Entscheidungen des Steuerpflichtigen bleiben gegenüber dem vorigen Abschnitt unverändert.

Der Steuerpflichtige beziehe in jeder Periode ein fixes Einkommen y, das jeweils mit dem konstanten Steuersatz τ besteuert wird. In jeder Periode wird er zur Einkommensteuer veranlagt und hat zu entscheiden, welchen Anteil des Einkommens er nicht deklariert. Der Steuerpflichtige sei risikoneutral und diskontiere zukünftige Erträge und Nutzen mit konstantem Diskontfaktor $\delta = 1/(1+\theta)$. Der Zeithorizont des Steuerpflichtigen sei unendlich. Der Steuerpflichtige maximiert den Gegenwartswert der erwarteten Erträge und Kosten der Steuerhinterziehung durch die Hinterziehungsentscheidungen jeder Periode.

Die Vorwärtswirkung des Steuerdurchsetzungsmechanismus wird durch Aufteilung der Steuerpflichtigen auf zwei Gruppen erreicht. Die Mitglieder der zweiten Gruppe werden mit größerer Wahrscheinlichkeit kontrolliert und gegebenenfalls stärker bestraft als die Mitglieder der ersten Gruppe. Die Zugehörigkeit zu einer Gruppe kann im Sinne der Formulierung eines Markovschen Entscheidungsproblems als Zustand aufgefaßt werden. Als Mitglied der ersten Gruppe handelt der Steuerpflichtige im Zustand Z_0, als Mitglied der zweiten Gruppe im Zustand Z_1. Die Entdeckungswahrscheinlichkeiten seien p_0 resp. p_1, mit $p_0 < p_1$. Die Proportionalitätsfaktoren der Strafe zur hinterzogenen Steuer seien π_0 und π_1, mit $\pi_0 \leq \pi_1$. Die unmittelbare erwartete Rendite einer hinterzogenen Steuereinheit $E[h_0]$ im Zustand Z_0 ist folglich größer als die erwartete Rendite einer hinterzogenen Steuereinheit $E[h_1]$ im Zustand Z_1. Dabei wird unterstellt, daß auch $E[h_1]$ positiv ist. Rückwirkende Bestrafungen und Steuernachforderungen seien nicht vorgesehen. Die Übergänge zwischen den Zuständen werden durch den Mechanismus wie folgt geregelt: Hinterzieht ein Steuerpflichtiger im Zustand Z_0 und werden seine Angaben vom Finanzamt nachgeprüft, kommt er in den Zustand Z_1. Deklariert ein Steuerpflichtiger im Zustand Z_1 sein Einkommen vollständig und werden seine Angaben vom Finanzamt überprüft, gelangt er in den Zustand Z_0. Alle anderen Kombinationsmöglichkeiten von Zuständen und Handlungen resultieren nicht in einem Zustandswechsel, wie auch Tabelle 5.2 verdeutlicht.

---

[19] Siehe auch Hagedorn (1988), S. 170 ff, der die Übertragung des Ansatzes von Harrington (1988), welcher sich auf die Durchsetzung von Umweltstandards bezieht, auf das Problem der Steuerhinterziehung vornimmt.

Tabelle 5.2: Zustandsabhängige Entdeckungswahrscheinlichkeiten: Zustände und Übergänge bei zwei Gruppen

Aktueller Zustand	Wahrscheinlichkeit	Übergang in den Zustand bei Hinterziehung und Kontrolle	bei vollständiger Deklaration und Kontrolle	sonst
Z_0	p_0	Z_1	Z_0	Z_0
Z_1	p_1	Z_1	Z_0	Z_1

Da die unmittelbaren (erwarteten) Erträge $E[h_0]$, $E[h_1]$ resp. 0 der Hinterziehung resp. vollständigen Deklaration beschränkt und unabhängig vom Zeitpunkt sind, der Zeithorizont erneut unendlich ist und der Diskontfaktor annahmegemäß kleiner als eins ist, sind die Gegenwartswerte der möglichen Strategien wiederum endlich, und die optimale Strategie für dieses Markovsche Entscheidungsproblem ist stationär. Die möglichen Strategien lassen sich ebenfalls mit $\mathcal{M}^{ij}$ kennzeichnen, mit $i, j \in \{0, 1\}$, wobei 0 erneut für vollständige Deklaration und 1 für vollständige Hinterziehung steht, i den Zustand Z_0 und j den Zustand Z_1 markiert. Die Matrizen der Übergangswahrscheinlichkeiten der Strategien unter einem vorauswirkenden Steuerdurchsetzungsmechanismus mit zwei Gruppen sind für die verschiedenen Strategien

$$\overset{\mathcal{M}^{00}}{\begin{pmatrix} 1 & 0 \\ p_1 & 1-p_1 \end{pmatrix}}, \quad \overset{\mathcal{M}^{01}}{\begin{pmatrix} 1 & 0 \\ 0 & 1 \end{pmatrix}}, \quad \overset{\mathcal{M}^{10}}{\begin{pmatrix} 1-p_0 & p_0 \\ p_1 & 1-p_1 \end{pmatrix}} \quad \text{und} \quad \overset{\mathcal{M}^{11}}{\begin{pmatrix} 1-p_0 & p_0 \\ 0 & 1 \end{pmatrix}}.$$

Unter den Strategien $\mathcal{M}^{00}$ und $\mathcal{M}^{01}$ ist Z_0 und unter den Strategien $\mathcal{M}^{01}$ und $\mathcal{M}^{11}$ ist Z_1 ein absorbierender Zustand. Deklariert der Steuerpflichtige im Zustand Z_0 vollständig, bzw. hinterzieht er im Zustand Z_1, kann er den jeweiligen Zustand nicht verlassen, d.h., er wird unter keinen Umständen in eine andere Gruppe eingeordnet. Die Gegenwartswerte von Strategien in absorbierenden Zuständen sind offensichtlich immer unabhängig von den vorgesehenen Handlungen im anderen Zustand. Der Gegenwartswert im Zustand Z_0, wenn die Strategie vollständige Deklaration vorschreibt, $\Omega^{0i}(Z_0)$, mit $i = 0, 1$, ist gleich null. Der Gegenwartswert im Zustand Z_1, wenn die Strategie hier Hinterziehung vorschreibt, $\Omega^{i1}(Z_1)$, mit $i = 0, 1$, ist gleich

$E[h_1]/(1-\delta) > 0$. Die Gegenwartswerte der Strategien $\mathcal{M}^{11}$ und $\mathcal{M}^{10}$ zeigt das folgende Lemma auf.

Lemma 5.2 *(a) Die Gegenwartswerte der Strategie* $\mathcal{M}^{11}$ *sind:*

$$\Omega^{11}(Z_0) = \frac{(1-\delta)E[h_0] + \delta p_0 E[h_1]}{(1-\delta)[1-\delta(1-p_0)]} > 0 \quad \text{und} \quad \Omega^{11}(Z_1) = \frac{E[h_1]}{1-\delta} > 0.$$

(b) Die Gegenwartswerte der Strategie $\mathcal{M}^{10}$ *sind:*

$$\Omega^{10}(Z_0) = \frac{[1-\delta(1-p_1)]E[h_0]}{(1-\delta)[1-\delta+\delta(p_1+p_0)]} > 0 \quad \text{und}$$
$$\Omega^{10}(Z_1) = \frac{\delta p_1 E[h_0]}{(1-\delta)[1-\delta+\delta(p_1+p_0)]} > 0.$$

Beweis. (a) Gesucht sind die Lösungen von:

$$\Omega^{11}(Z_0) = E[h_0] + \delta[(1-p_0)\Omega^{11}(Z_0) + p_0\Omega^{11}(Z_1)],$$
$$\Omega^{11}(Z_1) = E[h_1] + \delta\Omega^{11}(Z_1)].$$

(b) Gesucht sind die Lösungen von:

$$\Omega^{10}(Z_0) = E[h_0] + \delta[(1-p_0)\Omega^{10}(Z_0) + p_0\Omega^{10}(Z_1)],$$
$$\Omega^{10}(Z_1) = \delta[p_1\Omega^{10}(Z_0) + (1-p_1)\Omega^{10}(Z_1)].$$

Q.E.D.

Die berechneten Gegenwartswerte erlauben es, einzelne Strategien als suboptimal auszuscheiden und andererseits Kriterien für die Optimalität der verbliebenen Strategien anzugeben, wie dies im folgenden Satz geschieht.[20]

[20] Vgl. auch Hagedorn (1991), S. 171 f.

Satz 5.5 *(a) Die Strategie $\mathcal{M}^{00}$ ist nie optimal.*
(b) Die Strategie $\mathcal{M}^{01}$ ist nie optimal.
(c) Genau dann wenn

$$E[h_1][1-\delta(1-p_1-p_0)] \geq \delta p_1 E[h_0], \tag{5.5}$$

ist die Strategie $\mathcal{M}^{11}$ optimal. Andernfalls ist $\mathcal{M}^{10}$ optimal.

Beweis. (a) Weicht der Steuerpflichtige (nur) im Zustand Z_0 von der Strategie $\mathcal{M}^{00}$ ab, ist der Wert dieser Abweichung $E[h_0]$ größer als der Wert der Beibehaltung der Strategie $\Omega^{00}(Z_0) = 0$.
(b) Weicht der Steuerpflichtige (nur) im Zustand Z_0 von der Strategie $\mathcal{M}^{01}$ ab, ist der Wert dieser Abweichung $E[h_0] + \delta p_0 E[h_1]/(1-\delta)$ größer als der Wert der Beibehaltung der Strategie $\Omega^{01}(Z_0) = 0$.
(c) Weicht der Steuerpflichtige (nur) im Zustand Z_0 von der Strategie $\mathcal{M}^{11}$ ab, ist der Wert dieser Abweichung $\delta\Omega^{11}(Z_0)$ kleiner als der Wert der Beibehaltung der Strategie $\Omega^{11}(Z_0)$. Weicht der Steuerpflichtige (nur) im Zustand Z_1 von der Strategie $\mathcal{M}^{11}$ ab, ist der Wert dieser Abweichung $\delta[p_1\Omega^{11}(Z_0)+(1-p_1)\Omega^{11}(Z_1)]$ genau dann kleiner als $\Omega^{11}(Z_1)$, wenn $\Omega^{11}(Z_1) > \Omega^{10}(Z_1)$ gilt, wie durch Einsetzen der Gegenwartswerte $\Omega^{11}(Z_0)$ und $\Omega^{11}(Z_1)$ zu ermitteln ist. Analog wird dies für die Strategie $\mathcal{M}^{01}$ durchgeführt. Q.E.D.

Die Strategie $\mathcal{M}^{00}$ wird von $\mathcal{M}^{10}$ und die Strategie $\mathcal{M}^{01}$ von $\mathcal{M}^{11}$ dominiert. Vollständige Deklaration im Zustand Z_0, wie es die Strategien $\mathcal{M}^{00}$ und $\mathcal{M}^{01}$ vorsehen, ist nie optimal. Es gibt aber Konstellationen, in denen ein rationaler Steuerpflichtiger bei Zugehörigkeit zur zweiten Gruppe, die stärker kontrolliert und schärfer bestraft wird, nicht hinterzieht, um später "billiger" in der anderen Gruppe hinterziehen zu können. Mit mehr Kontrolle und gegebenenfalls härteren Sanktionen müssen unter diesen Bedingungen (der Optimalität der Strategie $\mathcal{M}^{10}$) die aus taktischen Erwägungen vollständig deklarierenden Steuerpflichtigen der zweiten Gruppe rechnen. Die Hinterzieher der ersten Gruppe werden "milder" behandelt.

Um einen Vergleich zum statischen Steuerdurchsetzungsmechanismus ziehen zu können, ist es erforderlich, die im vorwärtswirkenden Mechanismus zur Anwendung gelangenden Wahrscheinlichkeiten p_0 und p_1 mit der Wahrscheinlichkeit des statischen Mechanismus p in Beziehung zu setzen. Zu diesem Zweck werden im folgenden Korollar die (langfristigen) stationären Zustandswahrscheinlichkeiten (Gleichgewichtswahrscheinlichkeiten) und daraus die durchschnittlichen Kontrollwahrscheinlichkeiten über die Gruppen bestimmt.

Korollar 5.2 *(a) Unter der Strategie $\mathcal{M}^{11}$ sind die stationären Zustandswahrscheinlichkeiten*

$$\omega^{11}(Z_0) = 0 \quad \textit{und} \quad \omega^{11}(Z_1) = 1.$$

Die durchschnittliche Entdeckungswahrscheinlichkeit beträgt p_1.
(b) Unter der Strategie $\mathcal{M}^{10}$ sind die stationären Zustandswahrscheinlichkeiten

$$\omega^{10}(Z_0) = \frac{p_1}{p_0 + p_1} \quad \textit{und} \quad \omega^{10}(Z_1) = \frac{p_0}{p_0 + p_1} < \omega^{10}(Z_0).$$

Die durchschnittliche Entdeckungswahrscheinlichkeit beträgt

$$\frac{2p_0 p_1}{p_0 + p_1}.$$

Beweis. Zur Berechnung der stationären Zustandswahrscheinlichkeiten siehe Korollar 5.1.[21] Die durchschnittliche Entdeckungswahrscheinlichkeit unter der Strategie $\mathcal{M}^{11}$ entspricht $p_0\omega^{11}(Z_0) + p_1\omega^{11}(Z_1)$. Analog ist die Berechnung für $\mathcal{M}^{10}$. Q.E.D.

Hinterziehen alle Steuerpflichtigen notorisch ($\mathcal{M}^{11}$), gelangen im Laufe der Zeit alle in den Zustand Z_1 und, da dies ein absorbierender Zustand ist, nicht wieder heraus. Die tatsächlich anzuwendende Entdeckungswahrscheinlichkeit des vorwärtswirkenden Steuerdurchsetzungsmechanismus nähert sich unter der Strategie $\mathcal{M}^{11}$ im Zeitablauf p_1 an. Es ist auf Dauer kein Unterschied zum nur auf die Gegenwart bezogenen Steuerdurchsetzungsmechanismus zu erkennen. Anders sieht es aus, wenn die Vorwärtswirkung den Steuerpflichtigen dazu bewegt, im Zustand Z_1 nicht zu hinterziehen. Beide Zustände haben eine positive stationäre Zustandswahrscheinlichkeit. Die durchschnittliche Entdeckungswahrscheinlichkeit ist ein gewogenes Mittel von p_0 und p_1 mit jeweils positiven Gewichten.

[21] Vgl. auch Landsberger und Meilijson (1982), S. 339.

Nimmt man an, daß die Strafen in beiden Zuständen gleich der in einem statischen Steuerdurchsetzungsmechanismus angewandten Strafe seien, mit $\pi_0 = \pi_1 = \pi$, ist das relevante Vergleichskriterium die Höhe der Überprüfungswahrscheinlichkeiten. Die staatliche Budgetbeschränkung wird bei $\mathcal{M}^{10}$ eingehalten, wenn

$$\frac{2p_0p_1}{p_0 + p_1} = p$$

gilt.[22,23] In diesem Fall ist die Zahl der Kontrollen unter dem dynamischen Mechanismus (gemessen an der durchschnittlichen Entdeckungswahrscheinlichkeit) gleich der Anzahl der Kontrollen in einem statischen Mechanismus. Landsberger und Meilijson (1982) zeigen dann, daß es Wahrscheinlichkeiten p_0 und p_1 gibt, die einerseits trotz gleicher Bestrafung in beiden Zuständen der Bedingung der individuellen Rationalität der Strategie $\mathcal{M}^{10}$ genügen (Satz 5.5) und die staatliche Budgetbeschränkung erfüllen, so daß die Hinterziehungswahrscheinlichkeit $\omega^{10}(Z_0)$ kleiner als eins ist, wenn der Diskontfaktor nahe eins liegt, d.h., wenn die Erfolge zukünftiger Steuerhinterziehung im Zustand Z_0 besonders hoch gewichtet werden. Je geringer der Diskontfaktor, d.h., je höher die Diskontrate der Steuerpflichtigen ist, desto kleiner wird die Menge möglicher Kombinationen von p_0 und p_1, die sowohl der staatlichen Budgetbeschränkung als auch der Rationalitätsbedingung für die Strategie $\mathcal{M}^{10}$ genügen und höhere erwartete Staatseinnahmen sichern.[24] Spielt die Zukunft nahezu keine Rolle ($\delta \to 0$), wird immer hinterzogen, da die unmittelbaren erwarteten Renditen der Steuerhinterziehung annahmegemäß positiv sind.

Die zweckmäßigste Gestaltung des Steuerdurchsetzungsmechanismus verlangt dabei, die Entdeckungswahrscheinlichkeit p_1 so hoch wie nötig anzusetzen, um zu sichern, daß $\mathcal{M}^{10}$ aus der Sicht des Steuerpflichtigen $\mathcal{M}^{11}$ überlegen ist, aber auch so niedrig wie möglich, um bei Beachtung der Budgetbeschränkung, d.h. durch entsprechende Festsetzung von p_0, die stationäre Zustandswahrscheinlichkeit $\omega^{10}(Z_0)$ soweit wie möglich abzusenken, d.h. die Zahl der Hinterziehungen zu mindern.[25] Die Wahrscheinlichkeiten in beiden Zuständen sollten also so nahe wie möglich beieinander liegen.

---

[22] Vgl. Landsberger und Meilijson (1982), S. 343.

[23] Die Einhaltung der Budgetbeschränkung kann bei einer Erhöhung von p_0 nur durch eine Senkung von p_1 gewährleistet werden.

[24] Siehe Landsberger und Meilijson (1982), S. 346.

[25] Landsberger und Meilijson (1982) argumentieren nicht anhand von $\omega^{10}(Z_0)$, sondern direkt bezüglich der erwarteten Staatseinnahmen, da sie Einkommensvariationen und komplexere Steuer- und Strafsteuertarife zulassen.

Der von Landsberger und Meilijson (1982) entwickelte Mechanismus mit zustandsabhängigen Entdeckungswahrscheinlichkeiten kann zu gleichen Kosten staatlicher Kontrollen (gleiche durchschnittliche Häufigkeit) teilweise vor Steuerhinterziehung abschrecken und damit die erwarteten staatlichen Einnahmen erhöhen, wenn die Zukunft vom Steuerpflichtigen hinreichend stark berücksichtigt wird.

5.3.2 Zustandsabhängige Entdeckungswahrscheinlichkeit bei drei Gruppen

Aufbauend auf dem Modell von Landsberger und Meilijson (1982) entwickelt Greenberg (1984) ein im Sinne der Reduktion der Häufigkeit der Hinterziehung optimales zustandsabhängiges Strafsystem, bei dem die Steuerzahler in drei Gruppen (Zustände) eingeteilt werden. Greenberg (1984) führt einen absorbierenden Zustand mit der Entdeckungswahrscheinlicheit eins ein, der eine besonders abschreckende Wirkung hat, so daß im Gleichgewicht jeder Steuerzahler, für den die Gefahr eines Überganges in diesen Zustand besteht, dem er nicht mehr entrinnen kann, nicht hinterzieht. Im Zustand ständiger Kontrolle wird ein Steuerzahler alles deklarieren, da er andernfalls immer Bestrafung zu erwarten hat. Ein Steuerpflichtiger der zweiten Gruppe wird in diesen Zustand immerwährender Kontrolle überführt, wenn er hinterzieht und dies aufgedeckt wird. Die Zustände und Übergänge zwischen den Zuständen lassen sich anhand der folgenden Tabelle beschreiben.[26]

Tabelle 5.3: Zustandsabhängige Entdeckungswahrscheinlichkeiten: Zustände und Übergänge bei drei Gruppen

Aktueller Zustand	Wahrscheinlichkeit	Übergang in den Zustand: bei Hinterziehung und Kontrolle	bei vollständiger Deklaration und Kontrolle	sonst
Z_0	p_0	Z_1	Z_0	Z_0
Z_1	p_1	Z_2	Z_0	Z_1
Z_2	1	Z_2	Z_2	Z_2

Aus der Sicht des Steuerpflichtigen ist es entweder optimal, nur im Zustand Z_0 zu hinterziehen oder nur im Zustand Z_2 vollständig zu deklarie-

[26] Siehe Greenberg (1984), S. 6.

ren. Greenberg (1984) kann beweisen, daß bei individueller Maximierung des durchschnittlichen Nutzens bei unendlichem Zeithorizont das Strafsystem so konstruiert werden kann, daß eine *beliebig* kleine Zahl von Zensiten hinterzieht. Auch hier ist die Zulässigkeit eines solchen Systems dadurch gegeben, daß die über die Gruppen aggregierte Häufigkeit der Kontrolle nicht größer als die des statischen Modells ist. Die optimale Strategie des Steuerpflichtigen sieht dabei Hinterziehung nur im Zustand Z_0 vor. Durch geeignete Konstruktion der Entdeckungswahrscheinlichkeiten wird die stationäre Zustandswahrscheinlichkeit des Zustandes Z_0 so niedrig wie gewünscht gehalten. Maximiert der Steuerpflichtige den Gegenwartswert der mit einem konstanten Diskontfaktor abdiskontierten gegenwärtigen und zukünftigen Erträge und Kosten, dann kann der Mechanismus unter Einhaltung der staatlichen Budgetbeschränkung nur so konstruiert werden, daß ein von dem Diskontfaktor abhängiger Anteil der Steuerpflichtigen hinterzieht. Je kleiner der Diskontfaktor ist, desto größer ist der minimal erreichbare Anteil der Hinterzieher.[27]

Da die optimale Strategie des Steuerpflichtigen bei entsprechend gewählten Entdeckungswahrscheinlichkeiten vollständige Deklaration im Zustand Z_1 vorsieht, wird sich im langfristigen Gleichgewicht kein Steuerpflichtiger im Zustand Z_2 befinden, da bei dieser Strategie des Steuerpflichtigen kein Übergang in den Zustand Z_2 erfolgt. Die Zulässigkeit der permanenten Kontrolle im Zustand Z_2 im Sinne der staatlichen Budgetrestriktion ist wiederholt bezweifelt worden. Wenn nur mit minimaler Wahrscheinlichkeit die Möglichkeit eines Überganges in diesen absorbierenden Zustand besteht, werden im langfristigen Gleichgewicht ($t \rightarrow \infty$) sämtliche Steuerpflichtigen im Zustand Z_2 verweilen. Dann aber kann die staatliche Budgetbeschränkung nicht eingehalten werden, da die Entdeckungswahrscheinlichkeit von eins auch statisch prohibitiv wirkt und damit die Grundannahme statisch nicht prohibitiver Entdeckungswahrscheinlichkeiten verletzt, die überhaupt erst die Beschäftigung mit dynamischen Steuerdurchsetzungsmechanismen rechtfertigt. Ein Übergang von Z_1 zu Z_2 wäre aber bereits dann gegeben, wenn die Finanzbehörden (und die Gerichte) mit minimaler Wahrscheinlichkeit korrekte Angaben als Steuerhinterziehung klassifizieren, d.h. sich irren. Würden sich alle Steuerpflichtigen auf die Strategie permanenter Hinterziehung einigen, d.h. kooperieren, würde das Kontrollsystem ebenfalls zusammenbrechen. Greenberg (1984) geht auf die Zulässigkeit der von ihm vorgeschlagenen staatlichen Strategie außerhalb des Gleichgewichtes

---

[27] Vgl. Greenberg (1984), S. 13.

ein und bietet ein leicht modifiziertes Strafsystem an, für das allerdings das beschriebene Gleichgewicht immer noch ein Nash-Gleichgewicht der Steuerzahler darstellt. Er konzediert jedoch, daß dieses Gleichgewicht weder eindeutig noch (bei Vernachlässigung des staatlichen Güterangebotes) paretooptimal ist. Kooperation, d.h. permanente Hinterziehung und damit der Übergang in den Zustand Z_2, dessen Kontrollwahrscheinlichkeit im modifizierten Mechanismus niedriger als eins ist, würde alle Steuerpflichtigen langfristig in bezug auf das privat verfügbare Einkommen besserstellen.

Bei Greenberg (1984) ist darüber hinaus die Abschreckung durch den immerwährenden Zustand permanenter staatlicher Überwachung aus Gerechtigkeitsüberlegungen als nicht realisierbar anzusehen, da eine solche lebenslängliche Kontrolle in einem unangemessenen Verhältnis zu dem Delikt der Hinterziehung steht.

Auch ist es ex post für die Finanzbehörden nicht rational, einen ehrlichen Steuerzahler zu überprüfen. Dies aber geschieht im Zustand Z_1. Trotz der Optimalität vollständiger Deklaration im Zustand Z_1 wird vom Finanzamt kontrolliert.

5.3.3 Abschreckung und Bewährung

Essentiell für die Funktionsfähigkeit der geschilderten Strafsysteme mit zustandsabhängigen Entdeckungswahrscheinlichkeiten ist die Tatsache, daß ein Zustandswechsel nur nach staatlicher Überprüfung erfolgt. Insbesondere muß auch ein ehrlicher Zensit so lange warten, bis seine Angaben gemäß des Zufallsprozesses überprüft werden. Erst dann wird er wieder in den Zustand Z_0 eingeordnet. Dies ist ein nur schwer realisierbares Element des zustandsabhängigen Steuerdurchsetzungsmechanismus. Es erscheint kaum glaubwürdig, daß es realiter einem ehrlichen Steuerschuldner nicht möglich sein sollte, eine Nachprüfung seiner Deklaration zu erzwingen, um so den Wechsel in eine andere Überwachungsklasse zu bewirken. Ist dies aber dem Zensiten möglich, dann können die beschriebenen Mechanismen nicht wie gewünscht wirken. Ist darüber hinaus die Bestrafung bei Hinterziehung im Zustand Z_1 höher als im anderen Zustand, wie zunächst bei der Diskussion des Zwei-Gruppen-Mechanismus angenommen, so verletzt die Abhängigkeit der Dauer der Zugehörigkeit zur zweiten Gruppe auch bei vollständiger Deklaration von einem Zufallsprozeß den Gleichbehandlungsgrundsatz.

An dieser Stelle soll ein Überwachungsmechanismus vorgestellt werden, bei dem die Wahrscheinlichkeit der Überwachung ebenfalls von dem vergangenen Verhalten des Steuerschuldners abhängt, der jedoch nicht dadurch gekennzeichnet ist, daß ein ehrlicher Zensit in einem Zustand besonderer Überwachung so lange verweilen muß, bis eine *zufällige* Kontrolle die Richtigkeit der Angaben bestätigt und einen Zustandswechsel ermöglicht. Vielmehr wird der Mechanismus so gestaltet, daß die Menge der Steuerpflichtigen in drei Gruppen eingeteilt wird, zwischen denen ein Wechsel nicht ausschließlich aufgrund eines Zufallsprozesses erfolgt. In der ersten und zweiten Gruppe wird der Steuerpflichtige mit einer nicht prohibitiven Wahrscheinlichkeit kontrolliert, in der dritten Gruppe mit einer bereits statisch prohibitiv hohen Wahrscheinlichkeit $\bar{p} \geq 1/(1+\pi)$. Hinterzieht ein Steuerpflichtiger in der ersten Gruppe und erfolgt eine Prüfung durch das Finanzamt, wird er der zweiten Gruppe zugeteilt. Abweichend von den in den vorangegangenen Abschnitten dargestellten Konzepten verweilt der Steuerzahler maximal J Perioden in der zweiten Gruppe. Wird er während dieser Zeitspanne keiner Steuerhinterziehung überführt, dann wird er wieder in die erste Gruppe eingestuft, andernfalls der dritten Gruppe zugeordnet. Eine zweite Verfehlung in einem Zeitraum von J Perioden (d.h. eine Hinterziehung eines Mitgliedes der zweiten Gruppe) wird als dauerhafte Hinterziehungsbereitschaft gewertet, der nur durch ständige Überwachung begegnet werden kann. Ein Mitglied der dritten Gruppe wird in dieser Gruppe für immer verweilen. Die Beschränkung der Zugehörigkeit zur zweiten Gruppe auf J Perioden (= Jahre) verringert allerdings die Wirksamkeit des Verfahrens im Verhältnis zum Drei-Gruppen-Mechanismus von Greenberg (1984) beträchtlich.

5.3.3.1 Das Problem des Steuerpflichtigen

Der Steuerpflichtige beziehe in jeder Periode t ein fixes Einkommen y, das jeweils mit dem konstanten Steuersatz τ besteuert wird. Die Strafe sei mit π proportional zur hinterzogenen Steuer. In jeder Periode wird der Steuerpflichtige zur Einkommensteuer veranlagt und hat zu entscheiden, welchen Anteil des Einkommens e_t er den Finanzbehörden verschweigt. Der Zeithorizont sei unendlich. Der Steuerpflichtige maximiere den mit konstantem Diskontfaktor $\delta < 1$ diskontierten (Erwartungs-) Nutzen gegenwärtiger und zukünftiger Perioden über einen unendlichen Zeithorizont:

$$\max_{e_t} \quad \sum_{t=0}^{\infty} \delta^t E[u(c_t)].$$

Die vereinfachende Annahme der Risikoneutralität wird aufgegeben. Dabei wird deutlich werden, daß durch die Hinzunahme der Risikoaversion bei Maximierung der diskontierten erwarteten Nutzenwerte kein wesentlich neues Element in die Analyse hineingebracht wird.

Die Zugehörigkeit zu einer Gruppe wird wiederum zur Definition eines Zustandes herangezogen. Als zusätzliches Definitionsmerkmal ist aber bei der zweiten Gruppe die Dauer der Zugehörigkeit zu dieser Gruppe mitzuverwenden. Durch $J + 2$ Zustände wird ein stationäres Markov-Entscheidungsproblem festgelegt. Der Zugehörigkeit zur ersten Gruppe entspricht der Zustand Z_0, der Zugehörigkeit zur dritten Gruppe der Zustand Z_{J+1}. Die Zustände Z_j, mit $j = 1, 2, \ldots, J$, sind der Zugehörigkeit zur zweiten Gruppe mit einer Zugehörigkeitsdauer von j Perioden zugeordnet. Zur Vereinfachung wird hinsichtlich der Entdeckungswahrscheinlichkeit bei den Zuständen Z_0 bis Z_J kein Unterschied gemacht. Die kennzeichnenden Charakteristika der Zustände und die Übergänge sind in Tabelle 5.4 zusammengefaßt.

Tabelle 5.4: Abschreckung und Bewährung: Zustände und Übergänge

Aktueller Zustand	Wahrscheinlichkeit der Kontrolle	Übergang bei Kontrolle und Hinterziehung in den Zustand	sonst
Z_0	p	Z_1	Z_0
Z_1	p	Z_{J+1}	Z_2
Z_2	p	Z_{J+1}	Z_3
$\vdots$	$\vdots$	$\vdots$	$\vdots$
Z_{J-1}	p	Z_{J+1}	Z_J
Z_J	p	Z_{J+1}	Z_0
Z_{J+1}	$\bar{p}$	Z_{J+1}	Z_{J+1}

Der Zustand Z_{J+1} soll als Abschreckung fungieren. Da der Steuerpflichtige unabhängig von seinem Verhalten diesen Zustand aber nicht verlassen kann, ist es sinnvoll, den Zustand Z_{J+1} als Anfangszustand des stochastischen Prozesses auszuschließen. Es wird also angenommen:

Annahme 5.1 *Der Zustand Z_{J+1} ist nie Anfangszustand des stochastischen Prozesses unter dem Steuerdurchsetzungsmechanismus mit Bewährung.*

Diese Annahme macht darüber hinaus den Vergleich zwischen dem statischen und dem dynamischen Steuerdurchsetzungsmechanismus mit Bewährung erst sinnvoll.

Da der Übergang von einem Zustand zu einem anderen davon abhängt, ob hinterzogen wurde oder nicht, nicht jedoch vom Ausmaß der Hinterziehung bestimmt wird, wird der Steuerpflichtige, wenn er sich entscheidet zu hinterziehen, die Höhe der Hinterziehung als Lösung des statischen Optimierungsproblems

$$\max_{e} \quad E[u(c)]$$

wählen. Die Dynamik des Mechanismus beeinflußt nur die Wahl zwischen vollständiger Deklaration und Hinterziehung, nicht aber die Wahl zwischen verschiedenen positiven Niveaugrößen der Hinterziehung.

Die unmittelbaren Erträge von Steuerhinterziehung $E[u(c)]$ und vollständiger Deklaration $u((1-\tau)y)$ sind nach oben und unten beschränkt und in der Höhe unabhängig vom Zeitpunkt. Da wiederum über einen unendlichen Zeithorizont maximiert wird und zukünftige Erträge und Kosten mit einem konstanten Diskontfaktor, der annahmegemäß kleiner als eins ist, abdiskontiert werden, sind einerseits die Gegenwartswerte möglicher Strategien endlich, und ist andererseits die optimale Strategie für dieses Markovsche Entscheidungsproblem stationär.

Ein Steuerzahler im Zustand Z_{J+1} wird wegen der prohibitiv hohen Entdeckungswahrscheinlichkeit wahrheitsgemäß deklarieren. Da der Zustand Z_{J+1} absorbierend ist – ist dieser Zustand einmal erreicht, kann er nicht mehr verlassen werden – kann auch die dynamische Struktur des Problems den Steuerpflichtigen keinen Anreiz bieten zu hinterziehen, wenn der Erwartungsnutzen bei Minderdeklaration geringer ist als das Nutzenniveau bei ehrlicher Deklaration. Der Gegenwartswert einer individuell rationalen Strategie im Zustand Z_{J+1} beträgt immer

$$\Omega(Z_{J+1}) = \frac{u((1-\tau)y)}{1-\delta}.$$

Die Diskussion der Strategiewahl kann auf das Verhalten in den ersten beiden Gruppen beschränkt werden. Ehrlichkeit in der dritten Gruppe ist offensichtlich optimal.

Das Ziel des Steuerdurchsetzungsmechanismus mit Bewährung ist die Beschränkung der Hinterziehung auf den Zustand Z_0, in dem dem Steuerpflichtigen nicht unmittelbar permanente Kontrolle (Z_{J+1}) droht. Die entsprechende Strategie des Steuerpflichtigen wird mit $\mathcal{M}^{100}$ bezeichnet. Nur in der ersten Gruppe wird hinterzogen; in der zweiten Gruppe (Zustände $Z_1, Z_2, \ldots, Z_J$) und in der dritten Gruppe Z_{J+1} wird vollständig deklariert. Unter der Strategie $\mathcal{M}^{100}$ ist die $((J+2)\times(J+2))$–Matrix der stationären Übergangswahrscheinlichkeiten

$$\begin{pmatrix} 1-p & p & 0 & \cdots & 0 & 0 \\ 0 & 0 & 1 & \cdots & 0 & 0 \\ \vdots & \vdots & \vdots & \ddots & \vdots & \vdots \\ 0 & 0 & 0 & \cdots & 1 & 0 \\ 1 & 0 & 0 & \cdots & 0 & 0 \\ 0 & 0 & 0 & \cdots & 0 & 1 \end{pmatrix}.$$

Da die Optimalität einer Strategie unabhängig vom Ausgangszustand ist, wird in Lemma 5.3 nur der Gegenwartswert der Strategie $\mathcal{M}^{100}$ für den Zustand Z_1 expliziert.

Lemma 5.3 *Der Gegenwartswert der Strategie $\mathcal{M}^{100}$ im Zustand Z_1 ist*

$$\begin{aligned} \Omega^{100}(Z_1) &= \frac{(1-\delta^J)[1-\delta(1-p)]u((1-\tau)y) + (1-\delta)\delta^J E[u(c)]}{(1-\delta)(1-\delta+p\delta-p\delta^{J+1})} \\ &> \frac{u((1-\tau)y)}{1-\delta}. \end{aligned}$$

Beweis. Die Gegenwartswerte $\Omega^{100}(Z_0), \ldots, \Omega^{100}(Z_J)$ lösen das aus $J+1$ Gleichungen bestehende Gleichungssystem

$$\begin{aligned} \Omega^{100}(Z_0) &= E[u(c)] + \delta[(1-p)\Omega^{100}(Z_0) + p\Omega^{100}(Z_1)], \\ \Omega^{100}(Z_j) &= u((1-\tau)y) + \delta\Omega^{100}(Z_{j+1}), \qquad \text{für } j = 1, 2, \ldots, J-1, \\ \Omega^{100}(Z_J) &= u((1-\tau)y) + \delta\Omega^{100}(Z_0). \end{aligned}$$

Zusammenfassung der letzten J Gleichungen ergibt

$$\text{(5.6)} \qquad \Omega^{100}(Z_1) = \frac{1-\delta^J}{1-\delta}u((1-\tau)y) + \delta^J\Omega^{100}(Z_0).$$

In Verbindung mit der ersten Gleichung wird der Gegenwartswert $\Omega^{100}(Z_1)$ bestimmt. Die Abschätzung ergibt sich, wenn $E[u(c)] > u((1-\tau)y)$ ausgenutzt wird.

Q.E.D.

Auf der Basis der bisherigen Vorüberlegungen kann ein Kriterium für die Optimalität der Strategie $\mathcal{M}^{100}$ aus der Sicht des Steuerpflichtigen herausgearbeitet werden. Der folgende Satz analysiert die Bedingungen für die Optimalität dieser Strategie.

Satz 5.6 *(a) Eine (einmalige) Abweichung im Zustand Z_0 von $\mathcal{M}^{100}$ ist nie optimal.*
(b) $\mathcal{M}^{100}$ ist optimal, wenn

$$p > \frac{1-\delta}{\delta(\delta^J + \delta^{J-1} - 1)} \quad \textit{und} \quad \delta^J > \frac{\delta}{1+\delta} \tag{5.7}$$

gilt.

Beweis. (a) Der Gewinn einer einmaligen Abweichung im Zustand Z_0 beträgt $u((1-\tau)y)+\delta\Omega^{100}(Z_0)$ und ist damit kleiner als der Gegenwartswert der Strategie $\mathcal{M}^{100}$ in diesem Zustand $\Omega^{100}(Z_0)$, da $\Omega^{100}(Z_0) > u((1-\tau)y)/(1-\delta)$ äquivalent zu $\Omega^{100}(Z_1) > u((1-\tau)y)/(1-\delta)$ ist, wie aus (5.6) ersichtlich ist. Dies aber ist immer erfüllt.
(b) Im Zustand Z_j, mit $j = 1, 2, \ldots, J$, ist eine einmalige Abweichung nicht sinnvoll, wenn der Gegenwartswert dieser einmaligen Abweichung kleiner als der Gegenwartswert in diesem Zustand $\Omega^{100}(Z_j)$ bei Beibehaltung der Strategie ist. Für $j = 1, 2, \ldots, J-1$ gilt also

$$E[u(c)] + \frac{\delta p}{1-\delta} u((1-\tau)y) + \delta(1-p)\Omega^{100}(Z_{j+1}) < \Omega^{100}(Z_j).$$

Da $\Omega^{100}(Z_{j+1}) = [\Omega^{100}(Z_j) - u((1-\tau)y)]/\delta$ gilt, ist das äquivalent zu

$$\Omega^{100}(Z_j) > \frac{(1-\delta)E[u(c)] - (1-p-\delta)u((1-\tau)y)}{(1-\delta)p}.$$

Für Z_J läßt sich die gleiche Ungleichung ganz analog ermitteln. Setzt man nun für $j = 1$ ein, dann wird diese Ungleichung zu

$$(1-\delta)\{E[u(c)] - u((1-\tau)y)\}[\delta^J p - (1 - \delta + \delta p - \delta^{J+1} p)] > 0.$$

Diese Ungleichung ist aber nur für eine positive Wahrscheinlichkeit p erfüllbar, wenn die angegebenen Abschätzungen für p und δ^J gelten. Wenn diese Ungleichung aber für Z_1 erfüllt ist, dann ist sie auch für Z_2 bis Z_J erfüllt, da für $j = 2, \ldots, J$

$$\Omega^{100}(Z_j) = \frac{\Omega^{100}(Z_1)}{\delta^{j-1}} - \frac{u((1-\tau)y)(1-\delta^{j-1})}{\delta^{j-1}(1-\delta)} > \Omega^{100}(Z_1)$$

äquivalent zu der immer gültigen Ungleichung

$$\Omega^{100}(Z_1) > \frac{u((1-\tau)y)}{1-\delta}$$

ist. Der Gegenwartswert der Strategie $\mathcal{M}^{100}$ steigt mit j; damit sinkt der Wert einer Abweichung. Q.E.D.

Im Zustand Z_0 lohnt es sich für den Zensiten nicht, wahrheitsgemäß zu deklarieren. Da die Entdeckungswahrscheinlichkeit so gering ist, daß es im statischen Optimierungskalkül rational ist zu hinterziehen, kann der Zensit durch Ehrlichkeit nichts gewinnen. Sein Nutzen entspräche zu jedem Zeitpunkt dem Nutzenniveau $u((1-\tau)y)$. Eine Strategie vollständiger und immerwährender Ehrlichkeit wird durch die Strategie $\mathcal{M}^{100}$ dominiert, da diese Strategie dem Zensiten im Zustand Z_0 einen höheren Erwartungsnutzen verschafft und dieser sich in den anderen Zuständen nicht schlechter stellt als bei Ehrlichkeit im Zustand Z_0. Wegen des unendlichen Zeithorizontes ändert sich im Zeitablauf nichts am Optimalkalkül des Steuerschuldners. Eine Abweichung von der Strategie statisch optimaler Hinterziehung im Zustand Z_0 wäre irrational.

Eine Abweichung in den Zuständen Z_1 bis Z_J von der Strategie $\mathcal{M}^{100}$ kann unter Umständen sinnvoll sein. Eine Abweichung rentiert sich am ehesten im Zustand Z_1, da der Nutzen der Beibehaltung der Strategie $\mathcal{M}^{100}$ am weitesten in der Zukunft liegt. Der Steuerpflichtige muß noch J Perioden warten, um dann im Zustand Z_0 mit geringerem Risiko, d.h. ohne Gefahr zu laufen, in den Zustand Z_{J+1} überführt zu werden, hinterziehen zu können. Im Zustand Z_J hingegen kann der Steuerpflichtige bei Steuerehrlichkeit bereits in der Folgeperiode die Früchte seiner Zurückhaltung ernten und mit niedrigem Risiko hinterziehen.

5.3.3.2 Das Problem der Finanzbehörde

Das individuelle Entscheidungsproblem ist damit hinreichend charakterisiert. Der Mechanismus kann nun aus der Sicht des überschußmaximierenden Finanzamtes betrachtet werden. Landsberger und Meilijson (1982) und Greenberg (1984) folgend wird der vorwärtswirkende Steuerdurchsetzungsmechanismus mit Bewährungszeit mit einem statischen Steuerdurchsetzungsmechanismus mit einer nicht prohibitiven Wahrscheinlichkeit p verglichen. Folgen alle Steuerpflichtigen der Strategie $\mathcal{M}^{100}$ und ist Annahme 5.1 erfüllt, wird unter dem vorwärtswirkenden Steuerdurchsetzungsmechanismus mit Bewährungszeit jeder Steuerpflichtige mit der auch im statischen Mechanismus benutzten Kontrollwahrscheinlichkeit p überwacht, da kein Steuerpflichtiger im Zustand Z_{J+1} handelt. Im Zustand Z_0 ist eine Abweichung, aus der Perspektive des Steuerpflichtigen betrachtet, nie optimal. Weichen die Steuerpflichtigen aber von der Strategie $\mathcal{M}^{100}$ in den Zuständen Z_1 bis Z_J regelmäßig ab, wird auf Dauer ($t \to \infty$) jeder Steuerpflichtige in den Zustand Z_{J+1} überführt worden sein und muß damit mit auch statisch prohibitiv hoher Wahrscheinlichkeit $\bar{p}$ überwacht werden. Zulässig ist der vorwärtswirkende Steuerdurchsetzungsmechanismus also nur, wenn alle Steuerpflichtigen der Strategie $\mathcal{M}^{100}$ folgen. Andernfalls wird die staatliche Budgetbeschränkung verletzt, die verlangt, daß die (durchschnittliche) Kontrollwahrscheinlichkeit eine gegebene statisch nicht prohibitiv wirkende Wahrscheinlichkeit p nicht übersteigt.

Wenn die Finanzbehörde das Ziel verfolgt, mit einer gegebenen Wahrscheinlichkeit p die Zahl der Hinterziehungen zu minimieren, und einerseits rückwirkende Bestrafungen und andererseits eine von einem Zufallsprozeß abhängige Einteilung in eine Gruppe besonderer Überwachung unzulässig sind, wird der vorwärtswirkende Steuerstrafmechanismus wie im folgenden Korollar beschrieben zur Anwendung kommen.

Korollar 5.3 *(a) Der vorwärtswirkende Steuerdurchsetzungsmechanismus ist zulässig, wenn*

$$p > \frac{1-\delta}{\delta^2}.$$

(b) Der Anteil der Hinterzieher wird für eine gegebene Kontrollwahrscheinlichkeit p minimiert, wenn J so gewählt wird, daß (5.7) gilt und darüber hinaus entweder

$$p < \frac{1-\delta}{\delta(\delta^{J+1}+\delta^J-1)} \quad \text{oder} \quad \delta^{J+1} < \frac{\delta}{1+\delta}$$

erfüllt ist.

(c) Unter der Annahme 5.1 ist der Anteil der Hinterzieher für den vorwärtswirkenden Steuerdurchsetzungsmechanismus mit Bewährungszeit, d.h. die stationäre Zustandswahrscheinlichkeit von Z_0

$$\omega^{100}(Z_0) = \frac{1}{1+Jp}.$$

Die anderen stationären Zustandswahrscheinlichkeiten sind

$$\omega^{100}(Z_j) = \frac{p}{1+Jp}, \quad \text{für } j = 1, 2, \ldots, J, \quad \text{und} \quad \omega^{100}(Z_{J+1}) = 0.$$

Beweis. (a) und (b) (5.7) wird mit steigendem J schärfer. Siehe auch (c).
(c) Die stationären Zustandswahrscheinlichkeiten $\omega^{100}(Z_0), \omega^{100}(Z_1), \ldots, \omega^{100}(Z_J)$ erfüllen

$$\begin{pmatrix} 1-p & 0 & \cdots & 0 & 1 \\ p & 0 & \cdots & 0 & 0 \\ 0 & 1 & \cdots & 0 & 0 \\ \vdots & \vdots & \ddots & \vdots & \vdots \\ 0 & 0 & \cdots & 1 & 0 \end{pmatrix} \begin{pmatrix} \omega^{100}(Z_0) \\ \omega^{100}(Z_1) \\ \omega^{100}(Z_2) \\ \vdots \\ \omega^{100}(Z_J) \end{pmatrix} = \begin{pmatrix} \omega^{100}(Z_0) \\ \omega^{100}(Z_1) \\ \omega^{100}(Z_2) \\ \vdots \\ \omega^{100}(Z_J) \end{pmatrix}$$

und

$$\sum_{j=0}^{J} \omega^{100}(Z_j) = 1.$$

Q.E.D.

Wenn die Bedingung (5.7) erfüllt ist, dann kann die Anzahl der Hinterzieher immer auf $\omega^{100}(Z_0)$ beschränkt werden, obwohl es beim statischen Kalkül (ohne Drohung mit ständig prohibitiver Überwachung) nur Hinterzieher gäbe, deren Anteil also gleich eins wäre. Ist eine Kontrollwahrscheinlichkeit von $p = 0,05$ vorgegeben und werden zukünftige Erträge mit dem Diskontfaktor $\delta = 0,97$ abdiskontiert, was ungefähr einer Diskontrate $\theta = 0,03$ entspricht, so ist maximal eine Bewährungsfrist von $J = 7$ Perioden zulässig. Bei einer längeren Bewährungsfrist wäre $\mathcal{M}^{100}$ nicht mehr die optimale Strategie der Steuerpflichtigen. Der Anteil der Hinterzieher wird dadurch auf knapp 75 Prozent der Steuerpflichtigen gesenkt.

Es sollte nicht verschwiegen werden, daß die am Drei-Gruppen-Mechanismus von Greenberg (1984) geübte Kritik hinsichtlich der fehlenden Zulässigkeit außerhalb gleichgewichtiger Strategien auf den hier vorgestellten Mechanismus mit fixer Bewährungsdauer ebenfalls zutrifft. Ist die Wahrscheinlichkeit des Überganges in den Zustand Z_{J+1} nicht gleich null, kann auch bei diesem Mechanismus die staatliche Budgetrestriktion nicht eingehalten werden.

Wenn die Optimalitätsbedingung für $\mathcal{M}^{100}$ gilt, droht der Staat zwar mit einer prohibitiv hohen Wahrscheinlichkeit, muß diese aber nie anwenden, da der Zensit wegen seines wahrheitsgemäßen Deklarationsverhaltens in den Zuständen Z_1 bis Z_J nie in den Zustand Z_{J+1} gelangt. Bei einer für alle Individuen gleichen Kontrollwahrscheinlichkeit kann die Hinterziehung im Vergleich zu der Konstellation ohne Drohung mit permanenter Überwachung beträchtlich reduziert werden. Anders ausgedrückt: Obwohl Kosten der Kontrolle in gleicher Höhe wie beim statischen Mechanismus anfallen, wird bei zustandsabhängiger Kontrolle nach dem angegebenen Muster erheblich weniger hinterzogen. Die relevanten Parameter Entdeckungswahrscheinlichkeit, Strafe und Steuersatz unterscheiden sich entlang der gleichgewichtigen Strategie bei dem beschriebenen Mechanismus mit Bewährungsfrist nicht von dem statischen Mechanismus. Ohne Kenntnis der im Gleichgewicht nicht ausgeübten Drohung mit permanenter Kontrolle wäre hinsichtlich der Parameterkonstellation kein Unterschied festzustellen. Trotzdem ist der Anteil der Hinterzieher geringer.

Der vorwärtswirkende Steuerdurchsetzungsmechanismus mit Bewährungszeit kann vielfältig verändert werden. Die Abschreckung mit permanenter Kontrolle und die Wirksamkeit der Bewährungsfrist könnten durch Modifikation der Entdeckungswahrscheinlichkeiten verbessert werden. Würde im Zustand Z_0 mit geringerer Wahrscheinlichkeit als in den Zuständen der Bewährungsfrist überprüft, würde dies den Anreiz zu vollständiger Deklaration während der Bewährungszeit erhöhen. Damit könnte die Bewährungszeit verlängert werden. Ebenso könnte die Entdeckungswahrscheinlichkeit im Laufe der Bewährungszeit abgesenkt werden, da mit zunehmendem Ablauf der Bewährungszeit die zunehmende Nähe des Zustandes Z_0 ohnehin verstärkt für Steuerehrlichkeit sorgt. Da die Struktur der Hinterziehungswahrscheinlichkeit $\omega^{100}(Z_0)$ durch diese Modifikationen allerdings nicht verändert werden würde, wäre der Effekt auf die durchschnittliche Kontrollwahrscheinlichkeit nicht eindeutig.

5.4 Zusammenfassung

Statische Erklärungsansätze der Steuerhinterziehung vernachlässigen intertemporale Interdependenzen zu verschiedenen Zeitpunkten getroffener Entscheidungen über das Ausmaß der Steuerhinterziehung. Existiert kein intertemporaler Transmissionsriemen, ist die Annahme voneinander unabhängig getroffener Entscheidungen natürlich gerechtfertigt. Steuerhinterziehung findet aber gerade in einem Umfeld intertemporal eng miteinander verknüpfter Entscheidungen statt.

Zum einen transferiert der Steuerpflichtige Einkommen über Ersparnisbildung in künftige Perioden. Die Zinserträge auf die gebildete Ersparnis unterliegen aber der Einkommensteuer und können mangels Quellenabzug verhältnismäßig gefahrlos hinterzogen werden. Hinterzieht der Steuerpflichtige mindestens einen Teil der Steuern auf Kapitalerträge, so ist der Zeitpfad der Vermögensakkumulation auch bei im Bruttoertrag sicheren Anlageformen nicht deterministisch. Analog zur Betrachtung des statischen Hinterziehungsproblems als Portfolio-Selektions-Problem, welches mit den Mitteln der statischen Optimierung bei Risiko gelöst wird, wird die Vermögensakkumulation als stochastischer Prozeß aufgefaßt und wird das kombinierte Optimierungsproblem der Steuerhinterziehung und Ersparnisbildung mit den Methoden stochastischer dynamischer Programmierung gelöst. Bei konstanter relativer Risikoaversion und unendlichem Zeithorizont ist allerdings die optimale Hinterziehungsentscheidung separabel von der Sparentscheidung und unabhängig vom Zeitpunkt. Dies bestätigt das Resultat der Unabhängigkeit des optimalen Hinterziehungsanteiles von der Steuerbemessungsgrundlage im statischen Modell bei konstanter relativer Risikoaversion. Unter diesen Umständen ist trotz intertemporaler Dependenzen eine Reduktion des Hinterziehungsproblems auf ein statisches Entscheidungsproblem gerechtfertigt.

In der Literatur zur Steuerhinterziehung ist allerdings der intertemporalen Verknüpfung individueller Hinterziehungsentscheidungen über den Steuerdurchsetzungsmechanismus erheblich mehr Aufmerksamkeit geschenkt worden. Grundlage dieser Betrachtungen ist die schlichte Erkenntnis, daß einerseits

- die unmittelbare erwartete Rendite einer hinterzogenen Steuereinheit in der steuerpolitischen Realität aufgrund niedriger Strafsteuersätze und geringer Entdeckungswahrscheinlichkeiten beinahe immer positiv ist und daß andererseits [28]

- ein erheblicher Teil der nicht an der Quelle erhobenen Steuer dennoch aufgrund korrekter bzw. annähernd korrekter Deklarationen nach Veranlagung erhoben werden kann.

Eine mögliche Erklärung dieses Widerspruches liegt in der dynamischen Gestaltung des Steuerdurchsetzungsmechanismus. Die Finanzbehörden handeln sowohl mit Blick auf die Vergangenheit als auch auf die Zukunft des Steuerpflichtigen. Im vorliegenden Kapitel wurden zwei mögliche Varianten betrachtet: Rückwirkung der Bestrafung und Vorwärtswirkung der Entdeckungswahrscheinlichkeit.

Eine Gestaltungsmöglichkeit des Steuerdurchsetzungsmechanismus liegt in der Verwendung rückwirkender Strafen. Wird die Strafe auch anhand in der Vergangenheit hinterzogener Steuern bemessen und wird mit positiver Wahrscheinlichkeit auch das in der Vergangenheit begangene Steuerdelikt tatsächlich aufgedeckt, entsteht ein zusätzlicher Abschreckungseffekt. Ist die Entdeckung einer Steuerhinterziehung in jeder zukünftigen Periode unabhängig von dem Grad der Steuerhinterziehung in dieser zukünftigen Periode, verringert sich der prohibitive Strafsteuersatz erheblich, wenn über eine festgelegte Zahl von Perioden Steuerhinterziehung verfolgt wird. Mit steigender Dauer der Verfolgungszeit schreckt ein immer geringerer Strafsteuersatz vollständig ab. Muß nur die Steuernachzahlung verzinst werden, ist dieser Abschreckungseffekt geringer, aber immer noch vorhanden. Wird die Vergangenheit nur aufgerollt, wenn in der Gegenwart Steuerhinterziehung vom Finanzamt festgestellt wird, ist es je nach Dauer der Verjährungszeit für den Steuerpflichtigen optimal, von Zeit zu Zeit nicht zu hinterziehen, um vergangene Erträge der Hinterziehung zu sichern. Summa summarum schrecken rückwirkende Strafen verstärkt ab, senken damit das Ausmaß der Steuerhinterziehung und begünstigen darüber hinaus Periodizität der Hinterziehung.

Wirkt sich Hinterziehung in einer Periode nicht auf die Behandlung vergangener Steuerhinterziehung, sondern auf die zukünftige Überprüfung aus, d.h., ist der Steuerdurchsetzungsmechanismus vorwärtswirkend ausgestaltet, ergibt sich ein ganz ähnliches Bild. Die Einteilung der Steuerpflichtigen in Gruppen, die mit unterschiedlicher Wahrscheinlichkeit kontrolliert und möglicherweise unterschiedlich bestraft werden, verbunden mit einer

---

[28] Untersuchungen deuten darauf hin, daß in vielen Fällen die Entdeckungswahrscheinlichkeit bei $0,01$ und der Strafsteuersatz bei eins liegt, die erwartete Rendite also bei $0,98$.

Regel, die den Wechsel zwischen diesen Gruppen definiert, senkt ebenfalls (bei gleicher durchschnittlicher Entdeckungswahrscheinlichkeit) die relative Häufigkeit der Hinterziehung und läßt den Steuerpflichtigen gleichfalls zwischen Perioden von Ehrlichkeit und Hinterziehung wechseln. Eine Einteilung in drei Gruppen ist einer Einteilung in zwei Gruppen hinsichtlich des Abschreckungseffektes überlegen, wenn die dritte Gruppe permanent überwacht wird; in dieser Gruppe ist Hinterziehung mithin unmöglich. Die aus der Literatur bekannten Mechanismen definieren die Regel des Wechsels zwischen den Gruppen durchgängig anhand eines Zufallsmechanismus. Der entlarvte Hinterzieher kommt in die schärfer überwachte Gruppe. Wird durch den Kontrollprozeß Ehrlichkeit der Angaben festgestellt, ist ein Wechsel in die weniger beobachtete Gruppe (unter Umständen) möglich. Hält man letztere Regel für unrealistisch und definiert den Wechsel zur ersten Gruppe anhand der Zugehörigkeitsdauer zu der mit permanenter Überwachung bedrohten Gruppe, bleibt der Abschreckungseffekt des vorwärtswirkenden Mechanismus auch dann noch erhalten, wenn beide Gruppen mit gleicher Wahrscheinlichkeit überprüft werden.

Rück- und vorwärtswirkende Steuerdurchsetzungsmechanismen senken die Häufigkeit resp. das Ausmaß der Steuerhinterziehung und ersetzen damit höhere, nur auf die laufende Periode bezogene Strafsteuersätze. Eine Anhebung der Strafsteuersätze hätte nicht hinsichtlich der Periodizität, aber bezüglich des Ausmaßes der Steuerhinterziehung den gleichen Effekt wie die sicher mit erheblichen Kosten verbundene rück- bzw. vorwärtswirkende Gestaltung des Steuerdurchsetzungsmechanismus. Daß anstelle der kostengünstigsten Abschreckung durch Anhebung der Strafsteuersätze[29] dennoch komplexere Varianten diskutiert werden, wird allgemein mit Obergrenzen für Strafsteuersätze begründet.[30] Hohe Strafen werden als ungerecht und unfair angesehen,

1. da sie extreme Ex-post-Ungleichheit zwischen erfolglosen und erfolgreichen Steuerhinterziehern bewirken, [31]

2. da Steuerhinterziehung aufgrund höchst komplexer Steuergesetze von

[29] Daß Abschreckung durch eine Anhebung des Strafsteuersatzes einerseits äußerst wirkungsvoll und andererseits bei einer Senkung der Entdeckungswahrscheinlichkeit mit geringen direkten Kosten verbunden ist, ist in der Literatur breit diskutiert worden. Vgl. u.a. Singh (1973), Kolm (1973), S. 266, Fishburn (1979), Skinner und Slemrod (1985), S. 346, Cowell (1990a), S. 138 f und ganz allgemein Becker (1968), S. 183 f und S. 191. Vgl. auch Cowell (1989).

[30] Siehe Harrington (1988), S. 31. Vgl. auch die Diskussion bei Hagedorn (1991), S. 182 ff.

[31] Vgl. u.a. Skinner und Slemrod (1985), S. 348 und Cowell (1990a), S. 139 ff.

Steuerpflichtigen auch ungewollt begangen wird und

3. auch Finanzbehörden und -gerichte fehlerhaft handeln und korrektes Verhalten als gesetzeswidriges Handeln werten können.

In einem umfassenden Sinne erzeugt die Festlegung hoher Strafen Wohlfahrtsverluste. Wird Steuerhinterziehung unter der Vielzahl krimineller Handlungen als wenig verwerflich angesehen, d.h., verursacht sie relativ geringe soziale Kosten, sollte zwecks Differenzierung zwischen den Straftaten die Bestrafung ebenfalls relativ milde ausfallen.

Dynamische Steuerdurchsetzungsmechanismen benötigen niedrigere Strafen, um Steuerhinterziehung zu senken. Retroaktive Steuerdurchsetzungsmechanismen weisen im Verhältnis zur harten Bestrafung hinsichtlich der genannten Probleme erhebliche Vorteile auf. Bei rückwirkenden Strafen führen fehlerhafte Handlungen von Steuerpflichtigen oder Finanzbehörden nur bei wiederholtem Auftreten zu extremer Ungleichheit und Ungerechtigkeit. Das Problem der Ex-post-Ungleichheit wird aufgrund niedriger Strafsteuersätze beträchtlich gemildert. Bei den skizzierten vorwärtswirkenden Steuerdurchsetzungsmechanismen hingegen treten eine Reihe von Schwierigkeiten auf, die die Vorteilhaftigkeit aufgrund niedriger Strafen insgesamt in Frage stellen. Wird eine Gruppe permanenter Kontrolle eingeführt, würde fehlerhaftes Handeln der Steuerpflichtigen oder der Finanzbehörde die Einhaltung der staatlichen Budgetbeschränkung unmöglich machen, da auf die Dauer sämtliche Steuerpflichtigen dieser Gruppe zugeordnet werden müßten.[32] Bei den von Landsberger und Meilijson (1982) bzw. von Greenberg (1984) entwickelten Mechanismen besteht darüber hinaus eine schwer begründbare Ex-ante-Ungleichheit hinsichtlich der Möglichkeiten (Renditen) der Steuerhinterziehung. Resümierend läßt sich festhalten, daß rück- oder vorwärtswirkende Steuerdurchsetzungsmechanismen die Ex-post-Ungleichheit aufgrund der Bestrafung bei gleicher Abschreckung zwar mildern, aber teilweise neue Probleme hervorrufen.

---

[32] Auf diesen Sachverhalt im Kontext der Diskussion der Unfairness hoher Strafen macht Hagedorn (1991), S. 184 aufmerksam. Er fordert die explizite Einbeziehung fehlerhaften Handelns in die Konstruktion der Steuerdurchsetzungsmechanismen.

Kapitel 6

Steuerentzug: Gesamtwirtschaftliche Konsequenzen

Hauptuntersuchungsgegenstand der mikroökonomischen Literatur zum Steuerentzug und dabei insbesondere zu der Steuerhinterziehung sind die Determinanten der individuellen Entscheidungen über das Ausmaß des Steuerentzuges. Die qualitative und quantitative Eingrenzung wesentlicher Einflußfaktoren kann in der Politikberatung zur Bereitstellung von Informationen über den Einsatz von Mitteln zur Begünstigung bzw. Einschränkung steuerzahllastreduzierender Aktivitäten dienen. Die Elimination unnötiger Kosten der Steuervermeidung kann gewünschte Inanspruchnahme von Steuervergünstigungen beispielsweise befördern, die dynamische Gestaltung des Steuerdurchsetzungsmechanismus z.B. Steuerhinterziehung beschränken. Schwerpunkt der dargelegten theoretischen Bemühungen war und ist die Entwicklung geeigneter Abschreckungsmechanismen zur Reduktion der Steuerhinterziehung.

Die Implikationen des Steuerentzuges und insbesondere der Hinterziehung auf wesentliche gesamtwirtschaftliche Größen hingegen wurden höchstens am Rande gewürdigt, obwohl A-priori-Vermutungen, daß Konsum, Ersparnis und Arbeitsangebot nicht so sehr von der nominalen, sondern der effektiven Besteuerung beeinflußt werden, nicht von der Hand zu weisen sind. Hängen Konsum, Ersparnis und Arbeitsangebot vom Ausmaß des Steuerentzuges ab, werden kurzfristig das Sozialprodukt und langfristig der Kapitalstock ebenso von der Intensität des Steuerentzuges mitbestimmt. Der Steuerausfall macht eine höhere staatliche Nettokreditaufnahme zur Finanzierung des gleichen Niveaus staatlicher Ausgaben erforderlich. Ändert sich der Kapitalstock und mithin der Kapitalmarktzins, ändert sich auch der langfristige gleichgewichtige staatliche Schuldenbestand. Diese Bemerkungen sollen andeuten, daß es einen erheblichen Erklärungsbedarf über die Auswirkungen von Steuerentzug auf volkswirtschaftliche Größen gibt.

Gesamtwirtschaftliche Konsequenzen des Steuerentzuges lassen sich allerdings eher mit den Instrumentarien der Makroökonomie als mit den Methoden der Mikroökonomie beleuchten. Nach Jahren ausschließlich mikroökonomischer Analyse der Steuerhinterziehung wandten sich Peacock und Shaw (1982) erstmalig der Makroökonomie der Steuerhinterziehung zu. "Although considerable work on the *microeconomics* of tax evasion has now been undertaken ... the paper by Peacock and Shaw suggests that there may be some insights to be derived from an explicitly macroeconomic approach", würdigt Ricketts (1984), S. 421 ihre Bemühungen als Anstoß zur makroökonomischen Theorie der Steuerhinterziehung. Da sich einige Überlegungen und Resultate durchaus auf andere Varianten des Steuerentzuges übertragen lassen, kann die Arbeit von Peacock und Shaw noch umfassender als Grundstein einer Makroökonomie des Steuerentzuges insgesamt angesehen werden. Zur systematischen und ausführlichen Analyse der Makroökonomie der Steuerhinterziehung und anderer Varianten des Steuerentzuges muß allerdings der einfache keynesianische Gütermarktansatz, den Peacock und Shaw (1982) zugrundelegen, erweitert bzw. durch andere Modelle einer Volkswirtschaft ersetzt werden. Zum Teil ist das bereits geschehen,[1] zum Teil wird im folgenden Kapitel der Versuch gemacht.

Das Ziel ist es, den Einfluß des Steuerentzuges auf die Höhe des Sozialproduktes, des Kapitalstockes und der Staatsverschuldung zu untersuchen. Dabei wird es erforderlich sein, Hypothesen über den Einfluß auf Konsum und Ersparnis und über die Finanzierungsregel staatlicher Budgets aufzustellen. Nach einer Darstellung des keynesianischen Ansatzes der Bestimmung eines Hinterziehungsmultiplikators und der Ermittlung der Steueraufkommenseffekte wird in neoklassischen wachstumstheoretischen Modellen die Implikation von Steuerentzug auf die Höhe des Kapitalstockes bzw. der Wachstumsrate und der Staatsverschuldung analysiert. Dabei wird einerseits auf ein einfaches neoklassisches Wachstumsmodell Solowscher Provenienz und andererseits auf ein allgemeines intertemporales Gleichgewichtsmodell, das im weitesten Sinne im Gefolge von Ramsey (1928) steht, zurückgegriffen. Im Rahmen des keynesianischen Ansatzes und des neoklassischen Wachstumsmodells mit gegebener Sparquote wird auch die Steuerentzugsquote als exogen betrachtet, wohingegen diese im allgemeinen intertemporalen Gleichgewicht in das Optimalkalkül miteinbezogen wird. Auf diese Weise lassen sich die Effekte des Steuerentzuges im kurzfristigen und langfristigen Gleichgewicht einer Volkswirtschaft weitgehend umfassend beschreiben.

---

[1] Zu Erweiterungen siehe Ricketts (1984), Lai und Chang (1988) und Zameck (1989).

6.1 Steuerentzug im keynesianischen Modell

Die keynesianische Analyse der Volkswirtschaft, die aufgrund der Vernachlässigung aller Kapazitätseffekte nur kurzfristig orientiert sein kann, leitet auf der Basis von gesamtwirtschaftlichen Verhaltenshypothesen Aussagen über (gleichgewichtige) relevante volkswirtschaftliche Größen, wie insbesondere das Volkseinkommen und den Zins, ab. Das keynesianische Erklärungsmodell ökonomischer Phänomene, ob nun als einfacher Gütermarktansatz, in Form des IS-LM-Modells oder als das Arbeitsangebot einschließende neoklassische Synthese, basiert auf Verhaltenshypothesen, die einen konstanten Zusammenhang zwischen verschiedenen volkswirtschaftlichen Aggregaten unterstellen. Der Konsum wird dabei durchgängig als Funktion des *verfügbaren* Einkommens aufgefaßt; auch die reale Geldnachfrage kann als Funktion des verfügbaren Einkommens angesehen werden.[2] Wenn aber Konsum und/oder Geldnachfrage nicht vom Volkseinkommen insgesamt, sondern nur vom den Haushalten verfügbaren Einkommen bestimmt werden, dann kann Steuerentzug, der das verfügbare Einkommen erhöht, bei der Analyse des volkswirtschaftlichen Gleichgewichtes nicht vernachlässigt werden, ohne wesentliche Verzerrungen in Kauf zu nehmen. Peacock und Shaw (1982), S. 272 weisen erstmals darauf hin, "that the level of Y (das Volkseinkommen, d. Verf.) is itself a function of the effective, as opposed to the nominal rate of income taxation." Sie analysieren auf der Basis des Zusammenhanges von Konsum und tatsächlicher Steuerzahlung die Auswirkung der Steuerhinterziehung auf die Höhe des Volkseinkommens und des Steueraufkommens. Im folgenden werden ihre Ergebnisse, die Modifikationen und Abschwächungen, die sich bei komplexerer Modellierung der Volkswirtschaft ergeben, präsentiert. Nach der Darstellung des keynesianischen Gütermarktmodells des Steuerentzuges auf der Basis der Arbeit von Peacock und Shaw folgt im weiteren die Integration des Steuerentzuges in ein IS-LM-Modell, die Ricketts (1984) für Steuerhinterziehung vornimmt, und die Komplettierung der keynesianischen Untersuchung vermehrten Steuerentzuges in der neoklassischen Synthese, angeregt durch den Aufsatz von Lai und Chang (1988). In der hier präsentierten Version wird in Anlehung an die vorliegenden Arbeiten durchgängig die Einhaltung einer kurz- oder langfristigen Bugetbeschränkung des Staates nur am Rande beachtet.

---

[2] Vgl. Holmes und Smyth (1972). In bezug auf die keynesianischen Kassenhaltungsmotive scheint die Anbindung der Geldnachfrage an das verfügbare Einkommen durchaus vertretbar.

6.1.1 Steuerentzug im Einkommen-Ausgaben-Modell

In einer geschlossenen Volkswirtschaft wird das Volkseinkommen Y entweder für Konsum C, Investitionen I oder Staatsausgaben G verwendet. Faßt man Staatsausgaben und Investitionen als autonome Ausgaben auf und betrachtet die Konsumnachfrage als Funktion des verfügbaren Einkommens $Y(1-\tau(1-e))$ mit einer positiven marginalen Konsumneigung kleiner als eins, wobei τ der konstante Einkommensteuersatz und e der *exogen* gegebene Anteil des Einkommens ist, für den keine Steuern gezahlt werden, ist das volkswirtschaftliche Gleichgewicht durch

$$Y = C((1-\tau(1-e))Y) + I + G \tag{6.1}$$

beschrieben. Der Steuerentzugsmultiplikator, der den Zusammenhang zwischen dem Anstieg des Steuerentzugsanteiles e und dem Volkseinkommen Y beschreibt, sowie der Steueraufkommenseffekt werden durch den folgenden Satz angegeben.[3,4]

Satz 6.1 *Der Steuerentzugsmultiplikator ist*

$$\frac{\partial Y}{\partial e} = \frac{C_Y(\cdot)\tau Y}{1 - C_Y(\cdot)(1-\tau(1-e))} > 0,$$

und der marginale Effekt einer Erhöhung des Steuerentzugsanteiles e auf das Steueraufkommen $\tau(1-e)Y$ ist durch

$$\frac{\partial(\tau(1-e)Y)}{\partial e} = -\frac{1-C_Y(\cdot)}{C_Y(\cdot)}\frac{\partial Y}{\partial e} < 0$$

beschrieben.

Beweis. Gleichung (6.1) definiert Y als Funktion $Y(\tau, e, I, G)$. Anwendung des Satzes über implizite Funktionen führt zu den Ergebnissen. Q.E.D.

---

[3] Vgl. Peacock und Shaw (1982), S. 272 f.

[4] In formaler Hinsicht handelt es sich bei dem Steuerentzugsmultiplikator (annähernd) um den inversen Steuersatzmultiplikator des einfachen Gütermarktmodells, der sich in jeder makroökonomischen finanzwissenschaftlichen Steuerwirkungsanalyse findet. Vgl. z.B. Brümmerhoff (1990), S. 394.

Das Volkseinkommen steigt wegen der steigenden effektiven Nachfrage, wenn ein größerer Teil der Steuern nicht gezahlt wird, aber das Steueraufkommen sinkt.[5] Der negative direkte Effekt der Reduktion der Steuerzahlung überwiegt den positiven indirekten Effekt des Anstieges der Steuerbemessungsgrundlage. Nur wenn die marginale Konsumquote gleich eins wäre, würde sich das Steueraufkommen überhaupt nicht ändern, da in diesem Fall jede zusätzlich konsumierte Einheit aufgrund höheren verfügbaren Einkommens Volkseinkommen generieren würde, der zusätzliche Steuerausfall vollständig kompensiert würde.[6]

Unterstellt man, daß die marginale Konsumneigung einer versteuerten Einkommenseinheit sich von der marginalen Konsumneigung einer nicht versteuerten Einkommenseinheit unterscheidet, bestätigen sich die Resultate von Satz 6.1, wenn aus dem unversteuerten Einkommen mehr konsumiert wird. Es erscheint plausibel anzunehmen, daß zumindest die marginale Konsumneigung hinterzogenen Einkommens größer als die marginale Konsumneigung deklarierten Einkommens ist, da Konsum weniger stark als Ersparnis staatlicher Überwachung unterliegt.[7] Ob Steuervergünstigungen eher die private Ersparnis anregen oder Bezieher niedriger Einkommen zum Konsum befähigen, ist ebenso eine empirisch zu überprüfende Frage. Die Konsumfunktion wird zu $C((1-\tau)(1-e)Y, eY)$, die volkswirtschaftliche Gleichgewichtsbedingung zu

$$Y = C((1-\tau)(1-e))Y, eY) + I + G. \tag{6.2}$$

Auf der Basis dieser Einkommen-Ausgaben-Gleichung ist der Steuerentzugsmultiplikator positiv, wenn die marginale Konsumneigung des nicht versteuerten Einkommens nicht kleiner als die marginale Konsumneigung des versteuerten Einkommens ist.[8] Der Steueraufkommenseffekt ist unabhängig von der Relation der marginalen Konsumneigungen zueinander negativ.[9] Die Differenzierung in der marginalen Konsumneigung kann nur dann zu anderen Resultaten als bei einheitlicher marginaler Konsumneigung führen, wenn das versteuerte Einkommen stärker zum Konsum herangezogen wird.

---

[5] Faßt man beide Resultate zusammen und unterstellt vom Staat eine Anpassung der konsumtiven Staatsausgaben G zum materiellem Budgetausgleich bei einer Erhöhung des Steuerentzugsanteiles, ergibt sich ein Resultat, das als "umgekehrtes" Haavelmo-Theorem bezeichnet werden kann: Das Sozialprodukt sinkt in der Höhe der erforderlichen Staatsausgabenanpassung.

[6] Siehe Peacock und Shaw (1982), S. 273.

[7] Vgl. Peacock und Shaw (1982), S. 274.

[8] Vgl. Peacock und Shaw (1982), S. 274. und Lai und Chang (1988), S. 141.

[9] Vgl. Lai und Chang (1988), S. 142 und Peacock und Shaw (1982), S. 275.

6.1.2 Steuerentzug im IS-LM-Modell

Erweitert man den realwirtschaftlichen simplen keynesianischen Gütermarktansatz um das Geldmarktbestandsgleichgewicht, ist das Vorzeichen des Steuerentzugsmultiplikators nicht mehr eindeutig zu bestimmen, wie zuerst Ricketts (1984) hervorgehoben hat. Diese Aussage trifft aber nur dann zu, wenn man die Geldnachfrage nicht in Abhängigkeit des gesamten Volkseinkommens, sondern lediglich des verfügbaren Einkommens sieht, da ansonsten das Geldmarktgleichgewicht in keinem unmittelbaren Zusammenhang zum Steuerentzug steht. Offensichtlich aber steht den Haushalten zu Transaktionszwecken nur das (effektive) Nach-Steuer-Einkommen und nicht das Vor-Steuer-Einkommen zur Verfügung, die Geldnachfrage zu Transaktionszwecken der Haushalte sollte daher durchaus in Verbindung mit dem verfügbaren Einkommen gesehen werden.[10] Neben die Gütermarktgleichgewichtsbedingung (6.1) tritt bei fixem Preisniveau P der Ausgleich von realer Geldnachfrage M^d und realem Geldangebot M^s/P. Werden Konsum- und Geldnachfrage vom verfügbaren Einkommen (mit-)bestimmt, wird die Volkswirtschaft bei einheitlicher Konsumneigung des versteuerten und nicht versteuerten Einkommens durch das IS-LM-Gleichungssystem

$$(6.3.a) \qquad Y = C((1-\tau(1-e))Y) + I(r) + G$$

$$(6.3.b) \qquad \frac{M^s}{P} = M^d((1-\tau(1-e))Y, r)$$

beschrieben. Investitionen und Geldnachfrage sinken bei steigendem Zins r. Die Geldnachfrage steigt bei steigendem verfügbarem Einkommen. Der Steuerentzugsmultiplikator ist im IS-LM-Modell unbestimmt, der Steueraufkommenseffekt hingegen weiterhin eindeutig negativ, wie der folgende Satz zeigt.

Satz 6.2 *Der Steuerentzugsmultiplikator*

$$\frac{\partial Y}{\partial e} = -\frac{\tau Y[M_r^d(\cdot)C_Y(\cdot) - I_r(\cdot)M_Y^d(\cdot)]}{\Delta^5},$$

mit

$$\Delta^5 \stackrel{\text{def}}{=} -\{I_r(\cdot)M_Y^d(\cdot)[1-\tau(1-e)] + M_r^d(\cdot)(1 - C_Y(\cdot)[1-\tau(1-e)])\} > 0,$$

[10] So argumentieren Holmes und Smyth (1972), S. 179, die dann aber die funktionale Abhängigkeit der Geldnachfrage vom Einkommen und von den Steuern getrennt betrachten.

ist im Vorzeichen unbestimmt; der marginale Effekt einer Erhöhung des Steuerentzugsanteiles e auf das reale Steueraufkommen $\tau(1-e)Y$ ist durch

$$\frac{\partial(\tau(1-e)Y)}{\partial e} = \frac{\tau Y[M_Y^d(\cdot)I_r(\cdot) + (1 - C_Y(\cdot))M_r^d(\cdot)]}{\Delta^5} < 0$$

beschrieben.

Beweis. (6.3) definiert Y als Funktion $Y(\tau, e, I, G)$. Anwendung des Satzes über implizite Funktionen führt zu den Ergebnissen. Q.E.D.

Der Anstieg der Steuerentzugsquote verschiebt im Hicks-Hansen-Diagramm die IS-Kurve nach rechts, die LM-Kurve aber nach links. Der Zins steigt, die Veränderung des Volkseinkommens ist a priori nicht bestimmbar. Die Änderung der Steuerbemessungsgrundlage der Einkommensteuer ist zweifelhaft, der Steueraufkommenseffekt aber eindeutig negativ.

Nimmt man wie Ricketts (1984) an, daß die Konsumneigungen besteuerten und unversteuerten Einkommens unterschiedlich seien, d.h., daß die IS-Kurve durch (6.2) beschrieben wird, die Geldnachfrage aber weiterhin von jeder verfügbaren Einkommenseinheit gleich bestimmt ist, ändern sich die Ergebnisse in qualitativer Hinsicht nicht.[11] Der Steuerentzugsmultiplikator ist unbestimmt, der Steueraufkommenseffekt eindeutig.

6.1.3 Steuerentzug in der neoklassischen Synthese

Soweit sind Effekte steigenden Steuerentzuges lediglich aufgrund von Nachfrageänderungen betrachtet worden. Nimmt man aber im Sinne der Neoklassischen Synthese den Arbeitsmarkt hinzu und unterstellt einen Einfluß des weiterhin exogenen Grades des Steuerentzuges nicht nur auf Konsum- und Geldnachfrage, sondern ebenso auf das Arbeitsangebot, ergeben sich auch angebotsinduzierte Einkommenssteigerungen. Der Nachfragesektor wird durch das Kapitalmarktgleichgewicht (IS-Kurve) und das Geldmarktgleichgewicht (LM-Kurve) jeweils für ein gegebenes Preisniveau gekennzeichnet, der Angebotssektor durch die volkswirtschaftliche Angebotsfunktion, die wiederum mit einem Arbeitsmarktgleichgewicht einhergeht.[12] Das IS-LM-Modell wird gegenüber dem vorangegangenen Abschnitt unverändert modelliert, lediglich das Preisniveau ist variabel. Das volkswirtschaftliche

[11] Siehe Lai und Chang (1988), S. 139 und S. 141 f und Ricketts (1984).

[12] Unterbeschäftigungsgleichgewichte werden hier nicht näher betrachtet.

Güterangebot werde entsprechend einer kurzfristigen aggregierten neoklassischen Produktionsfunktion

$$(6.4.a) \qquad Y = F(L, \bar{K}),$$

die für einen gegebenen Kapitalstock $\bar{K}$ nur vom Arbeitseinsatz L abhängt, mit positivem und abnehmendem Grenzertrag der Arbeit[13] erstellt. Die Arbeitsnachfrage L^d ergibt sich aus Gleichsetzung von Reallohn w/P und Grenzprodukt der Arbeit $F_L(L)$:[14]

$$(6.4.b) \qquad \frac{w}{P} = F_L(L^d).$$

Sieht man das Arbeitsangebot nicht als Funktion des Vorsteuerlohnes, sondern des Nachsteuerlohnes an,[15] hängt dieses auch von dem Grad des Steuerentzuges ab. Nicht die nominale Besteuerung, sondern die effektive Steuerzahllast wirkt sich auf die Höhe des relevanten Nachsteuerlohnes aus. Das Arbeitsangebot wird zu:

$$(6.4.c) \qquad L^s = L^s\left((1 - \tau(1 - e))\frac{w}{P}\right), \quad \text{mit } L^{s\prime}(\cdot) > 0.$$

Der gleichgewichtige Reallohn ist so beschaffen, daß Arbeitsangebot und Arbeitsnachfrage übereinstimmen, d.h., daß ein Arbeitsmarktgleichgewicht vorliegt:

$$(6.4.d) \qquad L = L^s = L^d.$$

Aus (6.4) wird der Angebotseffekt des Steuerentzuges in folgendem Satz abgeleitet.

Satz 6.3 *Steigt der Anteil des nicht versteuerten Einkommens e, steigt die Beschäftigung L und das volkswirtschaftliche Angebot Y.*

Beweis. Zusammenfassung von (6.4.b-d) führt zu dem Gleichungssystem

$$\frac{w}{P} - F_L(L) = 0$$

$$L - L^s\left((1 - \tau(1 - e))\frac{w}{P}\right) = 0,$$

---

[13] $F_L(L) > 0, F_{LL}(L) < 0$.

[14] Gewinnbesteuerung hat hierauf keinen Einfluß.

[15] Vgl. Blinder (1973), S. 296 in einer Ökonomie ohne Steuerentzug und ohne Geldillusion der Arbeitsanbieter.

welches Nominallohn w und Beschäftigung L als Funktionen von dem Preisniveau P und dem Steuerentzugsanteil e definiert. Anwendung des Satzes über implizite Funktionen führt zu

$$\frac{\partial L}{\partial e} = \frac{\tau w L^{s\prime}(\cdot)}{P^2 \Delta^6} > 0, \qquad \text{mit} \quad \Delta^6 \overset{\text{def}}{=} \frac{1 - F_{LL}(L)(1-\tau(1-e))L^{s\prime}(\cdot)}{P} > 0.$$

Unter Einbeziehung von (6.4.a) ist der Angebotseffekt:

$$\frac{\partial Y}{\partial e} = F_L(L)\frac{\partial L}{\partial e} > 0.$$

Die Höhe des volkswirtschaftlichen Angebotes ist wegen

$$\frac{\partial L}{\partial P} = 0 \quad \text{und} \quad \frac{\partial Y}{\partial P} = F_L(L)\,\frac{\partial L}{\partial P} = 0$$

unabhängig vom Preisniveau. Q.E.D.

Steigt der Steuerentzugsanteil, sinkt die effektive Steuer und der Nachsteuerlohn steigt. Damit steigt das Arbeitsangebot, der Bruttoreallohn sinkt und die Beschäftigung steigt. Also steigt auch das volkswirtschaftliche Güterangebot. Solange sich der Nominallohn auf dem Arbeitsmarkt frei einspielt, so daß sich für jedes vorgegebene Preisniveau der Arbeitsmarkt im Gleichgewicht befindet, ist der gleichgewichtige Arbeitseinsatz und damit das volkswirtschaftliche Angebot unabhängig vom Preisniveau. Die Nachfrageseite ist bei flexiblen Preisen und Löhnen auch bei Einbeziehung von Steuerentzug für die Bestimmung des volkswirtschaftlichen Gleichgewichteinkommens unerheblich, solange nicht ein Unterbeschäftigungsgleichgewicht durch Unwirksamkeit des Keynes-Effektes aufgrund nicht zinsreagibler Investitionsnachfrage oder unendlich zinselastischer Geldnachfrage vorliegt. Das Preisniveau verändert sich so, daß das neue volkswirtschaftliche Einkommen mit Gleichgewicht auf dem Kapitalmarkt und dem Geldmarkt vereinbar ist. Die Richtung der Preisniveauänderung ist nicht unabhängig von den Parametern des ökonomischen Systems.

Abbildung 6.1: Neoklassische Synthese und Steuerentzug

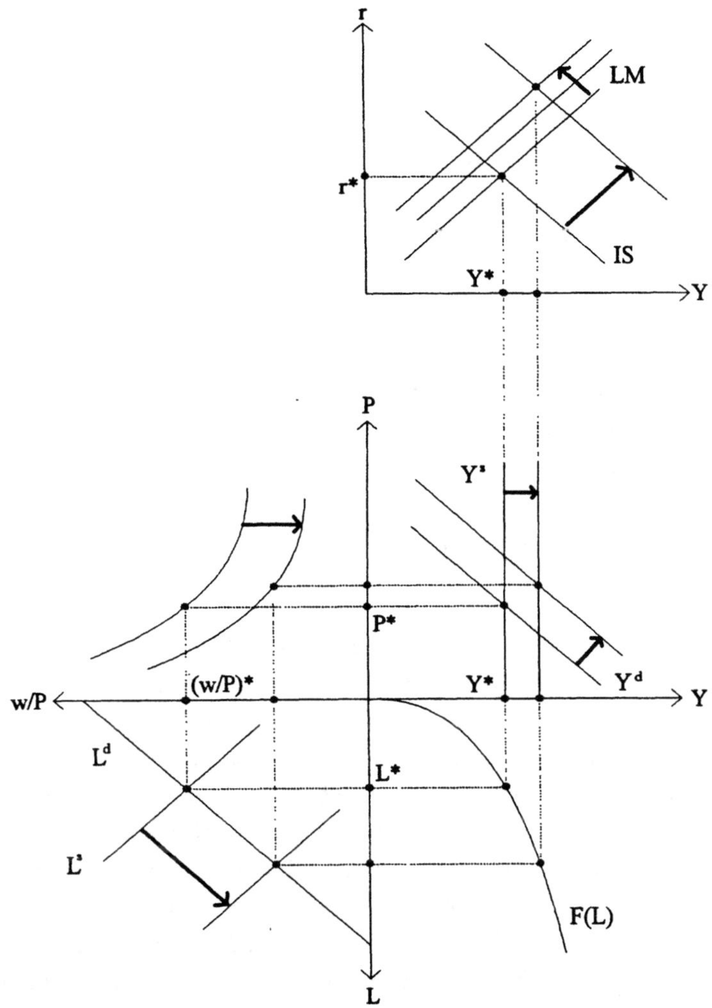

Dieser Zusammenhang läßt sich auch anhand der bekannten geometrischen Darstellung des keynesianischen Modells inklusive Arbeitsmarkt verdeutlichen. In Abbildung 6.1 sind im ersten Quadranten Arbeitsangebot und Arbeitsnachfrage, im zweiten Quadranten ist die volkswirtschaftliche Produktionsfunktion, im dritten Quadranten ist der gleichgewichtige Nominallohn und im vierten Quadranten sind das volkswirtschaftliche Güterangebot und der Güternachfragegleichgewichtslokus, der aus dem fünften Teil des Schaubildes resultiert, dem bekannten IS-LM-Diagramm, dargestellt.

Ein Anstieg des Steuerentzugsanteiles verschiebt die Arbeitsangebotskurve nach unten, dies impliziert eine Rechtsverschiebung der volkswirtschaftlichen Angebotsfunktion. Aus den Betrachtungen des vorangegangenen Abschnittes ist bereits bekannt, daß ein Anstieg des Steuerentzugsanteiles zu einer Rechtsverschiebung der IS-Kurve und bei konstanten Preisen zu einer Linksverschiebung der LM-Kurve führt. Durch Preisanpassungen[16] wird sich jetzt die LM-Kurve aufgrund von Veränderungen des realen Geldangebotes so verschieben, daß das gleichgewichtige Volkseinkommen mit einem Gleichgewicht auf Güter- und Geldmarkt vereinbar ist. Der Nominallohn paßt sich so an, daß für das resultierende Preisniveau ein Gleichgewicht auf dem Arbeitsmarkt realisiert werden kann.

Nähere Betrachtung des Steuerentzugsmultiplikators zeigt aber auf, daß der Steueraufkommenseffekt

$$\frac{\partial(\tau(1-e)Y)}{\partial e} = \frac{\tau[(1-e)f_L(L)\tau w L^{s\prime}(\cdot) - YP^2\Delta^6]}{P^2\Delta^6}$$

nicht mehr eindeutig ist. Aufgrund des angebotsinduzierten Anstieges des Volkseinkommens kann bei geeigneter Parameterkonstellation bei Erhöhung des Steuerentzugsanteiles ein Anstieg des realen Steueraufkommens erfolgen. Dieser (mögliche) zunächst paradox wirkende Zusammenhang zwischen Steuerentzug und Steueraufkommen, der angebotsinduziert ist, weist Parallelen zu dem Phänomen auf, das unter dem Terminus **Lafferkurve** Eingang in sämtliche steuerpolitische Diskussionen gefunden hat.[17] Die Lafferkurve prognostiziert bei steigendem Steuersatz zunächst steigendes, ab einer gewissen Höhe des Steuersatzes aber sinkendes Steueraufkommen. Der rechte Ast der Lafferkurve beschreibt mithin ebenfalls einen inversen Zusammenhang zwischen Steuerbelastung pro Einkommenseinheit und Steueraufkommen. Dieser Laffer-Effekt wird auch in der weiteren Diskussion auf der Basis wachstumstheoretischer Modelle analysiert werden.

Lai und Chang (1988) untersuchen abweichend von der hier präsentierten keynesianischen Ökonomie unter klassischen Annahmen eine Volkswirt-

[16] In Abbildung 6.1 ist ein möglicher Spezialfall der Preisanpassung dargestellt.

[17] Vormals wurde dieses Phänomen unter dem Begriff "Swiftsches Steuereinmaleins" geführt.

schaft bei Vorliegen von Geldillusion.[18] Haben die Arbeitsanbieter Geldillusion, ist die volkswirtschaftliche Angebotskurve nicht nur vom Grad des Steuerentzuges, sondern auch vom Preisniveau abhängig. Das resultierende Gleichgewichtseinkommen wird nicht nur von der Angebotsseite, sondern auch von der Nachfrageseite her bestimmt. Ist der Effekt der Geldillusion von erheblicher Bedeutung bzw. der angebotsinduzierte Effekt von geringerer Bedeutung, ist in einer Ökonomie mit Geldillusion nicht nur der Steueraufkommenseffekt, sondern auch der Steuerentzugsmultiplikator unbestimmt, da die nachfrageinduzierten Effekte höheren Steuerentzuges auf das Volkseinkommen, wie die Analyse des vorigen Abschnittes gezeigt hat, nicht eindeutig sind und ein quantitativer Vergleich von nachfrage- und angebotsinduzierten Effekten ohne Spezifikation der Funktionen nicht möglich ist.[19]

6.2 Steuerentzug im neoklassischen Wachstumsmodell

Makroökonomische Implikationen des Entzuges von Steuern können in einem einfachen keynesianischen Modell, das nur auf kurzfristige Effekte abstellt, nicht erschöpfend analysiert werden. Auch volkswirtschaftliche Bestandsgrößen und deren Wachstum sind durch Besteuerung und Steuerentzug zu beeinflußen. Die Erhebung von Steuern sowie die Abwehraktivitäten der Steuerpflichtigen wirken sich auf die Kapitalbildung aus, dies umso mehr, wenn man berücksichtigt, daß insbesondere bei der Besteuerung der Einkünfte aus Vermögen Möglichkeiten der Reduktion der Steuerzahllast bestehen. Aus der Warte des Staates betrachtet wird zudem durch Steuerentzug die staatliche Budgetbeschränkung modifiziert, das Wachstum staatlicher Schuld wird c.p. verändert. Ändern sich die Wachstumsraten von volkswirtschaftlichem Kapitalstock und staatlichem Schuldenstand aufgrund von Steuerentzug, sind ebenso Änderungen der Bestandsgrößen Kapitalstock und Schuldenstand zu erwarten. Um Änderungen volkswirtschaftlicher Bestandsgrößen zu untersuchen, ist es notwendig, Hypothesen über den Zusammenhang von Strom- und Bestandsgrößen der Volkswirtschaft aufzustellen. Als Modellrahmen bietet sich das neoklassische (zeitstetige)[20] Wachstumsmodell an, dessen Grundidee von Solow (1956) entwickelt wurde.

[18] Vgl. Lai und Chang (1988), S. 144, Anmerkung 4. Lai und Chang (1988), S. 139 unterstellen zudem unterschiedliche marginale Konsumneigungen versteuerten und unversteuerten Einkommens. Diese Differenzierung bleibt aber ohne qualitativen Einfluß auf ihre Resultate.

[19] Vgl. Lai und Chang (1988), S. 140 und die Diskussion ihrer Figure 1, S. 142 f.

[20] Die zeitstetige Struktur ist für die Modellierung des Steuerentzuges insofern nicht un-

Solow (1956) untersuchte die Wachstumspfade einer geschlossenen Volkswirtschaft für linear-homogene Produktionsfunktionen unter der Voraussetzung, daß das Arbeitsangebot mit konstanter exogener Rate wächst und daß ein im Zeitablauf gleicher Anteil des Sozialproduktes gespart wird.[21] Die volkswirtschaftliche Akkumulationsgleichung des einfachen neoklassischen Wachstumsmodells erlaubt es, den Einfluß von Steuerentzug zu beschreiben, wenn zum einen angenommen wird, daß der Anteil nicht gezahlter Steuern ebenso wie die Sparquote nicht durch die Entwicklung der Volkswirtschaft verändert wird, und zum anderen die staatlichen Aktivitäten geeignet integriert werden. Im folgenden wird der Steuerentzug in einer mit konstanter Rate wachsenden Wirtschaft auf der Basis des neoklassischen Wachstumsmodells untersucht, wobei zunächst angenommen wird, daß das staatliche Budget zu jedem Zeitpunkt materiell ausgeglichen ist, dann aber Defizitfinanzierung mit ins Auge gefaßt wird. Die Integration staatlicher Schuldenpolitik gestattet es, nicht nur die Implikationen des Steuerentzuges auf die Höhe des volkswirtschaftlichen Kapitalstockes zu untersuchen, sondern auch deren Auswirkung auf die Verschuldung des Staates kurz- und langfristig zu beschreiben.

6.2.1 Steuerentzug bei permanentem staatlichem Budgetausgleich

Das Sozialprodukt Y in einer makroökonomischen Ein-Gut-Welt mit auf eins normiertem konstantem Preisniveau werde zu jedem Zeitpunkt entlang einer Produktionsfunktion[22]

$$Y = F(K, L)$$

mit dem Kapitalstock K und der Arbeit L erstellt.[23] Bei Vollbeschäftigung des Produktionsfaktors Arbeit und unelastischem Arbeitsangebot steht die eingesetzte Arbeitsmenge in unmittelbarem Verhältnis zur Bevölkerung, von der angenommen wird, daß sie mit exogener konstanter Rate n wächst, so

---

geeignet, als daß der Steuerpflichtige zu jedem Zeitpunkt seine Aktivitäten so ändern kann, daß sie einer Besteuerung unterliegen (müssen) oder nicht besteuert werden.

[21] Zur Struktur siehe Solow (1956), S. 66 ff und die ungezählten Darstellungen in der Literatur, wie z.B. Wan (1971), S. 32 ff.

[22] Der Output kann entweder als Nettooutput (gleich Bruttooutput abzüglich Abschreibungen) wie bei Solow (1956), S. 66 angesehen werden, oder das ganze Modell wird unter Vernachlässigung der Abschreibungen konstruiert.

[23] Soweit nicht unbedingt erforderlich wird auf eine Zeitindizierung zwecks übersichtlicherer Darstellung verzichtet.

daß der Arbeitseinsatz im Zeitpunkt t durch

$$L_t = L_0 e^{nt}$$

beschreibbar ist, wobei L_0 den Arbeitseinsatz zum Zeitpunkt 0 repräsentiert.[24] Es wird desweiteren angenommen, daß die Technologie generell durch konstante Skalenerträge gekennzeichnet ist, die Produktionsfunktion mithin homogen vom Grad eins ist. Aufgrund dieser Annahme über die Technologie kann die Produktionsfunktion in einfacher Weise in Pro-Kopf-Notation geschrieben werden,

$$y = f(k),$$

da das Sozialprodukt pro Kopf y nur von der Kapitalintensität k funktional abhängt. Zusätzlich wird "Wohlverhalten" der Produktionsfunktion unterstellt, die folgende Annahme sei also erfüllt.[25]

Annahme 6.1 *Die Produktionsfunktion genügt*

$$f(0) = 0, \quad f_k(k) > 0, \quad f_{kk}(k) < 0, \quad \lim_{k \to 0} f_k(k) = \infty \text{ und } \lim_{k \to \infty} f_k(k) = 0.$$

Bei konstanten Skalenerträgen wird die Entlohnung des Faktors Kapital im temporären Gleichgewicht auf den Faktormärkten nach der Grenzproduktregel erfolgen. Der Zins r paßt sich also so an, daß

$$r = f_k(k)$$

erfüllt ist.

Ist der Staat zu permanentem materiellem Budgetausgleich verpflichtet, besteht mithin keine Möglichkeit der Defizitfinanzierung, so müssen die Staatsausgaben G aus den tatsächlichen laufenden Einnahmen finanziert werden.

---

[24] Wird L als Arbeit in Effizienzeinheiten aufgefaßt und Harrod-neutraler arbeitssparender technischer Fortschritt unterstellt, entspricht die Wachstumsrate n der Summe der Wachstumsrate der Bevölkerung und der Wachstumsrate des technischen Wissens. Da diese Unterscheidung aber für die weiteren Resultate ohne Bedeutung ist, wird die eingesetzte Arbeit mit der Bevölkerung gleichgesetzt. Vgl. hierzu Arrow und Kurz (1970), S. 18 ff.

[25] Dieser sogenannte Inada-Fall garantiert Existenz und Eindeutigkeit des Steady states. Vgl. z.B. Wan (1971), S. 37 ff.

Nimmt man an, daß der Staat nur eine proportionale Einkommensteuer mit dem Grenzsteuersatz τ $(0 < \tau < 1)$ erhebt, die Privaten aber zu jedem Zeitpunkt einen bestimmten Anteil e $(0 < e < 1)$ des Steuerbetrages nicht zahlen, wird die staatliche Budgetbeschränkung zu

$$G = \tau(1 - e)Y.$$

Zusätzlich wird angenommen, daß der Staat einen fixen Anteil des Sozialproduktes staatlich bereitstellen will. Er verfolgt somit hinsichtlich der Staatsausgaben ein Staatsquotenziel. Die Staatsausgaben sind dann mit der Staatsquote g_y $(0 < g_y < 1)$ proportional zum Sozialprodukt. Es gilt demzufolge

$$G = g_y Y.$$

Der materielle Budgetausgleich (**GBR**) verlangt unter dieser staatlichen Maxime den Ausgleich von Staatsquote und effektiver Steuerquote:

$$g_y = \tau(1 - e). \tag{6.5}$$

Im Rahmen der Untersuchung einer wachsenden Wirtschaft erscheint es sinnvoll und ist mit einer weiteren Ad-hoc-Annahme einfach zu realisieren, öffentliche Investitionen miteinzubeziehen. Es wird angenommen, daß ein Teil κ $(0 \leq \kappa < 1)$ der Staatsausgaben investiv wirkt, d.h. den volkswirtschaftlichen Kapitalstock vergrößert.[26] Staatliche und private Investitionen sind perfekte Substitute. Öffentliche Investitionen

$$I^{st} = \kappa G = \kappa g_y Y$$

seien also ein fester Anteil des Sozialproduktes mit dem Proportionalitätsfaktor κg_y.

[26] Die Annahme eines parametrischen investiven Staatsausgabenanteiles findet sich bei Wenzel (1986) und wird wieder aufgegriffen von Wenzel (1992a, 1992b) und Wenzel und Wrede (1992). Siehe zur Rechtfertigung Wenzel (1986), S. 499, Fußnote 4 und Wenzel und Wrede (1992), S. 4, Fußnote 8. Vgl. zur Übersicht und Darstellung verschiedener Konzepte auch Carlberg (1988), S. 17 ff.

6.2.1.1 Einheitliche Sparquote

Das Sparverhalten des privaten Sektors sei durch eine konstante einheitliche Sparquote s $(0 < s < 1)$ charakterisiert. Ein konstanter Anteil des effektiven verfügbaren Einkommens

$$Y^v = [1 - \tau(1-e)]Y$$

werde auf dem Kapitalmarkt als private Ersparnis

$$S = sY^v = s[1 - \tau(1-e)]Y$$

angeboten. Die Haushalte unterscheiden nicht zwischen versteuertem und unversteuertem Einkommen. Ein temporäres Gleichgewicht auf dem Kapitalmarkt liegt vor, wenn die private Ersparnis S den privaten Investitionen I^{pr} entspricht. Die gesamtwirtschaftliche Akkumulation von Realkapital $\dot{K}$, d.h. die gesamtwirtschaftlichen Investitionen, entspricht der Summe aus privater Ersparnis und staatlicher Investition:

$$\dot{K} = S + I^{st}.$$

Unter den getroffenen Verhaltensannahmen wird die volkswirtschaftliche Akkumulationsgleichung bei Vollauslastung der Kapazitäten und temporärem Gleichgewicht auf den Faktormärkten und dem Kapitalmarkt in Pro-Kopf-Notation zu[27]

$$\dot{k} = \{s[1 - \tau(1-e)] + \kappa g_y\} f(k) - nk. \tag{6.6}$$

Die Investitionen einer geschlossenen Volkswirtschaft sind durch das Sozialprodukt begrenzt. Daher muß die folgende Annahme über die Parameter privaten und staatlichen Verhaltens getroffen werden.

Annahme 6.2 *Die gesamtwirtschaftliche Sparquote bezogen auf das Sozialprodukt*

$$s[1 - \tau(1-e)] + \kappa g_y$$

ist kleiner als eins.

---

[27] Siehe ohne Steuerentzug z.B. Wenzel und Wrede (1992), S. 12.

Der langfristige Gleichgewichtszustand, in dem sich der Kapitaleinsatz pro Kopf und das Sozialprodukt pro Kopf nicht ändern, ist durch die gleichgewichtige Kapitalintensität k^*, für die

$$\dot{k} = 0$$

gilt, gekennzeichnet. Die Existenz, Eindeutigkeit und Stabilität eines gleichgewichtigen Wachstumspfades (**Steady state**) mit positivem Konsum und Kapitalstock ist durch die Annahmen über die Produktionsfunktion garantiert, wie in Lemma 6.1 kurz verdeutlicht wird.[28]

Lemma 6.1 *Es existiert ein einziger Steady state mit positiver Kapitalintensität und positivem Konsum, der für $k_0 > 0$ global stabil ist.*

Beweis. Der Konsum ist nur für $k > 0$ positiv. Aufgrund der Annahmen über die Produktionsfunktion gilt: Wegen $f(0) = 0$ und $\lim_{k\to 0} f_k(k) = \infty$ ist $\dot{k} > 0$ nahe 0. Es gilt $\dot{k} < 0$ für sehr große k, da $\lim_{k\to\infty} f_k(k) = 0$ angenommen wurde, Also folgt aus Stetigkeitsüberlegungen die Existenz eines $k^* > 0$, mit $\dot{k} = 0$, das wegen der Konkavität der Produktionsfunktion eindeutig ist. Aus den gleichen Überlegungen folgt, daß k für $k > k^*$ sinkt und für $k < k^*$ steigt. Q.E.D.

Auf der Basis der Stabilität des langfristigen Wachstumsgleichgewichtes kann bestimmt werden, wie sich ein höherer Steuerentzug auf die langfristige Kapitalintensität einerseits und den Konsum andererseits auswirkt. Die komparative Statik wird in dem folgenden Satz aufgezeigt.[29]

Satz 6.4 *(a) Die Investitionen und die Steady-state-Kapitalintensität k^* ändern sich nicht, wenn der Steuerentzugsanteil e steigt und der Steuersatz τ bei unveränderter Staatsquote g_y so angepaßt wird, daß die staatliche Budgetrestriktion (GBR) weiterhin erfüllt ist.*
(b) Wenn bei unverändertem Steuersatz τ die Staatsquote g_y so adjustiert wird, daß die staatliche Budgetrestriktion eingehalten wird, gilt:

$$\frac{\partial k^*}{\partial e} \left\{ \begin{matrix} < \\ = \\ > \end{matrix} \right\} 0 \iff \frac{\partial \dot{k}}{\partial e} \left\{ \begin{matrix} < \\ = \\ > \end{matrix} \right\} 0 \iff s \left\{ \begin{matrix} < \\ = \\ > \end{matrix} \right\} \kappa.$$

---

[28] Der Beweis ist analog zur Solow-Ökonomie ohne Besteuerung unter den Inada-Bedingungen, wie er z.B. bei Takayama (1985), S. 436 f oder Wan (1971), S. 37 ff geführt wird.

[29] Die Argumentation wird grundsätzlich in Pro-Kopf-Größen geführt.

(c) Das verfügbare Einkommen der Privaten steigt im Steady state, wenn die Einhaltung der GBR bei einer Erhöhung des Steuerentzugsanteiles e durch Anpassungen der Staatsquote g_y gewährleistet wird und wenn $s > \kappa$ gilt.
(d) Die Staatsausgaben sinken im Steady state, wenn die Einhaltung der GBR bei einer Erhöhung des Steuerentzugsanteiles e durch Anpassungen der Staatsquote g_y gewährleistet wird und wenn $s < \kappa$ gilt.

Beweis. (a) Offensichtlich, da wegen unveränderter Staatsquote der Anteil staatlicher Investitionen am Sozialprodukt gleich bleibt und die Einhaltung der GBR dann verlangt, daß das verfügbare Einkommen der Privaten sich nicht ändert, also weder private Ersparnisse noch privater Konsum reagieren.
(b) Die GBR definiert g_y als Funktion auch des Steuerentzugsanteiles e, mit $\partial g_y / \partial e = -\tau$, so daß für die Investitionen gilt:

$$\frac{\partial \dot{k}}{\partial e} = \tau(s - \kappa)f(k).$$

Gleichung (6.6) definiert für $\dot{k} = 0$ dann k^* als Funktion von e, mit

$$\frac{\partial k^*}{\partial e} = -\frac{\partial \dot{k}/\partial e}{\partial \dot{k}/\partial k}.$$

Um den Steady state aber ist

$$\frac{\partial \dot{k}}{\partial k} = \{s[1 - \tau(1 - e)] + \kappa g_y\} f_k(k) - n$$

aufgrund der (lokalen) Stabilität negativ.
(c) Das verfügbare Einkommen $y^v = (1 - \tau(1 - e))f(k)$ steigt im Steady state, wenn e steigt und zudem daher k^* steigt.
(d) Die Staatsausgaben im Steady state reagieren auf eine Erhöhung von e gemäß:

$$\frac{\partial(g_y f(k^*))}{\partial e} = f(k^*)\frac{\partial g_y}{\partial e} + g_y f_k(k^*)\frac{\partial k^*}{\partial e}.$$

Diese Summe ist negativ, wenn $\kappa > s$ erfüllt ist. Q.E.D.

Offensichtlich kann ein Anstieg des Steuerentzugsanteiles bei budgetneutraler Anpassung des Steuersatzes keinerlei Auswirkung auf die Ökonomie zeitigen, da sich weder der unmittelbare Eingriff des Staates in die Volkswirtschaft, die Staatsausgaben, noch der Zugriff bei der Besteuerung ändert. Das effektive verfügbare Einkommen wird nicht tangiert, bei konstanter Sparquote bezogen auf das effektive verfügbare Einkommen ändern sich die Entscheidungen der Privaten nicht; es wird weder mehr noch weniger gespart.

Anders verhält es sich, wenn vermehrter Steuerentzug den Staat zur Einhaltung der Budgetbeschränkung zu verringerter Ausgabetätigkeit (bei unverändertem Anteil öffentlicher Investitionen am Staatsbudget) zwingt. In diesem Fall entscheidet über die Auswirkungen vermehrten Entzuges von Steuern das Größenverhältnis von privater Sparquote s und öffentlicher Investitionsquote κ. Wenn die Privaten einen größeren Anteil des effektiven verfügbaren Einkommens sparen, als der Staat aus seinem Budget investiert, d.h., wenn $s > \kappa$ gilt, was insbesondere zutrifft, wenn der Staat ausschließlich Verbrauch finanziert ($\kappa = 0$), dann wird mehr anteiliger Steuerentzug, d.h. ein Anstieg von e, die gesamtwirtschaftlichen Investitionen c.p. anheben und damit auch eine größere langfristig gleichgewichtige Kapitalintensität nach sich ziehen. Sowohl der unmittelbare Effekt vermehrten Steuerentzuges als auch der mittelbare Effekt über die Ausdehung der Produktion aufgrund größerer Kapitalintensität erhöhen das effektive verfügbare Einkommen im Steady state. Investiert der Staat anteilsmäßig hingegen mehr als die Privaten sparen ($s < \kappa$), wird die verringerte staatliche Investition aufgrund geringeren Budgets bei vermehrtem Steuerentzug die höhere Spartätigkeit der Privaten überkompensieren und zu sinkenden gesamtwirtschaftlichen Investitionen und in deren Folge auch zu einer niedrigeren Kapitalausstattung im Steady state führen. Unter diesen Bedingungen muß nicht nur die Staatsquote zwecks Budgetausgleich gesenkt werden, sondern auch die Staatsausgaben pro Kopf verringern sich.

Summa summarum gilt bei staatlichem Budgetausgleich durch Senkung der Staatsquote, daß vermehrter Steuerentzug nur dann die Akkumulation verstärkt, wenn die Privaten einen größeren Anteil sparen, als der Staat vom Budget investiv verausgabt. Diese Kernaussage entspricht unmittelbar der ökonomischen Intuition.

Eine Bewertung der Veränderung der Kapitalbildung kann jedoch nicht ohne Bezug auf das Ausmaß der Akkumulation im Ausgangsgleichgewicht vorgenommen werden.

Unter den möglichen Gleichgewichtskonstellationen ist jene von besonderer Bedeutung, die den Konsum maximiert. Da ein Teil des Konsums privat, ein anderer öffentlich finanziert wird, sind verschiedene Konzepte zur Umsetzung der Idee der Konsummaximierung denkbar. Da in der Ein-Gut-Welt dieses Modells eine differenzierte Unterscheidung zwischen den Eigenschaften privat und staatlich finanzierter Güter ohne weitere Ad-hoc-Annahmen nicht möglich ist, wird im weiteren die Maximierung der Summe aus privat und staatlich finanziertem Konsum betrachtet.[30] Zu diesem Zweck wird definiert:

Definition 6.1 Golden-rule-Pfad

Ein gleichgewichtiger Wachstumspfad heißt Golden-rule-Pfad, wenn die Summe aus privat und staatlich finanziertem Konsum maximiert wird.

Der Golden-rule-Pfad kann durch die Kapitalintensität, durch die staatlichen Parameter, Steuersatz τ, Staatsquote g_y und Investitionsquote κ, durch die Parameter zur Beschreibung des Verhaltens der Privaten, Sparquote s und Steuerentzugsanteil e, und durch die Produktionselastizität des Kapitals im Golden rule α^{gr} charakterisiert werden, wie das folgende Lemma zeigt.[31]

Lemma 6.2 *Der Golden-rule-Pfad ist durch*

$$f_k(k^{gr}) = n$$

und

$$\alpha^{gr} = s(1 - \tau(1 - e)) + \kappa g_y$$

bestimmt.

---

[30] Entsprechend verfährt im Kontext der Defizitfinanzierung Wenzel (1986). Wenzel und Wrede (1992) betrachten zusätzlich Wachstumspfade, die den privaten Konsum maximieren. Carlberg (1988), S. 16 führt in der Untersuchung öffentlichen Konsums ad-hoc eine Nutzenfunktion ein, in die privater und öffentlicher Konsum separat eingehen.

[31] Siehe ohne Steuerentzug Wenzel und Wrede (1992), S. 12. Vgl. auch Carlberg (1988), S. 25.

Beweis. Die Summe aus privatem Konsum $c^{pr} = (1-s)(1-\tau(1-e))f(k)$ und öffentlichem Konsum $c^{st} = (1-\kappa)g_y f(k)$ ist im Steady state gleich $f(k) - nk$ und wird durch $f_k(k) = n$ maximiert. Gleichung (6.6) ist für $\dot{k} = 0$, d.h. im Steady state, äquivalent zu $nk^*/f(k^*) = s(1-\tau(1-e)) + \kappa g_y$. Die Produktionselastizität des Kapitals ist aber wegen der Linearhomogenität der Produktionsfunktion gleich $f_k(k)k/f(k)$. Q.E.D.

Nimmt man an, daß der Staat im Ausgangsgleichgewicht den investiven Anteil κ so adjustiert hat, daß der Konsum im langfristigen Gleichgewicht bei gegebener Sparquote s und Steuerentzugsanteil e maximal ist, hängt die Veränderung der ökonomischen Rahmendaten von dem Ausgangsverhältnis zwischen Sparquote und Produktionselastizität des Kapitals ab. Im folgenden Korollar werden die Effekte vermehrten Steuerentzuges beschrieben, wenn das Ausgangsgleichgewicht konsummaximal ist, der Staat auf eine Änderung des Steuerentzugsanteiles aber nicht durch entsprechende Anpassung weiterhin Konsummaximierung garantiert.

Korollar 6.1 *Wenn das Ausgangsgleichgewicht konsummaximal ist, gilt bei Anpassung der Staatsquote g_y zwecks materiellem Budgetausgleich*

$$\frac{\partial k^*}{\partial e} \left\{ \begin{matrix} < \\ = \\ > \end{matrix} \right\} 0 \quad \text{genau dann, wenn} \quad s \left\{ \begin{matrix} < \\ = \\ > \end{matrix} \right\} \alpha^{gr}.$$

Vermehrter Steuerentzug hat keinerlei Auswirkungen auf den gesamten Konsum, senkt aber die Staatsausgaben.

Beweis. Im konsummaximalen Ausgangsgleichgewicht gilt bei materiellem Budgetausgleich nach Lemma 6.2

$$\kappa = \frac{\alpha^{gr} - s}{\tau(1-e)} + s.$$

Also gilt nach Satz 6.4 (b) die Abschätzung für die Änderung von k^*. Da

$$\frac{\partial(g_y f(k^*))}{\partial e} = \frac{-\tau f(k^*)(s f_k(k^*) - n)}{\partial \dot{k}/\partial k}$$

gilt, sinken die Staatsausgaben. Außerdem ändert sich $c^{pr} + c^{st}$ wegen $f_k(k) = n$ nicht. Q.E.D.

Ist im konsummaximalen Ausgangsgleichgewicht die Sparquote der Privaten s geringer als die Produktionselastizität α^{gr}, so ist der konsummaximale Investitionsanteil staatlicher Ausgaben κ größer als die Sparquote der Privaten, da diese im Hinblick auf Konsummaximierung zu wenig sparen. Ist aber der investive Anteil staatlicher Ausgaben κ größer als die Sparquote s, wird vermehrter Steuerentzug bei Zwang zum materiellen Budgetausgleich dem "sparfreudigeren" Staat Ressourcen entziehen und diese dem "konsumfreudigeren" privaten Sektor zur Verfügung stellen. Die geringere Sparneigung der Privaten senkt per saldo die gesamtwirtschaftliche Investition und damit auch die gleichgewichtige Kapitalausstattung. Nur wenn die Privaten zu viel sparen, die Sparquote s mithin die Produktionselastizität des Kapitals α^{gr} übersteigt, wird sich die Steady-state-Kapitalintensität vergrößern. Sparen die Privaten im konsummaximalen Ausmaß, stimmen also die Produktionselastizität des Kapitals und die Sparquote überein, und hat der Staat seine Sparrate genau der Sparquote des privaten Sektors im Ausgangsgleichgewicht angepaßt ($\kappa = s$), wird vermehrter Steuerentzug marginal ohne Auswirkung auf die Kapitalbildung bleiben.

Unabhängig von dem Größenverhältnis zwischen privater Sparquote s und staatlicher "Sparquote" κ werden bei vermehrtem Steuerentzug die Staatsausgaben reduziert.

6.2.1.2 Differenziertes Sparverhalten

Wird der Steuersatz so adjustiert, daß ein vermehrter Steuerentzug ohne Auswirkung auf den Anteil staatlicher Ausgaben bleibt, ergibt sich bei einer vom *gesamten* effektiven verfügbaren Einkommen einheitlich abhängigen Sparquote offensichtlich kein Einfluß verstärkten Steuerentzuges auf die Kapitalbildung. Machen die privaten Haushalte aber die Wahl zwischen Ersparnis und Konsum von der Herkunft des Einkommens abhängig, d.h., unterscheiden sich die gesparten Anteile versteuerten und unversteuerten Einkommens,[32] wird der Grad des Steuerentzuges sehr wohl auch bei Anpassung des offiziellen Steuersatzes von Bedeutung für die Kapitalbildung sein. Wird die Sparquote bezogen auf das versteuerte Einkommen mit s_1 $(0 < s_1 < 1)$ und die Sparquote bezogen auf das nicht versteuerte Einkommen mit s_2 $(0 < s_2 < 1)$ gekennzeichnet, entspricht die private Ersparnis

$$S = [s_1(1-\tau)(1-e) + s_2 e]Y.$$

[32] Diese Differenzierung wird bei Peacock und Shaw (1982), S. 274, Ricketts (1984) und Lai und Chang (1988) im keynesianischen Modell unterstellt.

Die Akkumulationsgleichung (6.6) wird zu

$$\dot{k} = \{s_1(1-\tau)(1-e) + s_2 e + \kappa g_y\} f(k) - nk. \tag{6.7}$$

Wiederum sei die gesamtwirtschaftliche Sparquote $s_1(1-\tau)(1-e)+s_2e+\kappa g_y$ kleiner als eins. Die unterschiedliche Sparneigung bezogen auf das versteuerte und das unversteuerte Einkommen erzeugt bei Anpassung der Staatsquote zusätzliche Ambivalenz hinsichtlich des Einflusses verstärkten Steuerentzuges auf die Kapitalbildung, und ein Anstieg des Steuerentzugsanteiles wirkt sich dann sicher investitionssteigernd aus, wenn die Sparneigung aus dem unversteuerten Einkommen größer als die Sparneigung aus dem versteuerten Einkommen und letztere wiederum größer als der investive Anteil staatlicher Ausgaben ist.[33]

Bei Anpassung des Steuersatzes zwecks Budgetausgleich jedoch wirkt sich Differenzierung im Sparverhalten ökonomisch unmittelbar einleuchtend auf die gesamtwirtschaftliche Kapitalbildung aus, wie der folgende Satz zeigt.

Satz 6.5 *Wenn bei einem Anstieg des Steuerentzugsanteiles e der Steuersatz τ so angepaßt wird, daß die staatliche Budgetrestriktion nicht verletzt wird, gilt*

$$\frac{\partial k^*}{\partial e}\left\{\begin{matrix} < \\ = \\ > \end{matrix}\right\}0 \iff \frac{\partial \dot{k}}{\partial e}\left\{\begin{matrix} < \\ = \\ > \end{matrix}\right\}0 \iff s_2\left\{\begin{matrix} < \\ = \\ > \end{matrix}\right\}s_1.$$

Beweis. Die GBR definiert den Steuersatz τ als Funktion auch des Steuerentzugsanteiles e, mit $\partial\tau/\partial e = \tau/(1-e)$. Dann reagieren die gesamtwirtschaftlichen Investitionen auf einen Anstieg des Steuerentzugsanteiles e gemäß

$$\frac{\partial \dot{k}}{\partial e} = (s_2 - s_1)f(k).$$

Gleichung (6.7) definiert für $\dot{k} = 0$ dann k^* als Funktion von e, mit

$$\frac{\partial k^*}{\partial e} = -\frac{\partial \dot{k}/\partial e}{\partial \dot{k}/\partial k}.$$

[33] Es gilt

$$\frac{\partial \dot{k}}{\partial e} = [s_2 - s_1 + \tau(s_1 - \kappa)]f(k).$$

Um den Steady state aber ist

$$\frac{\partial \dot{k}}{\partial k} = \{s_1(1-\tau)(1-e) + s_2 e + \kappa g_y\}\, f_k(k) - n$$

aufgrund der (lokalen) Stabilität negativ. Stabilität ist analog zur Ökonomie mit einheitlicher Sparquote der Privaten nachzuweisen. Q.E.D.

Wird aus dem unversteuerten Einkommen verstärkt gespart, wird mehr Steuerentzug c.p. zu verstärkter Investitionstätigkeit führen, da eine Umschichtung innerhalb des verfügbaren Einkommens in Richtung des Einkommensanteiles erfolgt, aus dem mehr gespart wird. Der Investitionsanteil am Staatsbudget ist hier ohne Belang, da sich die Staatsquote nicht ändert. Der Anteil staatlicher Investitionen am Sozialprodukt bleibt von der Änderung des Steuerentzuges unberührt. Vermehrte Investitionen führen letztendlich zu einer höheren gleichgewichtigen Kapitalintensität.

Geht man aber wie Peacock und Shaw (1982), S. 274 davon aus, daß die marginale Konsumneigung unversteuerten Einkommens größer als die marginale Konsumneigung versteuerten Einkommens ist, d.h., daß die Sparquote s_2 kleiner als die Sparquote s_1 ist, dann wird durch verstärkten Steuerentzug mehr konsumiert und weniger gespart, so daß die gesamtwirtschaftlichen Investitionen zurückgehen und damit im Steady state mit geringerer Kapitalintensität weniger produziert wird. Das gleichgewichtige Pro-Kopf-Sozialprodukt sinkt.

6.2.2 Steuerentzug bei staatlicher Defizitfinanzierung

Der Zwang zum materiellen Budgetausgleich verlangt von den staatlichen Stellen bei vermehrtem Steuerentzug Anpassung von Steuersatz oder Staatsquote. Eine andere Möglichkeit der Reaktion staatlicher Budgetgestaltung auf vermehrten Steuerentzug liegt in der Defizitfinanzierung. Schließt man Finanzierung über Geldschöpfung aufgrund der Gesetzeslage in der Bundesrepublik Deutschland von den theoretischen Betrachtungen aus, verbleibt die Möglichkeit von Nettokreditaufnahme zur Deckung eines durch Steuerentzug entstandenen Defizits.

Finanziert der Staat Einnahmelücken durch Kreditaufnahme, verändert sich das verfügbare Einkommen der Privaten und die staatliche Budgetgleichung. Die Steuereinnahmen erhöhen sich um die tatsächlich gezahlten Steuern

$\tau(1-e)rB$ auf Einnahmen aus staatlicher Zinszahlung rB auf die akkumulierte Staatsschuld B. Negative Werte für B werden aus der Betrachtung ausgeschlossen, da eine analoge formale Behandlung bei Steuerentzug zusätzlichen Aufwand erfordert und negative Staatsschuld, d.h. per saldo Forderungen gegenüber dem privaten Sektor, ohne wesentliche wirtschaftspolitische Relevanz ist. Das staatliche Defizit D entspricht dem Überschuß der Staatsausgaben G zuzüglich der Zinszahlungen rB über die Steuereinnahmen $\tau(1-e)(Y+rB)$. Die dynamische Budgetrestriktion des Staates (GBR) lautet daher:

$$D = G + rB - \tau(1-e)(Y+rB) = [g_y - \tau(1-e)]Y + [1 - \tau(1-e)]rB.$$

In der Höhe des Defizits werden (netto) Kredite aufgenommen. In gleichem Maß erhöht sich die Staatsschuld:

$$\dot{B} = D.$$

6.2.2.1 Einheitliche Sparquote

Müssen Einkünfte aus der Verzinsung der Staatsschuld versteuert werden, ändert sich auch das verfügbare Einkommen und daher die Ersparnis (S). Zunächst wird wieder undifferenziertes Sparverhalten der Haushalte betrachtet. Bei einer konstanten einheitlichen Sparquote s wird die Ersparnis zu:

$$S = s[1-\tau(1-e)](Y+rB).$$

Finanziert sich der Staat auf dem Kapitalmarkt, dient die private Ersparnis zur Finanzierung der gesamtwirtschaftlichen Investitionen und des Überschusses staatlichen Defizits über die staatlichen Investitionen $D - I^{st}$. Ein temporäres Gleichgewicht auf dem Kapitalmarkt ist durch

$$\dot{K} = S - (D - I^{st})$$

charakterisiert. Die Kapitalbildung vollzieht sich bei temporären Gleichgewichten auf den Faktormärkten und dem Kapitalmarkt in Pro-Kopf-Notation nach

$$\dot{k} + nk = s[1-\tau(1-e)](f(k) + f_k(k)b) - [(\dot{b} + nb) - \kappa g_y f(k)].$$

Unter Verwendung dieser Akkumulationsgleichung und der dynamischen staatlichen Budgetrestriktion läßt sich die Entwicklung der Volkswirtschaft durch ein Differentialgleichungssystem in den Variablen k und b beschreiben:[34]

$$\text{(6.8.a)} \quad \dot{k} = [1-(1-\kappa)g_y]f(k) - nk - (1-s)[1-\tau(1-e)](f(k)+f_k(k)b),$$

$$\text{(6.8.b)} \quad \dot{b} = [g_y - \tau(1-e)]f(k) + \{[1-\tau(1-e)]f_k(k) - n\}\, b.$$

Ein Wachstumsgleichgewicht (Steady state) (k^*, b^*), in dem sich weder die Kapitalintensität noch die Pro-Kopf-Verschuldung des Staates ändern, liegt bei

$$\dot{k} = \dot{b} = 0$$

vor. Ob ein oder mehrere solcher gleichgewichtiger Wachstumspfade mit positivem Kapitalstock und Konsum existieren, hängt von der Parameterkonstellation ab. Nicht nur ist Existenz und Eindeutigkeit fraglich, auch sind instabile Gleichgewichtspfade möglich.[35] Unterstellt man aber im Sinne des **Korrespondenzprinzips** von Samuelson[36] Stabilität, lassen sich komparativ statische Analysen vornehmen. Hierzu läßt sich der Bereich lokal asymptotisch stabiler Gleichgewichte[37] mit positiver Staatsschuld im Sinne einer Negativabgrenzung eingrenzen,[38] wie das folgende Lemma zeigt.

Lemma 6.3 *(a) Ein Steady state (k^*, b^*) kann bei positiver Steady-state-Staatsschuld*

$$b^* = \frac{[\tau(1-e) - g_y]f(k)}{[1-\tau(1-e)]f_k(k) - n}$$

nur existieren, wenn entweder

$$\tau(1-e) > g_y \quad \text{und} \quad k^* < k^\tau \qquad \textit{oder}$$
$$\tau(1-e) < g_y \quad \text{und} \quad k^* > k^\tau$$

[34] Siehe ohne Steuerentzug Wenzel (1986), S. 499, Wenzel (1992a), S. 26 und Wenzel und Wrede (1992), S. 5.

[35] Vgl. zur Stabilität die Überlegungen bei Wenzel (1992a), S. 27 f und Wenzel und Wrede (1992), S. 7 ff und S. 23 ff für eine Ökonomie ohne Steuerentzug, die direkt übertragen werden können.

[36] Das Korrespondenzprinzip verlangt in diesem Kontext für die komparative Statik Erreichbarkeit des Gleichgewichtes, d.h. Stabilität in der Dynamik. Im folgenden wird das ursprüngliche lokale Korrespondenzprinzip angewandt. Vgl. Samuelson (1941).

[37] Asymptotische Stabilität ist im Sinne von Ljapunov zu verstehen. Vgl. z.B. Wenzel (1976), S. 148 ff und Sydsæter (1981), S. 362.

[38] Für eine Ökonomie ohne Steuerentzug argumentiert Wenzel (1992b), S. 11 ff anhand einer Phasendiagrammanalyse.

gilt, mit

$$[1-\tau(1-e)]f_k(k^\tau)=n.$$

(b) Der Steady state ist nicht stabil, wenn $k^* < k^\tau$ gilt.

Beweis. (a) Die Höhe der Steady-state-Staatsschuld ist aus Gleichung (6.8.b) ableitbar.

(b) Notwendige und hinreichende Bedingung lokaler asymptotischer Stabilität ist ein positives Vorzeichen der Determinante Δ^7 und ein negatives Vorzeichen der Spur der Jacobi-Matrix[39] des um den Steady state linearisierten Systems (6.8)

$$\begin{pmatrix} \partial\dot{k}/\partial k & \partial\dot{k}/\partial b \\ \partial\dot{b}/\partial k & \partial\dot{b}/\partial b \end{pmatrix} =$$

$$\begin{pmatrix} [1-(1-\kappa)g_y]f_k-(1-s)[1-\tau(1-e)][f_k+f_{kk}b]-n & -(1-s)[1-\tau(1-e)]f_k \\ [g_y-\tau(1-e)]f_k+[1-\tau(1-e)]f_{kk}b & [1-\tau(1-e)]f_k-n \end{pmatrix}.$$

Für $\tau(1-e) > g_y$ und $k^* < k^\tau$ gilt

$$\frac{\partial\dot{b}}{\partial b}>0,\quad \frac{\partial\dot{k}}{\partial b}<0 \quad \text{und} \quad \frac{\partial\dot{b}}{\partial k}<0.$$

Also läßt sich schlußfolgern: Wenn $\partial\dot{k}/\partial k$ positiv ist, ist die Spur ebenfalls positiv, wenn hingegen $\partial\dot{k}/\partial k$ nicht positiv ist, ist die Determinante negativ. Eine der Stabilitätsbedingungen ist in jedem Fall verletzt. Q.E.D.

Lemma 6.3 verdeutlicht zum einen, daß positive Staatsschuld im Gleichgewicht ($b^* > 0$) nur möglich ist, wenn die Staatsquote g_y den effektiven Steuersatz $\tau(1-e)$ übersteigt und die Kapitalintensität im Steady state k^* größer als k^τ ist, bzw. wenn der effektive Steuersatz größer als die Staatsquote und die Steady-state-Kapitalintensität niedriger als k^τ ist.[40] Daraus läßt sich auch folgern, daß ein Gleichgewicht mit der Kapitalintensität k^τ

---

39 Die Gleichgewichtslösung eines autonomen Differentialgleichungssystems ist asymptotisch stabil, wenn die Jacobi-Matrix nur Eigenwerte mit negativem Realteil besitzt. Vgl. etwa Wenzel (1976), S. 156. Da das Produkt der Eigenwerte der Jacobi-Matrix der Determinante der Jacobi-Matrix und die Summe der Eigenwerte der Spur der Jacobi-Matrix entspricht (vgl. etwa Intriligator (1971), S. 494), ist ein positives Vorzeichen der Determinante und ein negatives Vorzeichen der Spur notwendige und hinreichende Bedingung für asymptotische Stabilität.

40 Vgl. Wenzel (1992a), S. 26 und Wenzel und Wrede (1992), S. 5 für eine Ökonomie ohne Steuerentzug.

nur dann existieren kann, wenn das staatliche Budget materiell ausgeglichen ist. Dies ist ein Grenzfall, der bereits im vorangegangenen Abschnitt behandelt wurde. Zum anderen zeigt Lemma 6.3 auf, daß ein Gleichgewicht mit "niedriger" Kapitalintensität auf keinen Fall stabil ist, wenn es mit positiver Staatsschuld verbunden ist. Stabilität und positive Staatsschuld sind nur bei "hohen" Kapitalintensitäten nicht ausgeschlossen.[41]

Unter Anwendung des Korrespondenzprinzips läßt sich nun insbesondere feststellen, wie sich vermehrter Steuerentzug auf Kapitalintensität und Pro-Kopf-Verschuldung im Wachstumsgleichgewicht auswirkt, wie der folgende Satz zeigt.[42]

Satz 6.6 *Wird ein größerer Anteil der Steuern nicht gezahlt und ist das Ausgangsgleichgewicht* (k^*, b^*), *mit* $b^*, k^* > 0$, *lokal asymptotisch stabil,*
(a) sinkt die Steady-state-Kapitalintensität k^*,
(b) erhöht sich die Pro-Kopf-Verschuldung des Staates b^*, *wenn* $k^* > \tilde{k}$ *gilt, mit*

$$[s(1-g_y)+\kappa g_y]f_k(\tilde{k})=n,$$

(c) erhöht sich die Pro-Kopf-Verschuldung des Staates b^*, *wenn* $\kappa = 0$ *gilt.*
(d) Für den Steady-state-Konsum pro Kopf $c^* = c^{pr} + c^{st}$ *gilt:*

$$\frac{\partial c^*}{\partial e}\left\{\begin{matrix} < \\ = \\ > \end{matrix}\right\} 0 \quad \text{genau dann, wenn} \quad k^* \left\{\begin{matrix} < \\ = \\ > \end{matrix}\right\} k^{gr},$$

mit

$$f_k(k^{gr}) = n.$$

Beweis. Das Gleichungssystem (6.8) definiert für $\dot{k} = \dot{b} = 0$ die Gleichgewichtswerte k^* und b^* als Funktionen der Parameter des ökonomischen

[41] Stabilität ist insbesondere im Golden rule möglich, wie Wenzel und Wrede (1992), S. 23 ff für eine Ökonomie ohne Steuerentzug zeigen.

[42] Wie in den keynesianischen Modellen mit einheitlicher Sparquote stellt der Effekt eines Anstieges des Steuerentzugsanteiles, d.h. einer Senkung des effektiven Steuersatzes, ein formales Pendant zum Effekt einer Senkung des regulären Steuersatzes in einer Ökonomie ohne Steuerentzug dar, wie ein Vergleich mit den Angaben bei Wenzel und Wrede (1992), S. 8 und S. 10 zeigt.

Systems und damit auch des Steuerentzugsanteiles e.
(a) und (b) Da

$$\frac{\partial \dot{b}}{\partial e} = \tau[f(k) + f_k(k)b] > 0 \quad \text{und} \quad \frac{\partial \dot{k}}{\partial e} = -(1-s)\frac{\partial \dot{b}}{\partial e} < 0$$

gilt, führt Anwendung des Satzes über implizite Funktionen um den Steady state unter Berücksichtigung der Stabilitätsbedingung $\Delta^7 > 0$ zu

$$\frac{\partial b^*}{\partial e} = -\frac{[s + (\kappa - s)g_y]f_k(k^*) - n}{\Delta^7}\frac{\partial \dot{b}}{\partial e} \quad \text{und} \quad \frac{\partial k^*}{\partial e} = -\frac{(1-s)n}{\Delta^7}\frac{\partial \dot{b}}{\partial e} < 0.$$

(c) Für $g_y > \tau(1-e)$ sind die Ungleichungen

$$s(1-g_y) < 1 - g_y < 1 - \tau(1-e)$$

erfüllt. Im Gleichgewicht mit positiver Staatsschuld ist für $g_y > \tau(1-e)$ aber $[1-\tau(1-e)]f_k(k^*) - n < 0$, also auch $s(1-g_y)f_k(k^*) - n < 0$.
(d) Der Steady-state-Konsum, als Summe des privaten und staatlichen Konsums, ist gleich $f(k^*) - nk^*$, wie aus Gleichung (6.8.a) sofort ersichtlich ist. Aus

$$\frac{\partial c^*}{\partial e} = [f_k(k^*) - n]\frac{\partial k^*}{\partial e}$$

folgt unmittelbar der Zusammenhang zwischen Steuerentzugsanteil e und dem Steady-state-Konsum. Q.E.D.

Steigt der Anteil nicht gezahlter Steuern e, sinkt die Steady-state-Kapitalintensität k^*, da c.p. die gesamtwirtschaftlichen Investitionen sinken. Der auf den ersten Blick kontraintuitive Zusammenhang zwischen vermehrtem Steuerentzug und gesamtwirtschaftlichen Investitionen ergibt sich aus der Gestaltung der staatlichen Defizitfinanzierung. Die privaten Investitionen in das Realkapital nehmen c.p. per saldo ab. Zwar steigt c.p. die private Ersparnis, aber das staatliche Defizit und damit die Neuverschuldung erhöhen sich c.p. in stärkerem Maße, da der unmittelbare Einfluß erhöhten Steuerentzuges auf die Ersparnis $s\partial\dot{b}/\partial e$ gleicht und folglich geringer als der unmittelbare Effekt auf die Nettokreditaufnahme ist. Mit anderen Worten: Jede entzogene Steuereinheit erhöht das Staatsdefizit, aber nur ein Teil dieser nicht gezahlten Steuern wird von den Privaten gespart (mit $s < 1$). Der Staat beansprucht bei stärkerem Steuerentzug einen größeren Teil der privaten Ersparnis, um den Überschuß des Defizits über die staatlichen Investitionen zu decken.

Das Absinken der gleichgewichtigen Kapitalintensität übt nun aber im langfristigen Gleichgewicht einen gegenläufigen Einfluß auf die Nettokreditaufnahme aus, so daß der langfristige Zusammenhang zwischen Steuerentzug und Staatsschuld abhängig von der Höhe der Kapitalintensität ist. Ist im Ausgangsgleichgewicht die Kapitalausstattung ausreichend groß, d.h., gilt $k^* > \tilde{k}$, dann erhöht sich die Pro-Kopf-Verschuldung des Staates bei vermehrtem Steuerentzug. Insbesondere gilt, daß im Golden rule ein Anstieg des Steuerentzugsanteiles mit einer Erhöhung des Schuldenstandes einhergeht. Werden Staatseinnahmen ausschließlich konsumtiv verwendet ($\kappa = 0$), wird eine bestehende positive Staatsschuld bei vermehrtem Steuerentzug immer erhöht.

Ist im Ausgangsgleichgewicht die Kapitalintensität geringer als die Golden-rule-Kapitalintensität k^{gr}, *sinkt* der gesamte Konsum pro Kopf, als Summe aus privatem und öffentlichem Konsum, wenn der Anteil nicht gezahlter Steuern e steigt, da die Kapitalintensität weiter absinkt, die *Unterakkumulation* zunimmt. In einer überakkumulierten Wirtschaft, mit $k^* > k^{gr}$, wird vermehrter Steuerentzug hingegen den Konsum im Steady state erhöhen, da das Ausmaß der Überakkumulation verringert wird.

6.2.2.2 Differenziertes Sparverhalten

Soweit lassen sich die Auswirkungen eines Anstieges im Anteil nicht gezahlter Steuern in unmittelbarer Analogie zur Senkung des regulären Steuersatzes darstellen. Wird aber versteuertes und unversteuertes Einkommen zu ungleichen Teilen gespart und konsumiert, wie dies zuerst Peacock und Shaw (1982) im keynesianischen Kontext unterstellten, weichen die Effekte veränderten Steuerentzuges von denen ab, die eine Modifikation des regulären Steuersatzes hervorruft. Die Ergebnisse sind in einem noch stärkeren Maße von der Parameterkonstellation des Ausgangsgleichgewichtes abhängig, wie die folgende Analyse zeigen wird. Ist die Sparquote bezogen auf das versteuerte deklarierte Einkommen (nach Steuer) $(1-\tau)(1-e)Y$ gleich s_1 und die Sparquote bezogen auf das nicht deklarierte unversteuerte Einkommen eY gleich s_2, ist eine zusätzliche Einschränkung hinsichtlich der Parameter angezeigt, um die ökonomische Konsistenz zu wahren. Diese Einschränkung wird in der folgenden Annahme genannt.

Annahme 6.3 *Der Anteil des privaten Konsums am Bruttoeinkommen der Privaten*

$$1 - \tau(1-e) - s_1(1-\tau)(1-e) - s_2 e$$

ist positiv.

Annahme 6.3 gewährleistet einen positiven privaten Konsum. Die gesamten Investitionen genügen in Pro-Kopf-Notation

$$\dot{k} + nk = [s_1(1-\tau)(1-e) + s_2 e](f(k) + f_k(k)b) - [(\dot{b} + nb) - \kappa g_y f(k)].$$

Da die Struktur der staatlichen Budgetbeschränkung unabhängig vom Sparverhalten des privaten Sektors ist, erhält das Differentialgleichungssystem zur Beschreibung der Entwicklung der Volkswirtschaft die Form

$$\begin{aligned} &(6.9.a) \quad & \dot{k} &= [1-(1-\kappa)g_y]f(k) - nk \\ & & &\quad - \{1 - [s_1(1-\tau) + \tau](1-e) - s_2 e\}(f(k) + f_k(k)b), \\ &(6.9.b) \quad & \dot{b} &= [g_y - \tau(1-e)]f(k) + \{[1-\tau(1-e)]f_k(k) - n\}\, b. \end{aligned}$$

Auf der Basis dieses Differentialgleichungssystems kann der Zusammenhang zwischen Steuerentzug auf der einen Seite und Kapitalintensität und Pro-Kopf-Verschuldung des Staates auf der anderen Seite für differenziertes Sparverhalten hergestellt werden, wenn erneut vom Korrespondenzprinzip Gebrauch gemacht wird, wie in Satz 6.7 gezeigt wird.[43]

Satz 6.7 *Ist Annahme 6.3 erfüllt und das Ausgangsgleichgewicht lokal asymptotisch stabil, gilt für die Steady-state-Kapitalintensität k^*, mit $b^* > 0$ und $k^* > k^\tau$:*

(a) wenn $k^\tau < k^* \leq k^{g\tau}$:

$$\frac{\partial k^*}{\partial e} < 0 \quad \text{und}$$

(b) wenn $k^* > k^{g\tau}$:

$$\frac{\partial k^*}{\partial e} \left\{ \begin{matrix} < \\ = \\ > \end{matrix} \right\} 0 \quad \text{genau dann, wenn} \quad s_1 \left\{ \begin{matrix} > \\ = \\ < \end{matrix} \right\} s_2 - \frac{\tau(1-s_2)n}{(1-\tau)(n - f_k(k^*))}.$$

(c) Die Veränderung der Pro-Kopf-Verschuldung des Staates b^* ist ungewiß.

[43] Sämtliche Aussagen von Satz 6.6 (bei einheitlicher Sparquote) lassen sich als Spezialfall von Satz 6.7 für $s_2 = s_1$ herleiten.

Beweis. Die Determinante der Jacobi-Matrix des um den Steady state linearisierten Systems (6.9)

$$\Delta^8 = \begin{vmatrix} \partial\dot{k}/\partial k & \partial\dot{k}/\partial b \\ \partial\dot{b}/\partial k & \partial\dot{b}/\partial b \end{vmatrix}$$

hat abweichend von Δ^7 die Elemente

$$\frac{\partial\dot{k}}{\partial k} = [1-(1-\kappa)g_y]f_k - n$$
$$- \{1-[s_1(1-\tau)+\tau](1-e)-s_2e\}[f_k + f_{kk}b] \quad \text{und}$$
$$\frac{\partial\dot{k}}{\partial b} = -\{1-[s_1(1-\tau)+\tau](1-e)-s_2e\}f_k.$$

Stabilität kann anhand zur Ökonomie mit einheitlicher Sparquote analoger Überlegungen für Kapitalintensitäten $k^* < k^\tau$ aufgrund von Annahme 6.3 ausgeschlossen werden. Das Gleichungssystem (6.9) definiert für $\dot{k} = \dot{b} = 0$ die Gleichgewichtswerte k^* und b^* als Funktionen der Parameter des ökonomischen Systems und damit auch des Steuerentzugsanteiles e. Da

$$\frac{\partial\dot{b}}{\partial e} = \tau[f(k) + f_k(k)b] > 0 \quad \text{und} \quad \frac{\partial\dot{k}}{\partial e} = \frac{s_2 - s_1(1-\tau) - \tau}{\tau}\frac{\partial\dot{b}}{\partial e}$$

gilt, führt Anwendung des Satzes über implizite Funktionen um den Steady state für $\Delta^8 > 0$ zu

$$\frac{\partial b^*}{\partial e} = -\frac{\partial\dot{b}/\partial e}{\Delta^8}\Bigg\{(s_2 + (\kappa - s_1)g_y)f_k - n$$
$$+ (s_1 - s_2)\,\frac{g_y f_k + (1-\tau)f_{kk}b}{\tau}\Bigg\} \quad \text{und}$$

$$\frac{\partial k^*}{\partial e} = -\frac{\partial\dot{b}/\partial e}{\Delta^8}\left\{(1-s_2)n + \frac{(s_2-s_1)(1-\tau)(f_k-n)}{\tau}\right\}.$$

Aus diesen Termen können die Abschätzungen hergeleitet werden. Für $k^\tau < k^* < k^{g\tau}$ gilt dabei, daß

$$s_1 \geq s_2 - \frac{\tau(1-s_2)n}{(1-\tau)(n-f_k)}$$

verlangen würde, daß

$$s_1 > 1$$

gelte, da in diesem Intervall $0 < (1-\tau)(f_k - n) < \tau n$ gilt. Daher ist in diesem Intervall $\partial k^*/\partial e$ für zulässige Sparquoten unzweifelhaft negativ.

Q.E.D.

Wenn man sowohl die unmittelbaren Änderungen in den Investitionen im Ausgangsgleichgewicht als auch die Änderungen der Bestandsgrößen mit den Verhältnissen in einer Ökonomie mit einheitlicher Sparquote vergleicht, dann ergibt sich folgendes Bild: Differenzieren die Privaten in ihrem Sparverhalten zwischen versteuertem und unversteuertem Einkommen, ist der unmittelbare Zusammenhang zwischen gesamtwirtschaftlichen Investitionen und Steuerentzug anders als bei einheitlicher Sparquote nicht mehr eindeutig negativ. Der unmittelbare Anstieg der Ersparnis der Privaten in Pro-Kopf-Größen

$$[s_2 - s_1(1-\tau)][f(k) + f_k(k)b]$$

aufgrund einer marginalen Erhöhung des Steuerentzugsanteiles e kann bei geeigneter Parameterkonstellation den Anstieg des Defizits, d.h. der Beanspruchung des Kapitalmarktes durch den Staat, $\partial\dot{b}/\partial e$, c.p. übertreffen, so daß per saldo die gesamtwirtschaftlichen Investitionen zunehmen. Nur wenn die Differenz $s_2 - (1-\tau)s_1$ zwischen der Sparquote bezogen auf das unversteuerte Einkommen und der Sparquote bezogen auf den Anteil des Bruttoeinkommens, für den Steuern gezahlt werden, den regulären Steuersatz τ nicht übersteigt, wird mehr Steuerentzug (e steigt) wie bei einheitlicher Sparquote c.p. ein geringeres Investitionsvolumen bewirken. Ein Anstieg des Steuerentzugsanteiles e zwingt in diesem Fall den Staat, die Nettokreditaufnahme um das τ–fache des Bruttoeinkommens $f(k) + f_k(k)b$ auszudehnen, wohingegen die Privaten die Ersparnis um das $s_2 - s_1(1-\tau)$–fache des Bruttoeinkommens ausdehnen.

Die Differenzierung im Sparverhalten hat jedoch nicht nur Auswirkungen auf den unmittelbaren Zusammenhang zwischen Steuerentzugsanteil und Investitionen, sondern auch auf das Verhältnis von Pro-Kopf-Verschuldung des Staates und Kapitalintensität einerseits und die Höhe der Investitionen andererseits. Daher sind die Auswirkungen vermehrten Steuerentzuges auf die Bestandsgrößen der Volkswirtschaft auch nicht ohne Bezug auf die Werte des Ausgangsgleichgewichtes qualitativ abzugrenzen. Das Verhältnis von Steuerentzug und Staatsschuld im Steady state ist qualitativ unbestimmt, über die Relation der Änderungen von Steuerentzug und Kapitalintensität lassen sich hingegen qualitative Abschätzungen vornehmen. Es ist möglich, für besonders hohe Steady-state-Kapitalintensitäten ($k^* > k^{gr}$) Bedingungen für das Verhältnis der Sparquoten zueinander anzugeben, die einen Anstieg der Kapitalintensität nach Erhöhung des Steuerentzugsanteiles garantieren. Die Abschätzung für die Relation der Sparquoten s_1 und s_2 entspricht der ökonomischen Intuition. Einen Anstieg der Kapitalintensität als Reaktion auf eine Erhöhung des Steuerentzugsanteiles e wird man am ehesten erwarten, wenn $s_2 > s_1$ gilt, da in diesem Fall eine Steigerung des Steuerentzugsanteiles mit einer Umschichtung des Einkommens aus dem Bereich, aus dem weniger gespart wird, in den Bereich, aus dem mehr gespart wird, einhergeht. In dem Intervall "mittlerer" Kapitalausstattungen ($k^r < k^* \leq k^{gr}$) wird auch bei differenziertem Sparverhalten ($s_1 \neq s_2$) die Entwicklung von Steuerentzugsanteil und Kapitalintensität bei staatlicher Defizitfinanzierung gegenläufig sein. Es ergibt sich in diesem Bereich hinsichtlich der Akkumulation kein qualitativer Unterschied zu einer Ökonomie, in der die Privaten bei der Vermögensbildung nicht zwischen versteuertem und unversteuertem Einkommen differenzieren.

6.3 Steuerentzug im allgemeinen intertemporalen Gleichgewicht

Auf der Basis des neoklassischen Wachstumsmodells läßt sich eine beträchtliche Wirkung des Steuerentzuges auf die gleichgewichtige Kapitalintensität einer Volkswirtschaft und die Pro-Kopf-Staatsverschuldung herleiten, deren Richtung wesentlich von der Anpassung des staatlichen Budgets bestimmt wird. Verausgabt der Staat die Einnahmen ausschließlich konsumtiv, wird sich die Kapitalintensität im Wachstumsgleichgewicht bei steigendem Steuerentzugsanteil erhöhen, wenn der Staat die Ausgabenquote zum Budgetausgleich senkt,[44] und fallen, wenn der Staat zur Finanzierung einer Deckungslücke auf den Kapitalmarkt zurückgreift.[45] Diese Resultate sind unter der Prämisse einer exogenen Sparquote und eines exogenen Steuerentzugsanteiles bestimmt worden, deren Werte unabhängig von der Entwicklung der Volkswirtschaft sind.

Die Unterstellung einer konstanten Sparrate der neoklassischen Wachstumsmodelle läßt sich mit Hilfe der Theorie optimalen Wachstums rechtfertigen, deren Ursprung in dem frühen Pionierwerk von Ramsey (1928) liegt.[46] Wählen die Haushalte die Zeitpfade von Konsum und Ersparnis derart, daß der Gegenwartswert des aus dem Konsum resultierenden Nutzenstromes unter Beachtung der intertemporalen Budgetrestriktion maximiert wird,[47] ist

---

44 Vgl. Satz 6.4.

45 Vgl. Satz 6.6.

46 Das Grundmodell einer optimal wachsenden Wirtschaft wird häufig als Ramsey-Cass-Koopmans-Modell bezeichnet, da Cass (1965) und Koopmans (1965) zeitgleich wesentlich zur Rezeption des Modells einer optimal wachsenden (zentralgeplanten) Wirtschaft beitrugen. Vgl. etwa Takayama (1985), S. 462, Sala-i-Martin (1990a), S. 19 ff.

47 Die Entwicklung einer dezentral organisierten Ökonomie optimierender Wirtschafts-

in einer Wettbewerbsökonomie (unter idealisierten Bedingungen) die Sparquote im Steady state eine Konstante.[48]

Ebenso wie das Sparverhalten in einer dezentral organisierten Ökonomie als Ergebnis optimierenden Verhaltens der Wirtschaftssubjekte gedeutet werden kann, kann der Steuerentzug auch im makroökonomischen Modell im Rahmen eines Optimalkalküls interpretiert werden. Um den Anteil entzogener Steuern nicht als Parameter, sondern als Kontrollvariable aufzufassen, sind eine Vielzahl von Vorgehensweisen denkbar, von denen im folgenden eine gewählt wird, die, wie zu zeigen sein wird, zwar zu abweichenden Resultaten führt, aber eine gute Vergleichbarkeit der intertemporalen Strukturen der Volkswirtschaften im aggregierten Modell einer Solow-Ökonomie und im Modell einer Ramsey-Ökonomie ermöglicht.

Um die Implikationen des Steuerentzuges in einer wachsenden Wirtschaft unter expliziter Einbeziehung des Optimalkalküls der Wirtschaftssubjekte zu untersuchen, sind einige modelltheoretische Vorarbeiten erforderlich. Es gilt, das Verhalten aller Wirtschaftssubjekte zu beschreiben und die Gleichgewichtsbedingungen zu kennzeichnen. Über temporäre Gleichgewichte auf den einzelnen Märkten hinaus kann dann ein allgemeines intertemporales Wachstumsgleichgewicht der Volkswirtschaft bestimmt werden.

Ramsey (1928), S. 543 stellte sich die Frage, "how much of its income should a nation save?" und entwickelte zur Beantwortung dieser Frage eine Theorie optimalen Sparens resp. Konsums einer stationären Ökonomie, die Grundstock der Weiterentwicklungen der neoklassischen intertemporalen Allokationstheorie werden sollte. Im Zuge der theoretischen Rezeption des Ansatzes von Ramsey (1928) wurden die Betrachtungen auf eine wachsende Wirtschaft ausgedehnt. Die Fragestellung von Ramsey (1928) zielt zunächst auf eine zentralgeplante, geschlossene Wirtschaft, für die eine soziale Wohlfahrtsfunktion, die dem Gegenwartswert aller zukünftigen Nutzenströme eines repräsentativen Haushaltes entspricht, unter Beachtung der Akkumulationsgleichung maximiert wird.[49] Optimales Wachstum ist dann durch die **Keynes-Ramsey-Regel** gekennzeichnet, die grob gespro-

subjekte stimmt im Gleichgewicht mit der Entwicklung einer optimal wachsenden zentralgeplanten Wirtschaft überein, wenn die Zielfunktionale von Zentralplaner und repräsentativem Haushalt übereinstimmen. Vgl. etwa Sinn (1987), S. 40, Blanchard und Fischer (1989), S. 50 f, Sala-i-Martin (1990a), S. 23 f.

[48] Vgl. z.B. Arrow und Kurz (1970), S. 63.

[49] Gute Darstellungen des optimalen Wachstums einer zentral geplanten Ökonomie in einem Ein-Sektor-Modell bieten Arrow und Kurz (1970), S. 58 ff, Intriligator (1971), S. 405 ff, Blanchard und Fischer (1989), S. 38 ff und für eine stationäre Ökonomie Feichtinger und Hartl (1986), S. 8, S. 205 ff, S. 410 ff.

chen Gleichheit von Grenzrate der Substitution des Konsums zu zwei Zeitpunkten und der Grenzrate der Transformation zwischen diesen Zeitpunkten verlangt.[50] In stetiger Formulierung verlangt diese Regel (bei Entlohnung der Faktoren nach der Grenzproduktregel), daß die Grenzproduktivität des Kapitals gleich der Zeitpräferenzrate zuzüglich der Wachstumsrate der Bevölkerung und des Produktes von Grenznutzenelastizität des Konsums und Wachstumsrate des Konsums sein sollte.[51] Der Zinssatz reflektiert bei Entlohnung nach der Grenzproduktregel sowohl die Minderschätzung zukünftiger Bedürfnisse als auch die Abnahme des Grenznutzens des Konsums aufgrund dessen Wachstum, die Zinsgründe der Kapitaltheorie von Böhm-Bawerk.[52] Übersteigt die Grenzproduktivität des Kapitals die Zeitpräferenzrate zuzüglich der Wachstumsrate, sollte der Konsum steigen (und vice versa). Gleichheit von Grenzproduktivität und Zeitpräferenzrate plus Wachstumsrate liegt im Steady state, dem langfristigen Wachstumsgleichgewicht, vor.

Solange keinerlei Externalitäten auftreten und die Wirtschaftssubjekte rationale Erwartungen bilden, mithin mit vollkommener Voraussicht handeln, ist der Zeitpfad optimalen Wachstums nicht nur in einer zentral geplanten Wirtschaft, sondern auch in einer ungestörten Wettbewerbswirtschaft realisierbar, wenn auch die Wettbewerbsökonomie gewisse ideale Bedingungen erfüllt, die im folgenden noch aufgeführt werden. Die Laissez-faire-Lösung, die sich bei Dezentralisierung der ökonomischen Entscheidungen ergibt, generiert denselben optimalen Wachstumspfad, den eine zentral geplante Wirtschaft nimmt.[53]

Fragt man nach den intertemporalen Wirkungen staatlicher Maßnahmen oder anderer "exogener" Einflüsse auf das Wirtschaftsleben, bietet sich daher das intertemporale Wachstumsmodell einer dezentral organisierten Ökonomie als Referenzrahmen an, nicht nur um die Wirkungen adäquat beschreiben zu können, sondern auch um wohlfahrtstheoretische Vergleiche ziehen zu können. Im weiteren wird in diesem Sinne Steuerentzug in ein allgemeines intertemporales Gleichgewichtsmodell für eine Ökonomie, in

---

[50] Vgl. Blanchard und Fischer (1989), S. 41.

[51] Siehe Arrow und Kurz (1970), S. 60, Blanchard und Fischer (1989), S. 40 ff.

[52] Vgl. Arrow und Kurz (1970), S. 60 und Sinn (1987), S. 30.

[53] Siehe dazu Sinn (1987), Kapitel 2 und Blanchard und Fischer (1989), Kapitel 2. Wesentliche Ansatzpunkte zu dieser Modellierung präsentieren bereits Arrow und Kurz (1970), S. 153 ff. Ein komplexeres allgemeines Gleichgewichtsmodell, in dem auch das Arbeitsangebot und die Geldnachfrage aus dem Optimalkalkül der Wirtschaftssubjekte hergeleitet werden, stellen Brock und Turnovsky (1981) dar. Vgl. dazu auch Brock und Malliaris (1989), Kapitel 8.

der der Staat Steuern erhebt, integriert. Nacheinander werden das Eingreifen des Staates, die Entscheidungen der Unternehmen und Haushalte und die Bedingungen temporärer Gleichgewichte untersucht. Abschließend wird das langfristige Wachstumsgleichgewicht und dessen Abhängigkeit von dem Ausmaß des Steuerentzuges einer näheren Betrachtung unterzogen.

Staat

Es wird im folgenden erneut eine proportionale Einkommensteuer unterstellt, die der Fiskus bei den privaten Haushalten erhebt. Um die Analyse auf das Problem der Steuererhebung zu konzentrieren und die Beeinflussung der intertemporalen Allokation durch die Staatsausgaben nicht einer genaueren Betrachtung unterziehen zu müssen, wird angenommen, daß der Staat die tatsächlichen Steuereinnahmen in Form von Lump-sum-Transfers an die Haushalte rückerstattet.[54] Zur weiteren Vereinfachung wird angenommen, daß zu jedem Zeitpunkt sämtliche Einnahmen als Lump-sum-Transfers an die Haushalte ausbezahlt werden und sämtliche Transfers aus laufenden Einnahmen finanziert werden. Das staatliche Budget ist demzufolge materiell zu jedem Zeitpunkt ausgeglichen. Der Verzicht auf die Betrachtung einer Kreditfinanzierung eines Teiles staatlicher Ausgaben rechtfertigt sich aus der *Allokationsneutralität* der Finanzierung eines vorgegebenen staatlichen Ausgabenzeitpfades durch staatliche Verschuldung, die sich in dem Modell einer optimal wachsenden dezentralen Wirtschaft behaupten läßt.[55] Auch wenn bei komplexeren Strukturen die vollständige Allokationsneutralität staatlicher Defizitfinanzierung nicht erhalten bleibt, bietet die Annahme permanenten materiellen Budgetausgleiches des Staates einen guten Einstieg in die Analyse des Steuerentzuges in einer wachsenden Wettbewerbswirtschaft. Wird der Lohnsatz w gezahlt[56] und verzinst sich das Vermögen des repräsentativen Individuums[57] ν mit dem Zinssatz r, erhebt der Fiskus nur eine Einkommensteuer mit dem konstanten Grenzsteuersatz τ $(0 < \tau < 1)$ und zahlt der Staat an das repräsentative Individuum

---

[54] Dies ist ein in der Literatur gebräuchliches analytisches Hilfsmittel. Vgl. z.B. Sinn (1987), insbesondere S. 237 f und Blanchard und Fischer (1989), S. 56 ff.

[55] Blanchard und Fischer (1989), S. 56 resümieren, "for a given path of government spending, the method of finance, through lump-sum taxation or deficit finance, has no effect on the allocation of resources."

[56] Sämtliche Mengen- und Preisgrößen sind Funktionen der Zeit. Erneut wird eine Zeitindizierung jedoch nur dort vorgenommen, wo sie für das Verständnis eines Ausdruckes hilfreich oder notwendig ist.

[57] Die Ökonomie bestehe aus identischen Individuen.

einen Transfer z, dann ist die staatliche Budgetbeschränkung (GBR)

$$z = \tau(1-e)[w + r\nu], \tag{6.10}$$

wenn das Individuum einen Anteil e der tariflichen Steuer nicht zahlt.

Unternehmen

Die (identischen) Unternehmen maximieren in einer Wettbewerbswirtschaft, in der Preispfade als gegeben angesehen werden, dem Fisherschen Trennungstheorem entsprechend den Marktwert zum Planungszeitpunkt, d.h. den Gegenwartswert sämtlicher zukünftiger Ausschüttungen über den unterstellten unendlichen Planungszeitraum. Die Produktionsfunktion $F(K,L)$ mit den Produktionsfaktoren Kapital K und Arbeit L sei linear homogen, konkav und sich wohlverhaltend, d.h., daß sie die Annahme 6.1 erfüllt. Werden Abschreibungen erneut vernachlässigt und durch Steuererhebung die Wahlhandlungen des Unternehmens nicht unmittelbar beeinflußt, dann wird bei der unterstellten Technologie der optimale Arbeits- und Kapitaleinsatz eines marktwertmaximierenden Unternehmens zu jedem Zeitpunkt durch die Entlohung nach der Grenzproduktregel, d.h. die statischen Optimalbedingungen, bestimmt,[58] wenn keine Kosten der Anpassung des tatsächlichen an den gewünschten Kapitalstock resp. Installationskosten des Kapitals anfallen.[59] In Pro-Kopf-Notation gilt daher

$$w = f(k) - f_k(k)k, \tag{6.11.a}$$

$$r = f_k(k), \tag{6.11.b}$$

wobei der Preis des Outputs erneut auf eins normiert ist.

Haushalte

Die Haushalte wählen den Konsumpfad bzw. die Ersparnis zu jedem Zeitpunkt so, daß der Gegenwartswert des daraus resultierenden Nutzenstromes für jedes Haushaltsmitglied zum Planungszeitpunkt $t = 0$ maximiert wird, wobei die Budgetbeschränkung der Vermögensentwicklung zu beachten ist.

---

[58] Vgl. Sinn (1987), S. 21 ff zur Ökonomie ohne Besteuerung und die Ausführungen zur Investitionsneutralität einer gleichmäßigen Besteuerung aller Kapitaleinkünfte bei ökonomisch korrekten Abschreibungen von Sinn (1987), S. 116 ff und die dort angegebene Literatur.

[59] Eine Investitionstheorie im Lichte von Anpassungskosten gibt z.B. Takayama (1985), S. 685 ff.

Es wird angenommen, daß Arbeit unelastisch von den Haushalten angeboten wird, so daß zu jedem Zeitpunkt jedes Mitglied des Haushaltes ein Brutto-Arbeitseinkommen w bezieht. Das Einkommen jedes Individuums umfaßt zusätzlich Kapitaleinkünfte aus den Erträgen des Vermögens pro Kopf ν, die vor Steuer gleich $r\nu$ sind. Das Einkommen muß zum Steuersatz τ versteuert werden. Das Individuum kann jedoch zu jedem Zeitpunkt einen Teil e ($0 \leq e \leq 1$) der Besteuerung entziehen, so daß das effektive Nettoeinkommen pro Kopf sich auf

$$[1 - \tau(1 - e)](w + r\nu)$$

beläuft. Allerdings ist der Entzug von Steuern mit Kosten $\varphi(\cdot)$ verbunden, von denen angenommen wird, daß sich ihre Höhe entweder anhand des der Besteuerung entzogenen Einkommens $e(w + r\nu)$ oder anhand der nicht gezahlten Steuer $\tau e(w + r\nu)$ bemißt. Es werden also die unterstellten Kostenfunktionen des mikroökonomischen Grundmodells der Steuervermeidung

$$\varphi^2(e(w + r\nu)) \quad \text{und} \quad \varphi^3(\tau e(w + r\nu))$$

übernommen.[60] Bezüglich der Kostenfunktion wird angenommen:

Annahme 6.4 *Die Kostenfunktion des Steuerentzuges $\varphi(\cdot)$ erfüllt*

$$\varphi(0) = 0, \quad \varphi' \geq 0, \quad \varphi'(0) = 0 \quad \textit{und} \quad \varphi'' > 0.$$

Die Annahmen über die Struktur der Kostenfunktion garantieren, daß es sich lohnt, das Problem intertemporal optimalen Steuerentzuges zu untersuchen.

Hält man wie der Verfasser die Kostenfunktion der Steuervermeidung als erste Näherung auch für die Kostenfunktion der Steuerhinterziehung für ein allgemeines intertemporales Gleichgewichtsmodell geeignet, ist es sinnvoll, weiterhin ganz allgemein von Steuerentzug zu sprechen.[61]

---

[60] Auf die Betrachtung der nur vom Steuerentzugsanteil e abhängigen Kostenfunktion wird hier verzichtet, da die Resultate dann an Klarheit verlieren. Es sei daran erinnert, daß φ^2 die in der Literatur gebräuchlichste Kostenfunktion ist.

[61] Ist man hingegen der Ansicht, daß die damit verbundene Vernachlässigung der intertemporalen Effekte der Risikoübernahme, die sich dann ergeben können, wenn Hinterziehungs- und Sparentscheidung in keiner Weise separabel sind, zu weitgehend ist, so kann man die weiteren Ausführungen als makroökonomische Analyse ausschließlich der Steuervermeidung ansehen.

Zusätzlich zum Nachsteuereinkommen steht dem Individuum der Pauschaltransfer vom Staat z zur Finanzierung von Konsum c und Ersparnis zur Verfügung. Der Lump-sum-Transfer sei nicht Bestandteil der Bemessungsgrundlage der Einkommensteuer. Da angenommen wird, daß der Transfer als Lump-sum-Transfer an die Haushalte ausgezahlt wird, existiert aus der Sicht des Haushaltes kein unmittelbarer Zusammenhang zwischen der Höhe der Steuerzahlung und des Transfers, obwohl aufgrund der staatlichen Budgetbeschränkung in einer Ökonomie identischer Individuen im Gleichgewicht de facto Transfer und tatsächliche Steuerzahlung in der Höhe übereinstimmen. Das *Vermögen eines Haushaltes* wird durch das Arbeitseinkommen und die Kapitaleinkünfte nach Steuer und Steuerentzug sowie den Transfer vom Staat erhöht und durch den Konsum sowie die Kosten des Steuerentzuges verringert. In einer mit konstanter Rate n wachsenden Wirtschaft steigt das *Pro-Kopf-Vermögen* nicht in dem gleichen Ausmaß, da zu jedem Zeitpunkt das bestehende Vermögen auf eine wachsende Zahl von Haushaltsmitgliedern verteilt werden muß. Die dynamische Budgetbeschränkung des repräsentativen Haushaltes ($\mathbf{HBR}_d$), die der Bewegungsgleichung für das Pro-Kopf-Vermögen entspricht, lautet also

$$\dot{\nu} = [1 - \tau(1 - e)](w + r\nu) + z - c - n\nu - \varphi(\cdot). \tag{6.12}$$

Das Vermögen des Haushaltes ν entspricht den Forderungen gegenüber dem Realkapital der Volkswirtschaft k abzüglich der Schulden bei anderen Haushalten b_{pt}.[62]

Bei der unterstellten vollkommenen Voraussicht kennt der Haushalt die Preispfade (Lohn- und Zinssatz zu jedem Zeitpunkt) und nimmt sie gemäß der Mengenanpasserannahme als gegeben hin, ebenso wie den Zeitpfad der Transfers. Jeder Haushalt habe einen unendlichen Planungshorizont und maximiert für ein repräsentatives Haushaltsmitglied den Gegenwartswert des durch den Konsumzeitpfad verursachten Nutzenstromes, wobei der Periodennutzen eines Individuums mit $u(c)$ bezeichnet wird. Die Periodennutzenfunktion habe die üblicherweise unterstellten Eigenschaften:

Annahme 6.5 *Die Periodennutzenfunktion $u(c)$ erfüllt:*

$$u_c(c) > 0 \quad \textit{und} \quad u_{cc}(c) < 0.$$

[62] Diese verkürzte Darstellung orientiert sich an Blanchard und Fischer (1989), S. 48. Für eine detailliertere Untersuchung des Vermögens der Haushalte vgl. z.B. Sinn (1987), S. 28 f und S. 234 f.

Der Arbeitseinsatz wird in Verbindung mit der Annahme unelastischen Arbeitsangebotes bei der Formulierung des Zielfunktionals des Haushaltes vernachlässigt. Diskontiert der Haushalt zukünftig anfallenden Nutzen mit konstanter Diskontrate θ, mit $\theta > 0$, dann löst er zum Planungszeitpunkt $t = 0$ das Optimierungsproblem

$$
\begin{aligned}
&\max_{c(t),e(t)} && \int_0^\infty \exp(-\theta t) u(c(t))\, dt \\
&\text{s.t.} && \text{HBR}_d, \qquad \forall t, \\
& && \nu(0) = \nu_0 > 0 \text{ gegeben}, \\
& && 0 \leq c(t), \qquad \forall t, \\
(6.13)\quad & && 0 \leq e(t) \leq 1, \qquad \forall t, \\
& && \lim_{t\to\infty} \nu(t) \exp\left(- \int_0^t \{[1 - \tau(1 - e(i))]r(i) \right. \\
& && \qquad \left. - \varphi_\nu(\cdot) - n\}\, \mathrm{di} \right) = 0,
\end{aligned}
$$

wobei die Kostenfunktion des Steuerentzuges entweder φ^2 oder φ^3 entspricht.

Zu dieser Formulierung des Haushaltsentscheidungsproblems sind einige Anmerkungen erforderlich:

1. In der Literatur wird häufig anstelle des Periodennutzens eines Haushaltsmitgliedes im Sinne einer Bentham-Wohlfahrtsfunktion der Nutzen des Gesamthaushaltes zu einem Zeitpunkt $Lu(c)$ verwendet.[63] Das resultierende Zielfunktional

$$\int_0^\infty \exp(-(\theta - n)t) u(c(t))\, dt$$

läßt sich durch Einsetzen von $\tilde{\theta} = \theta - n$ unmittelbar in eine der obigen Schreibweise analoge Formulierung bringen, da in jener Formulierung $\theta > n$ eine notwendige Voraussetzung für die Existenz eines optimalen Konsumpfades darstellt.[64] Das in (6.13) gewählte Zielfunktional, wie es entsprechend auch z.B. von Blanchard und Fischer (1989), S. 48 verwendet wird,

---

[63] Vgl. Arrow und Kurz (1970), insbesondere das Inselbeispiel über eine Allokation zwischen zwei Gruppen unterschiedlicher Personenstärke auf S. 13 f und Sinn (1987), vor allem S. 26 ff.

[64] Vgl. Sinn (1987), S. 40 und Anhang C, S. 377 ff.

führt aber bei prinzipiell gleichartigen Resultaten zu unmittelbar anschaulicheren Formulierungen und wird daher hier verwendet.

2. Die letzte Nebenbedingung schließt eine permanente (explodierende) Verschuldung des Haushaltes aus. Der Haushalt kann infolgedessen nicht durch permanent steigende Kreditaufnahme einen immer größeren Konsum finanzieren. In Anlehnung an die Terminologie von Blanchard und Fischer (1989), S. 49 wird diese Bedingung als No-Ponzi-Game-Bedingung (**NPG-Bedingung**) bezeichnet.[65] Könnte der Haushalt ein Ponzi-Spiel spielen, würden die Ressourcen des Haushaltes seine Konsummöglichkeiten nicht beschränken, die optimale Strategie des Haushaltes wäre eine unendliche Verschuldung. Die NPG-Bedingung schließt ein im Vergleich zur effektiven Verzinsung (inkl. Grenzkosten des damit verbundenen Steuerentzuges) für den gewählten Steuerentzugszeitpfad asymptotisch schnelleres Wachstum der *Haushalts*verschuldung aus. Bei unterstellter Abzugsfähigkeit der Schuldzinsen und in Anbetracht möglichen Steuerentzuges ist anstelle der Bruttoverzinsung die effektive Nettoverzinsung in die NPG-Bedingung aufzunehmen. Die NPG-Bedingung schließt explodierende Verschuldung, nicht aber vorübergehende Verschuldung aus und ersetzt in formaler Hinsicht in gewisser Weise die Nichtnegativitätsbeschränkung bezüglich der Zustandsvariablen, die in ökonomischen Kontrollproblemen in der Regel Geltung hat. Die NPG-Bedingung ist nicht als Ungleichung, sondern als Gleichung formuliert, da bei positivem Grenznutzen des Konsums, d.h. bei Geltung der Nichtsättigungsannahme, der Haushalt ein permanentes Wachstum eines positiven Vermögens des gesamten Haushaltes über den effektiven Zinssatz hinaus nicht wünschen wird.

Das Haushaltsentscheidungsproblem ist ein kontrolltheoretisches Problem; für jeden Zeitpunkt ist der optimale Konsum und der optimale Steuerentzugsanteil festzulegen. Die Lösung wird auf der Basis des Maximumprinzips von Pontryagin[66] bestimmt, wie im folgenden Lemma wiedergegeben.

Lemma 6.4 *(a) Notwendige Bedingung für einen optimalen Zeitpfad* (c^*, e^*) *ist: Es existiert eine Funktion* λ, *so daß die Hamiltonfunktion*

$$(6.14)\quad H(\nu, c, e, \lambda) = u(c) + \lambda\left\{[1-\tau(1-e)](w+r\nu) + z - c - n\nu - \varphi(\cdot)\right\}$$

[65] Blanchard und Fischer (1989), S. 84 geben an, daß C. Ponzi durch das Verschicken von Kettenbriefen einen analogen Prozeß explodierender Einnahmen in Gang setzen wollte.

[66] Zum Maximumprinzip von Pontryagin siehe z.B. Arrow und Kurz (1970), S. 33 ff, Intriligator (1971), S. 344 ff, Takayama (1985), S. 600 ff, Feichtinger und Hartl (1986), u.a. S. 16 ff.

bei (c^*, e^*) *maximal wird:*

(6.15.a) $$H(\nu, c^*, e^*, \lambda) = \max_{c,e} \quad H(\nu, c, e, \lambda)$$

und die Kozustandsgleichung, mit $\lambda > 0$,

(6.15.b) $$\dot{\lambda} = \lambda \{\theta + n - [1 - \tau(1 - e)]r + \varphi_\nu(\cdot)\}$$

erfüllt ist und darüberhinaus die Transversalitätsbedingung

(6.15.c) $$\lim_{t \to \infty} \exp(-\theta t)\lambda(t)\nu(t) = 0$$

gilt.

(b) Notwendige Bedingungen für ein Maximum der Hamiltonfunktion sind:

$$u_c(c) \begin{cases} = \lambda & \text{für } c > 0, \\ \leq \lambda & \text{für } c = 0 \end{cases} \qquad \text{und}$$

$$\lambda[\tau(w + r\nu) - \varphi_e(\cdot)] \begin{cases} \leq 0 & \text{für } e = 0, \\ = 0 & \text{für } 0 < e < 1, \\ \geq 0 & \text{für } e = 1. \end{cases}$$

Beweis. Das Maximumprinzip für ein Kontrollproblem mit unendlichem Zeithorizont auf der Basis des Maximumprinzips nach Pontryagin[67] wird angewendet, wobei (b) die notwendigen Bedingungen im Innern und am Rand des Steuerungsbereiches für die Maximierung der Hamiltonfunktion präzisiert. Aus (b) folgt, daß wegen des durchgehend positiven Grenznutzens zu jedem Zeitpunkt $\lambda > 0$ ist. Damit ergibt sich die Transversalitätsbedingung aus der NPG-Bedingung und der Kozustandsgleichung: Aus der Kozustandsgleichung folgt

$$[1 - \tau(1 - e)]r - \varphi_\nu(\cdot) - n = \theta - \frac{\dot{\lambda}}{\lambda}.$$

Also ist die mit $\lambda(0) > 0$ multiplizierte NPG-Bedingung

$$\lim_{t \to \infty} \lambda(0)\nu(t) \exp\left(-\int_0^t \{[1 - \tau(1 - e(i))]r(i) - \varphi_\nu(\cdot) - n\} \,\mathrm{di}\right) = 0$$

gleich der Transversalitätsbedingung.[68,69] Q.E.D.

[67] Siehe zur Methodik Feichtinger und Hartl (1986), S. 39 f oder Arrow und Kurz (1970), S. 48 f.

[68] Entsprechende Umformungen nimmt auch Sinn (1987), S. 31 für eine ungestörte Wettbewerbswirtschaft vor, ohne jedoch die NPG-Bedingung explizit einzuführen.

[69] Die Transversalitätsbedingung ist bei Kontrollproblemen über unendlichen Zeitho-

Der Haushalt wird den Konsumpfad pro Mitglied des Haushaltes so wählen, daß zu jedem Zeitpunkt der augenblickliche Grenznutzen des Konsums $u_c(c)$ gleich dem Schattenpreis des Vermögens gemessen in Nutzeneinheiten λ ist, bzw., falls er durch die Nichtnegativitätsbedingung für den Konsum daran gehindert wird, derart, daß der Schattenpreis des Vermögens den Grenznutzen des Konsums übersteigt. Im Innern des Steuerungsbereiches wird der Konsum damit so gewählt, daß der sofortige Nutzengewinn einer marginalen Einheit vermehrten Konsums dem Nutzenverlust aufgrund verringerter Konsummöglichkeiten in der Zukunft, die aus dem Vermögen finanziert werden können, entspricht. Der Steuerentzugsanteil wird so gewählt, daß im Innern des Steuerungsbereiches Grenzertrag des Steuerentzuges $\tau(w + r\nu)$ und Grenzkosten des Steuerentzuges $\varphi_e(\cdot)$ zum Ausgleich gebracht werden. Ist aufgrund hoher Verschuldung ($\nu < 0$) das Bruttoeinkommen zu einem Zeitpunkt negativ, wird der Steuerpflichtige keinerlei Steuerentzug vornehmen, da Steuerentzug nur die Steuererstattung schmälert. Ist hingegen der Grenzertrag für jeden zulässigen Steuerentzugsanteil größer als die Grenzkosten, wird der Steuerpflichtige keinerlei Steuern zahlen.[70] Bevor die Kozustandsgleichung näher interpretiert wird, ist es sinnvoll, die Betrachtungen auf temporäre Gleichgewichte einzuschränken.

Temporäre Gleichgewichte

Im Marktgleichgewicht zu einem Zeitpunkt, d.h. im temporären Gleichgewicht, sind die Pläne miteinander kompatibel und die Märkte geräumt.[71] Die aus der Sicht eines Wirtschaftssubjektes exogenen Preise sind zu jedem Zeitpunkt das Resultat der Handlungen der Wirtschaftssubjekte. Die Faktorpreise spielen sich so ein, daß die Faktormärkte geräumt sind. Sind Arbeits-, Güter- und Kapitalmarkt zu jedem Zeitpunkt im Gleichgewicht

---

rizont keineswegs generell Bestandteil der notwendigen Optimalbedingungen. Vgl. Arrow und Kurz (1970), S. 46, Takayama (1985), S. 623 ff, Feichtinger und Hartl (1986), S. 40 f. Allerdings gibt es konkave Optimierungsprobleme, für die Zustands- und Kozustandsvariable positive Werte aufweisen (müssen), die notwendigerweise die Transversalitätsbedingung erfüllen. Vgl. Benveniste und Scheinkman (1982), insbesondere Theorem 3.A., S. 14.

70 Dies sind die statischen Optimalbedingungen des Grundmodells der Steuervermeidung. Vgl. Lemma 3.1.

71 Die Betrachtungen zur Struktur der Marktgleichgewichte sind hier rudimentär. Zur ausführlicheren Diskussion der Bedeutung von Marktgleichgewichten im intertemporalen Allokationsmodell ohne Steuerentzug sei auf Sinn (1987), S. 31 ff und S. 237 ff verwiesen. Eine formale Analogie ist leicht zu erkennen, wenn statt des Konsums in einer Ökonomie ohne Steuerentzug die Summe aus Konsum und Kosten des Steuerentzuges angesetzt wird.

und verhalten sich die Unternehmen marktwertmaximierend, entsprechen zu jedem Zeitpunkt Lohnsatz bzw. Zinssatz dem Grenzprodukt des Faktors Arbeit bzw. Kapital. Darüberhinaus muß die Summe der privaten Schulden der Haushalte gleich null sein, aufgrund der identischen Haushalte ist dann aber auch die Verschuldung pro Kopf b_{pt} gleich null. Im Gleichgewicht leihen die Haushalte einander nichts. Also stimmt das Vermögen eines Individuums mit seiner Forderung gegenüber dem Realkapital überein:

$$\nu = k. \tag{6.16.a}$$

Das Bruttoeinkommen eines Individuums ist folglich im temporären Marktgleichgewicht gleich dem Pro-Kopf-Sozialprodukt der Volkswirtschaft:

$$f(k) = w + r\nu. \tag{6.16.b}$$

Optimum

Der optimale Zeitpfad der Ökonomie kann auf der Basis der Marktgleichgewichtsbedingungen skizziert werden. Zunächst kann das Resultat hinsichtlich der Optimalität der Entscheidungen der Haushalte erweitert werden, wie das folgende Lemma aufzeigt.

Lemma 6.5 *Notwendig und hinreichend für ein Haushaltsoptimum im Marktgleichgewicht ist, mit $\lambda > 0$:*

$$u_c(c) \begin{cases} = \lambda & \text{für } c > 0, \\ \leq \lambda & \text{für } c = 0, \end{cases} \tag{6.17.a}$$

$$\lambda[\tau f(k) - \varphi_e(\cdot)] \begin{cases} = 0 & \text{für } e < 1, \\ \geq 0 & \text{für } e = 1, \end{cases} \tag{6.17.b}$$

$$\dot{\lambda} = \lambda\{\theta + n - [1 - \tau(1-e)]f_k(k) + \varphi_k(\cdot)\}, \tag{6.17.c}$$

$$\lim_{t\to\infty} \exp(-\theta t)\lambda(t)k(t) = 0. \tag{6.17.d}$$

Beweis. Die Bedingungen sind notwendige und hinreichende Bedingungen für das Kontrollproblem über unendlichen Zeithorizont, wenn die maximierte Hamiltonfunktion konkav in der Zustandsvariablen k ist.[72] Im Gegensatz zum vorangegangenen Lemma kann bei den unterstellten Kostenfunktionen[73] ausgeschlossen werden, daß der Steuerpflichtige keinerlei Steuerentzug vornimmt, da der Kapitalstock der Wirtschaft zu jedem Zeitpunkt positiv ist. Die maximierte Hamiltonfunktion $H(k, c^*, e^*, \lambda)$ ist auch unter den Bedingungen des Marktgleichgewichtes strikt konkav. Für $\tau f(k) > \varphi_e(\cdot)$ gilt: Konsum c und Steuerentzugsanteil e sind nicht unmittelbar von der Höhe der Kapitalintensität abhängig, daher genügt zur Prüfung der Konkavität das negative Vorzeichen von H_{kk}.

$$H_{kk} = \lambda\{(1-\tau)f_{kk} - \varphi'' e^2 f_k^2 + f_{kk} e[\tau - \varphi']\}, \qquad \text{für } \varphi^2(\cdot),$$
$$H_{kk} = \lambda\{(1-\tau)f_{kk} - \varphi'' \tau^2 e^2 f_k^2 + f_{kk} e\tau[1 - \varphi']\}, \qquad \text{für } \varphi^3(\cdot),$$

ist wegen $\tau \geq \varphi'$ bzw. $1 \geq \varphi'$ (durch Einsetzen in (6.17.b)) im Maximum der Hamiltonfunktion negativ.[74]
Für $\tau f(k) = \varphi_e(\cdot)$ gilt:

$$\begin{pmatrix} H_{kk} & H_{kc} & H_{ke} \\ H_{ck} & H_{cc} & H_{ce} \\ H_{ek} & H_{ec} & H_{ee} \end{pmatrix} =$$

$$\begin{pmatrix} \lambda\{[1-\tau(1-e)]f_{kk} - \varphi_{kk}\} & 0 & \lambda(\tau f_k - \varphi_{ke}) \\ 0 & u_{cc} & 0 \\ \lambda(\tau f_k - \varphi_{ke}) & 0 & -\lambda\varphi_{ee} \end{pmatrix}$$

ist aufgrund der strikten Konkavität der Nutzenfunktion und der strikten Konvexität der Kostenfunktion des Steuerentzuges negativ definit,[75] da H_{kk} und die Determinante mit dem Wert

$$-u_{cc}\lambda^2\varphi_{ee}(1-\tau)f_{kk}$$

negativ sind.[76] Q.E.D.

---

[72] Zu hinreichenden Bedingungen bei optimalen Kontrollproblemen mit unendlichem Zeithorizont vgl. z.B. Feichtinger und Hartl (1986), S. 39 ff oder Arrow und Kurz (1970), S. 48 f.

[73] Vgl. Annahme 6.3.

[74] Vgl. auch Kapitel 3.1. und Anhang 2.

[75] Siehe zur Feststellung der strikten Konkavität der maximierten Hamiltonfunktion über die angegebene Matrix der zweiten Ableitungen der Hamiltonfunktion nach Zustands- und Kontrollvariablen Feichtinger und Hartl (1986), S. 37.

[76] Vgl. auch Anhang 2.

Dynamik und Steady state

Die zeitliche Entwicklung der Volkswirtschaft läßt sich auf der Basis der Optimalbedingungen aller Wirtschaftssubjekte und der Marktgleichgewichtsbedingungen als ein Differentialgleichungssystem in den Variablen Konsum (c) und Kapitalintensität (k) darstellen. Die dynamische Budgetrestriktion des Haushaltes HBR_d wird unter Beachtung der Bedingungen temporärer Gleichgewichte (6.11) und (6.16) zu

$$\dot{k} = [1 - \tau(1-e)]f(k) + z - c - nk - \varphi(\cdot). \tag{6.18.a}$$

Die Akkumulationsgleichung verdeutlicht, daß die Annahmen über den Steuerentzug dazu führen, daß die Kosten des Steuerentzuges gesamtwirtschaftlich Endverbrauchscharakter haben. Konzentriert man sich zunächst auf das Innere des Steuerungsbereiches der Haushalte hinsichtlich der Konsumvariablen, kann durch Differenzieren der als Gleichung erfüllten Bedingung (6.17.a) nach der Zeit und durch Einsetzen in die Kozustandsgleichung (6.17.c) die Differentialgleichung

$$\dot{c} = \frac{c}{\sigma(c)}\{[1 - \tau(1-e)]f_k(k) - \varphi_k(\cdot) - n - \theta\} \tag{6.18.b}$$

abgeleitet werden, wobei

$$\sigma(c) = -\frac{u_{cc}(c)c}{u_c(c)}$$

die Grenznutzenelastizität bezeichnet. Das Differentialgleichungssystem (6.18) beschreibt die zeitliche Entwicklung der Volkswirtschaft, wenn die Kontrollvariable Konsum aus dem Inneren des Kontrollbereiches gewählt wird.

Eine Phasendiagrammanalyse wird das dynamische Verhalten der Ökonomie erhellen. Aufgrund der staatlichen Budgetbeschränkung stimmt die Gleichung (6.18.a) mit

$$\dot{k} = f(k) - c - nk - \varphi(\cdot) \tag{6.18.c}$$

überein. Die Isoklinen des ökonomischen Systems, d.h. die ($\dot{c} = 0$)– und ($\dot{k} = 0$)–Loki, sind also für positiven Konsum:

$$0 = -\frac{c}{\sigma(c)}\{\theta + n - [1 - \tau(1-e)]f_k(k) + \varphi_k(\cdot)\}, \tag{6.19.a}$$

$$c = f(k) - nk - \varphi(\cdot). \tag{6.19.b}$$

Offensichtlich ist der $(\dot{c} = 0)$–Lokus unabhängig von der Größe des Konsums und daher im (k, c)–Diagramm eine Vertikale bei der Kapitalintensität, für welche die um das Bevölkerungswachstum ergänzte Zeitpräferenzrate dem tatsächlichen Netto-Zinssatz abzüglich marginaler Kosten des Steuerentzuges entspricht. Vergegenwärtigt man sich etwas genauer das optimale Steuerentzugsverhalten, kann der $(\dot{k} = 0)$–Lokus im (k, c)–Diagramm näher bestimmt werden. Für die Kostenfunktionen φ^2 bzw. φ^3 lauten die kurzfristigen Optimalbedingungen des Steuerentzuges für einen positiven Schattenpreis des Kapitals

$$f(k)[\tau - \varphi'(ef(k))] \begin{cases} = 0 & \text{für } e < 1, \\ \geq 0 & \text{für } e = 1, \end{cases} \quad \text{bzw.}$$

$$\tau f(k)[1 - \varphi'(\tau ef(k))] \begin{cases} = 0 & \text{für } e < 1, \\ \geq 0 & \text{für } e = 1. \end{cases}$$

Ist die Kapitalintensität nahe null, ist der Grenzertrag des Steuerentzuges aufgrund der angenommenen Eigenschaften der Kostenfunktionen immer größer als die Grenzkosten des Steuerentzuges; auch wenn der Steuerpflichtige den Entzugsanteil gleich eins setzt, sind Grenzertrag und Grenzkosten nicht ausgeglichen. Mit steigender Kapitalintensität sinkt die Differenz von Grenzertrag und Grenzkosten des Steuerentzuges bei vollständigem Steuerentzug $(e = 1)$. Überschreitet die Kapitalintensität einen Schwellenwert $\bar{k}$, für den Grenzertrag und Grenzkosten des Steuerentzuges durch $e = 1$ zum Ausgleich gebracht werden, wird der Steuerpflichtige auch hinsichtlich des Steuerentzuges einen Wert aus dem Inneren des Steuerungsbereiches $(0 < e < 1)$ wählen. Damit ist die Steigung des $(\dot{k} = 0)$–Lokus

$$f_k(k) - n - \varphi_k(\cdot) - \varphi_e(\cdot)\frac{\partial e}{\partial k}$$

im Bereich $(0 < k < \bar{k})$ gleich[77]

$$f_k(k) - n - \varphi_k(\cdot) < f_k(k) - n$$

und für $k \geq \bar{k}$ gleich

$$f_k(k) - n.$$

---

[77] Siehe hierzu Anhang 2.

Abbildung 6.2: Dynamik von Kapital und Konsum für $k^* > \bar{k}$

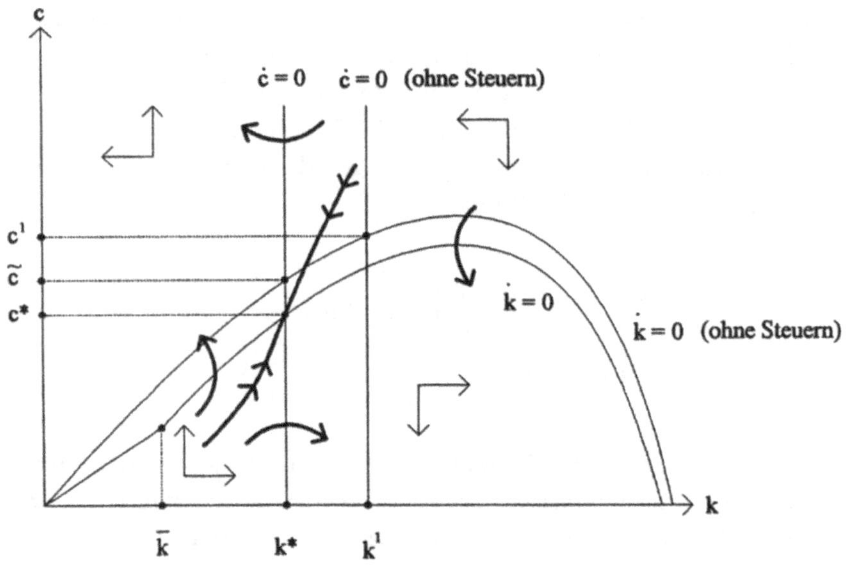

Die Steigung des $(\dot{k} = 0)$–Lokus ist also für kleine Kapitalintensitäten kleiner und schließlich für größere Kapitalintensitäten gleich der Steigung des $(\dot{k} = 0)$–Lokus in einer ungestörten Wettbewerbswirtschaft. Die Kosten des Steuerentzuges steigen zunächst und sind für $k \geq \bar{k}$ bei optimalem Steuerentzug konstant. Unabhängig vom Sozialprodukt fallen in diesem Bereich aufgrund der unterstellten Struktur der Kostenfunktion gleiche Kosten des Steuerentzuges an.

Aufgrund der Annahmen über die Produktionsfunktion steigt der $(\dot{k} = 0)$–Lokus zunächst und fällt jenseits des Golden rule, für den $f_k(k^{gr}) = n$ gilt. Die bisherigen Ausführungen begründen die Strukturen der Isoklinen im (k, c)–Diagramm, die in Abbildung 6.2 skizziert sind. Zum Vergleich sind die Isoklinen der ungestörten Wettbewerbsökonomie resp. der optimal zentral geplanten Ökonomie zusätzlich in der Abbildung abgetragen.[78] Die Steady-state-Werte der ungestörten Wettbewerbsökonomie werden mit k^1 bzw. c^1 bezeichnet.

[78] Vgl. z.B. Blanchard und Fischer (1989), S. 45 f oder Sinn (1987), S. 35 ff.

In der Wettbewerbsökonomie, in der Haushalte einen Teil der Steuerschuld nicht begleichen, existiert ein eindeutiger und sattelpunktstabiler langfristiger Gleichgewichtspunkt (k^*, c^*), in dem Kapitalintensität und Pro-Kopf-Konsum nicht wachsen, wie das folgende Lemma aufzeigt.

Lemma 6.6 *In der Ökonomie (6.18) existiert ein eindeutiger, lokal sattelpunktstabiler Steady state (k^*, c^*), für den $\dot{k} = \dot{c} = 0$ gilt.*

Beweis. Existenz und Eindeutigkeit folgen aus den angestellten Betrachtungen zum Verlauf der Isoklinen. Die Maximalbedingungen für die Hamiltonfunktion (6.17.a und b) definieren λ und e als Funktion von k und c.[79] Damit gilt nach Anwendung des Satzes über implizite Funktionen um den Steady state

$$\frac{\partial \lambda}{\partial c} = u_{cc}, \quad \frac{\partial e}{\partial k} = 0, \quad \text{für } k^* < \bar{k},$$
$$\frac{\partial \lambda}{\partial c} = u_{cc}, \quad \frac{\partial e}{\partial k} = \frac{\tau f_k - \varphi_{ek}}{\varphi_{ee}}, \quad \text{für } k^* \geq \bar{k}.$$

Alle anderen Ableitungen sind gleich null. Die Determinante der Jacobi-Matrix des um den Steady state linearisierten Differentialgleichungssystems (6.18.b und c)

$$\begin{vmatrix} \frac{\partial \dot{k}}{\partial k} & \frac{\partial \dot{k}}{\partial c} \\ \frac{\partial \dot{c}}{\partial k} & \frac{\partial \dot{c}}{\partial c} \end{vmatrix} = \begin{vmatrix} f_k - n - \varphi_k - \varphi_e \frac{\partial e}{\partial k} & -1 \\ \frac{c}{\sigma}\left\{[1-\tau(1-e)]f_{kk} - \varphi_{kk} - (\varphi_{ke} - \tau f_k)\frac{\partial e}{\partial k}\right\} & 0 \end{vmatrix}$$

ist[80] für $k^* \geq \bar{k}$ für die Kostenfunktionen φ^2 und φ^3 gleich

$$\begin{vmatrix} f_k - n & -1 \\ \frac{c}{\sigma}(1-\tau) f_{kk} & 0 \end{vmatrix} = \frac{c}{\sigma}(1-\tau) f_{kk} < 0$$

und für $k^* < \bar{k}$ für die Kostenfunktionen φ^2 und φ^3 gleich

$$\begin{vmatrix} f_k - n - \varphi_k & -1 \\ \frac{c}{\sigma}\{[1-\tau(1-e)]f_{kk} - \varphi_{kk}\} & 0 \end{vmatrix} = \frac{c}{\sigma}\{[1-\tau(1-e)]f_{kk} - \varphi_{kk}\} < 0,$$

da wie gezeigt $[1-\tau(1-e)]f_{kk} - \varphi_{kk}$ negativ ist.[81]
Das negative Vorzeichen der Jacobi-Determinante reicht zum Nachweis der lokalen Sattelpunktstabilität.[82] Q.E.D.

---

[79] Zur Methodik vgl. Feichtinger und Hartl (1986), S. 106.
[80] Siehe auch Anhang 2.
[81] Vgl. Beweis zu Lemma 6.5.
[82] Ein Gleichgewicht eines autonomen Differentialgleichungssystems in zwei Variablen

Der Zeitpfad der Ökonomie stimmt mit dem Sattelpunktpfad, der zum Gleichgewicht konvergiert, überein. Für eine gegebene Ausgangskapitalintensität wählen die Haushalte im Marktgleichgewicht den Konsum so, daß eine (k, c)–Kombination auf dem Sattelpunktpfad erreicht wird. Alle anderen möglichen Zeitpfade der Ökonomie erreichen in endlicher Zeit (k, c)–Kombinationen, die die Optimalitätsbedingungen der Haushalte verletzen. Der Verlauf vom Sattelpunkt abweichender Trajektorien ist ebenfalls in Abbildung 6.2 zu sehen. Nur der Sattelpunktpfad ist optimal. Alle anderen Pfade verletzen schlußendlich die NPG-Bedingung resp. die Transversalitätsbedingung des Haushaltes.

Resümiert man die Betrachtungen zur Existenz und Stabilität des Steady state, ergibt sich, daß Steuerentzug diesbezüglich keine qualitativen Veränderungen gegenüber einer ungestörten Wettbewerbswirtschaft erzeugt. Bisher wurden allerdings die Größenordnungen der Steady-state-Kapitalintensität und des zugehörigen Konsums noch nicht näher untersucht. Aus der Untersuchung der Kapitaleinkommensbesteuerung in intertemporalen Allokationsmodellen ist bekannt, daß die Erhebung einer Zinseinkommensteuer, die Bestandteil einer umfassenden Einkommensteuer im Schanz-Haig-Simons-Sinne ist, auch wenn sie in Form von den Haushalten nicht antizipierter Transfers rückerstattet wird, wachstumshemmend ist und im Endeffekt zu einer geringeren Kapitalintensität und folglich auch zu einem niedrigeren Pro-Kopf-Konsum im langfristigen Gleichgewicht führt. Die Summe aus Zeitpräferenzrate θ und Wachstumsrate der Bevölkerung n ist im Steady state nicht wie in einer ungestörten Wettbewerbsökonomie gleich der Grenzproduktivität des Kapitals f_k, sondern stimmt mit der Netto-Grenzproduktivität des Kapitals $(1 - \tau)f_k$ überein. Da also im Steady state die Brutto-Grenzproduktivität in einer ungestörten Wettbewerbsökonomie kleiner als in einer durch Besteuerung der Zinserträge gestörten Ökonomie ist, ist die langfristig gleichgewichtige Kapitalintensität in einer ungestörten Wettbewerbswirtschaft größer.[83] Es stellt sich nun die Frage, ob durch Steuerentzug der intertemporal negative Effekt der Zinseinkommensteuer teilweise wieder aufgehoben wird. Dies ist allerdings für die unterstellten Kostenstrukturen zumindest dann nicht der Fall, wenn im Steady state nur

---

mit einer negativen Jacobi-Determinante heißt Sattelpunkt. Ein Eigenwert ist positiv, der andere negativ. Es existiert ein stabiler Sattelpunktpfad, alle anderen Trajektorien konvergieren nicht zur Gleichgewichtslösung. Zur Sattelpunktstabilität vgl. z.B. Feichtinger und Hartl (1986), S. 87 ff, Intriligator (1971), S. 412.

[83] Vgl. zu diesem Ergebnis Sinn (1987), S. 253 ff und Blanchard und Fischer (1989), S. 56 ff.

ein Teil der Steuern nicht gezahlt wird, wie in Satz 6.8 gezeigt wird.

Satz 6.8 *Die Steady-state-Kapitalintensität k^* einer Ökonomie mit Steuerentzug entspricht bei einer umfassenden Einkommensteuer der Steady-state-Kapitalintensität in einer Ökonomie ohne Steuerentzug unter dem gleichen Steuersystem mit gleichem Steuersatz, wenn im Steady state $k^* \geq \bar{k}$ gilt.*

Beweis. Die Steady-state-Kapitalintensität k^* einer Ökonomie mit Steuerentzug wird eindeutig durch

$$\theta + n = [1 - \tau(1-e)] f_k(k^*) - \varphi_k(\cdot)$$

bestimmt. Für $\tau f(k^*) = \varphi_e(\cdot)$ aber gilt für φ^2 und φ^3, daß $\varphi_k(\cdot) = \tau e^* f_k(k^*)$ erfüllt ist und daher die Steady-state-Kapitalintensität der Bestimmungsgleichung für die Steady-state-Kapitalintensität einer Ökonomie ohne Steuerentzug

$$\theta + n = [1 - \tau] f_k(k^*)$$

genügt. Q.E.D.

Steuerentzug mindert den negativen Einfluß einer Zinseinkommensteuer auf den Kapitalstock nicht, wenn im Steady state der Steuerentzugsanteil im Innern des Steuerungsbereiches liegt. Die **Neutralität des Steuerentzuges** hinsichtlich der Kapitalintensität im Steady state resultiert aus dem Fehlen eines Einflusses des Steuerentzuges auf die Rendite einer marginal zusätzlich investierten Kapitaleinheit. In einer Ökonomie ohne Steuerentzug ist diese Rendite für den Haushalt im Marktgleichgewicht gleich der regulären Netto-Grenzproduktivität des Kapitals $(1-\tau)f_k(k)$. Zahlt der Haushalt nur einen Teil der Steuern, erhöht sich die Rendite um $\tau e f_k$, sinkt aber bei Einbeziehung der Kosten des Steuerentzuges um $\varphi_k(\cdot)$. Wählt der Haushalt den Steuerentzugsanteil statisch (und damit auch dynamisch) optimal, ist aber der Effekt einer marginalen Erhöhung des Kapitaleinsatzes auf die Kosten des Steuerentzuges eben gerade gleich dem Effekt auf die tatsächliche Rendite nach Steuern $\tau e f_k$. Die Entscheidung des Haushaltes über die Vergrößerung des Angebotes an Realkapital pro Kopf wird bei optimalem Steuerentzug durch diesen an der Grenze nicht berührt.

Jedoch sinkt der Pro-Kopf-Konsum im Steady state c^* im Vergleich zu einer Ökonomie mit Besteuerung, aber ohne Steuerentzug um die Kosten des Steuerentzuges $\varphi(\cdot)$. Dies ist auch in Abbildung 6.2 gut zu erkennen, wenn man berücksichtigt, daß bei Rückerstattung der Steuereinnahmen über Pauschaltransfers der $(\dot{k} = 0)$–Lokus ohne Steuerentzug mit demjenigen einer ungestörten Wettbewerbswirtschaft übereinstimmt. Zusammenfassend gesagt ist der Pro-Kopf-Konsum einer Ökonomie mit Steuerentzug im Steady state aus zwei Gründen geringer als der Steady-state-Konsum in einer ungestörten Wettbewerbswirtschaft: Zum einen wegen der geringeren Kapitalintensität, zum anderen wegen der Kosten des Steuerentzuges.

Lediglich wenn der Schwellenwert des Steuerentzuges, die Kapitalintensität $\bar{k}$, im Wachstumsgleichgewicht größer als die Steady-state-Kapitalintensität k^* ist, hat Steuerentzug einen Effekt auf die Kapitalausstattung im Gleichgewicht, wie im folgenden Korollar gezeigt wird.

Korollar 6.2 *Die Steady-state-Kapitalintensität k^* einer Ökonomie mit Steuerentzug ist größer als die Steady-state-Kapitalintensität in einer Ökonomie ohne Steuerentzug, wenn im Steady state $k^* < \bar{k}$ gilt.*

Beweis. Dies folgt aus dem Beweis zu Satz 6.8, da für $k^* < \bar{k}$

$$\tau e f_k(k) - \varphi_k(\cdot) = f_k(k)[\tau - \varphi'(\cdot)] > 0, \quad \text{für } \varphi^2,$$
$$\tau e f_k(k) - \varphi_k(\cdot) = f_k(k)\tau[1 - \varphi'(\cdot)] > 0, \quad \text{für } \varphi^3,$$

gilt. Also ist $\theta + n > (1 - \tau) f_k(k^*)$. Q.E.D.

Im Grenzfall völligen Steuerentzuges wird die A-priori-Vermutung eines positiven Zusammenhanges zwischen Steuerentzug und langfristiger Kapitalausstattung der Volkswirtschaft bestätigt. Die effektive Rendite einer zusätzlich angebotenen Kapitaleinheit ist bei gleichem Kapitalstock größer als ohne Steuerentzug. Ein intertemporal langfristiges Gleichgewicht stellt sich also erst auf einem höheren Niveau der Kapitalausstattung ein als in einer Ökonomie mit gleichem Steuersystem, in der Steuern nicht entzogen werden.

Wenn auch bei "größeren" Kapitalintensitäten im Steady state, d.h., wenn $k^* > \bar{k}$ gilt, Kapitalstock pro Kopf bei Ökonomien ohne und mit Steuerentzug im Steady state übereinstimmen, so unterscheidet sich doch das damit verbundene Steueraufkommen. Bei gleicher Kapitalintensität ist das Steueraufkommen pro Kopf und damit auch die Höhe des Pauschaltransfers einer Ökonomie ohne Steuerentzug

$$z = \tau f(k)$$

offensichtlich größer als das tatsächliche Steueraufkommen resp. Transfervolumen einer Ökonomie mit Steuerentzug

$$z = \tau(1-e)f(k),$$

wenn der zugrundeliegende Steuersatz in beiden Ökonomien derselbe ist. Vergleicht man nun aber Ökonomien mit und ohne Steuerentzug, in denen der Staat im Steady state pro Kopf das gleiche Volumen "umverteilt", d.h. als Steuern vereinnahmt und als Transfers an die Haushalte rückerstattet, müssen Steuersätze, damit auch Kapitalintensitäten und folgerichtig auch die volkswirtschaftliche Steuerbemessungsgrundlagen, die Sozialprodukte, divergieren. Dieser Zusammenhang wird im folgenden Satz präzisiert.

Satz 6.9 *(a) In einer Ökonomie ohne Steuerentzug hat die Steuersatz-Steueraufkommenskurve (Lafferkurve) im Steady state einen strikt konkaven Verlauf mit einem Maximum bei*

$$-(1-\tau)f_{kk}(k^*)f(k^*) = \tau f_k^2(k^*),$$

wenn für jedes τ

$$f_{kkk}(k^*) < \frac{f_{kk}^2(k^*)(2+\tau)}{\tau f_k(k^*)} \tag{6.20}$$

gilt.[84]

(b) Ist der Steuersatz in einer Ökonomie mit Steuerentzug so niedrig, daß sich bei gleichem Steuersatz eine Ökonomie ohne Steuerentzug auf dem linken steigenden Ast der Lafferkurve befände, dann ist für $k^* > \bar{k}$ *und Bedingung (6.20) der steueraufkommensgleiche Steady-state-Kapitalstock pro Kopf ohne Steuerentzug größer als mit Steuerentzug und der Steady-state-Konsum pro Kopf ohne Steuerentzug um mehr als die Kosten des Steuerentzuges größer als der Steady-state-Konsum mit Steuerentzug.*

(c) Ist der Steuersatz in einer Ökonomie mit Steuerentzug so hoch, daß sich bei gleichem Steuersatz eine Ökonomie ohne Steuerentzug auf dem rechten fallenden Ast der Lafferkurve befände, dann ist für $k^* > \bar{k}$ *und Bedingung (6.20) der steueraufkommensgleiche Steady-state-Kapitalstock pro Kopf ohne Steuerentzug kleiner als mit Steuerentzug. Die Relation der pro Kopf im Steady state konsumierten Mengen zueinander ist nicht eindeutig.*

---

[84] Strikte Konkavität der Lafferkurve erfüllt z.B. die linear homogene Cobb-Douglas-Produktionsfunktion $f(k) = k^\alpha$, mit $0 < \alpha < 1$, solange $\tau < 2(1-\alpha)$ gilt. Das Maximum erreicht die Lafferkurve bei dem Steuersatz $\tau = 1-\alpha$.

Beweis. (a) Das Steueraufkommen im Steady state $\tau f(k^*)$ verändert sich in einer Ökonomie ohne Steuerentzug mit dem Steuersatz gemäß

$$\frac{\partial(\tau f(k^*))}{\partial \tau} = f(k^*) + \frac{\tau}{1-\tau}\frac{f_k^2(k^*)}{f_{kk}(k^*)},$$

da $\theta + n - (1-\tau)f_k(k^*) = 0$ die gleichgewichtige Kapitalintensität k^* als Funktion auch des Steuersatzes τ definiert und in Anwendung des Satzes über implizite Funktionen

$$\frac{\partial k^*}{\partial \tau} = \frac{f_k(k^*)}{(1-\tau)f_{kk}(k^*)}$$

gilt. Damit gilt

$$\frac{\partial^2(\tau f(k^*))}{\partial \tau^2} = \frac{f_k^2(k^*)}{(1-\tau)^2 f_{kk}^3(k^*)}\left(f_{kk}^2(k^*)(2+\tau) - \tau f_k(k^*)f_{kkk}(k^*)\right).$$

(b) Wenn $\bar{\tau}$ so gewählt wird, daß das Steueraufkommen $\bar{\tau} f(k^{**})$ im Steady state ohne Steuerentzug[85] gleich dem Aufkommen $\tau(1-e)f(k^*)$ im Steady state mit Steuerentzug ist, ist der gleichgewichtige Pro-Kopf-Kapitalstock ohne Steuerentzug $k^{**} = f_k^{-1}\left([\theta+n]/[1-\bar{\tau}]\right)$ größer als der gleichgewichtige Kapitalstock $k^* = f_k^{-1}\left([\theta+n]/[1-\tau]\right)$ mit Steuerentzug, wenn der adjustierte Steuersatz $\bar{\tau}$ kleiner als der Steuersatz τ ist. Dies ist der Fall, wenn mit sinkendem Steuersatz das Steueraufkommen ebenfalls abnimmt, was auf dem linken Ast der Lafferkurve erfüllt ist. Wegen der größeren Steady-state-Kapitalintensität ist aber auch der Pro-Kopf-Konsum nicht nur um die Kosten des Steuerentzuges (die unabhängig von k^* sind) größer.
(c) Auf dem rechten Ast der Lafferkurve muß der Steuersatz angehoben werden, um Steueraufkommensgleichheit gegenüber einer Ökonomie mit Steuerentzug aufzuweisen. Also sinkt die Steady-state-Kapitalintensität. Veränderung von Kapitalintensität und Kosten des Steuerentzuges wirken dann aber gegenläufig auf den Steady-state-Konsum. Q.E.D.

In einer Ökonomie mit umfassender Einkommensteuer stellt man ebenfalls in einer langfristigen Betrachtung ein Lafferkurven-Phänomen fest, wenn die konkave Produktionsfunktion der angegebenen zusätzlichen Bedingung

[85] Zur Unterscheidung wird in dieser Argumentation der Steady-state-Kapitalstock pro Kopf in einer Ökonomie ohne Steuerentzug mit k^{**} bezeichnet.

genügt. Steigt das Steueraufkommen in einer Ökonomie ohne Steuerentzug noch mit Anhebung des Steuersatzes, wirkt Steuerentzug bei steueraufkommensneutraler Anpassung des Steuersatzes sich negativ auf Kapitalausstattung und Konsum im langfristigen Gleichgewicht aus. Auf dem rechten Ast der Lafferkurve hingegen ist der Effekt von Steuerentzug bei Steueraufkommensneutralität wegen der gegenläufigen Wirkungen von Steuersatz und Kapitalintensität auf den Pro-Kopf-Konsum nicht mehr eindeutig. Wohl aber wird auf dem rechten Ast der Lafferkurve der Steuerentzug bei gleichem Steueraufkommen mit höherer Kapitalintensität im Gleichgewicht verbunden sein. Steuerentzug wirkt sich bei Steueraufkommensneutralität auf dem rechten Ast der Lafferkurve positiv auf die gleichgewichtige Kapitalausstattung aus.

6.4 Zusammenfassung

Die Makroökonomik des Steuerentzuges ist in der Literatur im Vergleich zur Mikroökonomik des Steuerentzuges mit erheblich weniger Aufwand betrieben worden. In den vergangenen Jahren sind lediglich einige Interpretationen im Rahmen einfacher keynesianischer Modelle gegeben worden. Dabei wird von einem konstanten Anteil nicht gezahlter Steuern, gemessen an der formalen Steuerschuld, ausgegangen, und die Untersuchungen konzentrieren sich auf Auswirkungen von Variationen dieses Anteiles. Variationen lassen sich u.a. durch Änderungen der gesetzlichen Rahmenbedingungen, der Verfahren der Steuereintreibung, des Kenntnisstandes und der Einstellungen der Wirtschaftssubjekte rechtfertigen.

Betrachtet man wie Peacock und Shaw (1982) lediglich den Gütermarkt, steigt das Volkseinkommen und sinkt das Steueraufkommen bei einer proportionalen Einkommensteuer, wenn der Anteil nicht gezahlter Steuern sich erhöht. Die effektive Nachfrage steigt. Der Zusammenhang zwischen Steuerentzugsanteil und Sozialprodukt läßt sich als "negativer" Steuersatzmultiplikator beschreiben. Bei Einbeziehung des Geldmarktes ist eine eindeutige Wirkungsrichtung vergrößerten Anteiles des Steuerentzuges nicht mehr auszumachen. Die Auswirkung auf das Steueraufkommen wird in qualitativer Hinsicht von der Berücksichtigung eines Bestandsgleichgewichtes auf dem Geldmarkt aber nicht berührt. Im allgemeinen Modell der neoklassischen Synthese wirkt sich vermehrter Steuerentzug lediglich über die Angebotsseite auf das ökonomische System aus, solange sämtliche Preise frei schwanken, weder Geldillusion, Investitions- oder Liquiditätsfalle eine vollständige

Anpassung verhindern. Steigender Steuerentzug führt dann zu vermehrter Beschäftigung und höherem Sozialprodukt. Sämtliche Resultate des im weitesten Sinne keynesianischen Modells bezüglich des Steuerentzuges sind nur abzuleiten, wenn die Verhaltenshypothesen entsprechend modifiziert werden. Grundlage der genannten Schlußfolgerungen sind eine vom effektiven verfügbaren Einkommen abhängige Konsum- und Geldnachfrage, sowie ein vom effektiven Nachsteuerlohn abhängiges Arbeitsangebot.

Geht man hingegen davon aus, daß versteuertes und unversteuertes Einkommen in unterschiedlicher Höhe die Konsumnachfrage bestimmen, ändern sich die Nachfrageeffekte und im reinen Gütermarktansatz, im IS-LM-Modell und in der neoklassische Synthese bei Vorliegen von Geldillusion sind die Resultate zusätzlich abhängig von dem Verhältnis der marginalen Konsumneigungen versteuerten und unversteuerten Einkommens. Die Resultate bei einheitlicher Konsumneigung lassen sich bestätigen, wenn die marginale Konsumneigung des nicht versteuerten Einkommens nicht kleiner als die marginale Konsumneigung des versteuerten Einkommens ist.

Lassen sich kurzfristige gesamtwirtschaftliche Effekte vermehrten Steuerentzuges mittels einfacher keynesianischer Modellbildung (mit neoklassischen Ergänzungen) abschätzen; die Analyse langfristiger Effekte benötigt die Grundlage einer Wachstumstheorie. Nimmt man als relevanten Modellrahmen die neoklassische Wachstumstheorie zunächst im aggregierten Modell mit konstanter Sparquote, lassen sich die Implikationen von Steuerentzug auf langfristige volkswirtschaftliche Bestandsgrößen beschreiben. Analog zur Vorgabe der Sparquote einerseits und zur Verfahrensweise im genannten kurzfristigen keynesianischen Modellrahmen andererseits, empfiehlt es sich, zunächst von einem vorgegebenen Anteil nicht gezahlter Steuern auszugehen. Im langfristigen Modell läßt sich eine Vernachlässigung staatlicher Budgetbeschränkung nicht rechtfertigen. Zwei Fälle werden unterschieden: Permanenter materieller Budgetausgleich und Defizitfinanzierung. Bei permanentem staatlichen Budgetausgleich durch Anpassung der Staatsquote wird ein Anstieg des Steuerentzugsanteiles, die gesamtwirtschaftliche Kapitalbildung und folglich die Kapitalausstattung im langfristigen Wachstumsgleichgewicht befördern, wenn die Privaten aus ihrem verfügbaren Einkommen einen größeren Anteil sparen, als der Staat aus seinem Budget investiv verausgabt. Im Grenzfall ausschließlichen Staatskonsums wird daher immer ein Wachstumseffekt mit Steuerentzug verbunden sein. Handelt der Staat durch Aufteilung des Budgets auf Konsum und Investition im langfristigen Sinne konsummaximierend, verfolgt der Fiskus mithin im Ausgangsgleichgewicht eine Golden-rule-Politik, wird ein Anstieg der Kapitalbildung und Kapitalausstattung im Steady state immer nur dann bei Erhöhung des Steuerentzugsanteiles zu beobachten sein, wenn die Privaten zu viel sparen, der Staat zur Erreichung des Golden rule folglich (relativ) weniger investiert, als die Privaten sparen. Der "konsumfreudigere" Staat hat dann bei vermehrtem Steuerentzug weniger Ressourcen zur Verfügung, die "sparfreudigeren" Privaten hingegen mehr.

Ist die marginale Konsumneigung und damit auch die marginale Sparneigung nicht in einheitlicher Weise von versteuertem und unversteuertem Einkommen abhängig, hat eine Änderung des Steuerentzugsanteiles auch dann eine Wirkung auf die Kapitalbildung, wenn der reguläre Steuersatz bei Beibehaltung der Staatsquote zum Ausgleich des Staatsbudgets angepaßt wird; eine solche Reaktion ergibt sich bei einheitlicher Sparquote offensichtlich nicht. Die Kapitalbildung und die Kapitalausstattung im Steady state steigt bei vermehrtem Steuerentzug, wenn die marginale Sparneigung des unversteuerten Einkommens die marginale Sparneigung des versteuerten Einkommens übersteigt. Andernfalls wird weniger investiert.

Behält der Staat bei Anstieg des Steuerentzugsanteiles hingegen sowohl die Ausgabenstruktur und -höhe als auch die Steuerstruktur bei, bleibt nur der Weg des Budgetdefizits. Werden Staatsdefizite durch die Ausgabe von Staatsschuldtiteln finanziert, ändern sich die Implikationen des Steuerentzuges gegenüber einer Ökonomie, in der der Staat keinerlei Defizitfinanzierung vornimmt. Bei vom gesamten verfügbaren Einkommen einheitlich abhängiger Ersparnis der Privaten impliziert ein Anstieg des Steuerentzugsanteiles sinkende Investitionen und eine niedrigere Kapitalausstattung im Wachstumsgleichgewicht, wenn Gleichgewichtskonstellationen überhaupt erreichbar sind, d.h., wenn zumindest lokale Stabilität vorliegt. Die zusätzliche Beanspruchung des Kapitalmarktes durch den Staat bei vermehrtem Steuerentzug ist stärker als der positive Schub größerer Erparnis der Privaten.

Wieder läßt sich fragen, ob nicht bei unterschiedlichen marginalen Sparneigungen andere Resultate denkbar sind. In der Tat gibt es Konstellationen der Sparquoten bezogen auf das versteuerte und das unversteuerte Einkommen, die einen positiven Effekt des Steuerentzuges auf die Kapitalintensität im Gleichgewicht erlauben. Beträchtliche Unterschiede im Sparverhalten sind dazu aber vonnöten.

Im vorgestellten neoklassischen Wachstumsmodell werden Sparquote und Steuerentzugsanteil als gegeben aufgefaßt. Die Annahme eines von Steuersatz, Staatsquote bzw. Staatsdefizit unabhängigen Steuerentzugsanteiles scheint aber nur als erste Näherung geeignet. Eine Endogenisierung ist zur vollständigen makroökonomischen Untersuchung unbedingt erforderlich. Als Modellrahmen bietet sich das allgemeine intertemporale Allokationsmodell an, in dem das Verhalten der Wirtschaftssubjekte explizit aus einem Optimalkalkül abgeleitet wird. Können lediglich die Haushalte Steuern entziehen und betrachtet man diesen Vorgang analog zur Steuervermeidung im mikroökonomischen Grundmodell, ist Steuerentzug ohne Wirkung auf die gleichgewichtige Kapitalausstattung einer geschlossenen Volkswirtschaft, wenn der Staat die tatsächlichen Steuereinnahmen als Lump-sum-Transfers an die Haushalte rückerstattet und die Kostenstrukturen des Entzuges von Steuern so beschaffen sind, daß nicht sämtliche Steuern entzogen werden. Die Neutralität des Steuerentzuges ist unter diesen Umständen auf die Unabhängigkeit der effektiven Rendite einer zusätzlichen marginalen Einheit Kapital, die der tatsächlichen Nachsteuerrendite abzüglich der marginalen Mehrkosten des Steuerentzuges entspricht, von der Tatsache des Steuerentzuges zurückzuführen. Die optimale Wahl des Steuerentzugsanteiles führt gleichzeitig dazu, daß die effektive Rendite der nominalen Nachsteuerrendite gleicht. Nur wenn keinerlei Steuern gezahlt werden, bestätigt sich die A-priori-Vermutung einer positiven Relation von Steuerentzug und Kapitalintensität im Steady state. Unter diesen Bedingungen übersteigt der Grenzertrag die Grenzkosten des Steuerentzuges und daher auch die effektive Rendite die nominale Nachsteuerrendite.

Wenn auch bei gleichem Steuersatz die Kapitalintensität im Steady state in einer Ökonomie ohne und mit Steuerentzug übereinstimmen, so unterscheiden sich aber die Höhe der Staatseinnahmen und folglich die Höhe der Transfers. Vergleicht man c.p. zwei Volkswirtschaften, in denen im Steady state die staatlichen Budgets einander gleichen, wird das Größenverhältnis der Kapitalintensitäten im Gleichgewicht von der Höhe des Steuersatzes entscheidend bestimmt. Läßt sich der Zusammenhang von Steuersatz und Steueraufkommen im Steady state in einer Ökonomie ohne Steuerentzug aufgrund spezifischer Bedingungen der Produktionstechnologie in Form einer Lafferkurve beschreiben, wird Steuerentzug bei Steueraufkommensgleichheit auf dem linken Ast der Lafferkurve die Kapitalintensität im Steady state senken und auf dem rechten Ast steigern, da links vom Maximum der Lafferkurve der Steuersatz zwecks Auskommensgleichheit in der Ökonomie ohne Steuerentzug einen niedrigeren und rechts vom Maximum einen höheren Wert annehmen muß.

Stellt man nun, insofern eine Möglichkeit des Vergleiches besteht, die kurz- und langfristigen Resultate des Steuerentzuges, die in den verschiedenen Modellen zur Beschreibung einer geschlossenen Volkswirtschaft ableitbar sind, einander gegenüber, ergibt sich folgendes Bild:

1. Kurzfristig läßt sich aus dem Einkommen-Ausgaben-Modell über den Anstieg der effektiven Nachfrage ein einkommenssteigernder Effekt einer Erhöhung des Steuerentzugsanteiles ableiten, wenn bei vorherigem materiellem staatlichen Budgetausgleich ein Staatsdefizit entsteht; gleicht der Staat hingegen durch Senkung des Staatskonsums das Budget weiterhin aus, wird im Sinne eines "umgekehrten" Haavelmo-Theorems die Senkung des effektiven Steuersatzes eine Minderung der effektiven Nachfrage implizieren. In einer wachsenden Wirtschaft wird nach den Prognosen des neoklassischen Wachstumsmodells mit konstanter Sparquote ein Anstieg des Steuerentzugsanteiles die Ersparnis der Privaten unmittelbar erhöhen. Senkt der Staat zwecks materiellem Budgetausgleich die Staatsquote, werden bei ausschließlicher Verwendung der Steuereinnahmen zur Finanzierung von Staatskonsum, wie es dem behandelten kurzfristigen Modell entspricht, die gesamtwirtschaftlichen Investitionen und daher auch die Kapitalintensität und das Sozialprodukt im Steady state steigen. Tätigt der Staat ausschließlich Ausgaben des Konsums resultiert bei staatlichem Budgetausgleich durch Anpassung der Staatsausgaben kurzfristig ein negativer und langfristig ein positiver Effekt aus dem Anstieg des Anteiles nicht gezahlter Steuern. Dieses Resultat ergibt sich unmittelbar aus der unterschiedlichen Wirkung des Konsums resp. der Ersparnis in kurz- und langfristiger Sicht. Kurzfristig ist eine Umleitung von Ressourcen vom "konsumfreudigeren" Staat zu den Privaten aufgrund der negativen Wirkung auf die effektive Nachfrage sozialproduktsmindernd, langfristig wegen der Erhöhung der gesamten Ersparnis und folglich der gesamtwirtschaftlichen Investitionen produktiv.

2. Unterscheiden die Privaten in ihrem Konsum- und Sparverhalten hinsichtlich der Herkunft des Einkommens, wird das versteuerte Einkommen also zu einem anderen Prozentsatz konsumiert als das unversteuerte Einkommen, dann ist die Wirkungsrichtung eines Anstieges des Steuerentzugsanteiles schwieriger zu bestimmen. Kurzfristig lassen sich die Ergebnisse bei einheitlicher Sparquote nur in gleicher Klarheit bestätigen, wenn die marginale Konsumneigung des unversteuerten Einkommens größer als die marginale Konsumneigung des versteu-

erten Einkommens ist. Langfristig ist Eindeutigkeit hingegen bei materiellem Budgetausgleich durch Anpassung der Staatsquote und bei vollständiger Konsumfinanzierung durch den Staat nur dann zu erzielen, wenn die marginale Sparneigung des unversteuerten Einkommens die marginale Sparneigung des versteuerten Einkommens übertrifft, d.h. im entgegengesetzten Fall. Der Unterschied in Bezug auf die Relation der Konsum- resp. Sparneigungen und der Ambivalenz der Prognosen steht in unmittelbar einleuchtendem Verhältnis zum Unterschied in der behaupteten Wirkung eines Anstieges des Steuerentzugsanteiles auf das Sozialprodukt. Eindeutigkeit in der Wirkung erhöhten Steuerentzuges ist dann zu erwarten, wenn die für das Ergebnis entscheidende Verwendung des Einkommens, Konsum oder Ersparnis, stärker aus dem unversteuerten Einkommen getätigt wird.

3. Bei materiellem Budgetausgleich lassen sich die Prognosen über die Wirkung des Steuerentzuges auf die Kapitalintensität im Wachstumsgleichgewicht, die im Rahmen eines aggregierten neoklassischen Wachstumsmodells bzw. eines allgemeinen intertemporalen Allokationsmodells ableitbar sind, durchaus in Übereinstimmung bringen. Im allgemeinen intertemporalen Gleichgewicht ist Steuerentzug hinsichtlich des Pro-Kopf-Kapitalstocks neutral, wenn die Einkommensteuer in Form von Lump-sum-Transfers an die Haushalte rückerstattet wird und im Gleichgewicht nicht sämtliche Steuern entzogen werden. Neutralität des Steuerentzuges läßt sich bei Anpassung der Staatsquote aber auch im neoklassischen Wachstumsmodell mit konstanter einheitlicher Sparquote ableiten, wenn die Sparquote der Privaten dem investiv verausgabten Anteil staatlicher Ausgaben entspricht. In diesem Fall verhält sich der Staat bei der Aufteilung des Einkommens auf die Verwendungsmöglichkeiten Konsum und Ersparnis ebenso wie die Privaten, was offensichtlich ein Pendant zur Rückerstattung der tatsächlichen Steuereinnahmen über Transfers an die Haushalte darstellt. Allerdings ist bei Übereinstimmung von staatlichem Investitionsanteil und privater Sparquote bei permanentem staatlichen Budgetausgleich im aggregierten neoklassischen Wachstumsmodell im Gegensatz zum allgemeinen intertemporalen Gleichgewichtsmodell auch die Höhe des regulären Steuersatzes für die Steady-state-Kapitalintensität ohne Belang.

4. Im Rahmen des statischen keynesianischen Totalmodells unter neoklassischen Annahmen ist ein angebotsinduzierter positiver Effekt eines Anstieges des Steuerentzugsanteiles abzuleiten, der bei Hinzunahme von

Geldillusion in Verbindung mit dem möglicherweise gegenläufigen nachfrageinduzierten Effekt die Gesamtwirkung auf das Sozialprodukt bestimmt. Der Gesamteffekt einer Senkung des effektiven Steuersatzes, d.h. eines Anstieges des Steuerentzugsanteiles, auf das Sozialprodukt kann durchaus positiv sein. Im allgemeinen intertemporalen Gleichgewichtsmodell kann bei gleichem Steueraufkommen durchaus ein positiver Effekt aus dem Steuerentzug auf Steady-state-Kapitalintensität und Sozialprodukt resultieren, wenn sich die Ökonomie ohne Steuerentzug bereits auf dem rechten Ast der Lafferkurve befindet.

Kapitel 7

Zusammenfassung, Diskussion und Ausblick

Von den drei aufgeführten Kategorien des Steuerentzuges, der legalen Steuervermeidung mit sicherem Ertrag, der halblegalen Steuerumgehung mit dem Risiko der Steuernachzahlung und der illegalen Steuerhinterziehung mit dem zusätzlichen Risiko einer Bestrafung, stehen Steuerhinterziehung und Steuervermeidung im Mittelpunkt der Betrachtungen.

Resümiert man die zentralen Resultate der Theorie des Steuerentzuges, soweit sie hier näher untersucht wurden, ergibt sich das folgende – sicherlich grobgerasterte – Bild, dessen Details den Ausführungen selbst oder den Zusammenfassungen der jeweiligen Kapitel zu entnehmen sind. Bei der Skizzierung der Ergebnisse wird der Zusammenhang zu den eingangs gestellten forschungsleitenden Fragestellungen hergestellt.

"Zu welchem Teil wird sich ein rationaler Steuerpflichtiger der Besteuerung entziehen?"

"Welchen Einfluß üben vom Gesetzgeber oder von der Steueradministration festgelegte Parameter auf die Entscheidung des Steuerpflichtigen aus?"

1. Der rationale Steuerpflichtige wird bei gegebenem Einkommen mehr Steuern vermeiden, wenn die damit verbundenen Kosten sinken, bzw. mehr Steuern hinterziehen, wenn die Kosten der Steuerhinterziehung durch eine Absenkung des Strafsteuersatzes oder eine Verringerung der Entdeckungswahrscheinlichkeit zurückgehen. Mehr Reichtum oder ein höherer Steuersatz lösen widersprüchliche Effekte aus. Es ist durchaus denkbar, daß der Steuerpflichtige bei einem Anstieg der Steuerbelastung an der Grenze weniger hinterzieht. Die Wirkungen sämtlicher Parameter verlieren an Klarheit, wenn der Steuerpflichtige den Nutzen staatlicher Leistungen und seinen Einfluß darauf mit in das Kalkül einbezieht. Mehrdeutigkeiten entstehen ebenfalls, wenn der Steuerpflich-

tige auch die Steuerbemessungsgrundlage durch Wahlentscheidungen (Arbeitsangebot oder Ersparnis) mitbeeinflussen kann.

2. Höhere Progression führt bei einer Flat rate tax zu zumindest nicht geringerer Hinterziehung.

3. Steuerhinterziehung hat keinen Einfluß auf den Domar-Musgrave-Effekt, wenn die Strafe proportional zur hinterzogenen Steuer bemessen wird. Sie begünstigt aber bei vollständiger Anrechenbarkeit der Verluste, bei linearem Steuersatz und bei einer Strafsteuer, die proportional zum nicht deklarierten Einkommen ist, einen risikoaversen Investor. Der Staat wird durch Besteuerung zum stillen Teilhaber, bei Steuerhinterziehung ist diese Teilhaberschaft aber asymmetrisch. Gewinne werden in geringerem Maße geteilt als Verluste.

4. Die Erhebung einer Quellensteuer ändert die Höhe hinterzogener Steuern nicht, wenn der Quellensteuersatz geringer als der endgültige Einkommensteuersatz ist und die Quellensteuer vollständig entrichtet wird. Die Steuerpflichtigen holen bei der Deklaration nach, was ihnen an der Quelle verwehrt bleibt. Quellenbesteuerung wirkt aber abschreckend, wenn mehrere Steuerschuldner von einer Quelle Einkommen beziehen, kann jedoch Steuerhinterziehung verstärken, wenn sich Steuerzahler und -schuldner Gewinn und Verlust der Hinterziehung teilen müssen bzw. können.

5. Die Wahl zwischen den verschiedenen Varianten des Steuerentzuges – Steuervermeidung, -umgehung und -hinterziehung – wird von den Interdependenzen in den Kosten beeinflußt. Entstehen die Kosten unabhängig von der Aufteilung des Entzuges auf die verschiedenen Varianten, ist Steuervermeidung aufgrund der Sicherheit im Ertrag besonders attraktiv. Ist die Kostenstruktur komplementär, beeinflussen Strafsteuersatz und Entdeckungswahrscheinlichkeit in der Verfolgung der Steuerhinterziehung auch die optimale Wahl der Steuervermeidung.

"Wie handeln Steuerhinterzieher und Finanzamt, wenn sie ihr Verhalten wechselseitig in Betracht ziehen?"

6. Das paretoinferiore Nash-Gleichgewicht in den Handlungen von Steuerpflichtigem und Finanzamt ist mit mehr Steuerhinterziehung und weniger staatlicher Kontrolle verbunden als das Stackelberg-Gleichgewicht, in dem sich der Staat als Stackelberg-Leader verhält. Steigende Kosten staatlicher Überprüfung erhöhen im Nash-Gleichgewicht aufgrund geringerer Kontrollhäufigkeit das Ausmaß der Steuerhinterziehung. Legt

der Steuerpflichtige durch das Arbeitsangebot die Höhe des steuerpflichtigen Einkommens fest, hängt die Struktur des Gleichgewichtes zwischen Steuerpflichtigem und Finanzamt wesentlich von der Bewertung des Arbeitsleides ab. Die Koexistenz von strategisch handelnden Steuerpflichtigen, die durch die Wahl ihres Einsatzes das Bruttoeinkommen festlegen, und notorisch ehrlichen Steuerzahlern mit einem bestimmten auf einen niedrigen Wert fixierten Einkommen, erlaubt es den strategischen Steuerpflichtigen, sich zu tarnen und daher mit größerer Wahrscheinlichkeit zu hinterziehen, da das Finanzamt bei einer Kontrolle damit rechnen muß, daß die Steuererklärung von einem notorisch ehrlichen Steuerpflichtigen verfaßt wurde.

"Welche Bedeutung haben die wechselseitigen Erwartungen der Steuerpflichtigen bei der Beteiligung an der Finanzierung staatlicher Leistungen?"

7. Je mehr der Steuerpflichtige bei Beachtung der staatlichen Leistungen eine gleichgerichtete Reaktion anderer Steuerpflichtiger bei einer eigenen Verhaltensänderung erwartet, desto weniger Steuern wird er entziehen. Größere vermutete Konformität senkt die Lücke zwischen Steuerschuld und tatsächlicher Steuerzahlung.

"Gibt es so etwas wie ein umgekehrtes Äquivalenzprinzip der freiwilligen Finanzierung staatlicher Leistungen?"

8. Es besteht allgemein keine Äquivalenz zwischen dem Anteil der Staatseinnahmen, der zugunsten eines Steuerpflichtigen verwendet wird, und der Höhe der tatsächlichen Steuerzahlung. Es ist durchaus denkbar, daß ein Anstieg des Anteiles eines Steuerpflichtigen diesen dazu animiert, sich stärker der Besteuerung zu entziehen; bei Umverteilung und Steuervermeidung ist dies sogar gewiß.

"Wie ist die dynamische Struktur der Steuerhinterziehung?"

9. Bei wiederholter Hinterziehung der Steuern auf Kapitaleinkünfte sind Konstellationen denkbar und sogar nicht ganz unwahrscheinlich, die das Problem optimaler Hinterziehung auf das statische Optimierungsproblem reduzieren.

"Schreckt Rück- oder Vorauswirkung vor Steuerhinterziehung ab?"

"Wird ein rationaler Steuerpflichtiger c.p. in allen Perioden im gleichen Ausmaß hinterziehen?"

10. Rückwirkung der Bestrafung schreckt vor Hinterziehung ab. Der prohibitive Strafsteuersatz sinkt. Wird die Vergangenheit nur bei Auf-

deckung einer gegenwärtigen Steuerhinterziehung aufgerollt, ist es in Abhängigkeit von der Verjährungsfrist für den Steuerpflichtigen ab und zu durchaus optimal, nicht zu hinterziehen, um vergangene Erfolge zu sichern. Perioden der Hinterziehung wechseln mit Perioden vollständiger Deklaration.

11. Drohung mit verstärkter zukünftiger Kontrolle (d.h. Vorauswirkung des Steuerdurchsetzungsmechanismus) schreckt ab und verleitet den Steuerpflichtigen ebenfalls zu periodischem Verhalten. Bei der Einteilung der Steuerpflichtigen in drei Gruppen, wobei die Gruppenzugehörigkeit anhand des vergangenen Verhaltens definiert wird, bleibt die Abschreckungswirkung unter gewissen Umständen (ohne die staatliche Budgetgleichung zu verletzen) auch dann noch erhalten, wenn in Abhängigkeit von der Zugehörigkeitsdauer aus der Gruppe, in der es optimal ist, nicht zu hinterziehen, da sie mit permanenter Kontrolle bedroht ist, in die Gruppe gewechselt wird, in der es optimal ist zu hinterziehen.

"Wie wirkt sich Steuerentzug auf gesamtwirtschaftliche Strom- und Bestandsgrößen aus?"

"Welche Auswirkungen hat Steuerentzug unmittelbar auf Sozialprodukt und Steueraufkommen?"

12. Es gilt ein "umgekehrtes" Haavelmo-Theorem. Vermehrter Steuerentzug steigert zwar unmittelbar die effektive Nachfrage, senkt aber das Steueraufkommen. Bei budgetneutraler Anpassung der Staatsausgaben sinkt das Volkseinkommen in der Höhe der Staatsausgabenänderung. Bei Einbeziehung des Geldmarktes ist der unmittelbare Effekt des Steuerentzuges auf das Sozialprodukt nicht mehr eindeutig. Hängt das Arbeitsangebot vom realen effektiven Nachsteuerlohnsatz ab, entsteht auf der Angebotsseite aus vermehrtem Steuerentzug ein positiver Schub für das Sozialprodukt.

"Wie verändert Steuerentzug "in the long run" Kapitalintensität und Staatsschuld?"

13. Bei permanentem staatlichen Budgetausgleich durch Anpassung der Staatsquote wird eine Erhöhung des Steuerentzugsanteiles die Steady-state-Kapitalintensität erhöhen, wenn die Privaten einen größeren Anteil des verfügbaren Einkommens sparen, als aus dem Staatsbudget investiv verausgabt wird.

14. Bei staatlicher Kreditfinanzierung des Staatsdefizits sinkt bei positiver

Staatsschuld die Steady-state-Kapitalintensität, wenn der Anteil nicht gezahlter Steuern sich erhöht. Die Richtung der Änderung der Steady-state-Staatsschuld kann nicht bestimmt werden.

15. Bei Rückerstattung der Staatseinnahmen über Lump-sum-Transfers ist in der Regel Steuerentzug in bezug auf die Steady-state-Kapitalintensität im allgemeinen intertemporalen Gleichgewicht neutral, wirkt somit nicht der Wachstumsbremse Zinseinkommensteuer entgegen.

16. Die Relationen in den Steady-state-Kapitalintensitäten zwischen steueraufkommensgleichen Ökonomien mit und ohne Steuerentzug sind von der Position der Ökonomie ohne Steuerentzug auf der Lafferkurve abhängig.

Ein großer Teil der präsentierten Resultate der Theorie des Steuerentzuges ist bereits gesichertes Wissen der ökonomischen Wissenschaft, einzelne Aspekte aber sind an dieser Stelle erstmalig behandelt worden. Um die Trennung in "Alt" und "Neu" zu erleichtern, werden jene in der Einführung angekündigten Erweiterungen aufgeführt, soweit sie über eine andere Präsentation bereits bekannter Ergebnisse hinausgehen. Eine Wertung und Gewichtung wird nicht vorgenommen; die Reihenfolge in der Aufreihung ergibt sich aus der Struktur der Arbeit.

1. Der Zusammenhang zwischen Ausmaß der Progression und Steuerhinterziehung unter einer Flat rate tax wird schärfer gefaßt.[1]

2. Neutralität der Steuerhinterziehung bei zur hinterzogenen Steuer proportionaler Strafe in bezug auf den Domar-Musgrave-Effekt wird abgeleitet. Erwartungsnutzensteigerung durch Steuersatzanhebung bei zum nicht deklarierten Einkommen proportionaler Strafe wird ebenfalls ermittelt.

3. Die in der Literatur oftmals postulierte vollständige Zahlung einer Abzugsteuer[2] wird diskutiert.

4. Der Zusammenhang zwischen durch Arbeitsangebot endogenisiertem Einkommen und strategischem Verhalten von Steuerhinterzieher und Finanzamt wird in einem sehr einfach strukturierten Modell auch unter Einbeziehung asymmetrischer und unvollständiger Information analysiert. Es wird gezeigt, daß unter Umständen mehr hinterzogen wird, wenn dem Arbeitsleid ein hoher Stellenwert zugesprochen wird.

---

[1] Vgl. Koskela (1983b) und Hagedorn (1991), S. 46.

[2] Vgl. Nöhrbaß und Raab (1990), Tillmann (1989), Hagedorn (1989).

5. Die Finanzierung staatlicher Leistungen wird bei verschiedensten Conjectural variations hinsichtlich der Erfüllung der Steuergesetze durch andere Steuerpflichtige (in Verallgemeinerung der bekannten Resultate aus der Theorie der Steuerhinterziehung und der Theorie der freiwilligen Finanzierung öffentlicher Güter) für Steuerentzug erörtert. Die spezielle Analyse für Steuervermeidung, die mit Kosten verbunden ist, wird durchgeführt.

6. Die Unabhängigkeit der (wiederholten) Steuerhinterziehung der Steuern auf Kapitaleinkünfte von der Sparentscheidung bei unendlichem Zeithorizont und konstanter relativer Risikoaversion wird in Übertragung entsprechender Ergebnisse aus der Portfoliotheorie demonstriert.

7. Es wird die Relation prohibitiver Strafsteuersätze unter zeitkonsistenter und zeitinkonsistenter Bemessung der Strafe untersucht.

8. In Anlehnung an Greenberg (1984) wird ein vorauswirkender Drei-Gruppen-Mechanismus entwickelt, bei dem die Dauer besonderer Überwachung (und möglicherweise höherer Strafe) nicht einem Zufallsprozeß unterliegt.

9. Die langfristigen Wirkungen von Steuerentzug auf Kapitalintensität (und Staatsverschuldung) werden in makroökonomischen Wachstumsmodellen (dem aggregierten neoklassischen Wachstumsmodell und dem Modell allgemeinen intertemporalen Gleichgewichts) betrachtet. Insbesondere wird unter spezifizierten Bedingungen Neutralität des Steuerentzuges in bezug auf die Steady-state-Kapitalintensität im allgemeinen intertemporalen Gleichgewicht abgeleitet.

Obzwar die Theorie des Steuerentzuges sehr umfangreich geworden ist, die Literatur zur Steuerhinterziehung seit Erscheinen des inspirierenden Artikels von Allingham und Sandmo (1972) beinahe explosionsartig zugenommen hat, besteht immer noch Handlungsbedarf. Einige mögliche Ergänzungen und Neuorientierungen in der theoretischen Diskussion und weiterhin bestehende Lücken werden nun zum Abschluß diskutiert. Die Reihenfolge orientiert sich wiederum an der Struktur dieser Arbeit.

1. Angesichts zumindest zweifelhafter empirischer Evidenz des theoretisch prognostizierten inversen Zusammenhanges von Grenzsteuersatz und der Höhe hinterzogener Steuern stellt sich weiterhin die Frage, ob das von Allingham und Sandmo (1972) in die Analyse der Steuerhinterziehung eingebrachte Portfolio-Selektions-Modell in der verwendeten Form

das geeignete theoretische Instrumentarium ist.[3]

2. Bei der Analyse der Substitutions- bzw. Komplementärbeziehungen von Steuervermeidung, -umgehung und -hinterziehung besteht ein erhebliches theoretisches Defizit.[4] Zur Schließung dieser Lücke ist aber auch beträchtliche empirisch orientierte Arbeit erforderlich.

3. Die theoretische Erklärung von Steuervermeidung, -umgehung und -hinterziehung und mangelnder Effizienz in der staatlichen Verfolgung durch die Komplexität des Steuerrechtes, die zu Unsicherheit beim Zensiten über die Höhe der tatsächlichen Steuerschuld führt, steht erst am Anfang,[5] obwohl allgemeiner Konsens über die faktische Bedeutung dieses Umstandes besteht. Insbesondere ist die Komplexität des Steuerrechtes als Ursache irrtümlich falscher Deklaration erkannt und damit als ein wesentlicher Grund für den Verzicht auf eine strenge Bestrafung überführter Steuerhinterzieher.

4. Die dynamische Theorie des Steuerentzuges und insbesondere der Steuerhinterziehung steht erst am Anfang.[6] Vielfältige Modifikationen des Steuerdurchsetzungsmechanismus mit erheblichen Auswirkungen auf die dynamische Struktur der Steuerhinterziehung sind denkbar.

5. Die normative Theorie weist hinsichtlich der Steuerhinterziehung und der Kosten der Steuererhebung und des Steuervollzuges erhebliche Lücken auf. Eine Synthese von Optimalsteuertheorie und mikroökonomischer Theorie der Steuerhinterziehung ist noch nicht gelungen.[7] Es besteht lediglich weitestgehende Übereinkunft darüber, daß völlige Ausmerzung der Steuerhinterziehung wegen der Kosten der Kontrolle und der Wohlfahrtsdefizite auf Seiten der Steuerhinterzieher weder durchführbar noch optimal ist, wie bereits an anderer Stelle diskutiert

---

[3] Auf der Basis experimenteller Resultate übt z.B. Baldry (1986) Kritik am Grundmodell der Steuerhinterziehung.

[4] Dieses Defizit beklagt auch Hagedorn (1991), S. 22.

[5] Einige Ansätze zur Relation von Steuerhinterziehung und Unsicherheit über die Steuerschuld sind in jüngster Zeit entwickelt worden. Vgl. Scotchmer und Slemrod (1989), Beck und Jung (1989a), Beck und Jung (1989b), Jung (1991), Alm, Jackson und McKee (1992).

[6] Entsprechend schätzen Cowell (1985b), S. 187 und Hagedorn (1991), S. 185 die Situation ein.

[7] Auf die Größe dieser Aufgabe weist Hagedorn (1991), S. 3 hin. Slemrod (1990), S. 157 f mahnt eine Erweiterung der "Optimal tax theory" zur "Theory of optimal tax systems" an, denn die Optimalsteuertheorie "is incomplete because it has not yet come to terms with taxation as a system of coercively collecting revenues from individuals who will tend to resist." Ein Konzept der Zusatzlast der Steuerhinterziehung entwirft Yitzhaki (1987).

wurde. Erhebungskosten und Kosten des Vollzuges sollten ebenfalls in die normative Theorie integriert werden.[8]

6. Die dynamische makroökonomische Theorie der Steuerhinterziehung steht analog zur dynamischen mikroökonomischen Theorie der Steuerhinterziehung ebenfalls erst am Anfang. Es steht allerdings zu befürchten, daß allgemeine intertemporale Gleichgewichtsmodelle mit vollständiger Integration des Risikos nur wenig allgemeine Aussagen zulassen werden.

7. Die Ökonomie, in dem an dieser Stelle vorgestellten allgemeinen Gleichgewichtsmodell, in der die Haushalte sich optimal der Besteuerung entziehen, entwickelt sich hin zu einem langfristigen Wachstumspfad, in dem die Pro-Kopf-Größen (Kapitalintensität, Konsum, Sozialprodukt) sich im Zeitablauf nicht mehr ändern. Eine Erweiterung des Modells um exogenen technischen (Harrod-neutralen) Fortschritt führt nicht zu einer wesentlichen Modifikation. Konfrontiert man aber die Haushalte in ihren Optimalentscheidungen mit einer Ökonomie, die aufgrund geeigneter Konstellationen in der Produktionstechnologie endogenes Wachstum aufweist, in der die Wachstumsrate nicht vorgegeben, sondern über die Entscheidungen der Wirtschaftssubjekte durch die Parameter des Modells bestimmt wird,[9] stellt sich die Frage, ob die Steady-state-Wachstumsrate durch Steuerentzug verändert wird. Ebenso ist überlegenswert, ob nicht Steuerentzug auf der Ebene der Unternehmen zu zunehmenden Skalenerträgen und damit zu endogenem Wachstum führen kann.[10]

Die aufgeführten Lücken in der gegenwärtigen Theorie und die genannten Anregungen zeigen einige Möglichkeiten für weitere Betätigung in der Erforschung der ökonomischen Elemente des Entzuges von Einkommensteuern in einer geschlossenen Volkswirtschaft auf. Bei Aufhebung der Begrenzung auf Einkommensteuern und eine geschlossene Volkswirtschaft erweitert sich das Terrain möglicher Forschung zusätzlich erheblich.

---

[8] Erste Ansätze zur Einbeziehung diverser direkter von der Verwaltung oder den Steuerpflichtigen zu zahlender Kosten der Besteuerung in wohlfahrtstheoretische Überlegungen finden sich bei Yitzhaki (1979), Slemrod und Yitzhaki (1987), Kaplow (1990), Mayshar (1991).

[9] Für einen Überblick zu Modellen endogenen Wachstums vgl. Sala-i-Martin (1990a, 1990b).

[10] Sala-i-Martin (1990a), S. 6 f unterscheidet "Constant returns endogenous growth models" und "Increasing returns endogenous growth models".

Anhang 1 zu Abschnitt 4.2

Für die Gleichgewichtsanalyse von Steuerentzug und staatlichen Leistungen einer $N-$Personen-Ökonomie müssen Determinanten von $N \times N-$ Matrizen mit besonderen Strukturen bestimmt werden. Im folgenden werden solcherart Determinanten allgemein berechnet.

Fall a: Die Determinante einer $N \times N-$Matrix, bei der in jeder Zeile die Elemente, die nicht auf der Hauptdiagonale liegen, übereinstimmen, wird berechnet. Die Elemente auf der Hauptdiagonalen werden mit a_i, die restlichen Elemente einer Zeile mit b_i, mit $a_i \neq b_i$, für $i = 1, 2, \ldots, N$ bezeichnet.

$$\Delta^{A1} \overset{\text{def}}{=} \begin{vmatrix} a_1 & b_1 & \ldots & b_1 \\ b_2 & a_2 & \ldots & b_2 \\ \vdots & \vdots & \ddots & \vdots \\ b_N & b_N & \ldots & a_N \end{vmatrix}$$

$$= \begin{vmatrix} a_1 - b_1 & 0 & \ldots & b_1 \\ 0 & a_2 - b_2 & \ldots & b_2 \\ \vdots & \vdots & \ddots & \vdots \\ b_N - a_N & b_N - a_N & \ldots & a_N \end{vmatrix}$$

$$= \begin{vmatrix} a_1 - b_1 & 0 & \ldots & 0 \\ 0 & a_2 - b_2 & \ldots & 0 \\ \vdots & \vdots & \ddots & \vdots \\ b_N - a_N & b_N - a_N & \ldots & a_N - (b_N - a_N) \sum_{j=1}^{N-1} \frac{b_j}{a_j - b_j} \end{vmatrix}$$

$$= \left(\prod_{j=1}^{N} (a_j - b_j) \right) \left(1 + \sum_{j=1}^{N} \frac{b_j}{a_j - b_j} \right).$$

Fall b: Die Matrix aus (a) wird zugrundegelegt, wobei der $i-$te Spaltenvektor durch $(\eta_1, \eta_2, \ldots, \eta_N)^T$ ersetzt wird. O.B.d.A. wird der $N-$te Vektor ersetzt:

$$\Delta^{A2} \overset{\text{def}}{=} \begin{vmatrix} a_1 & b_1 & \ldots & b_1 & \eta_1 \\ b_2 & a_2 & \ldots & b_2 & \eta_2 \\ \vdots & \vdots & \ddots & \vdots & \vdots \\ b_{N-1} & b_{N-1} & \ldots & a_{N-1} & \eta_{N-1} \\ b_N & b_N & \ldots & b_N & \eta_N \end{vmatrix}$$

$$= \begin{vmatrix} a_1 - b_1 & 0 & \dots & b_1 & \eta_1 \\ 0 & a_2 - b_2 & \dots & b_2 & \eta_2 \\ \vdots & \vdots & \ddots & \vdots & \vdots \\ b_{N-1} - a_{N-1} & b_{N-1} - a_{N-1} & \dots & a_{N-1} & \eta_{N-1} \\ 0 & 0 & \dots & b_N & \eta_N \end{vmatrix}$$

Umformungen ergeben:

$$\Delta^{A2} = \eta_N \begin{vmatrix} a_1 - b_1 & 0 & \dots & 0 \\ 0 & a_2 - b_2 & \dots & 0 \\ \vdots & \vdots & \ddots & \vdots \\ b_{N-1} - a_{N-1} & b_{N-1} - a_{N-1} & \dots & a_{N-1} - (b_{N-1} - a_{N-1}) \sum_{j=1}^{N-2} \frac{b_j}{a_j - b_j} \end{vmatrix}$$

$$- b_N \begin{vmatrix} a_1 - b_1 & 0 & \dots & 0 \\ 0 & a_2 - b_2 & \dots & 0 \\ \vdots & \vdots & \ddots & \vdots \\ b_{N-1} - a_{N-1} & b_{N-1} - a_{N-1} & \dots & \eta_{N-1} - (b_{N-1} - a_{N-1}) \sum_{j=1}^{N-2} \frac{\eta_j}{a_j - b_j} \end{vmatrix}$$

$$= \eta_N \left(\prod_{j=1}^{N-1} (a_j - b_j) \right) \left(1 + \sum_{j=1}^{N-1} \frac{b_j}{a_j - b_j} \right) - b_N \left(\prod_{j=1}^{N-1} (a_j - b_j) \right) \sum_{j=1}^{N-1} \frac{\eta_j}{a_j - b_j}$$

$$= \left(\prod_{j=1}^{N} (a_j - b_j) \right) \left\{ \frac{\eta_N}{a_N - b_N} \left(1 + \sum_{j=1}^{N} \frac{b_j}{a_j - b_j} \right) - \frac{b_N}{a_N - b_N} \sum_{j=1}^{N} \frac{\eta_j}{a_j - b_j} \right\}.$$

Formuliert man dies für irgendeinen i–ten Vektor, dann gilt

$$\Delta^{A3} = \left(\prod_{j=1}^{N} (a_j - b_j) \right) \left\{ \frac{\eta_i}{a_i - b_i} \left(1 + \sum_{j=1}^{N} \frac{b_j}{a_j - b_j} \right) - \frac{b_i}{a_i - b_i} \sum_{j=1}^{N} \frac{\eta_j}{a_j - b_j} \right\}.$$

Diese Verallgemeinerung ist zulässig, da sich der Wert der Determinante bei Tausch der i–ten und der N–ten Zeile *und* der i–ten und der N–ten Spalte nicht ändert.

Fall c: Spezialfall von Fall b. Es gilt $\eta_j = b_j, \forall j$.

$$\Delta^{A4} = \frac{b_i}{a_i - b_i} \left(\prod_{j=1}^{N} (a_j - b_j) \right).$$

Summiert man über alle $i = 1, 2, \ldots, N$ ergibt sich der Term:

$$\left(\prod_{j=1}^{N}(a_j - b_j)\right)\left(\sum_{i=1}^{N}\frac{b_i}{a_i - b_i}\right).$$

Fall d: Spezialfall von Fall b. Es gilt $\eta_j = 0, \ \forall j \neq i$.

$$\Delta^{A5} = \frac{\eta_i}{a_i - b_i}\left(\prod_{j=1}^{N}(a_j - b_j)\right)\left(1 + \sum_{j \neq i}\frac{b_j}{a_j - b_j}\right).$$

Fall e: Spezialfall von Fall a. Es gilt $a_j = \bar{a}, b_j = \bar{b}, \ \forall j$.

$$\Delta^{A6} = (\bar{a} - \bar{b})^{N-1}(\bar{a} + (N-1)\bar{b}).$$

Fall f: Spezialfall von Fall b. Es gilt $a_j = \bar{a}, b_j = \bar{b}, \eta_j = \bar{\eta}, \ \forall j$.

$$\Delta^{A7} = (\bar{a} - \bar{b})^{N-1}\bar{\eta}.$$

Anhang 2 zu Abschnitt 6.3

Im folgenden sind der Vollständigkeit halber für die im allgemeinen intertemporalen Allokationsmodell verwendeten Kostenfunktionen insbesondere die benötigten Ableitungen angegeben, wenn

$$\nu = k, \quad r = f_k \quad \text{und} \quad w + rk = f$$

gilt.

		φ^2	φ^3
	$\varphi(\cdot)$	$\varphi(ef)$	$\varphi(\tau ef)$
	φ_e	$f\varphi'$	$\tau f\varphi'$
	φ_k	$ef_k\varphi'$	$\tau ef_k\varphi'$
	φ_{ee}	$f^2\varphi''$	$\tau^2 f^2\varphi''$
	φ_{ek}	$f_k\varphi' + ef_k f\varphi''$	$\tau f_k\varphi' + \tau^2 ef_k f\varphi''$
	φ_{kk}	$ef_{kk}\varphi' + e^2 f_k^2\varphi''$	$\tau ef_{kk}\varphi' + \tau^2 e^2 f_k^2\varphi''$
	$\varphi_e = \tau f$	$\varphi' = \tau$	$\varphi' = 1$
Für $\varphi_e = \tau f$	φ_{ek}	$\tau f_k + ef_k f\varphi''$	$\tau f_k + \tau^2 ef_k f\varphi''$
	φ_{kk}	$\tau ef_{kk} + e^2 f_k^2\varphi''$	$\tau ef_{kk} + \tau^2 e^2 f_k^2\varphi''$
	$\frac{\partial e}{\partial k}$	$-\frac{ef_k}{f}$	$-\frac{ef_k}{f}$

Abkürzungsverzeichnis

AO	Abgabenordnung
c.p.	ceteris paribus
EStG	Einkommensteuergesetz
GBR	Government Budget Restraint (Staatliche Budgetbeschränkung)
GRS	Grenzrate der Substitution
HBR	Household Budget Restraint (Budgetbeschränkung des Haushaltes
insb.	insbesondere
NPG	No-Ponzi-Game
O.B.d.A.	Ohne Beschränkung der Allgemeinheit
OWiG	Ordnungswidrigkeitengesetz
Q.E.D.	Quod erat demonstrandum
Rdnr.	Randnummer
s.t.	subject to (so daß gilt)
StGB	Strafgesetzbuch
Tz.	Teilziffer
Verf.	Verfasser

Verzeichnis wichtiger Symbole

A	Staatliches Budget
B	Staatsschuld
C	Konsum
D	Staatliches Defizit
E	Erwartungsoperator
F	Produktionsfunktion
G	Staatliches Güterangebot/Staatsausgaben
H	Hamiltonfunktion
I	Investitionen
I^{st}	Staatliche Investitionen
J	Bewährungsfrist
K	Kapital
L	Arbeit
L^s	Arbeitsangebot
M^d	Reale Geldnachfrage
M^s	Nominales Geldangebot
N	Zahl der Steuerpflichtigen
P	Preisniveau
R_A	Absolute Risikoaversion
R_R	Relative Risikoaversion
S	Private Ersparnis
T	Steuerschuld
T_H	Hohe Steuerschuld
T_L	Niedrige Steuerschuld
Y	Volkseinkommen
Y^v	Verfügbares Einkommen
Z_i	$i-$ter Zustand
$\mathcal{K}$	Kontrolle des Finanzamtes
$\mathcal{M}$	Markov-Strategie
$\mathcal{N}$	Keine Kontrolle des Finanzamtes
a	Anteil der im Ertrag unsicheren Anlage
b	Pro-Kopf-Staatsverschuldung
b_{pt}	Schulden eines Haushaltes bei anderen Haushalten
c	Konsum pro Kopf (in 5.2.1 Konsumverzicht)
e	Entzugsanteil
$\bar{e}$	Obergrenze des Entzugsanteiles

$\tilde{e}_i$	Nicht (regulär) besteuertes Einkommen des i-ten Individuums
$\tilde{e}_{-i}$	Nicht (regulär) besteuertes Einkommen aller anderen Individuen
f	Produktionsfunktion pro Kopf
g	Staatliches Güterangebot pro Kopf
g_i	Staatliche Leistung für das i-te Individuum
g_y	Staatsausgabenquote
h	Rendite einer Einheit nicht gezahlter Steuern
i	Zählvariable
j	Zählvariable
k	Kapitalintensität
l	Arbeit pro Kopf
l_H	Hohe Arbeitsleistung
l_L	Geringe Arbeitsleistung
m	Anzahl der Hinterziehungsfälle
n	Wachstumsrate
p	Entdeckungswahrscheinlichkeit
q	Wahrscheinlichkeit positiver Rendite
q_i	Hinterziehungswahrscheinlichkeit, mit $i = 1, 2, 3$
r	Zinssatz
r_S	Zinssatz für hinterzogene Steuern
s	Sparquote
t	Periode/Zeitpunkt
$\bar{t}$	letzte Periode
u	Nutzenfunktion
v	Nutzenfunktion
w	Lohnsatz
x_i	Rendite einer unsicheren Anlage, mit $i = 1, 2$
y	Bruttoeinkommen
y_H	Hohes Bruttoeinkommen
y_L	Niedriges Bruttoeinkommen
y^v	Verfügbares Pro-Kopf-Einkommen
z	Pauschaltransfer

Γ	Hilfsgröße
Δ	Determinante einer Matrix
Υ	Konstante
Φ	Maximalwertfunktion
Ψ	Hilfsgröße
Ω	Gegenwartswert einer Markov-Strategie

α	Produktionselastizität des Kapitals
β	Anteil strategisch handelnder Steuerpflichtiger
γ	Anteil des Steuerschuldners am Hinterziehungsgewinn
δ	Diskontfaktor
ϵ	Proportionalitätsfaktor
ε	Hilfsgröße
ζ	Hilfsgröße
η	Dummy-Variable
θ	Diskontrate
ϑ	Gewinn nach Hinterziehung
$\bar{\vartheta}$	Sicherer Gewinn
κ	Investitionsanteil staatlicher Ausgaben
λ	Schattenpreis des Kapitals
μ	Conjectural variation (Vermutete Reaktion)
ν	Pro-Kopf-Vermögen
ξ	Anpassungsgeschwindigkeit
π	Strafsteuersatz
$\bar{\pi}$	Prohibitiver Strafsteuersatz
$\hat{\pi}$	Prohibitiver Strafsteuersatz bei zeitinkonsistenter Bestrafung
ρ_i	Gewicht des i-ten Individuums in der sozialen Wohlfahrtsfunktion
ϱ_i	Anteil des i-ten Steuerpflichtigen am staatlichen Budget
σ	Grenznutzenelastizität
τ	Steuersatz
τ^q	Quellensteuersatz
ϕ	Straffunktion
$\tilde{\phi}$	Straffunktion unter progressivem Steuertarif
φ	Kosten des Steuerentzuges
ψ	Kosten der Überprüfung
ω	Stationäre Zustandswahrscheinlichkeit

Abbildungsverzeichnis

Tabellenverzeichnis

Literaturverzeichnis

Allingham, Michael G. und **Sandmo**, Agnar (1972). Income Tax Evasion: A Theoretical Analysis. Journal of Public Economics 1. 323 – 338.

Alm, James (1988). Compliance Costs and the Tax Avoidance-Tax Evasion Decision. Public Finance Quarterly 16 (1). 31 – 66.

Alm, James, **Jackson**, Betty und **McKee**, Michael (1992). Institutional Uncertainty and Taxpayer Compliance. American Economic Review 82 (4). 1018 – 1026.

Alm, James und **McCallin**, Nancy J. (1990). Tax Avoidance and Tax Evasion as a Joint Portfolio Choice. Public Finance 45 (2). 193 – 200.

Andersen, Per (1977). Tax Evasion and Labor Supply. Scandinavian Journal of Economics 79. 375 – 383.

Arrow, Kenneth J. (1970). Essays in the Theory of Risk-Bearing. North-Holland.

Arrow, Kenneth J. und **Kurz**, Mordecai (1970). Public Investment, the Rate of Return, and Optimal Fiscal Policy. John Hopkins University Press. Baltimore und London.

Atkinson, Anthony B. und **Stiglitz**, Joseph E. (1980). Lectures on Public Economics. McGraw-Hill. London u.a.O.

Baldry, Jonathan C. (1979). Tax Evasion and Labour Supply. Economics Letters 3. 53 – 56.

Baldry, Jonathan C. (1986). Tax Evasion is not a Gamble: A Report on Two Experiments. Economics Letters 22. 333 – 335.

Bauer, Ernst-Rudolf (1988). Was kostet die Steuererhebung? Eine kritische Analyse des Steuersystems. Vandenhoeck & Ruprecht. Göttingen.

Beck, Paul J. und **Jung**, Woon-Oh (1989a). Taxpayers' Reporting Decisions and Auditing under Information Asymmetry. The Accounting Review 64 (3). 468 – 487.

Beck, Paul J. und **Jung**, Woon-Oh (1989b). Taxpayer Compliance under Uncertainty. Journal of Accounting and Public Policy 8. 1 – 27.

Becker, Gary S. (1968). Crime and Punishment: An Economic Approach. Journal of Political Economy 76. 169 – 217.

Becker, Henning (1990). Finanzwissenschaftliche Steuerlehre: Steuerwirkung, Steuerfinanzierung, Steuerpolitik. Verlag Franz Vahlen. München.

Becker, Winfried, **Büchner**, Heinz-Jürgen und **Sleeking**, Simon (1987). The Impact of Public Transfer Expenditures on Tax Evasion: An Experimental Approach. Journal of Public Economics 34. 243 – 252.

Benjamini, Yael und **Maital**, Shlomo (1985). Optimal Tax Evasion & Optimal Tax Evasion Policy: Behavioral Aspects. In: Wulf Gaertner und Alois Wenig (Hrsg.). The Economics of the Shadow Economy. Springer-Verlag. Berlin u.a.O. 245 – 264.

Benveniste, L. M. und **Scheinkman**, J. A. (1982). Duality Theory for Dynamic Optimization Models of Economics: The Continuous Time Case. Journal of Economic Theory 27. 1 – 19.

Bergstrom, Theodore, **Blume**, Lawrence und **Varian**, Hal (1986). On the Private Provision of Public Goods. Journal of Public Economics 29. 25 – 49.

Bilsdorfer, Peter (1988). Die Informationsquellen und -wege der Finanzverwaltung: Wege und Methoden der Auskunftserlangung im In- und Ausland zum Zwecke der Besteuerung. Erich Schmidt Verlag. Bielefeld.

Blanchard, Olivier Jean und **Fischer**, Stanley (1989). Lectures on Macroeconomics. MIT Press. Cambridge, Massachusetts.

Blinder, Alan S. (1973). Can Income Tax Increases be Inflationary? An Expository Note. National Tax Journal 26 (2). 295 – 301.

Border, Kim C. und **Sobel**, Joel (1987). Samurai Accountant: A Theory of Auditing and Plunder. Review of Economic Studies 54. 525 – 540.

Brennan, Geoffrey und **Buchanan**, James M. (1980). The Power to Tax. Cambridge University Press. Cambridge.

Brock, W. A. und **Malliaris**, A. G. (1989). Differential Equations, Stability and Chaos in Dynamic Economics. North-Holland Publishing Company. Amsterdam u.a.O.

Brock, W. A. und **Turnovsky**, Stephen J. (1981). The Analysis of Macroeconomic Policies in Perfect Foresight Equilibrium. International Economic Review 22. 179 – 209.

Brümmerhoff, Dieter (1990). Finanzwissenschaft. 5. Auflage. Oldenbourg Verlag. München, Wien.

Büchner, Heinz-Jürgen (1988). Ökonomische Theorien zur Steuerhinterziehung. Bonn.

Bundesrechnungshof (1985). Bemerkungen des Bundesrechnungshofes 1985 zur Haushalts- und Wirtschaftsführung. Bundestagsdrucksache 10/ 4367.

Bundesregierung (1991). Bericht der Bundesregierung über die Entwicklung der Finanzhilfen des Bundes und der Steuervergünstigungen für die Jahre 1989 bis 1992 (Dreizehnter Subventionsbericht). Bundestagsdrucksache 12/1525 vom 11.11.1991.

Bundesverfassungsgericht (1992). Entscheidungen des Bundesverfassungsgerichts. 84. Band. Lieferung 1 –3. J.C.B. Mohr (Paul Siebeck). Tübingen.

Carlberg, Michael (1988). Public Debt, Taxation and Government Expenditures in a Growing Economy. Volkswirtschaftliche Schriften Heft 375. Duncker & Humblot. Berlin.

Cass, D. (1965). Optimum Growth in an Aggregative Model of Capital Accumulation. Review of Economic Studies 32. 233 – 240.

Christiansen, Vidar (1980). Two Comments on Tax Evasion. Journal of Public Economics 13. 389 – 393.

Clotfelter, Charles T. (1983). Tax Evasion and Tax Rates: An Analysis of Individual Returns. The Review of Economics and Statistics 65 (3). 363 – 373.

Corchon, L. (1984). A Note on Tax Evasion and the Theory of Games. Mimeo. Madrid.

Cowell, Frank A. (1985a). Tax Evasion with Labour Income. Journal of Public Economics 26. 19 – 34.

Cowell, Frank A. (1985b). The Economic Analysis of Tax Evasion. Bulletin of Economic Research 37 (3). 163 – 193.

Cowell, Frank A. (1989). Honesty is Sometimes the Best Policy. European Economic Review 33. 605 – 617.

Cowell, Frank A. (1990a). Cheating the Government: The Economics of Evasion. MIT Press. Cambridge, Massachusetts.

Cowell, Frank A. (1990b). Tax Sheltering and the Cost of Evasion. Oxford Economic Papers 42 (1). 231 – 243.

Cowell, Frank A. und **Gordon**, James P. F. (1988). Unwillingness to pay: Tax Evasion and Public Good Provision. Journal of Public Economics 36. 305 – 321.

Crane, Steven E. und **Nourzad**, Farrokh (1990). Tax Rates and Tax Evasion: Evidence from California Amnesty Data. National Tax Journal 43 (2). 189 – 199.

Cremer, H., **Marchand**, M. und **Pestieau**, P. (1990). Evading, Auditing and Taxing: The Equity-Compliance Tradeoff. Journal of Public Economics 43. 67 – 92.

Cross, Rodney B. und **Shaw**, G. K. (1981). The Evasion-Avoidance Choice: A Suggested Approach. National Tax Journal 34 (4). 489 – 491.

Cross, Rodney B. und **Shaw**, G. K. (1982). On the Economics of Tax Aversion. Public Finance 37 (1). 36 – 47.

Damme, Eric van (1987). Stability and Perfection of Nash Equilibria. Springer-Verlag. Berlin u.a.O.

Dawes, Robyn M. und **Thaler**, Richard H. (1988). Anomalies: Cooperation. Journal of Economic Perspectives 2 (3). 187 – 197.

Deutsche Bundesbank (1992). Monatsberichte. 44. Jahrgang. Nr 5. Mai.

Diebold, Urs (1984). Der illegale Steuerwiderstand: Die verschiedenen Erklärungsansätze unter besonderer Berücksichtigung der Steuerdisziplin. Zürich.

Dixit, Avinash K. (1986). Comparative Statics for Oligopoly. International Economic Review 27 (1). 107 – 122.

Domar, Evsey D. und **Musgrave**, Richard A. (1944). Proportional Income Taxation and Risk-Taking. Quarterly Journal of Economics 58. 388 – 422.

Dubin, Jeffrey A., **Graetz**, Michael J. und **Wilde**, Louis L. (1987). Are We a Nation of Tax Cheaters? New Econometric Evidence on Tax Compliance. American Economic Review 77 (2). 240 – 245.

Dubin, Jeffrey A., **Graetz**, Michael J. und **Wilde**, Louis L. (1990). The Effect of Audit Rates on the Federal Individual Income Tax, 1977 –1986. National Tax Journal 43 (4). 395 – 409.

Dubin, Jeffrey A. und **Wilde**, Louis L. (1988). An Empirical Analysis of Federal Income Tax Auditing and Compliance. National Tax Journal 41 (1). 61 - 74.

Falkinger, Josef (1988). Tax Evasion and Equity: A Theoretical Analysis. Public Finance 43 (3). 388 - 395.

Falkinger, Josef (1991). On Optimal Public Good Provision with Tax Evasion. Journal of Public Economics 45. 127 - 133.

Falkinger, Josef und **Walther**, Herbert (1991a). Rewards Versus Penalties: On a New Policy Against Tax Evasion. Public Finance Quarterly 19 (1). 67 - 79.

Falkinger, Josef und **Walther**, Herbert (1991b). Separating Small and Big Fish: The Case of Income Tax Evasion. Journal of Economics (Zeitschrift für Nationalökonomie) 54 (1). 55 - 67.

Feichtinger, Gustav und **Hartl**, Richard (1986). Optimale Kontrolle ökonomischer Prozesse: Anwendungen des Maximumprinzips in den Wirtschaftswissenschaften. Walter de Gruyter. Berlin und New York.

Feldman, J. und **Kay**, J. A. (1981). Tax Avoidance. In: Paul Burrows und Cento C. Veljanovski (Hrsg.). The Economic Approach to Law. Butterworths & Co. (Publishers) Ltd. London u.a.O.

Fishburn, Geoffrey (1979). On How to Keep Tax Payers Honest (or almost so). Economic Record 55. 267 - 270.

Friedland, Nehemiah, **Maital**, Shlomo und **Rutenberg**, Aryeh (1978). A Simulation Study of Income Tax Evasion. Journal of Public Economics 10. 107 - 116.

Friedman, James W. (1983). Oligopoly Theory. Cambridge University Press. Cambridge, UK.

Friedman, James W. (1990). Game Theory with Applications to Economics. 2. Auflage. Oxford University Press. New York und Oxford.

Geeroms, Hans und **Wilmots**, Hendrik (1985). An Empirical Model of Tax Evasion and Tax Avoidance. Public Finance 40 (2). 190 - 209.

Gijsel, Peter de (1984). Ökonomische Theorie des Schwarzarbeitsangebots und der Mehrfachbeschäftigung. In: Klaus Gretschmann, Rolf G. Heinze und Bernd Mettelsiefen (Hrsg.). Schattenwirtschaft: Wirtschafts- und sozialwissenschaftliche Aspekte, internationale Erfahrungen. Vandenhoeck & Ruprecht. Göttingen.

Gottlieb, Daniel (1985). Tax Evasion and the Prisoner's Dilemma. Mathematical Social Sciences 10. 81 – 89.

Graetz, Michael J., **Reinganum**, Jennifer F. und **Wilde**, Louis L. (1986). The Tax Compliance Game: Toward an Interactive Theory of Law Enforcement. Journal of Law, Economics, and Organization 2 (1). 1 – 32.

Graetz, Michael J., **Reinganum**, Jennifer F. und **Wilde**, Louis L. (1989). Expert Opinions and Taxpayer Compliance: A Strategic Analysis. Social Science Working Paper 710. California Institute of Technology.

Greenberg, Joseph (1984). Avoiding Tax Avoidance: A (Repeated) Game-Theoretic Approach. Journal of Economic Theory 32. 1 – 13.

Hagedorn, Rolf (1989). Die Quellensteuer auf Zinserträge und die Hinterziehung von Einkommensteuern. Finanzarchiv N.F. 47. 24 – 45.

Hagedorn, Rolf (1991). Steuerhinterziehung und Finanzpolitik: Ein theoretischer Beitrag unter besonderer Berücksichtigung der Hinterziehung von Zinserträgen. Verlag Peter Lang. Frankfurt a.M. u.a.O.

Harrington, Winston (1988). Enforcement Leverage When Penalties are Restricted. Journal of Public Economics 37. 29 – 53.

Hey, John D. (1979). Uncertainty in Microeconomics. New York University Press. New York.

Hoeflich, M. H. (1983). Of Reason, Gamesmanship, and Taxes: A Jurisprudential and Games Theoretical Approach to the Problem of Voluntary Compliance. The American Journal of Tax Policy 2. S. 9 – 88.

Holler, Manfred J. und **Illing**, Gerhard (1991). Einführung in die Spieltheorie. Springer-Verlag. Berlin u.a.O.

Holmes, James M. und **Smyth**, David J. (1972). The Specification of the Demand for Money and the Tax Multiplier. Journal of Political Economy 80 (1). 179 – 185.

Institut der deutschen Wirtschaft (1991). Iwd. Informationsdienst des Instituts der deutschen Wirtschaft. Jahrgang 17. Nr. 16. Köln.

Intriligator, Michael D. (1971). Mathematical Optimization and Economic Theory. Prentice-Hall. Englewood Cliffs, N.J.

Isachsen, Arne Jon und **Strøm**, Steinar (1980). The Hidden Economy: The Labor Market and Tax Evasion. Scandinavian Journal of Economics. 304 – 311.

Jung, Woon-Oh (1991). Tax Reporting Game under Uncertain Tax Laws and Asymmetric Information. Economics Letters 37. 323 – 329.

Kaplow, Louis (1990). Optimal Taxation with Costly Enforcement and Evasion. Journal of Public Economics 43. 221 – 236.

Kaplow, Louis (1992). Income Tax Deductions for Losses as Insurance. American Economic Review 82 (4), 1013 – 1017.

Kay, J. A. (1980). The Anatomy of Tax Avoidance. In: David Collard, Richard Lecomber und Martin Slater (Hrsg.). Income Distribution: the Limits to Redistribution. Proceedings of the Thirty-first Symposium of the Colston Research Society. Colston Papers 31. Scientechnica. Bristol. 135 – 148.

Kinsey, Karyl A. (1986). Theories and Models of Tax Cheating. Criminal Justice Abstracts 18. 403 – 425.

Klepper, Steven und **Nagin**, Daniel (1989). The Anatomy of Tax Evasion. Journal of Law, Economics, and Organization 5 (1). 1 – 24.

Kohlas, Jürg (1977). Stochastische Methoden des Operations Research. B.G. Teubner. Stuttgart.

Kolm, Serge-Christophe (1973). A Note on Optimum Tax Evasion. Journal of Public Economics 2. 265 – 270.

Konrad, Kai Andreas (1992). Risikoproduktivität. Springer-Verlag. Berlin u.a.O.

Koopmans, Tjalling C. (1965). On the Concept of Optimal Economic Growth. In: Study Week on "The Econometric Approach to Development Planning". North Holland Publishing Company, Amsterdam. 226 – 287.

Koskela, Erkki (1983a). On the Shape of Tax Schedule, the Probability of Detection, and the Penalty Schemes as Deterrents to Tax Evasion. Public Finance 38 (1). 70 – 80.

Koskela, Erkki (1983b). A Note on Progression, Penalty Schemes and Tax Evasion. Journal of Public Economics 22. 127 – 133.

Kreps, David M. (1990). A Course in Microeconomic Theory. Harvester Wheatcheaf. New York u.a.O.

Kreps, David M. und **Wilson**, Robert (1982). Sequential Equilibria. Econometrica 50 (4). 863 – 894.

Krischausky, Dietmar (1989). Besteuerung der Zinseinkünfte privater Haushalte. Verlag Thomas Hobein. Studien zur Wirtschafts- und Finanzwissenschaft. Band 1. Bergisch Gladbach.

Kühn, Rolf, **Kutter**, Heinz und **Hofmann**, Ruth (1990). Abgabenordnung, Finanzgerichtsordnung, Nebengesetze. 16. neubearbeitete und erweiterte Auflage. Schäffer Verlag. Stuttgart.

Lai, Ching-Chong und **Chang**, Wen-Ya (1988). Tax Evasion and Tax Collections: An Aggregate Demand – Aggregate Supply Analysis. Public Finance 43 (1). 138 – 146.

Landsberger, Michael und **Meilijson**, Isaac (1982). Incentive Generating State Dependent Penalty System. Journal of Public Economics 19. 333 – 352.

Landskroner, Y., **Paroush**, J. und **Swary**, I. (1990). Tax Evasion and Portfolio Decisions. Public Finance 45 (3). 409 – 422.

Machina, Mark J. (1989). Decision-Making in the Presence of Risk. In: Frank Hahn (Hrsg.). The Economics of Missing Markets, Information, and Games. Clarendon Press. Oxford. 278 – 294.

Marrelli, Massimo (1984). On Indirect Tax Evasion. Journal of Public Economics 25. 181 – 196.

Marrelli, Massimo (1987). The Economic Analysis of Tax Evasion: Empirical Aspects. In: John D. Hey und Peter J. Lambert (Hrsg.). Surveys in the Economics of Uncertainty. Basil Blackwell. Oxford. 204 – 228.

Marrelli, Massimo und **Martina**, R. (1988). Tax Evasion and Strategic Behaviour of the Firms. Journal of Public Economics 37. 55 – 69.

Mayshar, Joram (1991). Taxation with Costly Administration. Scandinavian Journal of Economics 93 (1). 75 – 88.

Melumad, Nahum D. und **Mookherjee**, Dilip (1989). Delegation as Commitment: The Case of Income Tax Audits. Rand Journal of Economics 20 (2). 139 – 163.

Meyer, Ulrich (1989). Schattenwirtschaft: Definition, Erfassung, Ursachen und Wirkungen. In: Jochen Schumann (Hrsg.). Der Staat in den Volkswirtschaften Polens und der Bundesrepublik Deutschland. Bock+Herchen Verlag. Bad Honnef. 72 – 85.

Mösbauer, Heinz (1989). Steuerstraf- und Steuerordnungswidrigkeitenrecht. R. Oldenbourg Verlag. München und Wien.

Mookherjee, Dilip und **P'ng**, Ivan (1989). Optimal Auditing, Insurance, and Redistribution. Quarterly Journal of Economics 103. 399 – 415.

Mossin, Jan (1968). Taxation and Risk-Taking: An Expected Utility Approach. Economica 35, 74 – 82.

Neck, Reinhard, **Schneider**, Friedrich und **Hofreither**, Markus F. (1989). The Consequences of Progressive Income Taxation for the Shadow Economy: Some Theoretical Considerations. In: Dieter Bös und Bernhard Felderer (Hrsg.). The Political Economy of Progressive Taxation. Springer-Verlag. Berlin u.a.O.

Neumark, Fritz (1970). Grundsätze gerechter und ökonomisch rationaler Steuerpolitik. J.C.B. Mohr (Paul Siebeck). Tübingen.

Nitzan, Shmuel und **Tzur**, Joseph (1987). Taxpayers, Auditors and the Government – An Extended Tax Evasion Game. Discussion Paper A-105. Sonderforschungsbereich 303: "Information und die Koordination wirtschaftlicher Aktivitäten". Rheinische Friedrich-Wilhelm-Universität Bonn. Bonn.

Nöhrbaß, Karl-Heinz und **Raab**, Martin (1990). Quellensteuer und Kapitalmarkt. Eine theoretische und empirische Untersuchung. Finanzarchiv N.F. 48 (2). 179 – 193.

Organisation for Economic Co-operation and Development (1990). Taxpayers' Rights and Obligations: A Survey of the Legal Situation in OECD Countries. Paris.

Panagariya, Arvind und **Narayana**, A. V. L. (1988). Excise Tax Evasion: A Welfare Cum Crime Theoretic Analysis. Public Finance 43 (2). 248 – 260.

Panagariya, Arvind und **Narayana**, A. V. L. (1989). Excise Tax Evasion: Reply to Tower. Public Finance 44 (3). 510 – 512.

Paufler, Alexander (1983). Die Steuerhinterziehung: Eine betriebswirtschaftliche Systematik der Methoden im Bereich der Gewinnsteuern und ein EDV-System zur Aufdeckung und Bekämpfung der Steuerhinterziehung. C.E.Poeschel Verlag. Stuttgart.

Peacock, Alan und **Shaw**, G. K. (1982). Tax Evasion and Tax Revenue Loss. Public Finance 37 (2). 269 – 278.

Pencavel, John H. (1979). A Note on Income Tax Evasion, Labor Supply, and Nonlinear Tax Schedules. Journal of Public Economics 12. 115 – 124.

Perry, Martin K. (1982). Oligopoly and Consistent Conjectural Variations. Bell Journal of Economics 13. 197 – 205.

Polinsky, A. Mitchell und **Rubinfeld**, Daniel L. (1991). A Model of Optimal Fines for Repeat Offenders. Journal of Public Economics 46 (3). 291 – 306.

Pollak, Helga (1980). Steuertarife. In: Norbert Andel, Heinz Haller und Fritz Neumark (Hrsg.). Handbuch der Finanzwissenschaft. Band 2. 3. Auflage. J.C.B. Mohr (Paul Siebeck). Tübingen. 239 – 266.

Pommerehne, Werner W. (1985). Was wissen wir eigentlich über Steuerhinterziehung? International Review of Economics and Business 32 (12). 1155 – 1186.

Presse- und Informationsamt der Bundesregierung (1986). Besteuerung der Kapitaleinkünfte: Bericht des Bundesminsteriums der Finanzen für den Rechnungsprüfungsausschuß des Deutschen Bundestages. Aktuelle Beiträge zur Wirtschafts- und Finanzpolitik. Nr. 42. Mai.

Presse- und Informationsamt der Bundesregierung (1992). Einigung des Vermittlungsausschusses auf eine Neuregelung der Zinsbesteuerung ab 1. Januar 1993. Aktuelle Beiträge zur Wirtschafts- und Finanzpolitik. Nr. 22. Juli.

Radeck, Harald (1988). Positive Theorie der Steuerhinterziehung. Arbeitspapiere des Fachbereichs Wirtschaftswissenschaft der Universität-Gesamthochschule-Wuppertal, Wuppertal.

Ramsey, Frank P. (1928). A Mathematical Theory of Saving. Economic Journal 38. 543 – 559.

Rasmusen, Eric (1989). Games and Information: An Introduction to Game Theory. University Press. Cambridge, UK.

Reinganum, Jennifer F. und **Wilde**, Louis L. (1985). Income Tax Compliance in a Principal-Agent Framework. Journal of Public Economics 26. 1 – 18.

Reinganum, Jennifer F. und **Wilde**, Louis L. (1986). Equilibrium Verification and Reporting Policies in a Model of Tax Compliance. International Economic Review 27 (3). 739 – 760.

Reinganum, Jennifer F. und **Wilde**, Louis L. (1990). Equilibrium Enforcement and Compliance in the Presence of Tax Practitioners. Social Science Working Paper 744. California Institute of Technology.

Rickard, J. A., **Russell**, A. M., **Howroyd**, T. D. (1982). A Tax Evasion Model with Allowance for Retroactive Penalties. Economic Record 58. 379 – 385.

Ricketts, Martin (1984). On the Simple Macroeconomics of Tax Evasion: An Elaboration of the Peacock-Shaw Approach. Public Finance 39 (3). 420 – 424.

Roth, Jeffrey A., **Scholz**, John T. und **Witte**, Ann D. (1989). Taxpayer Compliance: Volume 1: An Agenda for Research. University of Pennsylvania Press. Philadelphia.

Sala-i-Martin, Xavier (1990a). Lecture Notes on Economic Growth (I): Introduction to the Literature and Neoclassical Models. NBER Working Paper 3563. National Bureau of Economic Research.

Sala-i-Martin, Xavier (1990b). Lecture Notes on Economic Growth (II): Five Prototype Models of Endogenous Growth. NBER Working Paper 3564. National Bureau of Economic Research.

Samuelson, Paul A. (1941). The Stability of Equilibrium: Comparative Statics and Dynamics. Econometrica 9 (2). 97 – 120.

Sandford, Cedric T. (1980). Tax Compliance Costs, Evasion and Avoidance. In: David Collard, Richard Lecomber und Martin Slater (Hrsg.). Income Distribution: the Limits to Redistribution. Proceedings of the Thirty-first Symposium of the Colston Research Society. Colston Papers 31. Scientechnica. Bristol. 150 – 162.

Sandford, Cedric T., **Godwin**, Michael, **Hardwick**, Peter (1989). Administrative and Compliance Costs of Taxation. Old Coach House, Fersfield, Perrymead.

Sandmo, Agnar (1981). Income Tax Evasion, Labour Supply, and the Equity-Efficiency Tradeoff. Journal of Public Economics 16. 265 – 288.

Schleicher, Heinz (1971). A Recursive Game for Detecting Tax Law Violations. Economies et Societés 5. 1421 – 1440.

Schmidt, Kurt (1980). Grundprobleme der Besteuerung. In: Norbert Andel, Heinz Haller und Fritz Neumark (Hrsg.). Handbuch der Finanzwissenschaft. Band 2. 3. Auflage. J.C.B. Mohr (Paul Siebeck). Tübingen. 119 – 171.

Schweitzer, Urs (1984). Welfare Analysis of Excise Tax Evasion. Zeitschrift für die gesamte Staatswissenschaft (Journal of Institutional and Theoretical Economics) 140. 247 – 258.

Scotchmer, Suzanne und **Slemrod**, Joel (1989). Randomness in Tax Enforcement. Journal of Public Economics 38. 17 – 32.

Selten, Reinhard (1975). Reexamination of the Perfectness Concept for Equilibrium Points in Extensive Games. International Journal of Game Theory 4 (1). 25 – 55.

Shapiro, Carl (1989). Theories of Oligopoly Behavior. In: R. Schmalensee und R. D. Willig (Hrsg.). Handbook of Industrial Organization. Volume 1. Elsevier Science Publishers B.V. North-Holland. 329 – 414.

Singh, Balbir (1973). Making Honesty the Best Policy. Journal of Public Economics 2. 257 – 263.

Sinn, Hans-Werner (1987). Capital Income Taxation and Resource Allocation. Elsevier Science Publishers B.V. North-Holland.

Sinn, Hans-Werner (1989). Economic Decisions under Uncertainty. Second Edition. Physica-Verlag. Heidelberg.

Skinner, Jonathan und **Slemrod**, Joel (1985). An Economic Perspective on Tax Evasion. National Tax Journal 38 (3). 345 – 353.

Slemrod, Joel (1990). Optimal Taxation and Optimal Tax Systems. Journal of Economic Perspectives 4 (1). 157 – 178.

Slemrod, Joel und **Yitzhaki**, Shlomo (1987). The Optimal Size of a Tax Collection Agency. Scandinavian Journal of Economics 89 (2). 183 – 192.

Solow, Robert M. (1956). A Contribution to the Theory of Economic Growth. Quarterly Journal of Economics 70. 65 – 94.

Spicer, Michael W. (1986). Civilization at a Discount: The Problem of Tax Evasion. National Tax Journal 39 (1). 13 – 20.

Spicer, Michael W. und **Thomas**, J. Everett (1982). Audit Probabilities and the Tax Evasion Decision: An Experimental Approach. Journal of Economic Psychology 2. 241 – 245.

Sproule, Robert A. (1985). Tax Evasion and Labor Supply Under Imperfect Information About Individual Parameters of the Tax System. Public Finance 40 (3). 441 – 456.

Srinivasan, T. N. (1973). Tax Evasion: A Model. Journal of Public Economics 2. 339 – 346.

Stiglitz, Joseph E. (1985). The General Theory of Tax Avoidance. National Tax Journal 38 (3). 325 – 337.

Sydsæter, Knut (1981). Topics in Mathematical Analysis for Economists. Academic Press. London u.a.O.

Takayama, Akira (1985). Mathematical Economics. Second Edition. Cambridge University Press. Cambridge, UK.

Tauchen, Helen V., **Witte**, Ann D. und **Beron**, Kurt J. (1989). Tax Compliance: An Investigation Using Individual TCMP Data. NBER Working Paper 3078. National Bureau of Economic Research.

Tillmann, Georg (1989). Zur Belastungswirkung von Quellensteuer und Kontrollmitteilungen auf unterschiedliche Einkommensgruppen. Finanzarchiv N.F. 47. 428 – 459.

Tipke, Klaus (1972). An den Grenzen der Steuerberatung: Steuervermeidung, Steuerumgehung, Steuerhinterziehung. Steuerberater-Jahrbuch 1972/73. 509 – 532.

Tipke, Klaus und **Kruse**, Heinrich Wilhelm (1991). Abgabenordnung / Finanzgerichtsordnung: Kommentar zur AO 1977 und FGO (ohne Steuerstrafrecht). 14. Auflage. Verlag Dr. Otto Schmidt KG. Köln.

Tipke, Klaus und **Lang**, Joachim (1991). Steuerrecht: Ein systematischer Grundriß. 13. völlig überarbeitete Auflage. Verlag Dr. Otto Schmidt KG. Köln.

Tower, Edward (1989). Excise Tax Evasion: Comment on Panagariya and Narayana. Public Finance 44 (3). 506 – 509.

Ulmer, Eckhart (1986). Steuervermeidung, Steuerumgehung, Steuerhinterziehung. Deutsche Steuerzeitung. 74. Jahrgang. 292 – 297.

Usher, Dan (1986). Tax Evasion and the Marginal Cost of Public Funds. Economic Inquiry 24. 563 – 586.

Vaillancourt, François (1987). The Compliance Costs of Taxes on Businesses and Individuals: A Review of the Evidence. Public Finance 42 (3). 395 – 414.

Virmani, Arvind (1989). Indirect Tax Evasion and Production Efficiency. Journal of Public Economics 39. 223 – 237.

Wan, Henry Y. (1971). Economic Growth. Harcourt Brace Jovanovich, Inc. New York u.a.O.

Weck-Hannemann, Hannelore und **Pommerehne**, Werner W. (1989). Einkommensteuerhinterziehung in der Schweiz: Eine empirische Analyse. Schweizerische Zeitschrift für Volkswirtschaft und Statistik 125 (4). 515 – 556.

Wenzel, H.-Dieter (1976). Stabilität und optimale Stabilisierung makroökonomischer Systeme durch finanzwirtschaftliche Staatsaktivitäten. Mathematical Systems in Economics 22. Verlag Anton Hain. Meisenheim am Glan.

Wenzel, H.-Dieter (1986). Öffentliche Kreditaufnahme und öffentliche Investitionen im Wachstumsgleichgewicht. Kredit und Kapital 19. 496 – 521.

Wenzel, H.-Dieter (1992a). Staat und Wachstum: Grundlegende Zusammenhänge zwischen staatlicher Aktivität und gesamtwirtschaftlicher Kapitalbildung. Volkswirtschaftliche Diskussionsbeiträge 50. Universität Bamberg.

Wenzel, H.-Dieter (1992b). Existenz und Stabilität von Wachstumsgleichgewichten. Eine graphische Analyse der Steady states einer geschlossenen Ökonomie mit Staat. Volkswirtschaftliche Diskussionsbeiträge 56. Universität Bamberg.

Wenzel, H.-Dieter und **Wrede**, Matthias (1992). Golden Rule Fiscal Policy. Volkswirtschaftliche Diskussionsbeiträge 51. Universität Bamberg.

Whittington, G. (1980). Diskussion zu J. A. Kay. The Anatomy of Tax Avoidance. In: David Collard, Richard Lecomber und Martin Slater (Hrsg.). Income Distribution: the Limits to Redistribution. Proceedings of the Thirty-first Symposium of the Colston Research Society. Colston Papers 31. Scientechnica. Bristol. 148 – 149.

Wiegard, Wolfgang (1984). Schwarzarbeit und Besteuerung. In: Wolf Schäfer (Hrsg.). Schattenökonomie: Theoretische Grundlagen und wirtschaftspolitische Konsequenzen. Vandenhoeck & Ruprecht. Göttingen.

Witte, Ann D. und **Woodbury**, Diane F. (1985). The Effect of Tax Laws and Tax Administration on Tax Compliance: The Case of the U.S. Individual Income Tax. National Tax Journal 38 (1). 1 – 13.

Wrede, Matthias (1991). Eine Bemerkung zu Steuerhinterziehung und Risikoübernahme. Volkswirtschaftliche Diskussionsbeiträge 46. Universität Bamberg.

Yaniv, Gideon (1988). Withholding and Non-Withheld Tax Evasion. Journal of Public Economics 35. 183 – 204.

Yaniv, Gideon (1990). On the Interpretation of the Income Effect in Tax Evasion Models. Public Finance 45 (2). 335 – 339.

Yitzhaki, Shlomo (1974). A Note on Income Tax Evasion: A Theoretical Analysis. Journal of Public Economics 3. 201 – 202.

Yitzhaki, Shlomo (1979). A Note on Optimal Taxation and Administrative Costs. American Economic Review 69 (3). 475 – 480.

Yitzhaki, Shlomo (1987). On the Excess Burden of Tax Evasion. Public Finance Quarterly 15 (2). 123 – 137.

Zameck, Walburga von (1989). Tax Evasion and Tax Revenue Loss: Another Elaboration of the Peacock-Shaw Approach. Public Finance 44 (2). 308 – 315.

GPSR Compliance

The European Union's (EU) General Product Safety Regulation (GPSR) is a set of rules that requires consumer products to be safe and our obligations to ensure this.

If you have any concerns about our products, you can contact us on ProductSafety@springernature.com

In case Publisher is established outside the EU, the EU authorized representative is:

Springer Nature Customer Service Center GmbH
Europaplatz 3
69115 Heidelberg, Germany

Batch number: 10815974

Printed by Printforce, the Netherlands